高等院校应用型本科会计创新人才培养规划教材
高等教育改革工程应用型本科会计系列特色教材

成本会计

Cost Accounting

曲远洋　刘　洋◎主　编
武　文　贾　超◎副主编

上海财经大学出版社

图书在版编目(CIP)数据

成本会计/曲远洋,刘洋主编. 一上海:上海财经大学出版社,2017.8
高等院校应用型本科会计创新人才培养规划教材
高等教育改革工程应用型本科会计系列特色教材
ISBN 978-7-5642-2659-6/F・2659

Ⅰ.①成… Ⅱ.①曲…②刘… Ⅲ.①成本会计-高等学校-教材
Ⅳ.①F234.2

中国版本图书馆 CIP 数据核字(2017)第 016903 号

□ 责任编辑 王 芳
□ 封面设计 杨雪婷

CHENGBEN KUAIJI
成 本 会 计
曲远洋 刘 洋 主 编
武 文 贾 超 副主编

上海财经大学出版社出版发行
(上海市武东路 321 号乙 邮编 200434)
网 址:http://www.sufep.com
电子邮箱:webmaster @ sufep.com
全国新华书店经销
上海华业装璜印刷厂印刷装订
2017 年 8 月第 1 版 2017 年 8 月第 1 次印刷

787mm×1092mm 1/16 17.5 印张 436 千字
(练习册 8.75 印张 237 千字)
印数:0 001－4 000 定价:49.00 元
(本教材附赠练习册,请向售书单位索取)

编 委 会

总 序

随着全球经济的深入发展、我国经济与世界经济的进一步融合、全球经济一体化进程的进一步加快，我国在世界经济中的影响力与日俱增。与此同时，知识经济方兴未艾，会计人才在经济社会发展中的基础性、战略性、关键性作用更加凸显，会计人才的竞争已经成为国家、地区和单位间竞争的焦点之一。为了适应新的社会经济形势，作为为社会培养和输送人才的高等院校来说，更应该以培养创新型会计人才为己任，走在时代前沿，与时俱进，放眼未来，日益进取，加快教学改革，以适应未来发展的需求。

在这种形势下，如何培养合格会计人才、培养符合现代社会经济发展需要的会计人才，是会计界与高等院校会计专业教学的首要任务，而符合创新人才培养的会计系列教材的编写就是保证会计教学质量、培养创新会计人才的具体措施之一。

哈尔滨金融学院是我国第一所银行院校，为全国培养了大量优秀的金融和会计人才。自2010年转为应用型本科院校以来，会计学专业一直是黑龙江省重点精品课程，会计教学是学院的重要组成部分。在加强会计专业建设上，我们结合应用型本科专业的建设特点，组织有经验的教学和实践能力较强的教师，在学院的大力支持下，在上海财经大学出版社的鼎力协助下，组织编写了“高等院校应用型本科会计创新人才培养规划教材”，同时作为“高等教育改革工程应用型本科会计系列特色教材”。本系列教材主要适用于普通高等院校本科，力主创新，以培养创新型会计人才为主要目标，强化会计基本技能、创新能力、实践能力和综合业务能力等方面，做了多方位尝试，具有独特的特色。主要表现在以下几个方面：

(1)本系列教材基于最新会计准则和审计准则，紧跟知识最前沿。

(2)本系列教材在知识内容安排上更加丰富、更加合理。

(3)本系列教材力求由浅入深，每个知识点都用大量例子予以解释说明，并以实际业务为依托，理论与实践相结合、知识与能力相结合、实践与实务相结合。例如，配有相关案例分析，培养学生的自学能力和解决问题能力。

(4)本系列教材均配有大量练习题，便于学生综合性地理解和掌握各个章节的内容，并可以自主练习来巩固所学知识，同时便于教师教学使用。

(5)本系列教材配有课件、教案和教学大纲，便于教师根据自身教学实际情况，参考使用，有利于教师提高教学效果。

本系列教材编委会自2015年开始，陆续编写了《基础会计》《会计学》《中级财务会计》《高级财务会计》《审计理论与实务》《财务管理》《成本会计》《管理会计》《会计信息系统》《会计软件应用》《财经基本技能》《会计模拟实训》《会计制度设计》《纳税模拟实训》《成本与管理会计》《会计报表分析》和《政府与非营利组织会计》(第二版)17本教材，突出应用型本科创新性人才培养的特色，具有可操作性强、应用性能好、立体化程度高、与实践教学有效结合的特色，并提供相应的习题集、教学课件、教学大纲和教案等丰富的教学资料，便于教师教学和学生自学使用。

本系列教材在编写过程中，由于时间和精力有限，难免存在缺点和谬误，我们恳请同行及广大读者提出批评和建议，以便我们进一步修改和完善，为社会及广大师生服务。

本系列教材编委会

2017年8月

前 言

随着全球化经济的迅速发展以及新的社会经济环境的变化，我国高等教育改革紧随其行，相应进行了课程改革和教材改革，以适应社会发展、人才培养的需要。会计学等专业及相应经济类专业都将“成本会计”作为核心课程。为了加强学科建设，增强教材的实用性、新颖性和创新性，本书编者在围绕最新会计准则和成本核算与控制的理论方法的基础上编写了本教材。

本教材吸收了我国会计工作和会计教学的实践经验，以及同类教材的优点，比较全面地阐述了成本预测、决策、计划和控制的基本原理，着重介绍工业企业和主要行业实际成本核算和具有现代管理意识的标准成本核算方法。

本教材的特点主要有以下几个方面：

(1)从成本计算方法的通用性出发，以生产过程最典型的工业企业为例，同时对其他主要行业成本核算的特点进行概括阐述。

(2)以最新《企业会计准则》为依据，以产品制造成本和期间费用为核算内容，对各种成本计算方法进行阐述，同时概括介绍西方的变动成本法和标准成本法。

(3)以前瞻性的视角，系统阐述了作业成本法在基于供应链和价值链的成本动因及产品成本计算方法，突出该方法的决策有用性。

(4)以战略的视角，介绍了成本会计的理论体系和内容体系。

本教材每章后面都有独立的思考题，同时配备了相应的练习册，并附有参考答案。通过学习本教材，不仅能有效地提高学生了解成本会计知识体系的能力，而且有助于培养学生独立分析问题和解决问题的实战能力，促进理论与实践的结合。

本教材由哈尔滨金融学院曲远洋和刘洋担任主编，武文和贾超担任副主编。其中：曲远洋编写第三章、第七章、第十章、第十一章和第十四章，刘洋编写第四章、第五章、第六章、第八章和第九章，武文编写第十二章和第十三章，贾超编写第一章和第二章。全书由曲远洋总纂并主审。

本教材在编写中得到了上海财经大学出版社各位领导和编辑的大力支持，在此表示深深的感谢。本教材在编写过程中参考和借鉴了一些最新的科研成果和相关教材，借此也向相关专家和学者表示诚挚的谢意。

由于编者水平有限，书中难免有不足之处，恳请读者批评指正，并将相关问题发至905973296@qq.com邮箱，以便编者及时更正。

编　者

2017年8月

目　录

第三篇 成本分析与成本控制

第一篇

基本理论

第一章 总 论

学习目的

了解成本的经济内容，掌握成本与费用的界定，熟悉成本控制的定义及其意义，掌握成本控制的原则、程序以及与决策相关的成本内容，了解成本会计的产生与发展阶段，熟悉成本会计的概念与任务、成本会计工作的组织与相关制度，掌握成本会计的基础工作内容。

在企业的日常经济活动中，成本作为一个常用概念，在不同的经济环境中有着不同的含义，成本会计学中的成本概念也是如此。

第一节 成本概述

成本是衡量企业盈利能力的重要因素之一，本节将首先介绍成本的内涵，其次对成本与费用之间的关系进行分析。

一、成本的内涵

成本的内涵是指成本的经济内容，是相对成本主体的耗费和支出。一般认为，成本是一个特定的经济范畴，凡是有经济活动的地方都必然发生一定的耗费，从而形成成本。成本是经济理论中一个重要的概念，也是学习成本与管理会计遇到的首要问题。关于成本的内涵，目前理论界还没有达成共识，主要原因是对成本内涵的宽泛程度认识不一，从而有了广义的成本内涵与狭义的成本内涵之分。

(一)广义的成本内涵

在西方会计学中，往往把成本解释为："实现某一特定目的而做出的牺牲"。比较典型的说法是美国会计学会(AAA)所属成本概念与标准委员会在1951年提出的"成本是指为达到特定目的而发生或应发生的价值牺牲，它可以用货币单位加以计量"。这个定义从以下三个方面体现了成本的内涵：

(1)成本是一种价值牺牲，是对资源耗费的一种计量。这种牺牲不仅包括货币的耗费，还包括物资和劳动的消耗。例如，制造产品或提供劳务都要耗费一定的资源，通过计量，可以确定资源的数量。

(2)成本以货币为表现形式，从而实现了不同物质劳务的统一计量。开展每一项经济业务都要耗费一定数量的人力、物力和财力。由于这些单位的计量单位不同,无法确定耗费总量。例如,现金耗费、物质耗费、劳动耗费分别采用货币计量、实物计量和劳动计量,无法进行横向比较和综合。如果统一用货币单位进行计量,就能够容易比较耗费数量。

(3)成本是为一定目的而做出的价值牺牲,从而明确了成本计算主体。成本是为经营目的有关的活动所消耗的价值,这些为经营目的而开展的各项活动就构成了成本主体。

从以上三个方面可以看出,美国会计学会所定义的成本内涵非常宽泛,只要与为经营目的而开展的活动所发生的价值牺牲有关,都属于成本范畴。这些活动有的是为了经营目的而取得的资产,有的是为了经营目的而开展的管理活动。

美国会计师协会(AICPA)1957年发布的《第4号会计名词公报》(Accounting Tenninology Bulletin-No. 4)对成本的定义为:"成本是为了获取财货或劳务而支付的现金或转移其他资产,发行股票,提供劳务或发生负债,而以货币衡量的数额。成本可以分为未耗成本和已耗成本。未耗成本可由未来的收入承担,如存货、预付费用、厂房、投资等;已耗成本应由当期收入承担,如已售产成品和其他资产的成本及当期的费用。"

广义的成本内涵包括生产产品、提供劳务所发生的各种耗费,以及为管理生产和组织经营活动而发生的各项费用。

(二)狭义的成本内涵

在我国会计学中,成本计算的理论基础是马克思的价值理论。马克思研究成本是从《商品经济的产生与发展》入手,从劳动价值论学说出发,论证了生产成本的经济实质。马克思指出:"按照资本主义方式生产的每一个商品 W 的价值,用公式表示为 $W=C+V+M$。如果我们从这个产品价值中减去剩余价值 M,那么,在商品中剩余的只是一个在生产要素上耗费的资本价值 $C+V$ 的等价物或补偿价值。"

在社会主义市场经济条件下,马克思的这一理论可表述为:为生产某一产品而发生的资本耗费,用符号代替是"$C+V$"。

但在实际工作中,成本的开支范围还受财务制度、行业和管理要求的约束,与理论成本不完全相符。

成本的内涵一般是指成本的经济内容,是对应于成本主体的耗费和支出。

二、成本与费用

在明确了成本的内容之后,需要对成本与费用进行比较,以便澄清成本与费用之间的关系。

(一)费用

在我国2006年修订的基本会计准则中,对费用的定义如下:费用是指企业在日常活动中发生、会导致所有者权益减少、与向所有者分配利润无关的经济利益的总流出。根据费用的定义,费用具有以下特征:

1. 费用是企业日常活动中形成的

费用必须是企业在其日常活动中所形成的,这些日常活动的界定与收入定义中涉及的日常活动的界定相一致。因日常活动所产生的费用通常包括销售成本(营业成本)、管理费用等。将费用界定为日常活动所形成的,目的是为了将其与损失相区分。企业非日常活动所形成的经济利益的流出不能确认为费用,而应当计入损失。

2. 费用会导致所有者权益的减少

与费用相关的经济利益的流出应当会导致所有者权益的减少，不会导致所有者权益减少的经济利益的流出不符合费用的定义，不应确定为费用。

3. 费用是与向所有者分配利润无关的经济利益的总流出

费用的发生应当会导致经济利益的流出，从而导致资产的减少或者负债的增加（最终也会导致资产的减少）。其表现形式包括现金或者现金等价物的流出，存货、固定资产和无形资产等的流出或者消耗等。鉴于企业向所有者分配利润也会导致经济利益的流出，而该经济利益的流出显然属于所有者权益的抵减项目，不应确认为费用，应当将其排除在费用的定义之外。

费用的确认除了应当符合定义外，也应当满足严格的条件，即费用只有在经济利益很可能流出从而导致企业资产减少或者负债增加、经济利益的流出额能够可靠计量时才能予以确认。因此，费用的确认至少应当符合以下条件：一是与费用相关的经济利益应当很可能流出企业；二是经济利益流出企业的结果会导致资产的减少或者负债的增加；三是经济利益的流出额能够可靠计量。

（二）成本与费用的功能定位

"成本"和"费用"是两个相互联系又存在重大区别的概念。从概念体系的科学性上讲，需要两个不同的概念：一个用来说明企业资产形态变化过程中的计量标准，另一个用来说明经济资源的消退。

从概念体系的科学性和人们的使用习惯来看，用成本概念来表述资产交换过程中的耗费比较合适。不论如何表述成本定义，我们始终可以将资产形态变换过程中的耗费理解为成本。如用货币资金购买原材料，被消耗的货币资金形成所购买的原材料的成本。同理，生产产品等发生的材料、人工耗费也构成产品成本。AAA 所属的成本概念与标准委员会曾经将成本定义为企业为实现特定目的而发生或应发生的价值牺牲。这一定义的外延相当广泛，远远超出了产品成本（劳务成本）概念的范围而延伸到一切发生消耗的项目上。后来这一定义被 AICPA 修订为：成本是用货币计量的，为取得或即将取得的商品或劳务所支付的现金或转让的其他资产、发行的资本股票、提供的劳务或发生的负债的总额。这一定义同时为"商品和劳务"做了较为广义的解释，存货、预付费用、厂房、投资和递延费用都包括在内，使成本的概念在外延上突破了产品成本的范围。成本可分为已耗成本和未耗成本。已耗成本是那些不再产生未来的经济利益，需要作为当期费用处理的成本，如已经销售产品的成本等；未耗成本是那些能产生未来收入的成本，构成资产，包括存货、预付费用、厂房、投资和递延费用等，这些成本在成为已耗成本之前可能从一种类型转化为另一种类型。

通常可以将费用定义为企业从事营利活动所发生的、能够引起所有者权益变动的资产的减少或者负债的增加。这一定义使成本和费用概念明确区分开来。不引起所有者权益变动的消耗可以是成本，但不能作为费用；被消耗掉的成本要转化为费用。按照这种解释，购买资产、生产产品所发生的耗费是成本而不是费用，因为这些活动并不减少所有者权益，而只引起不同资产之间的变化；已销产品的成本是费用，所得税是费用，它们不仅使企业的资产减少或负债增加，而且使企业的所有者权益减少。

从以上分析可知，成本的基本特征是：成本的发生不影响所有者权益的变动。这一特征具体表现为：(1)用现金、其他资产等支付的成本，改变的只是资产的存在方式，不改变资产总额。(2)以负债方式形成的成本，使资产和负债同时以相同的金额增加，但是成本的发生不影响所有者权益的变化。而费用的基本特征表现为：在企业从事营利活动过程中发生，能够引起所有者权益的变动。

我国目前的成本、费用概念，在功能分工上并没有做这种区分，经常用“费用”概念来表述“成本”。新会计制度尽管在定义上对成本和费用做了区分，但是在概念的使用上仍然沿用老的思路。从成本、费用的基本定义出发，笔者认为企业生产经营过程中所发生的耗费应该称为成本，而当成本不再给企业带来未来经济利益时，则称为费用。针对我国成本、费用概念体系及其应用中存在的问题，建议如下：

(1)严格区分成本和费用，并在概念使用上保持一致。在新会计制度中，不仅要从定义上区分成本和费用，而且要尽可能规范其用法。如生产过程中发生的直接材料、直接人工等，到底应该称为直接费用还是直接成本？按照成本和费用的定义，还是称为直接成本为好，对应的间接费用改称为间接成本较好。

(2)区分“成本”和“产品成本”的概念，不要用“产品成本”代替“成本”。成本比产品成本的含义更为广泛，成本不仅包括产品成本，还包括固定成本、材料采购成本、投资成本等。将成本定义为“企业为生产产品、提供劳务而发生的各种耗费”不大合适，应该将这一定义明确为产品成本的定义，也可以考虑给出比产品成本更一般的定义。为规范会计核算的会计制度，在概念术语的使用上，应尽可能做到严谨、规范。

第二节　成本控制

在企业的发展战略之中，成本控制处于非常重要的地位。根据企业成本管理流程，作为一个企业，必须拥有一个目标明确、方案可行、措施得力的成本计划。但是，仅仅有计划是不够的，要是脱离了良好的控制，再好的计划也只是纸上谈兵。我们的目标在于落实成本计划以实现企业的目标，这就要借助于严密的成本控制，因此，有效的成本控制是企业发展的必要。

一、成本控制的概念

控制就是系统主体采取某种力所能及的强制性措施，促使系统构成要素的性质、数量及其相互间的功能、联系按照一定的方式运行，以达到系统目标的管理过程。在管理中，控制就是对实际行动施加影响，合理衡量实际结果，及时矫正偏差，以保证计划顺利完成的管理活动。从这点来说，进行控制就必须确定标准，落实好责任，及时进行反馈，并且迅速矫正偏差。而这里所说的标准对于具体产品而言，主要是成果的一项基准，表示一种应该达到的优秀程度，同时也是对实际成果的评价依据。一般可以将标准看作一个用以进行比较的参考点。

成本控制是依据成本企划、企业预算、标准成本等，利用责任会计制度，采用专门的方法，及时掌握有关信息，来对早已出现的偏差进行识别或娇正的整个过程。也就是说，成本控制主要是运用成本会计的方法，对企业的经营活动进行规划和管理，将成本的规划和实际情况比较，用以衡量业绩，并且按照例外管理的原则，对不利的差异进行纠正，不断降低成本。

成本控制有狭义和广义之分。狭义的成本控制是指成本的过程控制，不包括前馈控制和后馈控制，也被称为“日常成本控制”或者“事中成本控制”。广义的成本控制则包括成本的前馈控制、过程控制和后馈控制。成本的前馈控制是在产品投产前，实施产品成本的规划。通过成本的决策来挑选最佳的成本方案，规划未来的目标成本，编制成本预算，以利于成本的控制。成本的过程控制是在费用发生过程中实施的成本控制，要求实际成本支出尽力遵循目标成本的要求来进行。可是当实际发生时，经常会超支或节约，像这样的超支和节约就称为差异。差异是很重要的信息，它可以告诉管理部门哪儿出现了问题，并依此采取措施纠正偏差或巩固业绩。成本的后馈控制是将所揭示的差异汇总、分配，计算产品的实际成本。

成本控制是成本管理的重要组成部分。有效的成本控制可以看成是企业在激烈的市场竞争中成功与否的基本要素，不过成本管理控制绝不仅是单纯的压缩成本费用，需要建立科学合理的成本分析和成本控制系统，让企业的管理者清楚地掌握公司的成本结构、盈利情况和决策的正确方向，成为企业内部决策的关键支持，从根本上改善企业的成本状况，以真正实现有效的成本控制。

二、成本控制的意义

成本控制是对资金消耗的控制，因此，从实际来讲，成本控制最主要的意义在于提高成本效率，可以从以下三个方面来看：

（一）成本控制有助于提高经济效益

成本的控制是对成本计划实施过程中暴露的一些问题，通过一些程序和方法，促使成本指标达到预定的目标。如今，许多企业都是以盈利为最主要的目标，较高的成本是影响企业盈利的重大障碍，因此，降低成本理所当然成为各个企业的工作重点，通过降低成本可以提高整个企业的经济效益。在众多降低成本的方案中，成本控制必然是其中的重要内容，所以建立成本控制机制，实行成本控制，有助于企业在生产经营活动中降低耗费、避免浪费、提高效益。

（二）成本控制统领整个企业的控制系统

在大多数企业的生产经营过程中，总是存在着不同形式的复杂经济关系和不同的管理控制系统，如生产技术控制系统、劳动人事控制系统等。但是，这些控制系统都是局部的，而且不能用一个统一的计量单位来综合反映和控制生产经营活动，用来概括对比和进行分析。成本控制却是用统一的货币计量单位对企业的生产经营活动进行反馈和控制的，所以，成本控制有综合作用，它对整个控制系统起着综合的控制作用。在当前的市场经济条件下，企业各项工作的开展都是以提高经济效益为核心，而控制成本费用的发生能够直接体现为提高经济效益。这是其他管理工作无法比拟的，充分体现出成本控制系统的综合作用。

（三）成本控制有助于保护资产的安全

大多数企业都由不同的部门负责财产物资的收入、保管和使用工作，但是会计部门应该负有较大的控制责任。为了改善企业财产物资的管理和控制，成本控制制度发挥了不小的作用，特别是在成本控制中采用的内部牵连制度。只要成本控制严密，并且得到贯彻执行，就能有效地保护财产物资的安全，防止盗窃贪污、浪费丢失等弊端的发生。

三、成本控制的原则

在实施任何管理制度时，都要遵循其基本原则，使之实现最大的效果。企业在进行成本控制的时候，也必须遵循一定的基本原则，具体包括以下几个方面：

（一）可控性原则

上级对下级的考核一般只限于上级所能控制的活动和因素，包括收入、成本和利润之类，不包括一些不可控的活动和因素。

（二）成本效益原则

成本控制是提高经济效益服务的一种重要手段，这就要求成本控制指标的确定、成本控制体系的建立、成本控制方法的设计等，全都要以提高经济效益为根本的出发点。成本效益原则就是建立在这个出发点之上的，换句话说，这是指实施一项成本控制措施所付出的代价不能超过其带来的经济效益。这条原则要求企业考虑不同成本的重要性、可控性和利润弹性等特点。在判断一项成本的重要性时，金额不是唯一的标准，还应该根据企业的生产经营特点来识别企业中容易失控的一些成本，如销售返回、业务招待费用等，这些项目虽然金额不大，但是也应该严加控制。成本的可控性决定了成本的控制难度，进而也决定控制成本而付出的代价和可以降低的成本幅度。

（三）全面性原则

在成本控制中，要对成本实施全面控制，不可以只考虑某一个方面。所谓全面控制，是指由全体员工参与，对企业生产经营过程中所耗费的全部资源实施严格的限制和监督。它一般包括三个方面的“全面”：一是指全过程的成本控制，要从成本形成的全过程考虑，凡是发生成本的地方，都要实施控制；二是全员的控制，也就是人人都要参加成本控制，只有这样才能从各个方面杜绝浪费、节约成本；三是全要素的控制，也就是说，生产费用的所有要素都要实施控制，既要抓大的又要抓小的，包括材料、工资、折旧费用等都要加以控制，这种成本控制表现为完整性的成本控制。

（四）例外管理原则

所谓例外，就是超常情况。在实施成本控制的时候，要特别注意某些超乎寻常的情况，一旦有非正常的例外事项发生了，就需要引起高度的关注，并要反馈信息、查明原因、解决问题。实行例外原则有助于企业识别存在的明显问题，解决引起差异的关键，从而可靠地保证企业目标得以很好地实现。

（五）责权利相结合原则

为使成本控制发挥一定的效益，必须要按照责任制的要求，责权利相结合的原则，做到责权利相统一。“责”是指完成成本控制指标的责任；“权”是指责任的承担者为了完成成本控制指标，对于需要采取的措施所应该拥有的权限；“利”是指根据成本控制指标完成情况的好坏给予责任承担者奖惩。权利和义务应该是统一的，控制本身既是一种义务也是一种权利，没有权利就不可能起到控制的作用。

（六）及时性原则

在企业中要想得到成效，还必须能够及时揭示成本控制过程中发现的实际成本与控制标准之间的差异，使得这种差异可以在较短的时间内被消除，使生产恢复正常。成本控制应该尽量缩短控制偏差滞留的间隔周期，使得生产经营活动中出现的实际指标与标准之间的偏差能够及时得到纠正，以减少失控期间的损失。成本控制还需要及时提供控制中所产生的各种信息资源，如果不能及时地提供信息、揭示偏差，也就不能采取相应的措施纠正偏差，因此，及时性是进行成本控制的关键原则。

（七）一致性原则

一致性原则从两方面来考虑：一是指控制者和被控制者的目标一致，换句话说，就是心往一处想，劲往一处使；二是指各个被控制层次的责权必须做到统一，这样才能够做到有其责必有其权,也只有目标一致、权责一致,控制才能有效。

(八)相互协调原则

成本控制活动是一项系统工程,涉及企业的各个部门、每个职工。因此,要搞好成本控制工作,仅靠成本管理部门的努力是远远不够的。所以,在实施成本控制的工作中,要求成本管理部门能够经常和其他部门加强协作,并且运用其他各种经济管理方法来为成本控制工作服务。假如某个单位维修部门的成本降低了,而车间的成本却提高了,到最后汇总企业的整体经济效益却不能提高,则成本控制是不成功的。进行成本控制活动时,常常会涉及各个部门的利益,各部门之间通常会出现一些问题和矛盾。这些问题需要各个部门相互之间密切配合、共同努力、相互协调,以提高企业总体经济利益为出发点来解决。在整个控制过程中,成本管理部门应该承担起主要的责任,起到“调节器”的作用。

四、成本控制的程序

经过一段长时期的发展,传统的成本控制与现代的成本控制程序有了些许不同之处。

(一)传统成本控制的程序

传统的成本控制一般采用标准成本法。在这种成本法下,成本控制的程序包括:制定成本控制的标准、成本控制标准的检验、制定实施成本控制标准的措施、实施成本控制、揭示并分析差异、消除差异。

1. 制定成本控制的标准

成本控制标准的制定是成本控制的基础,是检查、衡量、评价实际成本水平的依据。没有标准也就无法实施控制。标准的制定,要遵循先进合理、切实可行、科学严谨等原则。

2. 成本控制标准的检验

制定完成本控制的标准,就需要检验该标准是否合理、有无遗漏等。在这个环节,需要组织相关部门的人员仔细检验控制的标准,使控制标准更加合理化,并具有考核性。重点要检验各项控制标准能否保证企业总控制目标的完成。因此,在进行成本控制标准检验时,最好采用较先进、科学的方法进行,使成本控制标准更加科学、可靠。

3. 制定实施成本控制标准的措施

制定成本控制标准后,就应该采取适当的措施来保证其实现了。成本控制的措施应该切实可行,每个环节、每个步骤都必须有相应的措施来保证目标的完成。单位和个人制定的成本控制的措施方案,应该要具有较强的可操作性,根据方案所规定的具体措施,应能在实际工作中使用,并且可以取得一定的效果。

4. 实施成本控制

根据企业所制定的各项成本控制的措施和成本控制的方法,对其进行加工整理,形成系统的成本控制资料。在实施成本控制的过程中,企业的成本管理部门应该经常深入到成本控制的实际工作中去,指导实施成本控制,提出存在的问题;对于各部门之间出现的矛盾,应该进行协调,促使成本控制达到预期的目标。

5. 揭示并分析差异

用成本的标准和预算与实际发生的成本进行比较,计算、揭示并分析成本的差异,以便进一步找出差异产生的原因,告知责任人进行改进、加强控制。差异产生的原因有很多,特别是对于涉及不同部门之间的业务联系。因此,进行差异计算和分析差异原因时,应该注意协调各方面的关系，找出问题的症结所在，并据此提出真实可靠、各方面都欣然认同的原因。

6. 消除差异

如果在成本控制过程中不可避免地产生了差异，除了分析差异产生的原因以及所归属的责任人以外，还要提出具体的改进措施，并且反馈到经济活动中去，以便能够及时消除差异，帮助企业实现既定的目标。同时，值得注意的是，所提出的各项改进措施必须切实可行，并要落实到各个责任单位。像这样的过程可能不止一次，要经过多次反复，不断改进提出的措施，才能最终消除产生的差异。

（二）现代成本控制的程序

现代成本控制的程序可以概括为成本预测、成本决策、成本预算、成本监控、成本核算和成本分析。

1. 成本预测

成本预测是指推测与估计成本的发展。企业必须开展对成本发展变化趋势的事前预测，估计未来成本的走向及水平，为成本决策和拟定成本目标提供依据。成本预测是成本控制的首要环节，对确定目标成本、有效进行成本控制、提高经济效益有重要的作用。

2. 成本决策

成本决策是指在成本预测的基础上分析各种成本效益方案，筛选较好的方案。正确进行成本决策，形成产品的优秀方案，对于提高经济效益具有重要的意义。成本决策需要为新产品拟定目标成本，使之成为研究人员奋进的目标；同时还要为老产品提供降低成本的目标，指明成本控制努力的方向。

3. 成本预算

成本预算是指对未来产品的成本水平做出具体的要求；确定原有产品成本降低的目标，以及各部门费用的预算水平，这是为成本控制制定一系列的标准。根据各部门责任分工的不同，将成本预算指标落实到具体的部门或个人，以此作为成本控制的考核依据。

4. 成本监控

成本监控是指在平常的生产经营活动中，观察成本的动态，以便发现脱离目标成本的情况，并分析差异的性质，对于不利的差异，应该及时分析产生的原因，并针对问题采取措施，加以纠正；对于有利的差异，则应该总结经验、巩固成绩，使产品的成本能够持续降低；对于例外事项的发生，应该提请有关部门给予解决。

5. 成本核算

成本核算是指采用一定的方法，遵循规定标准，计量、记录、归集和分配企业生产经营过程中的各种耗费及其支出。经过核算成本费用，可以及时正确地反映企业一定期间内发生的生产耗费。严格按照预算指标进行控制，严格执行成本的开支范围，掌握各项消耗和产品成本的形成及成本降低指标计划的完成情况，有助于企业杜绝浪费，提高经济效益。

6. 成本分析

成本分析贯穿于整个成本控制过程。产品的成本分析是指对产品生产成本形成后所做的总结和评价。通过不断地分析成本，可以及时地总结经验、吸取教训，针对发生的问题采取措施、提高成本管理水平、抑制不必要的费用发生，用以提高企业的效益。除此之外，通过成本分析，也可对各个成本岗位、控制责任、成本目标完成等进行考评，为实施成本奖惩提供资料，是成本控制过程中承前启后的工作。

五、决策相关成本

通常认为成本就是指为生产产品而发生的费用，包括生产过程中所消耗的生产资料和付给劳动者的报酬等。这个定义只说出了成本的一般含义，不同学科对成本的理解不尽相同。自20世纪20年代管理会计出现以来，成本的范畴在急速地扩展，除了一般成本概念所指的产品成本之外，责任成本、质量成本、机会成本、沉没成本、变动成本、固定成本等概念层出不穷。其实，成本就是为了获得某种利益或实现一定目的所发生的支出。例如，雇用工人是为了获得其服务的支出，属于成本。只要这种支出是为了获得某种利益或实现一定的目的，都代表一项成本。所以，成本是一个非常广泛的概念。

（一）成本的相关概念

1. 成本对象

会计人员通常理解成本就是为了达到某一个特定目标所失去的可以用货币计量的一项资源。为了指导决策，管理者需要知道某些事件的成本，我们便将这些"事件"称为成本对象，即需要对成本进行单独测算的活动。

2. 成本动因和成本习性

成本动因是那些可以影响成本的因素，成本动因的变动会导致某一个成本对象的成本的变动。通过追踪成本动因，能分析出业务流程中哪些活动是增加价值或减少价值的，从而发现能有效降低成本的途径。

成本习性是指成本总额与成本动因比例在数量上的依存关系，反映成本随成本动因的变动而变动的程度。假设成本总额和成本动因呈现线性关系，若以成本动因作为横坐标轴、成本总额作为纵坐标轴，则成本习性就是指斜率。

3. 变动成本与固定成本

成本按成本习性可以分为变动成本和固定成本两大类。变动成本是指在一定条件下，成本总额随着成本动因的变动比例变动的成本。变动成本按其发生的原因，可进一步分为技术性变动成本和酌量性变动成本两类。技术性变动成本是指单位变动成本的发生额由技术性或实物关系决定，管理当局决策无法改变其大小的变动成本。变动成本的"变动"是有一定的相关范围的。变动成本是指在一定时期和一定业务量范围内才成立的成本。换句话说，变动成本与业务量之间的完全线性关系往往只会在一定的相关范围内才成立，超出这个范围就可能不是线性的了。

固定成本是指在一定的业务量内，虽然成本动因发生了变化，但成本总量仍然保持不变的成本。固定成本按其能否通过当年的管理决策行动加以改变，也可进一步地分为约束性固定成本和酌量性固定成本。约束性固定成本是指不能通过当前的管理决策行动加以改变的固定成本，它是为维持企业提供产品和服务的经营能力所必须开支的成本。固定成本的"固定"也不是绝对的，只有在一定时期和一定业务量范围内才成立，超过了这个相关范围，固定成本也会发生变化。

通过对成本动因的追踪，可以分析成本的有利和不利影响因素，从而有效地降低成本，所以，按照成本习性以变动成本和固定成本来归集和分配成本所提供的成本信息最具有决策相关性。另外，在实际生产经营中，还存在一种既不与成本动因比例的变化呈比例变动，也不保持不变，而是随着成本动因比例的增减变动适当变动的成本。由于这种成本同时具有变动成本和固定成本的特征，所以也称为混合成本，如机器设备的日常维修费用、辅助生产费用等。对于混合成本，为了便于管理上的应用，应运用适当的方法进行分解，将分解后的股本分别计入变动成本和固定成本的总额。

4. 成本归集与成本分配

按照马克思政治经济学理论，经济活动包括生产、交换、分配、消费四个环节。从价值形成和补偿的角度出发，可以将成本计算分为两个阶段：①按性质分类并归集成本，如人工、材料、燃料、装运等。②将归集的成本分配给各个成本对象。所以，成本归集就是通过一定的会计制度对成本数据进行有组织的收集，反映为达到这一特定目标所耗费资源的货币价值。成本分配则是按特定成本对象对资源的使用情况，将第一阶段归集的成本分配至各个成本对象，为管理者对各成本对象的生产、定价等决策提供信息。

（二）决策的相关成本分类

决策的相关成本是指与特定决策相关、随决策的选择而改变，在分析评价决策方案时必须加以考虑的成本。决策的非相关成本是指与特定决策无关、不随决策的选择而改变，在分析评价决策方案时不必加以考虑的成本。在分析评价决策的相关成本时，相关成本必须是符合以下两个标准的成本：(1)必须是预期将要发生的成本。如果是过去已经发生，又不可能由未来的决策加以改变的成本，就不是相关成本。(2) 必须是各种备选方案下金额不同的成本。也就是说，如果在各种备选方案中金额均相同，那么无论选择何种方案，都不会影响该成本的决策，那就是非相关成本。根据上面的论述，我们可以将企业常见的成本分为以下几种类型：

1. 差别成本和边际成本

差别成本有广义和狭义之分。广义的差别成本是指可供选择的不同备选方案之间预计成本的差额。例如，企业生产所需的零件既可自制也可外购，如何在这两种方案中选择一种最优的方案，必须对它们的预计成本进行比较，计量差别成本，作为决策分析的依据。狭义的差别成本，通常是指因产量增减变化而形成的成本差别。在相关范围内，差别成本表现为变动成本。但是，当生产能力发生变动，即超过相关范围时，差别成本既包括变动成本，也包括增加的固定成本。

边际成本是指成本对产量无限小变化的变动部分。不过在实践中，产量无限小的变化，最小只能小到一个单位。产量的变化小到一个单位以下，就没有什么实际意义了。因此，边际成本的实际计量，就是产量增加或减少一个单位所引起的成本变动。在相关范围内，产量增加或减少一个单位的差别成本，就是单位产品的变动成本。在这个范围内，边际成本和差别成本、变动成本就取得了一致。

2. 沉没成本

沉没成本是指因过去的决策所发生的，无法由现在或将来的任何决策所能改变的成本。例如，购置设备或其他生产资料所耗费的历史成本，是过去的支出，与目前的决策无关。企业中厂房设备的账面价值就是一个例子，当对设备进行“以旧换新”时，企业不能改变旧设备的账面价值，因而其与“以旧换新”方案无关。企业要决定继续或中止某一经营方案时，设备的账面价值并不作为列入考虑的因素，因而属于非相关成本。与账面价值相对应的折旧也属于非相关成本。可是，旧资产的变卖价值却是相关成本，因为资产变卖所得不仅与其对应的决策相关，而且在不同的备选方案中，其金额通常是不相等的。

3. 重置成本和现金支出成本

重置成本是指按照现在的市场价值购买目前所持有的某项资产所需支付的成本。其侧重点是某项资产以现时价格衡量的成本对决策的影响。资产的重置成本或新购置资产的成本，因其都是预期的现金流出，而且在不同方案下通常不相等，因而都属于相关成本。

现金支出成本是指未来需以现金支付的成本。其侧重点也是未来需以现金支付的成本。在经营决策中，特别是当企业的资金处于紧张状态、支付能力受到限制的情况下，往往会选择付现成本最小的方案来代替总成本最低的方案，因而属于相关成本。

4. 可避免成本和不可避免成本

可避免成本是指通过某项决策行动可以改变其数额的成本。如果采用了某一特定方案，与其相联系的某项支出就会发生；反之，如果某项方案没有被采用，则某项支出就不会发生。不可避免成本是与可避免成本相对应的一个成本概念。它是指某项决策行动不能改变其数额的成本。也就是同某一特定决策方案没有直接联系的成本，其发生与否，并不取决于有关方案的取舍。例如，某企业在正常的生产能力范围内接受了某项特定订货，对方对这批订货有些特殊的要求，为满足这些要求，需要购买一项价值6 000元的专用设备，这6 000元专用设备最终是否发生，完全取决于这一批特定订货的接受与否，如果不接受这一批订货，这笔专用设备款就不会发生，所以它就是可避免成本。但厂房等固定资产的折旧费则与特定订货的接受与否无关，它不会随着某项订货的接受与否而改变，故为不可避免成本。可避免成本随着决策的改变而改变，因而属于相关成本；不可避免成本不随决策的改变而改变，因而属于非相关成本。

5. 可延缓成本和不可延缓成本

已经决定采用了某一方案，如果推迟执行该方案，对企业全局影响不大，则同这一方案相关联的成本就称为可延缓成本。由于可延缓成本具有一定弹性，在决策中应当充分给予考虑，所以属于相关成本。如果已选定的某一决策方案必须实施，否则，将会对企业生产经营活动的正常运行产生重大的不良影响，那么与这一方案有关的成本称为不可延缓成本。例如，某企业的 项关键性设备出现故障，如不立即修复投入运行，企业将无法按期完成客户预订的交货任务，使企业遭受重大的有形与无形损失，则同这一决策方案相联系的成本就属于不可延缓成本。由于不可延缓成本具有较强的刚性，注定要发生，所以对它的支付没有什么选择的余地，因此属于非相关成本。如果企业有多种决策方案已经决定要采用，但受企业现有财力的限制而不可能同时全部付诸实施，则可以区分轻重缓急，确定哪些是可延缓的，哪些是不可延缓的，然后依次付诸实施。这样，才有利于经济有效地利用现有资源，取得最大的经济效益。

6. 机会成本和应负成本

机会成本是指在经营决策时，从多种可供选择的方案中选取最优方案而放弃次优方案的可计量价值。机会成本并非企业的实际支出，也不计入账册。但在决策时，应作为一个现实的因素加以考虑。对于一个企业来说，在任何时候所拥有的资源，可以分别用于几个不同的方面，但却不可能在几个方面同时发挥作用。所以，它用于某一方面可能取得的利益，是以放弃它用于其他方面可能取得的利益为代价的。后者被视为前者的机会成本，这是决策时需认真考虑的因素。

应负成本是机会成本核算的一种表现形式。例如，企业用现金购进机器设备，其成本包括买价、安装费等。而资金占用在任何一个项目上，都是要花代价的，所以，为了正确地对各种可供选择的方案进行分析对比，不论企业为此所用的资金是自有的还是外借的，都必须把利息作为机会成本看待。自有资金的应计利息就是应负成本的一种形式。由于许多机会成本并不能在账面上表现出来,因而在决策时需仔细分析是否忽略了机会成本,看看是否还有潜在的收益和成本未纳入已有的备选方案之中。机会成本通常都是相关成本。

第三节 成本会计概述

一、成本会计的产生与发展

(一)成本会计的产生

成本会计是随着商品经济的形成而产生的。生产成本产生于资本主义的简单协作和工场手工业时期,完善于资本主义大机器工业生产阶段。随着资本主义简单协作的发展,引起了工场手工业的产生,这时各种劳动的结合表现为资本的生产力。随着生产力的发展和生产关系的完善,对生产管理提出了新的要求,资本家为了获取更多的剩余价值,对生产过程中的消耗和支出更加注意核算,因此生产成本核算提上议事日程。

(二)成本会计的发展

成本会计是随商品经济的发展而发展。20 世纪初美国和西方国家的许多企业推行泰勒制度,不仅推动了生产的发展,也促进了管理和成本会计的发展,产生了用于成本控制和分析的标准成本法,使成本会计的职能从成本计算进而扩展到成本控制和分析。第二次世界大战后,科学技术高速发展,生产力水平迅速提高,企业生产经营能力高涨,市场竞争日益激烈,促使企业成本会计不仅要精打细算,还要为降低产品成本而献计献策。

(三)成本会计的发展阶段

1. 第一阶段(1880～1920 年):原始成本会计

原始成本会计,起源于英国,当时认为成本会计就是汇集生产成本的一种制度,主要是用来计算和确定产品的生产成本和销售成本。在这期间,英国会计学家已经设计出订单成本计算和分步成本计算的方法(当时应用的范围只限用工业企业),后来传往美国及其他国家。

2. 第二阶段(1921～1950 年):近代成本会计

近代成本会计,主要是美国会计学家提出了标准成本会计制度,在原有的成本积聚的基础上增加了“管理上的成本控制与分析”的新职能。在这种情况下,成本会计就不仅是计算和确定产品的生产成本和销售成本,还要事先制定成本标准,并据以进行日常的成本控制与定期的成本分析。正因为成本会计扩大了管理职能,于是应用的范围也从原来的工业企业扩大到商业企业、公用事业,以及其他服务性行业。

3. 第三阶段(1951 年以后):现代成本会计

今天对于成本的定义已不再仅仅局限于产品成本的范畴,如美国会计学会与标准委员会就如此定义成本:“成本是为了一定目的而付出的(或可能付出的)用货币测定的价值牺牲。”从这一定义看,成本的外延除了产品成本的概念与内容,还包括劳务成本、工程成本、开发成本、资产成本、资金成本、质量成本、环保成本等。

二、成本会计的概念和任务

(一)成本会计的概念

成本会计是运用会计的基本原理和一般原则,采用一定的技术方法,对企业生产经营过程中发生的各项费用和商品产品(劳务)成本进行连续、系统、全面、综合核算和监督的一种管理活动。

(二)成本会计的任务

成本会计的任务是成本会计职能的具体化,也是人们期望成本会计应达到的目的和对成本会计的要求。具体来说,成本会计的任务主要有以下几个方面:

1. 进行成本预测,参与经营决策,编制成本计划,为企业有计划地进行成本管理提供基本依据

在社会主要市场经济中,企业应在遵守国家的有关政策、法令和制度的前提下,按照市场经济规律的要求,正确地组织自己的生产经营活动。为此,企业必须在经营管理中加强预见性和计划性。也就是说,面对市场,企业应在分析过去的基础上,科学地预测未来,周密地对自身的各项经济活动实行计划管理。就企业的成本管理工作来说,它是一项综合性很强、涉及面很广的管理工作,仅靠财会部门和成本会计工作是难以完成的。但成本会计作为一项综合性很强的价值管理工作,应充分发挥自己的优势,在成本的计划管理中,发挥主导作用。为了使企业成本管理工作有计划地进行和对费用开支有效地进行控制,成本会计工作应在企业各有关方面的配合下,根据历史成本资料、市场调查情况以及其他有关方面(如生产、技术、财务等)的资料,采用科学的方法来预测成本水平及其发展趋势,拟订各种降低成本的方案,进而进行成本决策,选出最优方案,确定目标成本;然后再根据目标成本编制成本计划,制定成本费用的控制标准以及降低成本应采取的主要措施,以作为对成本实行计划管理、建立成本管理的责任制、开展经济核算和控制费用支出的基础。

2. 严格控制各项费用支出,努力节约开支,不断降低成本

企业作为自主经营、自负盈亏的商品生产者和经营者,应贯彻增产节约的原则,加强经济核算,不断提高自己的经济效益。这是社会主义市场经济对企业的客观要求,在这方面,成本会计担负着极为重要的任务。为此,成本会计必须以国家有关成本费用开支范围和开支标准,以及企业的有关计划、预算、规定、定额等为依据,严格控制各项费用的开支,监督企业内部各单位严格按照计划、预算和规定办事,并积极探求节约开支、降低成本的途径和方法,以促进企业经济效益的不断提高。

3. 及时、正确地进行成本核算,为企业的经营管理提供有用的信息

按照国家有关法规、制度的要求和企业经营管理的需要,及时、正确地进行成本核算,提供真实、有用的成本信息,是成本会计的基本任务。这是因为,成本核算所提供的信息,不仅是企业正确地进行存货计价、正确地确定利润和制定产品价格的依据,同时也是企业在成本核算过程中,进行成本预测、决策、计划、考核、分析等的基本依据。

4. 考核成本计划的完成情况,开展成本分析

在企业的经营管理中,成本是一个极为重要的经济指标,它可以综合反映企业以及企业内部有关单位的工作业绩。因此,成本会计必须按照成本计划等的要求,进行成本考核,肯定成绩,找出差距,鼓励先进,鞭策落后。成本是综合性很强的指标,其计划的完成情况是诸多因素

共同作用的结果。因此，在成本管理工作中，还必须认真、全面地开展成本分析工作。通过成本分析，揭示影响成本升降的各种因素及其影响程度，以便正确评价企业及企业内部各有关单位在成本管理工作中的业绩，揭示企业管理工作中的问题，从而促进成本管理工作的改善，提高企业的经济效益。

三、成本会计工作的组织

为了完成成本会计的任务，企业应当合理设置成本会计机构，配备好专职或兼职的成本会计人员，并且严格按照与成本会计有关的法律、规章、制度等进行工作。

（一）成本会计机构的设置原则

成本会计机构是企业负责组织领导和直接从事会计工作的职能部门，是企业会计机构的重要组成部分。企业应当在保证成本会计工作质量的前提下，按照节约成本会计工作时间和费用的原则，设置成本会计机构。

（二）成本会计机构内部的组织分工

企业总部成本会计机构内部的组织分工，可以按照成本会计的职能来划分。成本会计包括预测、决策、计划、控制、核算、分析、考核和检查等职能，在企业总部成本会计机构内部可以设置成本核算、成本分析和检查等专门小组。

企业总部成本会计机构内部的组织分工，也可以按照成本会计的对象来划分。成本会计的对象包括产品成本和期间费用，在企业总部成本会计机构内部也可以设置产品成本核算和分析、期间费用核算和分析等专门小组。

（三）企业内部各级成本会计机构的分工

企业总部和生产单位（分厂、车间）等各级成本会计机构之间的组织分工，可以采用集中工作方式，也可以采用分散工作方式。

1. 集中工作方式

集中工作方式是指企业成本会计中的成本核算和分析等方面的工作，主要由总部成本会计机构集中进行。采用这种方式，分厂、车间等生产单位一般不设置专门的成本会计机构，只配备专职或兼职的成本核算人员，负责有关原始凭证的填写、审核、整理和汇总，为总部成本核算和成本分析工作提供资料。

采用集中工作方式，不但可以减少成本会计机构的层次和成本会计人员的数量，而且有利于企业总部集中使用电子计算机对成本数据进行处理，及时掌握企业有关成本的全面信息。采用这种方式，在大中型企业，不便于直接从事产品生产和劳务供应的各生产单位及时掌握本单位的成本信息，不利于调动生产单位和生产工人的节约费用、控制成本方面的积极性，并且可能影响成本管理经济责任制的实施。

2. 分散工作方式

分散工作方式是指企业会计中的核算和分析等方面的工作，由各分厂、车间等生产单位，其他有关部门和企业总部的成本机构或人员分别进行。企业总部成本会计机构负责对各生产单位和有关部门的成本会计机构和人员进行业务上的指导和监督，并对企业成本进行综合的预测、决策、计划、控制、核算、分析、考核和检查。

采用分散工作方式，增加了成本会计工作的时间和费用，但有利于成本费用的分级管理和责任成本的核算，有利于调动企业上下各个方面和全体职工增产节约、降低成本的积极性。

企业应当根据自身生产经营的特点和成本管理的要求，确定企业内部各级成本会计机构的分工。一般来说，大中型企业宜采用分散工作方式，小型企业宜采用集中工作方式。企业也可以将两种方式结合应用，如重要生产单位采用分散工作方式、其他部门和单位采用集中工作方式。

(四)成本会计人员

在企业成本会计机构中，配备好会计人员，提高成本会计人员的素质，是做好成本会计工作的前提。为了提高成本会计的工作效率，保证成本会计的信息质量，应当在成本会计机构内部和会计人员中建立岗位责任制，定岗、定编、定责，明确分工、各司其职。企业应当重视加强成本会计人员的职业道德教育和业务培训，让每一个成本会计人员都明确自己的职责和权限，胜任自己的工作。

四、成本会计的法律、规章和制度

企业成本会计机构和会计人员必须严格按有关法律、规章和制度的规定进行成本核算，实行会计监督。与成本会计有关的法律、规章和制度可以分为以下三个层次：

(一)《中华人民共和国会计法》

《中华人民共和国会计法》(简称《会计法》)是我国会计工作的基本法律，是指定会计方面其他法律、规章、制度、办法等的依据。

企业成本会计机构和人员必须依照《会计法》办理会计事务。例如，《会计法》第二十五条规定，公司、企业必须根据实际发生的经济业务事项，按照国家会计标准和会计制度的规定确认、计量和记录资产、负债、所有者权益、收入、费用和利润；第二十六条规定，公司、企业不得随意改变费用、成本的确认标准或者计量方法，虚列、多列、不列或者少列费用、成本。这些都是企业在进行成本核算时应当严格遵守的。

(二)国家统一的会计准则和会计制度

《会计法》规定，国家实行统一的会计准则和会计制度。国家统一的会计准则和会计制度由国务院财政部门制定并公布。它包括国家统一的会计核算制度、国家统一的会计监督制度、国家统一的会计机构和会计人员制度、国家统一的会计工作管理制度等。国家统一的会计准则和会计制度属于政府规章性质。

企业进行成本核算，组织成本监督，设置成本会计机构和配备成本会计人员等，都应当遵守《会计法》和国家统一的会计准则和会计制度的规定。

(三)企业内部的会计制度和成本核算办法

企业成本会计的实务必须由企业内部的会计制度和成本核算办法等来规范。也就是说，企业内部的会计制度和成本核算办法，是企业组织费用和成本核算、处理各项具体成本会计业务的直接依据。

企业制定的内部会计制度和成本核算办法，必须符合《会计法》和国家统一的会计准则和会计制度(包括《企业会计制度》和《企业会计准则》等)的要求，必须适合企业内部生产经营活动和业务活动的特点，必须满足企业加强成本管理和成本监督的要求。

五、成本会计的基础工作

费用成本从经济内容来说，都是以货币形式表现的物资消耗和劳动报酬。要组织好成本会计工作，算好和管好费用成本，必须算好各项实物消耗和工时消耗，并且做好以下各项基本工作：

（一）建立和健全原始记录制度

原始记录是反映企业生产经营活动的原始资料，是企业进行费用和成本核算，分析消耗定额、费用预算和成本计划完成情况的依据。企业必须建立健全原始记录制度，及时提供真实可靠、内容完整的原始记录。原始记录制度应当明确企业各种原始记录的取得、登记、传递和保管等方面的工作程序和责任。企业原始记录主要包括以下几类：反映生产经营活动及其成果的原始记录，如生产通知书、产品入库单、废品报告单等；反映材料物资动态的原始记录，如领料单、退料单、材料盘点盈亏报告单等；反映劳动耗费的原始记录，如考勤记录、加班加点记录、工资结算单等。

（二）建立和健全定额管理制度

定额是企业根据本单位当前的生产条件和技术水平，充分考虑各方面因素，在生产经营成果的数量和质量，以及人力、物力和财力的消耗等方面规定应达到的标准。各项定额是企业指定成本计划、实施成本控制和进行成本分析的重要依据。企业从总部到生产单位（车间、分厂）以及班组（柜组）都应建立和健全定额管理制度。在制度中，应当明确企业定额的内容（种类），制定和修订定额的程序，定额完成情况检查、考核和分析的方法等。

企业定额按其反映的内容，主要分为原材料消耗定额、燃料和动力消耗定额、工具模具消耗定额、设备利用定额、工时消耗定额（产量定额）和各项费用（制造费用和期间费用）定额等。企业制定的定额应当既先进又切实可行，并且要随着企业生产条件、技术水平和管理要求的变化及时修订。

（三）建立和健全计量验收制度

计量验收是对各项财产物资的收、发、领、退进行正确的数量计算，并根据技术标准鉴定其质量的方法。它是正确计算费用成本的前提。企业必须建立和健全计量验收制度。明确计量器具标准，质量验收的程序和机构，各项财产物资的收、发、领、退的程序和手续要求等。为此，企业应当根据实际情况，配备各种必要的度、量、衡具和有关的仪器、仪表等计量工具，并定期进行检修、校正；企业应当设立质量检测机构，指定专人负责计量验收工作。

财产清查是会计核算一种专门方法，在建立和健全计量验收制度工作中，要注意做好财产清查工作。企业应当定期或者不定期地进行财产清查，及时处理财产物资的盘盈、盘亏、毁损、报废，做到账实相符。只有对原材料、自制半成品、在产品、产成品等加强实物管理，才能保证费用成本计算的真实性和正确性。

（四）建立和健全内部结算价格制度

内部结算价格是指企业对原材料、自制零部件、半成品和内部各生产单位相互提供的劳务（如修理、运输、动力等）制定的在企业内部各部门、各生产单位之间进行结算的价格。建立和健全内部结算价格制度，以合理的内部结算价格作为企业内部结算和考核的依据，可以分清内部各单位的经济责任，考核和分析内部各单位费用预算和成本计划的执行情况，并简化和加快成本核算工作。

上述四个方面既是成本核算的基础工作，也是企业成本会计以及财务管理中必须加强的基础工作。在四项基础工作中，原始记录、定额管理和计量验收制度是最基本的三项。没有这三个方面的基础工作，成本会计和企业其他管理工作就无法进行。

本章小结

成本的内涵是指成本的经济内容,是相对成本主体的耗费和支出。广义的成本内涵包括生产产品、提供劳务所发生的各种耗费,以及为管理生产和组织经营活动而发生的各项费用。

成本控制主要是运用成本会计的方法,对企业的经营活动进行规划和管理,将成本的规划和实际情况比较,用以衡量业绩,并且按照例外管理的原则,对不利的差异进行纠正,不断降低成本。成本控制是成本管理的重要组成部分。成本控制有助于提高经济效益;成本控制统领整个企业的控制系统;成本控制有助于保护资产的安全。

成本控制原则包括可控性原则、成本效益原则、全面性原则、例外管理原则、责权利相结合原则、及时性原则、一致性原则和相互协调原则。

传统的成本控制一般采用标准成本法。在这种成本法下,成本控制的程序包括制定成本控制的标准、成本控制标准的检验、制定实施成本控制标准的措施、实施成本控制、揭示并分析差异、消除差异。

现代成本控制的程序可以概括为成本预测、成本决策、成本预算、成本监控、成本核算和成本分析。

成本范畴除了一般成本概念所指的产品成本之外,还包括责任成本、质量成本、机会成本、沉没成本、变动成本、固定成本等。

成本会计是随着商品经济的形成而产生的,随商品经济的发展而发展。

成本会计是运用会计的基本原理和一般原则,采用一定的技术方法,对企业生产经营过程中发生的各项费用和商品产品(劳务)成本进行连续、系统、全面、综合核算和监督的一种管理活动。

成本会计的任务是成本会计职能的具体化,也是人们期望成本会计应达到的目的和对成本会计的要求。具体包括:进行成本预测,参与经营决策,编制成本计划,为企业有计划地进行成本管理提供基本依据;严格控制各项费用支出,努力节约开支,不断降低成本;及时、正确地进行成本核算,为企业的经营管理提供有用的信息;考核成本计划的完成情况,开展成本分析。

成本会计的基础工作包括建立和健全原始记录制度、定额管理制度、计量验收制度、内部结算价格制度。

思考题

1. 成本的作用是什么?
2. 工业企业成本会计的对象是什么?
3. 成本会计的对象是什么?
4. 成本会计的基本职能有哪些?它们的关系是什么?
5. 成本会计工作组织的原则是什么?

第二章　成本核算的基本原理

学习目的

掌握成本核算的基本要求和一般程序，熟悉和掌握生产费用的分类，重点掌握成本核算中账户的设置及核算的程序以及产品成本计算的方法。

成本核算是对生产经营管理费用的发生和产品成本的形成所进行的核算，即把一定时期内企业生产经营过程中所发生的费用，按其性质和发生地点，分类归集、汇总、核算，计算出该时期内生产经营费用发生总额，以及每种产品的实际成本和单位成本的管理活动。

第一节　成本核算的要求和一般程序

成本核算的基本任务是正确、及时地核算产品实际总成本和单位成本，提供正确的成本数据，为企业经营决策提供科学依据，并借以考核成本计划执行情况，综合反映企业的生产经营管理水平。

一、成本核算的要求

进行成本核算，首先要审核生产经营管理费用，看其是否已发生、是否应当发生、已发生的是否应当计入产品成本，实现对生产经营管理费用和产品成本的直接管理和控制。其次对已发生的费用按照用途进行分配和归集，计算各种产品的总成本和单位成本，为成本管理提供真实的成本资料。

（一）正确划分各种支出的界限

一个会计主体在其业务活动中，会发生多种性质的支出。除了与正常生产经营活动有关的支出外，还有资本性支出、福利性支出、营业外支出等。在企业支出中，只有与正常生产经营活动有关的支出，才称作生产经营费用(生产费用和期间费用)。为了正确计算产品成本和期间费用，企业首先应当正确划分应计入产品成本和期间费用的生产经营费用与不应计入产品成本和期间费用的其他各种支出的界限。正确划分各种支出的界限，也称为严格费用成本的开支范围。企业必须严格遵守国家统一的会计准则和会计制度规定的费用成本开支范围。

（二）正确划分各期费用成本界限

对于可以计入费用成本的支出，企业应当根据权责发生制原则，正确划分各期费用成本的界限。按照权责发生制原则，凡是本期已经发生的费用成本，不论其款项是否已经付出，都应当作为本期的费用成本入账；凡是不属于本期费用成本的支出，即使款项已经在本期付出，也不应当作为本期的费用成本处理。正确划分各期费用成本的界限，是合理确定各期(月)产品成本和期间费用、正确计算各期(月)营业损益的需要。

为了按期结算费用，计算本期产品成本和期间费用，企业对于本期(月)已经支出、应由本期和以后各期负担的费用，应当记作待摊费用，分期摊入有关费用成本。企业一次支出、分期摊销的待摊费用，按照费用项目的受益期限确定各期分担的数额，分摊期限一般不超过 1 年。企业发生的不能全部计入当年损益，应在以后年度分期摊销的租入固定资产改良支出、固定资产修理支出以及摊销期限在 1 年以上的其他待摊费用，应当记作长期待摊费用，在受益期限内平均摊销。

(三)正确划分产品成本和期间费用的界限

在正确区分各种支出和各期费用成本的基础上，还应当正确划分产品成本和期间费用的界限。企业生产经营费用包括生产费用和期间费用，生产费用构成产品制造成本，期间费用直接计入当期损益。为了正确计算产品成本和营业损益，对于应当计入产品成本的费用，企业不得列为期间费用；对于应当作为期间费用的支出，企业不得计入产品成本。

(四)正确划分各种产品成本的界限

为了正确计算各种产品的成本，可以计入本期产品成本的各项生产费用，还必须在各种产品之间进行划分。应计入本期产品成本的各项生产费用，有两种情况：一种是能够直接计入某种产品成本的；另一种是多种产品共同发生的。正确划分各种产品成本的界限，要求凡是能够分清由某种产品成本负担的费用，应当直接计入该种产品的成本；凡是不能分清由哪种产品成本负担的费用，应当在各种产品之间进行分配后，再计入各种产品的成本。

(五)正确划分本期完工产品成本与期末在产品成本的界限

企业本期发生的生产费用，经过在各种产品之间进行划分，确定了各种产品应负担的生产费用。为了分期确定损益，企业需要分期计算产品成本。企业期末计算产品成本时，除了本期已完工产品外，还可能有未完工的产品(期末在产品)。这样，为了正确计算出本期完工产品的实际总成本和单位成本，必须正确划分本期完工产品成本与期末在产品成本的界限。企业期末计算产品成本时，应当注意核实期末在产品的数量和完工程度，采用合理的分配方法，将已经计入该种产品成本的生产费用在本期完工产品和期末在产品之间进行分配，正确计算本期完工产品的实际总成本和单位成本。

二、成本核算的一般程序

成本核算的一般程序是指对企业在生产过程中发生的各项费用，按照成本核算的要求，逐步进行归集和分配，最后计算出各种产品的成本和各项期间费用的基本过程。根据前述的成本核算要求和费用的分类，可将成本核算的一般程序归纳如下：

(1)对企业的各项支出进行严格的审核和控制，并按照国家的有关规定确定其应否计入产品成本、期间费用。

(2)正确处理费用的跨期摊提工作。包括将本月实际支出而应该留待以后月份摊销的费用，记作待摊费用；将以前月份开支的待摊费用中应由本月负担的份额，摊入本月的成本；将本月尚未开支但应由本月负担的费用，预提计入本月的成本。

(3)将应计入本月产品成本的各项生产费用,在各种产品之间按照成本项目进行分配和归集,计算出按成本项目反映的各种产品的成本。

(4)对于月末既有完工产品又有在产品的产品,将该种产品的生产费用(月初在产品生产费用与本月生产费用之和)在完工产品和月末在产品之间进行分配,计算出该种产品的完工产品成本和月末在产品成本。

第二节　生产费用的分类

工业企业生产经营过程中的耗费是多种多样的,为了科学地进行成本管理,正确计算产品成本和期间费用,需要对种类繁多的费用进行合理分类。费用可以按不同的标准分类,其中最基本的是按费用的经济内容和经济用途分类。

一、按经济内容分类

企业的生产经营过程,也是物化劳动(劳动对象和劳动手段)和活劳动的耗费过程,因而生产经营过程中发生的费用,按其经济内容分类,可划归为劳动对象方面的费用、劳动手段方面的费用和活劳动方面的费用三大类。这三类称为费用的三大要素。为了具体反映各种费用的构成和水平,还应在此基础上,将其进一步划分为以下九个费用要素。所谓费用要素,就是费用按经济内容的分类。

(1)外购材料,是指企业为进行生产经营而耗用的一切从外单位购进的原料及主要材料、半成品、辅助材料、包装物、修理用备件和低值易耗品等。

(2)外购燃料,是指企业为进行生产经营而耗用的一切从外单位购进的各种固体、液体和气体燃料。

(3)外购动力,是指企业为进行生产经营而耗用的一切从外单位购进的各种动力。

(4)工资,是指企业应计入产品成本和期间费用的职工工资。

(5)职工福利费,是指企业根据规定按工资总额的一定比例计提的、应计入产品成本和期间费用的职工福利费。

(6)折旧费,是指企业按照规定的固定资产折旧方法计算提取的折旧费用。

(7)利息费用,是指企业应计入财务费用的借入款项的利息支出减利息收入后的净额。

(8)税金,是指应计入企业管理费用的各种税金,如房产税、车船使用税、土地使用税、印花税等。

(9)其他费用,是指不属于以上各要素但应计入产品成本或期间费用的费用支出,如差旅费、租赁费、外部加工费以及保险费等。

二、按经济用途分类

工业企业在生产、经营中发生的费用,首先可以分为计入产品成本的生产费用和直接计入当期损益的期间费用两类。下面分别讲述这两类费用按照经济用途的分类。

计入产品成本的生产费用在产品生产过程中的用途也不尽相同。有的直接用于产品生产,有的间接用于产品生产。因此,为具体反映计入产品成本的生产费用的各种用途,提供产品成本构成情况的资料，还应将其进一步划分为若干项目，即产品生产成本项目，简称产品成本项目或成本项目，就是生产费用按经济用途分类核算的项目。工业企业一般应设置以下几个项目：

(1)原材料，也称直接材料，是指直接用于产品生产、构成产品实体的原料、主要材料以及有助于产品形成的辅助材料费用。

(2)燃料及动力，也称直接燃料及动力，是指直接用于产品生产的各种燃料和动力费用。

(3)工资及福利费，也称直接人工，简称工资及福利费，是指直接参加产品生产的工人工资及福利费。

(4)制造费用，是指间接用于产品生产的各项费用，以及虽直接用于产品生产，但不便于直接计入产品成本，因而没有专设成本项目的费用(如机器设备的折旧费用)。制造费用包括企业内部生产单位(分厂、车间)的管理人员工资及福利费、固定资产折旧费、租赁费(不包括融资租赁费)、物料消耗、低值易耗品摊销、取暖费、水电费、办公费、运输费、保险费、设计制图费、实验检验费、劳动保护费、季节性或修理期间的停工损失以及其他制造费用。

企业可根据生产特点和管理要求对上述成本项目做适当调整。对于管理上需要单独反映、控制和考核的费用，以及产品成本中比重较大的费用，应专设成本项目；否则，为了简化核算，不必专设成本项目。例如，如果废品损失在产品成本中所占比重较大，在管理上需要对其进行重点控制和考核，则应单设“废品损失”成本项目。又如，如果工艺上耗用的燃料和动力不多，为了简化核算，可将其中的工艺用燃料费用并入“原材料”成本项目，将其中的工艺用动力费用并入“制造费用”成本项目。

三、生产费用的其他分类

生产费用除了按照经济用途分类外，还可以按照其他方式进行分类。

(一)按与生产工艺的关系分类

计入产品成本的各项生产费用，按与生产工艺的关系，可以分为直接生产费用和间接生产费用。直接生产费用是指由生产工艺本身引起的、直接用于产品生产的各项费用，如原料费用、主要材料费用、生产工人工资和机器设备折旧费等。间接生产费用是指与生产工艺没有联系，间接用于产品生产的各项费用，如机物料消耗、辅助工人工资和车间厂房折旧费等。

(二)按计入产品成本的方法分类

计入产品成本的各项生产费用，按计入产品成本的方法，可以分为直接计入费用(一般称为直接费用)和间接计入(或称分配计入)费用(一般称为间接费用)。

此外，费用还有其他的分类方法，如费用按与产量的关系，可分为变动费用(变动成本)和固定费用(固定成本)。

第三节　生产费用的总分类核算

为了核算和监督企业生产过程中发生的各项费用，正确计算产品和劳务成本，企业需要设置成本类账户，组织生产费用的总分类核算和明细分类核算，计算产品和劳务的实际总成本和单位成本。

一、产品成本(生产费用)核算的账户设置

不同行业的企业,可以根据本行业生产特点和成本管理的要求,确定成本类账户的名称和核算内容。工业企业一般设置“生产成本”和“制造费用”等成本费用类账户,施工企业一般设置“工程施工”等成本类账户,交通运输企业一般设置“劳务成本”等成本类账户。下面主要介绍工业企业的“生产成本”和“制造费用”账户。

(一)“生产成本”账户

“生产成本”账户用来核算企业进行工业性生产,包括生产各种产品(包括产成品、自制半成品和提供劳务)、自制材料、自制工具、自制设备等所发生的各项生产费用,计算产品和劳务的实际成本。

工业企业的生产根据各生产单位任务的不同,可以分为基本生产和辅助生产。基本生产是指为完成企业主要生产任务而进行的产品生产或劳务供应。辅助生产是指为企业基本生产单位或其他部门服务而进行的产品生产或劳务供应,如企业内部的供水、供电、供气、自制材料、自制工具和运输、修理等生产。企业辅助生产单位的产品和劳务,虽然有时也对外销售一部分,但主要任务是服务于企业基本生产单位和管理部门。

由于企业生产分为基本生产和辅助生产,根据企业生产费用核算和产品成本计算的需要,一般可以在“生产成本”这一总分类账户下,分设“基本生产成本”和“辅助生产成本”两个二级账户;也可以将“生产成本”这一账户分设为“基本生产成本”和“辅助生产成本”两个总分类账户;业务量较小的企业,还可以将“生产成本”和“制造费用”两个总分类账户,合并为“生产费用”一个总分类账户。本书按照一般工期企业的情况,设置“生产成本”和“制造费用”两个成本费用类总分类账户,在“生产成本”总分类账户下,设置“基本生产成本”和“辅助生产成本”两个二级账户。

“生产成本——基本生产成本”账户的借方登记企业从事基本生产活动的生产单位(车间、分厂)所发生的直接材料费用、直接人工费用、其他直接费用和自“制造费用”账户转入的基本生产单位发生的制造费用;该账户的贷方登记结转的基本生产单位完工入库产品成本和已完成的劳务成本;该账户的期末余额在借方,表示基本生产单位期末尚未完工的在产品成本。

“生产成本——辅助生产成本”账户的借方登记企业从事辅助生产活动的生产单位(车间、分厂)所发生的各项直接费用和自“制造费用”账户转入的辅助生产单位发生的制造费用;该账户的贷方登记结转的辅助生产单位完工入库产品(如自制材料、工具等)成本和分配给各受益对象的已完成劳务(如修理服务)成本;该账户的期末余额在借方,表示辅助生产单位期末尚未完工的在产品(如自制材料、工具等)成本。

为了正确计算各种产品和劳务的实际总成本,在按照企业生产单位设置的生产成本二级账下,还应按照各个生产单位的成本核算对象,设置产品(劳务)生产成本明细账。按成本核算对象设置的产品生产成本明细账,用来归集成本核算对象所发生的全部生产费用,并计算出该对象的完工产品(或劳务)实际总成本和期末在产品成本。因此,产品生产成本明细账也称产品成本计算单。

企业按生产单位设置的基本生产成本二级账和辅助生产成本二级账,以及按成本计算对象设置的生产成本明细账(产品成本计算单),都应当按成本项目设专栏组织生产费用的核算和产品成本的计算。期末,“生产成本”总分类账户应与所属的生产成本二级账户核对;生产成

本二级账户应与所属的生产成本明细账(产品成本计算单)核对。不设生产成本二级账的企业,“生产成本”总分类账户直接与所属的产品生产成本明细账(产品成本计算单)核对。

(二)“制造费用”账户

“制造费用”账户用来核算企业各生产单位(分厂、车间)为生产产品和提供劳务所发生的各项间接费用。该账户的借方登记企业各生产单位为生产产品和提供劳务而发生的各项间接费用;贷方登记期末分配结转(转入“生产成本”等账户)的制造费用;除季节性生产企业外,期末结转后,该账户应无余额。

“制造费用”账户应当按照企业生产单位设置明细账,并按费用项目设专栏组织明细核算。

企业行政管理部门为组织和管理生产经营活动所发生的各项管理费用、企业在销售过程中发生的各项营业费用,以及企业为筹集生产经营资金所发生的各项财务费用,都应作为期间费用,不记入“制造费用”账户,分别记入“管理费用”“营业费用”和“财务费用”账户。

二、待摊和预提费用核算的账户设置与会计核算

为了正确划分各期费用的界限,新会计准则并没有将涉及的预付性质的费用支出完全予以取消,只是不再单独出现“待摊费用”字样,不再使用该科目而已,只要企业的相关经济业务符合新准则中关于“资产”的定义,仍然可以将其列入资产负债表中的资产方;首次执行日“待摊费用”余额不必调整;但其中的“待摊费用”余额如果不属于上述情况,可列入“预付款项”进行核算,只能计入首次执行日的当期损益。

(一)对低值易耗品和出租出借包装物的会计处理

(1)设置“周转材料”科目,核算企业周转材料的计划成本或实际成本,包括包装物、低值易耗品,以及企业(建造承包商)的钢模板、木模板、脚手架等;但对企业的包装物、低值易耗品,也可以单独设置“包装物”“低值易耗品”科目。

(2)本科目可按周转材料的种类,分别设置“在库”“在用”和“摊销”明细科目进行明细核算。

(二)对预付的财产保险费、经营租赁固定资产租金和报刊订阅费的会计处理

在新会计准则体系约束下,预付财产保险费、经营租赁固定资产租金和报刊订阅费的会计处理,通过“预付账款”和“其他应收款”科目进行核算。“其他应收款”科目核算除存出保证金、买入返售金融资产、应收票据、应收账款、应收股利、应收利息、长期应收款等以外的其他各种应收及暂付款项。预付财产保险费、预付经营租赁固定资产租金和预付报刊订阅费这三类费用支出均是企业按相应合同预付给服务提供方的款项,与购买商品、采购材料时预付账款的性质相同,因此通过“预付账款”科目核算比较合理。这种会计处理同采购材料、购进商品所预付的款项有所区别,要通过相应的明细账户组织核算予以区分。

在支付该类费用时,借记“预付账款”科目,贷记“银行存款”科目;而按期摊销时,借记“管理费用”等科目,贷记“预付账款”科目。

(三)对固定资产修理费用的会计处理

那些已经实际发生的、没有明确期限的固定资产修理费用是比较标准的“待摊费用”,按照新会计准则的要求,应当于发生时一次性核销,即:生产车间和行政管理部门的固定资产的维修费,应计入管理费用;销售部门的固定资产的维修费,应计入销售费用。如果发生的固定资产修理费用能满足资本化条件,则应当计入固定资产的价值。

(四)对一次购买印花税票和一次缴纳税额较多且需要分月摊销的税金的会计处理

对一次购买印花税票和一次缴纳税额较多且需要分月摊销的税金,在会计处理上比较简单。新会计准则要求,该业务可以通过"预付账款"科目核算。每一受益期分摊时,借记"管理费用"科目,贷记"应交税费"科目;同时,借记"应交税费"科目,贷记"预付账款"科目。

三、具有预提性质的费用支出在新会计准则中的会计处理

具有预提性质的费用支出,是指预先分月计入当期费用,但由以后月份支付的费用,即原来归属"预提费用"科目核算的那些支出。在新会计准则下,原来归"预提费用"科目核算的内容,如果有确凿证据需要预提的,应根据其性质记入"应付账款"或"其他应付款"科目;对那些过去经常发生的、证据不足的、随意性很强的"预提费用",新会计准则规定是不能计提的;但首次执行日"预提费用"余额中符合负债定义的部分,应转入相应应付款项;不符合负债定义的部分,则只能核销,按照前期差错更正原则处理。

(一)对短期借款的利息费用的会计处理

原记入"预提费用"科目的预先提取的贷款利息支出,应属于企业已发生尚未支付的负债,它符合"负债"的定义,新会计准则下,可计入应付利息。因该费用的受益期一般不得超过一年,故计提利息时,借记"财务费用"科目,贷记"应付利息"科目;实际支付利息时,借记"应付利息"等科目,贷记"银行存款"科目。

(二)对预提的固定资产修理费用、租金和保险费等的会计处理

新会计准则及相关"指南"规定中要求,不再对固定资产的修理费用进行预提,而是在实际发生时,根据支出能否"资本化",即能否形成固定资产价值,进行相应的处理:不能"资本化"的修理费用直接计入当期损益,可以"资本化"的则计入固定资产账面价值。

而对于当期应付未付的租金和保险费,由于其性质是"应付款项",理应归入"应付款"一类的科目进行会计核算,但为了与购买商品、外购劳务所产生的应付款项区别开,则要求通过"其他应付款"科目进行处理,即每期根据本期应承担的义务,借记相关成本费用科目,贷记"其他应付款"科目;支付时,借记"其他应付款"科目,贷记"银行存款"科目。

除前面所述"预提费用"以外,企业日常业务还有一些计提费用。如按照税法要求,除坏账准备金以外计提的其他准备金,如存货跌价准备、固定资产减值准备、短期和长期投资跌价准备、在建工程减值准备、无形资产减值准备等这些费用,都不得在税前扣除,只有在实际发生时才能据实扣除。因此,要求多数中小企业对准备金一类的计提费用平时不予计提,只有在实际发生损失时才进行账务处理。

此外,诸如工会经费、坏账准备、银行贷款利息等费用,一般也不预提,若按权责发生制的原则计提,则按规定要在税前扣除。

四、生产费用和期间费用总分类核算的程序

生产费用和期间费用的归集与核算时须遵循自身特点,同时采取以下核算程序:

(一)登记本期发生(支付)的各项费用

企业本期发生的材料费、人工费、折旧费和其他各项费用,在贷记"原材料""应付职工薪酬""累计折旧""银行存款"和"库存现金"等资产、负债账户的同时,应当根据费用的用途和所属期间,分别记入有关成本费用账户、跨期费用账户和期间费用账户的借方。

（二）摊销费用和预提费用

按照权责发生制原则，企业应由本期成本费用负担，但尚未支付的费用，应当预提计入本期的成本费用，记入“应付账款”和“其他应付款”账户的贷方；同时，分别记入“制造费用”“管理费用”“财务费用”“销售费用”等账户的借方。本期支付时，记入“应付账款”“其他应付款”账户的贷方；同时，记入“银行存款”账户的贷方。

对于已经发生或支付的费用，应当摊销计入本期的成本费用。本期摊销的费用，记入“预付账款”“其他应收款”账户的贷方；同时，分别记入“制造费用”“管理费用”“财务费用”“销售费用”等账户的借方。

（三）分配结转制造费用

期末，企业应当将本期发生的制造费用，按照受益原则，分配给各种产品和劳务，记入“制造费用”账户的贷方；同时，记入“生产成本”账户的借方，由有关成本核算对象的成本负担。分配结转后，“制造费用”账户一般应无余额。

（四）结转本期完工入库产品成本

期末，按照一定方法计算出本期完工产品的总成本后，应当将本期完工入库产品的总成本结转到“库存商品”“自制半成品”等账户之中。

结转本期完工入库产品成本，记入“生产成本”账户的贷方；同时，记入“库存商品”账户的借方。结转本期完工入库自制半成品成本，记入“生产成本”账户的贷方；同时，记入“自制半成品”账户的借方。结转本期辅助生产单位对外修理、运输等已实现销售的劳务总成本，记入“生产成本”账户的贷方；同时，记入“主营业务成本”（或“其他业务成本”）账户的借方。

第四节 产品成本的计算方法

企业应按成本计算对象设置成本计算单，并根据生产经营特点、生产经营组织类型和成本管理要求，确定成本计算方法，进行成本计算。

一、工业企业生产的主要类型

工业企业的生产类型是指按照一定的标志，把工业企业的生产划分为不同的类型。现按三种不同的标志，对工业企业的生产类型划分如下：

（一）生产按工艺过程的特点分类

工业产品的生产工艺过程是指产品从投产到完工的全部过程。按生产工艺过程的特点，工业企业的生产可分为单步骤生产和多步骤生产两种类型。

单步骤生产又称简单生产，是指产品生产工艺过程不能间断，或不能分散在不同地点进行的生产。

多步骤生产又称复杂生产，是指产品的生产工艺过程由若干个可以间断、分散在不同地点、分别在不同时间进行的生产步骤所组成的生产。这类生产工艺技术复杂，生产周期较长，产品品种较多且很不稳定，一般由一个企业的若干个生产步骤或车间协作进行生产。按其产品的加工方式，又可分为连续式生产和装配式生产。连续式生产是指原材料投入生产后到产品完工，要依次经过各生产步骤的连续加工的生产，前一加工步骤完工的半成品为后一加工步骤加工的对象，如纺织、冶金、造纸等的生产。装配式生产是指各生产步骤可以在不同地点同时进行，先将原材料平行加工成零件、部件，然后将零件、部件装配成产成品，如机械、仪表等的生产。

（二）生产按其组织方式分类

生产组织是保证生产过程各个环节、各个因素相互协调的生产工作方式。按生产组织的特点，工业企业的生产可分为大量生产、成批生产和单件生产三种类型。

大量生产是指不断地大量重复生产相同产品的生产。在这种生产的企业或车间，往往产品的品种较少、产量较大，而且比较稳定，如纺织、面粉、采掘、发电、造纸等的生产。

成批生产是指按照事先规定的产品批别和数量进行的生产。在这种生产的企业或车间，通常产品的品种较多、产量较大，生产具有重复性，但往往是间断的重复，如服装、机械等的生产。

单件生产类似小批生产，是指根据订货单位的要求，生产个别的、性质特殊的产品的生产，它的特点是品种多，每种产品的产量很少，一般不重复生产，即使重复生产也是个别的、不定期的，如船舶、重型机械、新产品试制等的生产。

（三）生产按其内部职能的分类

按生产的内部职能，工业企业的生产可分为基本生产和辅助生产两种主要类型。

基本生产是指企业为直接完成其主要生产目的而进行的产品生产。从事基本生产的车间称为基本生产车间，如钢铁厂的炼铁、炼钢、轧钢，机器厂的铸造、锻压、金工、装配等都是基本生产车间。

辅助生产是指为基本生产服务而进行的生产。从事辅助生产的车间称为辅助生产车间，如机器厂的工具、模具的制造，钢铁厂的发电、蒸汽的供应，纺织厂的机修等。

二、影响产品成本计算方法的主要因素

不同的企业，其生产过程有不同的特点，其成本管理的要求也不一样。这对成本计算的具体方法带来了很大的影响。

（一）产品成本计算方法的含义及内容

产品成品计算方法是指按一定成本计算对象汇集与分配生产费用，用于计算产品成本的方法。

产品成本计算方法一般包括以下几个方面的内容：(1)成本计算对象的确定；(2)成本核算的账户设置；(3)成本项目的确定；(4)生产费用的归集及其计入产品成本的程序；(5)间接费用的分配；(6)成本计算期的确定；(7)生产费用在完工产品和在产品之间的分配；(8)产品总成本和单位成本的计算。

（二）生产类型对产品成本计算方法的影响

1. 对成本计算对象的影响

(1)从生产工艺过程特点看，生产有单步骤生产（简单生产）和多步骤生产（复杂生产），它对成本计算对象有影响。

(2)从生产组织方式特点看，生产分为大量生产、成批生产、单件生产，它对成本计算对象有影响。

2. 对成本计算期的影响

不同生产类型，产品成本计算期不同，这主要取决于生产组织的特点。

3. 对生产费用计入产品成本程序的影响

产品的生产特点，在一定程度上也影响生产费用计入产品成本的程序。

4. 对完工产品与在产品之间费用分配的影响

生产类型的特点，还会影响月末进行成本计算时，有无在产品、是否需要在完工产品与在产品之间分配费用的问题。

由此可见，产品的生产特点不同，成本计算对象、生产费用的归集及其计入产品成本的程序、成本计算期等也就有区别。不同的成本计算对象、不同的生产费用的归集及其计入产品成本的程序、不同的成本计算期，以及生产费用在完工产品和在产品之间的划分方法等的相互结合，就构成了各种不同的成本计算方法。而成本计算对象，一般是决定成本计算方法的主要因素。不同的成本计算对象决定了不同的成本计算期、不同的生产费用在完工产品与在产品之间的分配。因此，成本计算对象的确定，是正确计算产品成本的前提，也是区别各种成本计算方法的主要标志。

（三）管理要求对产品成本计算方法的影响

产品生产特点即生产类型客观上决定着成本计算对象，但成本计算对象的确定，还要考虑管理上的要求。因为成本核算是为成本管理服务并提供资料的，所以管理要求对成本计算方法也有影响。

三、产品成本计算方法的选择

企业只有根据自身生产的特点和成本管理的不同要求，选择不同的成本计算方法，才能正确地计算产品成本。

（一）产品成本计算方法的分类

1. 产品成本计算的基本方法

(1)品种法

品种法是指以产品品种为成本计算对象，归集生产费用，计算产品成本的方法。这种方法是基本方法中最基本的产品成本计算方法。

(2)分批法

分批法是指以产品批别为成本计算对象，归集生产费用，计算产品成本的方法。这种方法是在品种法的基础上产生的。

(3)分步法

分步法是指以产品品种和生产步骤为成本对象，归集生产费用，计算产品成本的方法。这种方法也是在品种法的基础上形成的。

2. 产品成本计算的辅助方法

除了上述成本计算的基本方法外，为了简化成本计算工作，或加强成本管理，还存在着辅助的成本计算方法：分类法和定额法。

(1)分类法

分类法是按产品类别归集生产费用，再按一定的分配标准在类内各产品之间进行分配，计算各种产品成本。这种方法一般适用于品种、规格繁多的企业，如灯泡厂、钉厂等。

(2)定额法

定额法是以产品的定额成本为基础,加减脱离定额差异和定额变动差异,进而计算实际成本的一种方法。这种方法是为了加强成本管理而采用的一种成本计算方法。

(二)产品成本计算三种基本方法的比较

产品成本计算的基本方法有品种法、分批法、分步法,它们之间的比较如表2—1所示。

表2—1　　产品成本计算三种基本方法的比较

产品成本计算方法	品种法	分批法	分步法
成本核算对象	产品品种	产品批别、订单	产品品种及其所经生产步骤
生产工艺过程和管理要求	单步骤生产或管理上不要求分步骤计算成本的多步骤生产		管理上要求分步骤计算成本的多步骤生产
生产组织类型	大量大批生产	单件小批生产	大量大批生产
成本计算期	定期按月	可以不定期,与生产周期一致	定期按月
生产费用在本月完工产品和在产品之间的分配	有在产品时需要分配	一般不需要分配	通常有在产品,需要分配
适用范围	单步骤的大量大批生产,也可用于管理上不需要分步骤计算成本的多步骤大量大批生产	小批单件的单步骤生产和管理上不要求分步骤计算成本的多步骤生产	大量大批且管理上要求分步骤计算成本的多步骤生产

(三)产品成本计算方法的灵活运用

在实际工作中,应根据企业不同的生产特点和管理要求,并考虑到企业的规模和管理水平等具体条件,从实际出发,对上述各种成本计算方法灵活加以运用。

1. 几种产品成本计算方法的同时运用

(1)一个企业的各个生产车间,如果生产类型不同,可同时采用不同的成本计算方法。

(2)一个企业或一个车间的各种产品,可同时采用不同的成本计算方法。

企业的生产往往是生产、研制、开发同步进行,因而既存在大量大批生产,也有单件小批生产。例如,医药产品生产企业,对大量大批生产的定型产品,采用品种法或分步法进行成本核算;对非定型产品,则采用分批法进行成本核算。

2. 几种产品成本计算方法的结合应用

(1)一种产品的不同生产步骤,由于生产特点和管理要求不同,可以采用不同的成本计算方法。

(2)在一种产品的不同零件、部件之间,由于管理要求不同,也可以采用不同的成本计算方法。

有些企业除同时应用几种成本核算方法外,还有以一种成本核算方法为主,结合其他成本核算方法的特点加以综合应用的情况。例如,电子产品生产企业,其主要产品由各个相互关联的生产阶段组成,其最终产品应采用分批法进行成本核算。但从各个生产阶段看则有所不同,有些阶段上的半成品可以直接对外销售,可采用品种法进行成本核算;有些半成品加工阶段属于多步骤生产,可采用分步法进行成本核算。这类企业成本核算以分批法为主,结合使用品种法、分步法的某些特点加以综合应用。

3. 辅助方法与基本方法的配合使用

分类法和定额法作为成本计算的辅助方法，是为了简化成本核算、加强成本定额管理而采用的，它们只能同三种基本方法配合使用。

本章小结

成本核算的要求主要有正确划分各种支出的界限、各期费用成本的界限、产品成本和期间费用的界限、各种产品成本的界限、本期完工产品成本和期末在产品成本的界限。

成本核算的一般程序是指对企业在生产过程中发生的各项费用，按照成本核算的要求，逐步进行归集和分配，最后计算出各种产品的成本和各项期间费用的基本过程。

生产费用按其经济内容分类，可划归为劳动对象方面的费用、劳动手段方面的费用和活劳动方面的费用三大类。这三类称为费用的三大要素。工业企业在生产、经营中发生的费用，按照经济用途可以分为计入产品成本的生产费用和直接计入当期损益的期间费用两类。

不同行业的企业，可以根据本行业生产特点和成本管理的要求，确定成本类账户的名称和核算内容。工业企业一般设置"生产成本"和"制造费用"等成本费用类账户，组织生产费用的总分类核算和明细分类核算，计算产品和劳务的实际总成本和单位成本。

生产费用和期间费用的归集与核算须遵循自身特点。核算程序为：登记本期发生（支付）的各项费用；摊销和预提费用；分配结转制造费用；结转本期完工入库产品成本。

产品成本计算方法一般包括下列几个方面的内容：(1)成本计算对象的确定；(2)成本核算的账户设置；(3)成本项目的确定；(4)生产费用的归集及其计入产品成本的程序；(5)间接费用的分配；(6)成本计算期的确定；(7)生产费用在完工产品和在产品之间的分配；(8)产品总成本和单位成本的计算。

企业只有根据自身生产的特点和成本管理的不同要求，选择不同的成本计算方法，才能正确地计算产品成本。主要方法包括品种法、分批法、分步法，辅助方法包括分类法和定额法。

思考题

1. 成本核算的要求有哪些？
2. 工业企业为了正确地进行成本核算，需要划清哪些费用界限？
3. 工业企业为了加强成本的审核、控制，正确及时地计算成本，应做好哪些基础工作？
4. 生产费用按经济内容分类的作用是什么？这种分类的不足之处是什么？

第二篇

成本信息的生成

第三章　生产费用的归集与分配

学习目的

重点掌握材料费用、人工费用、其他生产要素以及辅助生产成本的归集与分配，重点掌握各生产要素在不同产品之间以及在产品和产成品之间的分配方法。

第一节　材料费用的归集与分配

材料是工业企业生产加工的劳动对象，是产品生产中必不可少的物质要素。在工业企业中，材料费用是构成产品成本的主要生产费用，因此，材料费用的核算对于正确进行产品成本核算、加强成本费用的控制和管理具有极其重要的意义。

一、材料费用的组成

材料费用包括企业在生产经营过程中实际消耗的各种原材料、辅助材料、外购半成品、修理用备品备件、燃料、动力、包装物和低值易耗品等费用。

(一)原材料

原材料是指作为主要劳动对象，经过加工以后构成产品实体的各种原料和材料。原料是指直接从自然界取得的劳动对象，如纺织企业纺纱耗用的原棉、冶炼企业炼铁耗用的铁矿石等；材料是指已经被加工过的劳动对象，如纺织企业生产布料使用的棉纱、家具厂生产家具使用的板材等。

(二)辅助材料

辅助材料是指直接用于生产过程，有助于产品形成或便于生产进行，但不构成产品实体的各种辅助性材料。辅助材料在生产中发挥的作用不同，有的为劳动工具所消耗，如维护机器设备使用的机油和防锈剂等；有的与主要材料相结合，使主要材料发生变化或给予产品某些性能，如催化剂、漂白粉、染料、油漆等；有的为创造正常劳动条件所耗用，如清洁卫生用的扫帚、抹布、清洁剂等。

(三)外购半成品

外购半成品是指为企业配套产品而耗用的外购件，如生产空调从外单位购入的压缩机，生产汽车从外单位购入的发动机、汽车轮胎等。

(四)修理用备品备件

修理用备品备件是指为了修理本企业的机器设备、运输设备等固定资产所专用的零件、备件及配件，如齿轮、轴承等。其他修理用材料列入辅助材料。

（五）燃料

燃料是指在生产过程中用来燃烧发热或为创造正常的劳动条件使用的各种燃料，包括固体燃料、液体燃料和气体燃料，如煤、汽油、天然气等。燃料按其在生产中所起的作用来看，也属于辅助材料，但是，由于它在企业生产中消耗量比较大，对现代化生产来说作用比较大，需单列一类，以便于管理和核算。

（六）动力

动力是指生产经营耗用的电力、热力、风力等。

（七）包装物

包装物是指生产经营过程中用于包装本企业产品的各种包装容器，如桶、箱、瓶坛、袋等。

（八）低值易耗品

低值易耗品是指生产经营中领用的各种价值低廉、容易损耗的各种物品，如各种用具物品、工具、管理用具、玻璃器皿等。

二、材料费用的归集

企业在生产活动中耗用的材料费用，是根据领退料凭证，按照材料的用途归集和分配的。

（一）材料发出的原始记录

为了有效地控制生产成本，企业必须严格办理有关材料领用和退库手续，做好相关的原始记录。在实际工作中，材料发出的原始记录主要包括领料单、限额领料单、领料登记表、退料单和材料盘点报告表等。

1. 领料单

领料单是一种由领料车间、部门按用途分别填制的一次性使用的领发材料凭证。它适用于领料次数不多、零星消耗、不经常使用即没有制定消耗定额材料的领发业务。领料单的格式如表3—1所示。

表3—1　　领料单

领料单位：　　凭证编号：

用　　途：　　年　月　日　　发料仓库：

材料类别	材料编号	名称及规格	计量单位	数量		单价	金额
				请领	实发		
备注			合计				

领料单位负责人：　　发料人：　　领料人：

领料单可以采用一单一料或一单多料方式，由领料单位填写，一式三联——一联留存领料单位备查；一联留存发料仓库，据以登记材料明细账；另一联送交会计部门，据以进行材料收发和材料费用核算。

2. 限额领料单

限额领料单是一种在规定时期内，按照规定的限额可以多次使用的领发材料的累计凭证。它是由企业的供应部门或生产计划部门根据生产计划和产品的材料消耗定额等有关资料，分别按每一领料车间、部门、产品或工作令号开出，可以采用一单一料或一单多料方式，一般是一式三联，列明材料的品种和限额，经供应部门或计划部门负责人签字后，一联送交领料车间或部门，一联送交发料仓库，一联留存备查，分别作为一定期间内领发材料的依据。

领料单位领料时，在该单内注明请领数量，经负责人签章批准后，持往仓库领料。仓库发料时，根据材料的品名、规格在限额内发料，同时将实发数量及限额余额填写在限额领料单内，领发料双方在单内签章。月末在此单内结出实发数量和金额转交会计部门，据以计算材料费用，并做材料减少的核算。使用“限额领料单”领料，全月不能超过生产计划部门下达的全月领用限额量。由于增加生产量而需追加限额时，应经生产计划部门批准，办理追加限额的手续。由于浪费或其他原因超限额用料需追加限额，应由用料部门向生产计划部门提出申请，经批准后追加限额。在用另一种材料代替限额领料单内所列材料时，应另填一次“领料单”，同时相应地减少限额余额。“限额领料单”的格式和内容如表 3－2 所示。

表 3－2　　**限额领料单**

领料部门：　　　　领料编号：

领料用途：　　　　年　月　日　　　　发料仓库：

<table>
<tr><td>材料类别</td><td>材料编号</td><td>名称编号</td><td>计量单位</td><td>另用限额</td><td>实际领用</td><td>单价</td><td>金额</td><td>备注</td></tr>
<tr><td></td><td></td><td></td><td></td><td></td><td></td><td></td><td></td><td></td></tr>
<tr><td colspan="4">供应部门负责人：</td><td colspan="5">计划生产部门负责人：</td></tr>
<tr><td>日期</td><td colspan="4">领　用</td><td colspan="3">退　料</td><td>限额结余</td></tr>
<tr><td></td><td>请领数量</td><td>实发数量</td><td>发料人签章</td><td>领料人签章</td><td>退料数量</td><td>退料人签章</td><td>收料人签章</td><td></td></tr>
<tr><td></td><td></td><td></td><td></td><td></td><td></td><td></td><td></td><td></td></tr>
<tr><td></td><td></td><td></td><td></td><td></td><td></td><td></td><td></td><td></td></tr>
<tr><td></td><td></td><td></td><td></td><td></td><td></td><td></td><td></td><td></td></tr>
<tr><td></td><td></td><td></td><td></td><td></td><td></td><td></td><td></td><td></td></tr>
</table>

限额领料单适用于大量大批生产的企业中经常使用并有消耗定额的材料。采用限额领料单，不仅节省了大量凭证，简化了核算手续，还可以有效地监督材料消耗定额的执行，及时有效地控制材料的使用，促使使用部门合理使用，杜绝浪费，也便于仓库主动备料、送料，保证生产经营活动的正常进行。

3. 领料登记表

领料登记表也是一种多次使用有效的(一般为一个月)的领料凭证，一般采用一单一料的方式。对于生产车间、班组常用的数量零星、价值不大的消耗材料，为简化核算，平时可以不采用上述凭证进行核算，而由领料人在领料登记表上登记领用数量并签章证明，据以办理领料手续。领料登记表的格式如表 3－3 所示。

表 3—3　　　　**领料登记表**

领料单位：　　　　年　月　日　　　　发料仓库：

日期	材料类别	材料编号	材料名称及规格	计量单位	领用数量		发料人	收料人	备　注
					当日	累计			
材料单价				合计金额					

4. 退料单

退料单是一种记录企业生产车间退回月终结存材料的凭证。生产车间领用的材料，虽然是用于生产产品方面，但领用的数量并不一定等于实际消耗的数量。为了正确反映存货价值和计算产品成本，生产车间应于月份终了时，对那些领而未用的材料，办理退料手续。下月不再使用的材料，应填制退料单连同材料退回仓库；下月继续使用的材料，则办理假退料手续，即同时填写本月退料单和下月领料单，材料不退回仓库。退料单的格式如表 3－4 所示。

表 3—4　　　　**退料单**

退料单位：　　　　年　月　　　　任务编号：

材料编号	材料名称	材料规格	计量单位	数　量	单　价	金　额
备注						

车间负责人：　　　　退料人：　　　　收料人：

5. 材料盘点报告表

材料盘点报告表是反映企业材料盘点情况的书面证明凭证。工业企业储存的材料品种多，收发业务极为频繁，材料物资由于各种原因会造成账实不符，出现盘盈、盘亏的现象。因此，企业应定期对材料进行盘点，并将盘点结果登记在材料盘点报告表上。材料盘点报告表的格式如表 3－5 所示。

表 3—5　　　　**材料盘点报告表**

仓库名称：　　　　年　月　日

材料编号	材料名称及规格	计量单位	数　量		单 价	盘　盈		盘　亏		盘亏原因
			账 存	实 存		数量	金额	数量	金额	

供应部门负责人：　　　　仓库保管员：　　　　盘点人：

（二）发出材料的计价

在工业企业，从仓库发出的材料主要由生产车间和管理部门领用，企业可以将本期发出材料的领料单先按领用车间或部门进行分类，然后再按具体产品进行汇总，以归集各种产品领用的材料数量，并根据一定的计价方法计算出本期各车间、部门以及各种产品应负担的材料费用，记入相关的成本费用账户的借方和“原材料”账户的贷方。因此，材料发出核算的关键问题是确定发出材料的计价方法。

在会计实务中，发出材料可以按实际成本计价，也可以按计划成本计价。企业采用实际成本计价组织原材料核算时，由于各批购入材料受物价波动及采购地点的影响，即使是同一品种、规格的材料，批次不同，实际单位成本也很可能不一致。因此，对发出材料，必须采用一定的方法确定其单位成本，以便正确计算各期发生的成本费用。我国《企业会计准则》明确规定，企业可以选择使用的发出材料计价方法主要有先进先出法、加权平均法、移动平均法、个别计价法等。按计划成本计价，企业对原材料的收发采用计划成本计价时，材料收发的原始凭证、各种材料的总分类核算与明细分类核算均按计划成本进行，材料的实际成本与计划成本之间的差异，通过"材料成本差异"账户进行核算。企业发出材料，应当按实际成本计算成本费用。实际成本等于计划成本加上应负担的材料成本差异。分摊的材料成本差异为超支差异时（实际成本大于计划成本），与计划成本相加；材料成本差异为节约差异时（实际成本小于计划成本），与计划成本相减（即加上一个负数）。企业应当正确计算发出材料应分摊的材料成本差异，将发出材料的计划成本调整成实际成本。

企业生产经营过程中耗用的所有材料，无论是自制材料还是外购材料，都应根据审核无误的领、退料凭证，按材料的具体用途进行分配；产品生产直接耗用的材料，直接计入产品生产成本——基本生产成本；辅助生产车间耗用的材料，计入生产成本——辅助生产成本；生产车间一般消耗的材料，计入制造费用；管理部门消耗的材料，计入管理费用；专设销售机构消耗的材料，计入销售费用；专项工程消耗的材料，连同其采购时支付的增值税进项税额一并计入在建工程；对外销售的材料成本，计入其他业务成本。

三、材料费用的分配

直接用于生产产品、构成产品实体的原材料费用，在产品成本中一般占有较大的比重，按照重要性原则，规定设有单独的成本项目。领用时，如果能够按照产品品种（或成本计算对象）分别领用，如纺织生产用的原棉、冶炼用的矿石、机械生产用的钢材等，分配费用时，可以根据领料单上注明的领料用途直接记入各种产品的"直接材料"成本项目；对于不能按照产品品种（或成本计算对象）分别领用，而是几种产品共同消耗的原料及主要材料，如化工生产的多种产品所耗用的原材料费用，需要采用一定的分配方法，将所耗用的原材料在各种产品之间进行分配，并分别记入各种不同产品的"直接材料"成本项目。

原材料费用的分配标准有很多，主要有材料定额耗用量、材料定额成本、产品产量、产品重量等。分配标准的选择要尽可能与材料费用的发生有密切关系，做到多耗用多分配、少耗用少分配。

（一）定额耗用量比例法

定额耗用量比例法是以产品定额消耗量为标准，进行材料费用分配的一种方法。定额消耗量是指一定产量下，按照消耗定额计算的可以消耗的材料数量；而消耗定额是指单位产品可以消耗的材料数量限额。这种分配方法适用于各种材料消耗定额健全而且比较准确的企业。其计算公式如下：

$$\text{某种产品材料定额消耗量}=\text{该种产品实际产量}\times\text{单位产品材料消耗定额}$$

$$\text{材料消耗量分配率}=\frac{\text{材料实际耗用总量}}{\text{各种产品材料定额耗用量之和}}$$

某种产品应分配的材料实际消耗数量＝该种产品的材料定额耗用量×材料消耗量分配率

某种产品应分配的材料实际材料费用＝该种产品应分配的材料实际消耗量×材料单价

【例3－1】 某企业生产甲、乙两种产品，共同耗用某种材料1 600千克，每千克6元。甲产品的实际产量为200件，单件产品材料消耗定额为3千克；乙产品的实际产量为100件，单件产品材料消耗定额为2千克。试计算分配甲、乙产品各自应负担的材料费。

甲产品材料定额消耗量＝200×3＝600(千克)

乙产品材料定额消耗量＝100×2＝200(千克)

材料消耗量分配率＝1 600÷(600＋200)＝2(元/千克)

甲产品应分配的材料数量＝600×2＝1 200(千克)

乙产品应分配的材料数量＝200×2＝400(千克)

甲产品应分配的材料费用＝1 200×6＝7 200(元)

乙产品应分配的材料费用＝400×6＝2 400(元)

以上方法可以考核材料消耗定额的执行情况，有利于加强原材料消耗的实物管理，但是工作量较大。为了简化核算工作，也可以采用按定额消耗量的比例直接分配材料费用的方法。其计算公式如下：

某种产品材料定额消耗量＝该种产品实际产量×单位产品材料消耗定额

$$\text{材料费用分配率}=\frac{\text{材料实际费用总额}}{\text{各种产品材料定额耗用量之和}}$$

某种产品应分配的实际材料费用＝该种产品应分配的材料定额消耗量×材料费用分配率

仍以上例的资料为例，计算如下：

甲产品材料定额消耗量＝200×3＝600(千克)

乙产品材料定额消耗量＝100×2＝200(千克)

材料费用分配率＝(1 600×6)÷(600＋200)＝12(元/千克)

甲产品应分配的材料费用＝600×12＝7 200(元)

乙产品应分配的材料费用＝200×12＝2 400(元)

上述两种分配方法的计算结果相同，但是后一种方法不能提供各种产品原材料实际消耗量资料，不利于加强原材料消耗的实物管理。

在会计实务中，材料费用分配通常是用分配表来完成的，其格式如表3－6所示。

表3－6 **材料费用分配表**

(定额耗用量比例法) 金额单位：元

产品名称	产品产量(件)	单位消耗定额(千克/件)	定额耗用量(千克)	分配率	材料实际数量(千克)	材料费用
甲产品	200	3	600	2	1 200	7 200
乙产品	100	2	200	2	400	2 400
合计	300		800		1 600	9 600

(二)定额费用比例法

定额费用是定额消耗量的货币表现。定额费用比例法，是指在各种产品共同耗用原材料的种类较多的情况下，为了简化分配计算工作，可以按照各种材料的定额费用的比例分配材料实际费用的方法。其计算公式如下：

某种产品原材料定额费用＝该种产品实际产量×单位产品该原材料费用定额

$$\text{原材料费用分配率}=\frac{\text{各种产品材料实际费用总额}}{\text{各种产品原材料定额费用总额}}$$

某种产品应分配的实际材料费用＝该种产品原材料定额费用×原材料费用分配率

【例 3－2】 某企业生产甲、乙两种产品，领用 A 种主要材料共计 75 000 元。本月生产甲产品 500 件，乙产品 200 件。甲产品的材料消耗定额为 4 千克，乙产品的材料消耗定额为 5 千克。A 种材料的单位成本为 10 元/千克。采用定额费用比例法分配计算如下：

甲产品 A 材料定额费用＝500×4×10＝20 000(元)

乙产品 A 材料定额费用＝200×5×10＝10 000(元)

材料费用分配率＝75 000÷(20 000＋10 000)＝2.50(元/千克)

甲产品分配材料费用＝20 000×2.50＝50 000(元)

乙产品分配材料费用＝10 000×2.50＝5 000(元)

在实际工作中，材料费用的分配一般通过编制材料费用分配表进行。材料费用分配表按照材料的用途和材料类别，根据归类后的领、退料凭证编制，是材料费用分配核算的汇总原始凭证。其格式内容举例如表 3－7 所示。

表 3－7　　**材料费用分配表**

年　月

应借科目			共同耗用原材料的分配					直接计入金额(元)	材料费用合计(元)
总账及二级科目	明细科目	成本或费用项目	产量(件)	单位消耗定额(千克)	定额消耗总量(千克)	分配率	分配金额(元)		
生产成本——基本生产成本	甲产品	直接材料	4 000	12	48 000		192 000	208 000	400 000
	乙产品	直接材料	2 000	26	52 000		208 000	52 000	260 000
	小　计				100 000	4	400 000	260 000	660 000
生产成本——辅助生产成本	锅炉车间	直接材料						132 000	132 000
	供电车间	直接材料						68 000	68 000
	小　计							200 000	200 000
制造费用	基本车间	物料消耗						75 000	75 000
管理费用								3 000	3 000
销售费用								2 000	2 000
合　计							400 000	540 000	940 000

根据“材料费用分配表”，应做如下账务处理：

借：生产成本——基本生产成本——甲产品　　400 000

　　　　　　　　　　　　　　——乙产品　　260 000

　　　　　　——辅助生产成本——锅炉车间　　132 000

　　　　　　　　　　　　　　——供电车间　　68 000

制造费用——基本生产车间　　75 000
管理费用　　3 000
销售费用　　2 000
　贷:原材料　　940 000

第二节　人工费用的归集与分配

按照现行《企业会计准则》的规定,企业的人工费用称为职工薪酬。

一、人工费用的归集

职工薪酬是指企业根据有关规定应该支付给职工的各种报酬,包括职工工资、奖金、津贴和补贴,职工福利费、医疗、养老、失业、工伤、生育等社会保险费,住房公积金,工会经费,职工教育经费,非货币性福利等因职工为企业提供服务而产生的义务。从广义上来讲,职工薪酬是企业必须付出的人力成本,是吸引和激励职工的重要手段,也就是说,职工薪酬既是职工为企业劳动获得的报酬,也是企业必须承担的成本费用。

(一)人工费用的构成内容

具体而言,人工费用即职工薪酬主要包括以下几方面内容:

(1)工资总额,是指各单位在一定时期内直接支付给本单位全部职工的全部劳动报酬总额。按照国家统计局的规定,工资总额由以下几个方面的内容构成:

①计时工资,是指按计时工资标准和工作时间计算应支付给职工的劳动报酬。工资标准是指每一职工在单位时间内应得的工资额。

②计件工资,是指按照完成产品(或工作)的数量和计件单价支付给职工的工资。这种工资形式包括个人计件工资和集体计件工资两种。

③奖金,是指支付给职工的超额劳动报酬和增收节支的劳动报酬。

④津贴和补贴,是指根据国家规定,为补偿职工额外或特殊的劳动消耗,以及为了保证职工的生活水平不受特殊条件影响而支付给职工的各种津贴和补贴。津贴包括夜班津贴、高空作业津贴、野外作业津贴、井下津贴、高温津贴、职务津贴等;补贴包括粮油价格补贴、副食品价格补贴、煤气补贴等。

⑤加班加点工资,是指按照加班加点的工作时间和加班加点的工资标准支付给职工的劳动报酬。

⑥特殊情况下支付的工资,是指非工作时间支付的工资。例如,根据国家规定,按照计时工资或计件工资标准的一定比例支付给病假、产假、婚丧假、探亲假、停工学习等职工的工资。

(2)职工福利费,是指企业为职工集体提供的福利,如给生活困难的职工发放补助。

(3)医疗保险费、养老保险费、失业保险费、工伤保险费、生育保险费等社会保险费,是指企业按照国家规定的基准和比例计算,向社会保险经办机构缴纳的医疗保险金、养老保险金、失业保险金、工伤保险费和生育保险费等。

(4)住房公积金,是指企业按照国家《住房公积金管理条例》规定的基准和比例,向住房公积金管理机构缴纳的住房公积金。

(5)工会经费和职工教育经费，是指为了改善职工文化生活、提高职工业务素质，用于开展工会活动和职工教育及职业技能培训，根据国家规定的基准和比例，从成本费用中提取的工会经费和职工教育经费。

(6)非货币性福利，包括企业以自己的产品或其他有形资产发放给职工作为福利、企业向职工提供无偿使用自己拥有的资产(如提供给企业高级管理人员的汽车、住房等)、企业为职工无偿提供商品或类似医疗保健的服务等。

(7)其他职工薪酬，如因解除与职工的劳动关系给予的补偿(又称辞退福利)，即企业在职工的劳动合同到期之前解除与职工的劳动关系，或者为了鼓励职工自愿接受裁减而提出补偿建议的计划中给予职工的经济补偿。

(二)人工费用的原始记录

企业应按每个职工设置“工资卡”，内含职工姓名、职务、工资等级、工资标准等资料。计算职工工资的原始记录，有“考勤记录”和“产量记录”。

(1)考勤记录，是登记职工出勤和缺勤情况的记录，为计时工资计算提供依据。考勤记录的形式主要有考勤簿、考勤卡片(考勤钟打卡)、考勤磁卡(刷卡)等。

(2)产量记录，是登记工人或生产小组在出勤时间内完成产品的数量、质量和耗用工时的原始记录，是计件工资计算的依据，同时也是统计产量和工时的依据。常用的产量记录有派工单、加工路线单、产量通知单等。

(三)工资的计算

1. 计时工资的计算

计时工资是根据考勤记录登记的每一职工的出勤和缺勤的日数，按照企业规定的工资标准计算的。工资标准按照计算时间的不同，分为年薪制、月薪制、周薪制、日薪制、钟点工资制等。月工资标准也称月薪，由企业依据国家有关法规，按照职工的工作岗位、工作能力、资历等条件综合确定。日工资由月工资除以法定月平均工作日数20.92天(年日历天数365天减去104个双休日和10个法定节假日除以12个月)计算求得；小时工资由月工资除以法定月平均工作时间167.33小时(每日工作8小时)计算求得。

采用月薪制，不论各月日历日数为多少，职工每月的标准工资(全勤工资)相同。下面以月薪制为例，介绍计时工资的计算方法。

(1)按月标准工资扣除缺勤天数应扣工资额计算

应付计时工资＝月标准工资－缺勤工资

＝月标准工资－(事假天数×日标准工资)－(病假天数×日标准工资×病假扣款率)

(2)按出勤天数直接计算

应付计时工资＝出勤天数×日标准工资＋病假天数×日标准工资×(1－病假扣款率)

从公式中可以看出，要计算小时工资，首先应根据月标准工资计算日标准工资，也就是日工资率。

采用月薪制计算应付职工薪酬，由于各月日数不同，有的月份30天，有的月份31天，2月份只有28天或29天，因而同一职工各月的日工资率不尽相同。在实际工作中，为了简化日工资的计算工作，日标准工资一般按以下两种方法计算：

①每月固定按30天计算：

日标准工资＝月标准工资÷30

这样计算日标准工资，其特点是节假日也计算工资，因此出勤期间的节假日，也按出勤日算工资，事假病假等缺勤期间的节假日，也算缺勤，照扣工资。

②每月固定按平均工作日 20.92 天计算

$$日标准工资=月标准工资\div 20.92$$

其中：

$$月平均工作日=(365-104-10)\div 12=20.92(天)$$

这样计算日标准工资，其特点是法定的工作日才计算工资，节假日不计算工资，因此缺勤期间的节假日不扣工资。

【例 3—3】 某职工的月工资标准为 2 400 元。8 月 31 天，事假 4 天，病假 2 天，双休日休假 8 天。根据该工人的工龄，其病假工资按工资标准的 90%计算。该工人事假期间有一个星期天。试计算该工人本月应得工资。

(1)按 30 天计算日工资率

日标准工资=2 400÷30=80(元)

①按月标准工资扣除缺勤天数应扣工资额计算

应付计时工资=2 400−4×80−2×80×10%=2 064(元)

②按出勤天数直接计算

应付计时工资=(31−4−2)×80+2×80×90%=2 144(元)

两种方法的计算结果相差 80 元(2 144−2 064)。其原因是该月份为 31 天，而计算日标准工资用的是 30 天，按照②的计算方法，即按出勤日计算的工资刚好多了一天的工资 80 元。在日历日数为 30 天的月份，两个公式的计算结果相同，而在日历日数少于 30 天的月份，则计算结果相反。

(2)按 20.92 天计算日工资标准

日工资标准=2 400÷20.92=114.73(元)

①按月标准工资扣除缺勤天数应扣工资额计算

应付计时工资=2 400−(4−1)×114.73−2×114.73×10%=2 032.86(元)

②按出勤天数直接计算

应付计时工资={31−8−(4−1)−2}×114.73+2×114.73×90%=2 271.65(元)

两种方法的计算结果相差 238.79 元(2 271.65−2 032.86)。其原因是该月份的法定工作日数为 23 天(31−8)，比计算日标准工资用的 20.92 天多了 2.08 天，所以按出勤日数计算的工资刚好多了 2.08 天的工资 238.79 元(2.08×114.73)。由于每月的法定工作日数与 20.92 天都不同，所以按照两个公式计算的结果都不一样。

2. 计件工资的计算

应付给职工的计件工资，是根据产量记录登记的每一职工或班组完成的产品产量乘以规定的计件单价计算的。这里所指的产量包括合格品的数量和因材料质量不合格造成的废品(料费)数量，不包括因工人过失造成的废品(工费)。工费产品不仅不支付工资，而且还应查明原因，追究当事人的赔偿责任。

(1)个人计件工资的计算

个人计件工资的计算有两种方法。

方法一：

应付计件工资＝∑(本月生产的每种产品产量×该种产品计件单价)

其中：

本月生产的每种产品产量＝合格品数量＋料废品数量

该种产品计件单价＝生产单位产品所需的工时定额×该级工人的小时工资率

方法二：

应付计件工资＝某工人本月生产各种产品的定额工时之和×该工人的小时工资率

【例3－4】 甲、乙两种产品都应由6级工人加工。甲产品的单件工时定额为30分钟，乙产品的单件工时定额为45分钟。6级工人的小时工资率为4元。某6级工人加工甲产品500件，乙产品400件。试计算其计件工资。

方法一：

甲产品的计件单价＝30÷60×4＝2(元)

乙产品的计件单价＝45÷60×4＝3(元)

应付计件工资＝500×2＋400×3＝2 200(元)

方法二：

应付计件工资＝(500×30÷60＋400×45÷60)×4＝2 200(元)

两种方法的计算结果相同。

(2)集体计件工资的计算

按生产小组等集体计件工资的计算方法与个人计件工资的计算基本相同。所不同的是，在实行集体计件工资的情况下，还需将集体计件工资在集体内部按各工人贡献大小进行分配。由于生产工人的级别和工资标准一般体现了工人劳动的质量和技术水平，工作日数一般体现劳动数量，因而集体计件工资一般按每人的工资标准和工作日数的乘积为分配标准进行分配。其计算公式如下：

$$\text{班组内工资分配率}=\frac{\text{班组集体计件工资额}}{\sum(\text{每人日工资率}\times\text{出勤日数})}$$

某工人应得计件工资＝该工人日工资率×出勤日数×班组内工资分配率

【例3－5】 某生产小组集体完成若干生产任务，按一般计件工资的计算方法算出并取得集体工资8 875元。该小组由3个不同等级的工人组成，每人的姓名、等级、日工资率、出勤天数资料如表3－8所示。

表3－8　　工资计算分配表

工人姓名	等级	日工资率(元)	出勤天数(天)	分配标准	分配率	分配额(元)
刘勇	8	80	20			
张燕	6	50	24			
李宁	5	30	25			
合计			69			8 875

试以日工资率和出勤日数计算的工资额为分配标准计算每个工人应得的工资。

班内工资分配表＝8 877÷(80×20＋50×24＋30×25)＝2.5

刘勇应分配计件工资＝80×20×2.5＝4 000(元)

张燕应分配计件工资＝50×24×2.5＝3 000(元)

李宁应分配计件工资＝30×25×2.5＝1 875(元)

根据以上计算分配过程，编制工资计算分配表，如表3—9所示。

表3—9　　工资计算分配表

工人姓名	等级	日工资率(元) ①	出勤天数(天) ②	分配标准 ③＝①×②	分配率 ④	分配额(元) ⑤＝④×③
刘勇	8	80	20	1 600		4 000
张燕	6	50	24	1 200		3 000
李宁	5	30	25	750		1 875
合计			69	3 550	2.5	8 875

除上述计时工资和计件工资外，职工的工资性奖金、津贴和补贴、加班加点工资，特殊情况下支付的工资等应计入工资总额，由企业按有关规定计算。

二、人工费用的分配

企业的人工费用应该按其发生的地点和用途进行归集和分配。采用计件工资形式支付的工资，可以直接计入所生产产品的成本。采用计时工资形式支付的工资，如果生产工人只生产一种产品，仍可以直接计入所生产产品的成本；如果生产多种产品，则需要选用适当的分配方法，在各种产品之间进行分配。一般按照生产产品所耗用的生产工时为标准进行分配。其计算公式如下：

$$\text{工资费用分配率}=\frac{\text{应分配的工资费用}}{\text{各种产品的生产工时之和}}$$

某种产品应分配的工资费用＝该种产品的生产工时×工资费用分配率

【例3—6】 某企业基本生产车间生产甲、乙两种产品，本月发生的生产工人的计时工资共计75 000元，甲产品的生产工时为2 000小时，乙产品的生产工时为3 000小时。试计算分配甲、乙产品各自应负担的工资费用。

工资费用分配率＝75 000÷(2 000＋3 000)＝15

甲产品应分配的工资费用＝15×2 000＝30 000(元)

乙产品应分配的工资费用＝15×3 000＝45 000(元)

分配工资费用是通过编制工资费用分配表进行的。其格式如表3—10所示。

表3—10　　工资费用分配表

年　月　　　　金额单位：元

产品名称	分配标准(小时)	分配率(元/小时)	分配金额
甲产品	2 000	15	30 000
乙产品	3 000	15	45 000
合　计	5 000		75 000

为了总括反映职工薪酬的结算和分配业务，企业应设置“应付职工新酬”账户。该账户核算企业应支付给职工的工资总额，包括在工资总额内的各种工资、奖金、津贴等，不论是否当月

支付，都应通过该账户核算。每月支付工资时，根据实发工资额，借记“应付职工新酬”账户，贷记“银行存款”或“库存现金”账户；根据代扣款项金额和未领工资额，借记“应付职工新酬”账户，贷记“其他应收款”或“其他应付款”账户。

为了详细地反映和监督企业应付职工工资的结算情况，企业还应按职工类别、工资总额的组成内容进行明细核算，在“应付职工新酬”账户下设置应付工资明细账。

“应付职工新酬”账户期末一般应无余额，如果企业本月实发工资是按上月考勤记录计算的，实发工资与按本月考勤记录计算的应付工资的差额，即为本账户的期末余额。如果企业实发工资与应付工资相差不大的，也可以按本月实发工资作为应付工资进行分配，这样本账户期末即无余额。如果不是由于上述原因引起的应付工资大于实发工资的，期末贷方余额反映为工资结余。

根据工资费用分配表分配工资费用时，其中直接从事产品生产和辅助生产的生产工人的职工薪酬，记入“生产成本——基本生产成本”或“生产成本——辅助生产成本”账户；生产车间管理人员的职工薪酬，记入“制造费用”账户；企业行政管理人员的职工薪酬，记入“管理费用”账户；销售人员的职工薪酬，记入“销售费用”账户；基本建设人员的职工薪酬，记入“在建工程”账户。

会计人员按照前述计算出来的职工工资和各种其他人工费用，按照车间部门分别编制工资结算单，按照职工的类别分行填列应付给每一职工的各种工资、代发款项、应付工资总额、代扣款项和实发金额等，作为与职工进行工资结算的依据。为了掌握整个企业的工资结算和支付情况，还应该根据各车间、部门的工资结算单等资料，编制整个企业的工资结算汇总表，并根据工资结算汇总表编制工资费用分配表。其格式如表3—11所示。

【例3—7】 某企业工资费用分配汇总表，如表3—11所示。

表3—11　　工资费用分配汇总表

年　月　　　　单位：元

应借科目		工资			
总账及二级科目	明细科目	分配标准（小时）	生产工人（0.5）	管理人员	工资合计
生产成本——基本生产成本	甲产品	280 000	140 000		140 000
	乙产品	320 000	160 000		160 000
	小计	600 000	300 000		300 000
生产成本——辅助生产成本	锅炉车间				120 000
	供电车间				80 000
	小计				200 000
制造费用	基本车间			5 000	5 000
管理费用				4 500	4 500
销售费用				2 500	2 500
在建工程				8 000	8 000
合计			300 000	20 000	520 000

根据工资费用分配汇总表,进行如下账务处理:

借:生产成本——基本生产成本——甲产品　　140 000
　　　　　　　　　　　　——乙产品　　160 000
　　　　——辅助生产成本——锅炉车间　　120 000
　　　　　　　　　　　　——供电车间　　80 000
　　制造费用　　5 000
　　管理费用　　4 500
　　销售费用　　2 500
　　在建工程　　8 000
　贷:应付职工薪酬　　520 000

企业除了要按照各种标准给职工支付工资,发生工资费用外,还要根据国家的有关规定,按照工资总额的一定比例计算提取职工福利费、社会保险费、住房公积金、工会经费和职工教育经费,以及为职工提供非货币性福利等,这些项目也是企业人工费用的重要组成部分,企业对这些费用应该进行认真核算。下面以职工福利费为例进行介绍。

职工福利费是指企业为职工提供的福利,如给生活困难的职工发放补助、补助职工食堂等。企业可以按照职工工资总额的一定比例计算、提取职工福利费。以前国家规定职工福利费的计提比例为14%,现在国家不再规定计提比例,企业可以根据情况自行确定。

按照生产工人的工资计提的福利费,应记入“生产成本——基本生产成本”账户的借方;按照辅助生产、制造费用、销售费用、管理费用和在建工程等方面职工工资和规定比例计提的福利费,应分别记入“生产成本——辅助生产成本”“制造费用”“销售费用”“管理费用”和“在建工程”等账户的借方;同时,计提职工福利费的总额,应记入“应付职工新酬”账户的贷方。

【例3—8】 某企业按照工资费用和14%的计提比例计算并提取职工福利费,如表3—12所示。

表3—12　　**职工福利费分配表**

年　月　　金额单位:元

应借账户		成本费用项目	工资总额	计提比例	应付福利费
生产成本——基本生产成本	甲产品	福利费	140 000	14%	19 600
	乙产品	福利费	160 000	14%	22 400
	小计		300 000	14%	42 000
生产成本——辅助生产成本	锅炉车间	福利费	120 000	14%	16 800
	供电车间	福利费	80 000	14%	11 200
	小计		200 000	14%	28 000
制造费用	基本车间	福利费	5 000	14%	700
管理费用		福利费	4 500	14%	630
销售费用		福利费	2 500	14%	350
在建工程		福利费	8 000	14%	1 120
合计			520 000	14%	72 800

根据职工福利费分配表，编制会计分录如下：

借：生产成本——基本生产成本——甲产品	19 600
——乙产品	22 400
——辅助生产成本——锅炉车间	16 800
——供电车间	11 200
制造费用	700
管理费用	630
销售费用	350
在建工程	1 120
贷：应付职工薪酬——职工福利费	72 800

企业除了要按照工资总额的一定比例计算提取职工福利费之外，还要计算提取各种保险费、职工教育经费和工会经费、住房公积金等，这些项目的计提也会增加企业的成本费用，其计算和账务处理与职工福利费类似，在此不一一介绍。

第三节　辅助生产费用的归集与分配

工业企业的生产按其生产任务不同，主要划分为基本生产和辅助生产。基本生产是指企业为了直接完成主要生产目的而进行的产品生产。辅助生产是指为本企业基本生产车间、企业行政管理等单位服务而进行的产品生产和劳务供应。辅助生产根据它所提供的产品、劳务和作业的种类多少，可以分为两种类型：一类是只提供一种产品、劳务或作业的辅助生产，称为单品种辅助生产，如供电、供水、供气、运输等；另一类是提供多种产品、劳务或作业的辅助生产，称为多品种辅助生产，如工具、模具制造、机械设备修理等。辅助生产提供的产品和劳务，有时也对外销售，但主要是为本企业服务。辅助生产产品和劳务成本的高低，影响企业产品成本和期间费用的水平，因此，正确、及时地组织辅助生产费用的归集和分配，对于节约费用、降低成本有着重要意义。

一、辅助生产费用的归集

辅助生产费用是辅助生产车间(部门)在一定时期内为基本生产车间和行政管理部门等提供产品或劳务而发生的各种耗费。

(一)辅助生产费用核算的账户设置

辅助生产费用的归集与分配是通过“生产成本——辅助生产成本”账户来进行的，也可以将“辅助生产成本”作为总分类账。此外，还要按辅助生产车间(部门)来进行明细核算，按照辅助生产车间的成本核算对象开设“辅助生产成本明细账”，账内按照成本项目或费用项目设置专栏，主要设直接材料、直接人工、制造费用三个项目。

辅助生产车间(部门)发生的制造费用有两种归集方法：一般情况是在“制造费用”总分类账户下，按照辅助生产车间(部门)设置制造费用明细账，归集辅助生产车间(部门)发生的制造费用，月末再分配转入“辅助生产成本”账户所属的产品生产成本明细账；如果辅助生产车间

(部门)规模很小、产品或劳务单一、制造费用很少,而且辅助生产车间(部门)不对外提供产品和劳务,因而不需要按照规定的成本项目计算产品成本的情况下,为了简化核算,辅助生产车间(部门)可以不设置制造费用明细账,直接将制造费用记入"辅助生产成本"账户。在辅助生产车间(部门)不设置制造费用明细账的情况下,辅助生产成本二级账户和所属的产品生产成本明细账,应将产品和劳务的成本项目与制造费用的费用项目结合起来设置专栏,组织辅助生产费用的明细核算和产品、劳务成本的计算。

(二)辅助生产费用的归集

辅助生产费用的归集与辅助生产的类型密切相关。在单品种辅助生产车间,其生产费用都是直接费用,一般可以按照成本项目直接归集计入所生产的产品或劳务成本,而这些产品或劳务通常没有在产品,所以归集的生产费用总额就是产品或劳务的总成本。

在多品种辅助生产车间,其生产费用有直接计入费用,也有间接计入费用,需要直接或分配归集各种产品或劳务的费用(具体方法可以参照基本生产成本的核算)。

此外,辅助生产车间之间互相服务,需要按照一定程序、方法分配计算各辅助生产车间耗用其他辅助生产车间的产品或劳务的费用。

归集辅助生产费用是根据"材料费用分配表""工资及福利费分配表""制造费用分配表"等有关凭证,登记"辅助生产成本"及其所属明细账。辅助生产成本明细账的格式如表3－13所示。

表3－13　　辅助生产成本明细账

车间名称:供电车间　　年　月　日　　单位:元

年		凭证号数	摘　要	直接材料	直接人工	制造费用	合　计
月	日						
			根据材料费用分配表	23 000			23 000
			根据工资费用分配表		12 000		12 000
			根据制造费用分配表			820	820
			合　计	23 000	12 000	820	33 820

如果辅助生产车间的制造费用不通过"制造费用"归集,直接记入"生产成本——辅助生产成本"账户,则辅助生产费用的归集可根据"材料费用分配表""工资及福利费分配表""待摊费用分配表""预提费用分配表""其他费用汇总表"等有关凭证,登记"辅助生产成本"及其所属明细账。辅助生产成本明细账的格式如表3－14所示。

表3－14　　辅助生产成本明细账

车间名称:修理车间　　年　月　日　　单位:元

年		摘　要	材料费	工资费	折旧费	水电费	办公费	其他费用	合　计
月	日								
		根据材料费用分配表	5 000						5 000
		根据工资费用分配表		3 260					3 260
		根据折旧费用分配表			1 740				1 740
		根据其他费用分配表				180	500	120	800
		本月发生	5 000	3 260	1 740	180	500	120	10 800
		本月转出	－5 000	－3 260	－1 740	－180	－500	－120	－10 800

二、辅助生产费用的分配

归集在“生产成本——辅助生产成本”账户借方的辅助生产费用，由于辅助生产车间生产的产品和劳务的种类不同，费用转出、分配的程序也不一样。所提供的产品，如工具、模具和修理用备件等产品成本，应该在产品完工时，从“生产成本——辅助生产成本”账户的贷方分别转入“低值易耗品”和“原材料”等账户的借方；而提供的劳务作业，如水、电、汽、修理和运输等所发生的费用，则要在各受益对象之间按照所耗用的数量或其他比例进行分配，从“生产成本——辅助生产成本”账户的贷方转入“生产成本——基本生产成本”“制造费用”“管理费用”“销售费用”“在建工程”等账户的借方。辅助生产费用的分配是通过编制辅助生产费用分配表进行的。

辅助生产提供的产品和劳务，主要是为基本生产车间等服务的，但是在某些辅助生产车间之间，也有相互提供劳务的情况，如供电车间为修理车间提供电力、修理车间为供电车间修理设备。为了正确计算辅助生产产品和劳务的成本，在分配辅助生产费用时，应首先在各辅助生产车间之间进行交互分配，然后再对辅助生产车间以外的各受益单位分配费用。

辅助生产费用的分配方法主要有直接分配法、一次交互分配法、代数分配法、计划成本分配法和顺序分配法。

（一）直接分配法

直接分配法是指将各辅助生产车间（部门）自身发生的费用，直接分配给辅助生产以外的受益对象，各辅助生产车间（部门）之间相互提供产品或劳务不分配费用的方法。

直接分配法简单易行，但由于各辅助生产车间（部门）之间相互提供产品或劳务没有相互分配费用，当各辅助生产车间（部门）之间相互提供的产品或劳务成本差异较大时，会影响分配结果的准确性。因此，这种方法主要适用于各辅助生产车间（部门）之间相互提供产品或劳务不多的企业。其计算公式如下：

$$\text{费用分配率}=\frac{\text{某辅助生产车间（部门）待分配费用总额}}{\text{该车间（部门）提供给外部受益对象的产品（劳务）总量}}$$

$$\text{某外部受益对象应分配的费用}=\text{该受益对象某产品（劳务）耗用数量}\times\text{费用分配率}$$

【例3—9】 某企业设有供电和供水两个辅助生产车间。辅助生产车间的制造费用不通过“制造费用”账户核算。基本生产明细账设有“原材料”“直接人工”和“制造费用”三个成本项目。20×0年4月各辅助生产车间发生的费用及提供的产品和劳务的数量如表3—15所示。

表3—15　辅助生产车间产品（劳务）供应量汇总表

20×0年4月

辅助生产车间		供水车间	供电车间
待分配费用		17 600元	18 000元
提供产品和劳务数量		23 000吨	35 000度
耗用量	供水车间耗用动力电		4 000度
	供水车间耗用照明电		1 000度
	供电车间耗用水	1 000吨	
	基本车间耗用动力电		20 000度
	基本车间耗用水及照明电	20 000吨	6 000度
	行政管理部门耗用水及照明电	2 000吨	4 000度

根据以上资料，采用直接分配法进行分配，编制辅助生产费用分配表，如表3—16所示。

表3—16　　辅助生产费用分配表

（直接分配法）

20×0年4月

项　目	供水车间		供电车间		金额合计（元）
	供应量（吨）	金额（元）	供应量（度）	金额（元）	
待分配成本		17 600		18 000	35 600
产品（劳务）供应总量	23 000		36 000		
其中：对外供应劳务量	22 000		30 000		
费用分配率		0.8		0.6	
受益对象					
供水车间耗用动力电			4 000		
供水车间耗用照明电			1 000		
供电车间耗用水	1 000				
基本车间耗用动力电			20 000	12 000	12 000
基本车间耗用水及照明电	20 000	16 000	6 000	3 600	19 600
管理部门耗用水及照明电	2 000	1 600	4 000	2 400	4 000
合　计	23 000	17 600	35 000	18 000	35 600

对外供应劳务数量：

供水车间＝23 000－1 000＝22 000（吨）

供电车间＝35 000－4 000－1 000＝30 000（度）

根据表3—16的分配结果，进行如下账务处理：

分配水费的会计分录如下：

借：制造费用　　16 000

　　管理费用　　1 600

　　贷：生产成本——辅助生产成本（供水车间）　　17 600

分配电费的会计分录如下：

借：生产成本——基本生产成本　　12 000

　　制造费用　　3 600

　　管理费用　　2 400

　　贷：生产成本——辅助生产成本（供电车间）　　18 000

（二）一次交互分配法

一次交互分配法又称交互分配法，是指将各辅助生产车间（部门）自身发生的费用，先在辅助生产车间（部门）之间进行一次交互分配，然后再将交互分配以后归集的费用在辅助生产车间(部门)外部的各受益对象之间进行分配的方法。

与直接分配法相比,一次交互分配法提高了费用分配结果的准确性。但由于在费用分配时要计算交互分配和对外分配两个费用分配率,进行两次分配,从而也增加了分配计算的工作量。同时,交互分配的费用分配率是根据交互分配前自身发生的费用计算的,没有包括从其他辅助生产车间(部门)分进来的费用,也就不是该辅助生产车间(部门)产品(劳务)的实际单位成本,其分配结果仍不很准确。一次交互分配法一般适用于辅助生产车间(部门)较少的企业。其计算公式如下:

1. 交互分配(辅助生产内部之间的分配)

$$\text{费用分配率}=\frac{\text{某辅助生产车间(部门)交互分配前的费用总额}}{\text{该辅助生产车间(部门)提供的产品(劳务)总量}}$$

$$\begin{matrix}\text{某辅助生产车间(部门)}\\\text{应分配的费用}\end{matrix}=\begin{matrix}\text{该辅助生产车间}\\\text{(部门)耗用数量}\end{matrix}\times\begin{matrix}\text{费用}\\\text{分配率}\end{matrix}$$

2. 外部分配(对辅助生产以外的各受益对象分配)

$$\text{费用分配率}=\frac{\text{某辅助生产车间(部门)交互分配后的费用总额}}{\text{该车间(部门)提供给外部受益对象的产品(劳务)总量}}$$

其中:

$$\begin{matrix}\text{某车间(部门)交互}\\\text{分配后的费用总额}\end{matrix}=\begin{matrix}\text{该车间(部门)交互}\\\text{分配前的费用总额}\end{matrix}+\begin{matrix}\text{内部车间}\\\text{分来的费用}\end{matrix}-\begin{matrix}\text{分给内部}\\\text{车间的费用}\end{matrix}$$

$$\begin{matrix}\text{某辅助生产外部某受益}\\\text{对象应分配的费用}\end{matrix}=\begin{matrix}\text{该受益对象接受的}\\\text{产品(劳务)总量}\end{matrix}\times\begin{matrix}\text{费用}\\\text{分配率}\end{matrix}$$

【例 3—10】 某企业设有供电、机修两个辅助生产车间。辅助生产车间的制造费用不通过“制造费用”账户核算。基本生产明细账设有“原材料”“直接人工”和“制造费用”三个成本项目。20×0 年 4 月各辅助生产车间发生的费用及提供的产品和劳务的数量如表 3—17 所示。

表 3—17 **辅助生产车间产品供应量汇总表**

20×0 年 4 月

辅助生产车间		供电车间	机修车间
待分配费用(元)		45 000	480 000
供应劳务量		100 000(度)	160 000(小时)
辅助生产车间	供电车间		10 000(小时)
	机修车间	5 000(度)	
基本生产车间	一车间	51 000(度)	80 000(小时)
	二车间	35 000(度)	50 000(小时)
行政管理部门		9 000(度)	20 000(小时)

根据以上资料,采用一次交互分配法进行分配,编制辅助生产费用分配表,如表 3—18 所示。

表 3—18　　　　　　　　　　**辅助生产费用分配表**

（一次交互分配法）

20×0 年 4 月

辅助生产车间名称			交互分配			对外分配		
			供电	机修	合计	供电	机修	合计
待分配费用（元）			45 000	480 000	525 000	72 750	452 250	525 000
供应劳务量			100 000	160 000				
分配率			0.45	3		0.765 8	3.015	
辅助车间	供电	耗用数量		10000				
		分配金额（元）		30 000				
	机修	耗用数量	5 000					
		分配金额（元）	2 250					
	金额小计（元）		2 250	30 000	32 250			
基本车间	一车间	耗用数量				5 1000	80 000	
		分配金额（元）				39 055.8	241 200	280 255.8
	二车间	耗用数量				35 000	50 000	
		分配金额（元）				26 803	150 750	177 553
管理部门		耗用数量				9 000	20 000	
		分配金额（元）				6 891.2	60 300	67 191.2
分配金额小计（元）						72 750	452 250	525 000

分配率的小数保留四位，第五位四舍五入；分配的小数尾差计入管理部门的费用。

计算分配过程如下：

(1)供电车间交互分配的费用分配率＝45 000÷100 000＝0.45

(2)机修车间交互分配的费用分配率＝480 000÷16 0000＝3

(3)机修车间应负担的电费＝5 000×0.45＝2 250(元)

(4)供电车间应负担的修理费＝10 000×3＝30 000(元)

编制会计分录如下：

借：生产成本——辅助生产成本（机修车间）　　　2 250
　　　　　　——辅助生产成本（供电车间）　　　30 000
　贷：生产成本——辅助生产成本（供电车间）　　　2 250
　　　　　　　——辅助生产成本（机修车间）　　　30 000

(1)计算应对外分配的费用

机修车间应对外分配的费用＝480 000＋2 250－30 000＝452 250(元)

供电车间应对外分配的费用＝45 000＋30 000－2 250＝72 750(元)

(2)计算对外分配的费用分配率

供电车间对外分配的费用分配率＝72 750÷95 000＝0.765 8

机修车间对外分配的费用分配率＝452 250÷150 000＝3.015

一车间应负担的电费＝51 000×0.765 8＝39 055.8(元)

二车间应负担的电费＝35 000×0.765 8＝26 803(元)

管理部门应负担的电费＝72 250－39 055.8－26 803＝6 891.2(元)

一车间应负担的修理费＝80 000×3.015＝241 200(元)

二车间应负担的修理费＝50 000×3.015＝15 750(元)

管理部门应负担的修理费＝20 000×3.015＝60 300(元)

编制会计分录如下：

借：制造费用——第一车间　280 255.8
　　　　　　——第二车间　177 553
　　管理费用　67 191.2
　贷：生产成本——辅助生产成本(供电车间)　72 750
　　　　　　　——辅助生产成本(机修车间)　452 250

(三)代数分配法

代数分配法，是指先根据数学上解联立方程组的原理，计算出辅助生产车间(部门)产品(劳务)的实际单位成本，再按照产品(劳务)的实际供应量和实际单位成本，在全部受益对象之间分配辅助生产费用的方法。

代数分配法通过解联立方程组，求得辅助生产车间(部门)产品(劳务)的实际单位成本，计算分配结果最为准确。但当辅助生产车间(部门)较多时，手工计算工作比较复杂。因此，代数分配法适用于已经实现会计电算化，并拥有相应财务软件的现代企业。其计算公式如下：

1. 费用分配率(实际单位成本)

(1)设各辅助生产车间(部门)产品(劳务)的实际单位成本分别为 X、Y、Z 等未知数。

(2)按照辅助生产车间(部门)存在的下列等量关系建立联立方程组，求得未知数(实际单位成本)。

单位成本×供应总量＝自身发生的费用＋其他辅助生产分来的费用

2. 费用分配额

$$\text{某受益对象应分担的费用}=\text{实际单位成本}\times\text{该受益对象接受的产品(劳务)数量}$$

【例 3－11】　承【例 3－10】，采用代数分配法进行分配，计算分配和账务处理过程如下：

(1)计算费用分配率

设每度电的成本为 x，每个机修工时的成本为 y，列联立方程组如下：

$$\begin{cases}45\,000+10\,000y=100\,000x\\480\,000+5\,000x=160\,000y\end{cases}$$

解上述方程组，得(保留四位小数)：

$$\begin{cases}x=0.752\,4\\y=3.023\,5\end{cases}$$

(2)计算费用分配额

①机修车间修理费的分配

供电车间应负担的修理费＝10 000×3.023 5＝30 235(元)

一车间应负担的修理费＝80 00×3.023 5＝242 600(元)

二车间应负担的修理费＝5 000×3.023 5＝151 175(元)

管理部门应负担的修理费＝480 000＋5 000×0.752 4－30 235－242 600－151 175
＝59 752(元)

②供电车间电费的分配

机修车间应负担的电费＝50 00×0.752 4＝3 762(元)

一车间应负担的电费＝51 000×0.752 4＝38 372.4(元)

二车间应负担的电费＝35 000×0.752 4＝26 334(元)

管理部门应负担的电费＝45 000＋10 000×3.023 5－3 762－38 372.4－26 334
＝6 766.6(元)

编制辅助生产费用分配表，如表3－19所示。

表3－19 **辅助生产费用分配表**

20×0年4月

项目	分配修理费		分配电费		对外分配金额合计(元)
	数量(小时)	金额(元)	数量(度)	金额(元)	
待分配费用		480 000		45 000	525 000
劳务供应总量	160 000		100 000		
费用分配率		3.023 5		0.752 4	
受益对象					
供电车间	10 000	30 235			
机修车间			5 000	3 762	
一车间	80 000	242 600	51 000	38 372.4	280 972.4
二车间	50 000	151 175	35 000	26 334	177 509
行政管理部门	20 000	59 752	9 000	6 766.6	66 518.6
对外分配金额合计		480 000		45 000	525 000

注：供电、机修车间有分配计算尾差的调整管理费用。

(3)账务处理

借：生产成本——辅助生产成本(机修车间)　　3 762
　　　　　　——辅助生产成本(供电车间)　　30 235
　　制造费用——第一车间　　280 972.4
　　　　　　——第二车间　　177 509
　　管理费用　　66 518.6
　贷：生产成本——辅助生产成本(机修车间)　　483 762
　　　　　　——辅助生产成本(供电车间)　　75 235

(四)计划成本分配法

计划成本分配法，是指辅助生产车间为生产的产品或劳务发生的辅助生产费用，按照计划单位成本进行计算、分配的方法。辅助生产为各受益对象(包括辅助生产单位在内)提供的产品或劳务,一律按照产品或劳务的计划单位成本和实际供应量,在各受益对象(包括辅助生产单位在内)之间分配;辅助生产车间实际发生的费用,包括辅助生产交互转入的费用在内,与按照计划单位成本分配转出的费用之间的差额,也就是辅助生产产品和劳务的成本差异,可以追加分配给辅助生产以外的各受益单位,为了简化计算工作,也可以将其全部记入“管理费用”账户。

【例 3－12】　承【例 3－10】,假设每一个机修工时的计划成本为 2.5 元,每一度电的计划成本为 0.4 元。根据以上资料,采用计划成本分配法分配辅助生产费用,假定将差异记入“管理费用”账户。计算分配和账务处理过程如表 3－20 所示。

表 3－20　　**辅助生产费用分配表**

20×0 年 4 月

项　目	按计划成本分配				成本差异		对外分配金额合计(元)
	供电		机修		分配		
	数量(度)	金额(元)	数量(小时)	金额(元)	供电(度)	机修(小时)	
待分配费用		45 000		480 000			
劳务供应总量	100 000		160 000				
计划单位成本	0.7(元/度)		3(元/小时)				
受益对象							
供电车间			10 000	30 000			
机修车间	5 000	3 500					
一车间	51 000	35 700	80 000	240 000			275 700
二车间	35 000	24 500	50 000	150 000			174 500
行政管理部门	9 000	6 300	20 000	60 000	5 000	3 500	74 800
合计	100 000	70 000	160 000	480 000	5 000	3 500	525 000

辅助生产车间产品和劳务成本差异的计算过程如下:

供电车间实际总成本＝45 000＋30 000＝75 000(元)

按计划成本分配转出的费用＝100 000×0.7＝70 000(元)

成本差异＝75 000－70 000＝5 000(元)

机修车间实际总成本＝480 000＋3 500＝483 500(元)

按计划成本分配转出的费用＝480 000(元)

成本差异＝483 500－480 00＝3 500(元)

根据辅助生产费用分配表,编制以下会计分录:

借:生产成本——辅助生产成本(机修车间)　　3 500

　　　　　　——辅助生产成本(供电车间)　　30 000

　　制造费用——第一车间　　275 700

　　　　　　——第二车间　　174 500

　　管理费用　　74 800

贷：生产成本——辅助生产成本(机修车间)　　483 500
　　　　　——辅助生产成本(供电车间)　　75 000

除了上述四种方法外，还有一种分配辅助生产费用的方法，即顺序分配法，因其分配时主观性较强，应用不多，本教材不再赘述。

第四节　生产损失的归集与分配

工业企业在产品生产过程中所发生的各种损失称为生产损失。生产损失由废品损失和停工损失两个部分组成。生产损失是产品成本的组成部分，因此，加强对生产损失的核算和控制，对降低产品成本、提高企业经济效益具有重要的意义。

一、废品损失的归集与分配

废品是指不符合规定的技术标准，不能按照原定用途使用，或者需要加工修理后才能按照原定用途使用的在产品、半成品和产成品。不论是在生产过程中发现的，还是在入库后发现的，只要不符合规定的技术标准，不能按原定用途使用的产品均属于废品。

废品按照其费损程度可分为可修复废品和不可修复废品。可修复废品，是指在技术上能够修复的，并且所花费的修复费在经济上是合算的废品。这两个条件缺一不可。不可修复的废品，是指那些费损程度严重，不能修复，或者虽能修复但花费的修复费在经济上是不合算的废品。

废品损失是因产生废品而发生的净损失。可修复废品的损失，是指修复费用扣减回收废品的残料价值和应由过失单位或者个人赔偿的损失。不可修复废品的损失，是指废品的生产成本扣减回收废品的残料价值和应由过失单位或个人赔偿的损失。

在发现或被质量检验人员确认为废品时，应由质量检验人员填写废品通知单。废品通知单是进行废品损失核算的原始凭证，应详细填列废品的名称和数量、产生废品的原因及工序等。

在单独核算废品损失的企业里，应增设“废品损失”账户，在成本项目中应增设“废品损失”项目。“废品损失”账户属于成本类账户，对发生的可修复废品的修复费和计算的不可修复废品的生产成本，登记在该账户的借方；对回收的废品残料价值和计算的应由过失人员赔偿金额，登记在账户的贷方。该账户的借方发生额大于贷方发生额的差额，是废品的净损失，应由本月同种产品成本负担，由该账户的贷方转至“生产成本——基本生产成本”账户的借方。通过上述处理，“废品损失”账户月末应无余额。

(一)不可修复废品损失的归集与分配

企业在计算不可修复废品净损失时，应首先确定不可修复废品的生产成本，然后再扣除残值和应收赔款，计算出废品的净损失。由于不可修复的废品在报废之前是与合格品合并在一起进行核算的，因此需要采用一定的方法确定不可修复废品的生产成本，并将其与合格品的成本进行分离。确定不可修复废品的成本有两种方法：一种是按照废品所耗实际费用计算，另一种是按照废品所耗定额费用计算。

1. 按照所耗实际费用计算不可修复废品成本

采用这种方法计算不可修复废品成本，通常是按照合格品和废品的数量比例以及生产工时比例进行费用分配。一般原材料费用应该按产品的数量比例进行分配，其他加工费用应按生产工时比例进行分配。将计算求出的不可修复废品成本，从生产费用总额中减去，其余额为合格产品的生产费用。用不可修复废品成本再减去回收废品的残料价值和应由过失单位或者个人赔偿之后的余额，即可计算出不可修复废品的净损失。

【例3－13】 某企业20×6年5月生产甲产品600件，生产过程中发现其中有12件为不可修复废品。该产品成本明细账记录显示，合格品和废品共同发生的生产费用为：直接材料99 000元，直接人工21 840元，制造费用14 040元，合计134 880元。

原材料是在生产开始时一次投入的，因此原材料费用应该按产品的数量比例进行分配；其他加工费用按生产工时比例进行分配。甲产品的生产工时为5 200小时，其中合格品和废品的工时分别为5 100小时和100小时。废品回收的残料计价180元，应由过失人赔偿的金额为670元。根据以上资料编制的废品损失计算表如表3－21所示。

表3－21 **甲产品废品损失计算表**

（按实际成本计算）

废品数量:12件 20×6年5月

项　目	数量（件）	直接材料（元）	生产工时（小时）	直接人工（元）	制造费用（元）	费用合计（元）
总生产	600	99 000	5 200	21 840	14 040	134 880
费用分配率		165		4.2	2.7	
废品	12	1 980	100	420	270	2 670
减:残料价值		180				180
废品损失		1 800		420	270	2 490
减:应收赔款						670
废品净损失						1 820

在表3－21中，材料费用分配率是根据材料费用总额99 000元除以全部产量600件计算而得的；直接人工和制造费用分配率，是根据这两项费用总额分别除以生产工时总数计算而得的。

根据表3－21，编制会计分录如下：

(1)结转不可修复废品成本时：

借:废品损失——甲产品　　2 670

　　贷:生产成本——基本生产成本——甲产品　　2 670

(2)回收残料作价入库时：

借:原材料　　180

　　贷:废品损失——甲产品　　180

(3)登记应收赔款时：

借:其他应收库　　670

　　贷:废品损失——甲产品　　670

(4)转出废品净损失时：

借：生产成本——基本生产成本——甲产品　　1 820

　　贷：废品损失——甲产品　　1 820

2. 按照所耗定额费用计算不可修复废品成本

采用这种方法计算不可修复废品成本，通常不考虑废品的实际费用是多少，而按照废品的数量以及各项费用定额进行计算。

【例3－14】 某企业20×6年5月生产乙产品1 400件，生产过程中发现其中有25件为不可修复废品。按照其所耗定额费用计算废品的生产成本。其原材料费用定额为180元。废品所耗生产工时650小时，每小时的费用定额为：直接人工2.40元，制造费用14.30元。回收残料计价570元。

根据以上资料编制的废品损失计算表如表3－22所示。

表3－22　**乙产品废品损失计算表**

（按定额成本计算）

废品数量：25件　　20×6年5月

项　目	直接材料(元)	生产工时(小时)	直接人工(元)	制造费用(元)	费用合计(元)
单位或小时费用定额	180		2.40	14.30	
废品定额成本	4 500	650	1 560		15 355
减：残料价值	570				570
废品报废损失	3 930				14 785

根据表3－22，编制会计分录如下：

(1)结转不可修复废品成本时：

借：废品损失——乙产品　　15 355

　　贷：生产成本——基本生产成本——乙产品　　15 355

(2)回收残料作价入库时：

借：原材料　　570

　　贷：废品损失——乙产品　　570

(3)转出废品净损失时：

借：生产成本——基本生产成本——乙产品　　14 785

　　贷：废品损失——乙产品　　14 785

（二）可修复废品损失的归集与分配

可修复废品，在进行修复之前也是与合格品合并在一起进行核算的，此前发生的生产费用并不是废品损失，因此不需要计算可修复废品的生产成本，而只需要确定在修复过程中产生的修复费用，并进一步计算废品损失。

对可修复废品在修复过程中发生的修复费用，应借记“废品损失”账户，贷记“原材料”“应付职工薪酬”“制造费用”等账户；对回收的残料价值，应借记“原材料”账户，贷记“废品损失”账户；对索赔金额，应借记“其他应收款”账户，贷记“废品损失”账户；对废品的修复费用减去残料价值和索赔金额后的净损失，应借记“生产成本——基本生产成本”账户，贷记“废品损失”账户。经上述处理后，“废品损失”账户月末无余额。

对不单独核算废品损失的企业，可不设置“废品损失”账户及成本项目。当发生回收废品残料时，只需借记“原材料”账户，贷记“生产成本——基本生产成本”账户即可。

二、停工损失的归集与分配

停工损失是指生产车间因计划减产、停电、待料或机器设备发生故障等原因所造成的损失。停工损失主要包括停工期间发生的机物料消耗、支付给生产工人的工资和提取的职工福利费以及应负担的制造费用等。

企业产生停工的原因很多，但不是所有因停工造成的损失都作为停工损失处理。通常停工损失的范围应由企业或者主管企业上级机构规定。

在停工期间，应由车间填列停工报告单，并应在考勤记录中登记。停工报告单应详细列明停工的车间、原因、起止时间等。只有经过有关部门审核的停工报告单才能作为停工损失核算的依据。

在停工期间所发生的费用均属于停工损失，应通过设置“停工损失”这一成本类账户进行核算。对在停工期间所发生的各项费用，应借记“停工损失”账户，贷记“原材料”“应付职工薪酬”“制作费用”等账户；对索赔金额和应计入营业外支出的损失，应借记“其他应收款”“营业外支出”等账户，贷记“停工损失”账户；对计入产品成本的停工损失，应借记“生产成本——基本生产成本”账户，贷记“停工损失”账户。经上述处理后，“停工损失”账户月末应无余额。

对不单独核算停工损失的企业，可不设置“停工损失”账户及成本项目。在停工期间发生的停工损失费用，可直接记入“制造费用”“营业外支出”等账户。

第五节　制造费用的归集与分配

企业在生产产品过程中，除了产品直接耗用各种材料费用、发生人工费用和其他直接费用外，还会发生各种间接费用，这些间接费用通过“制造费用”账户归集与分配。制造费用是产品成本的重要组成部分，其核算是否准确，直接影响产品成本的可靠性。所以，加强制造费用的控制管理，组织好制造费用的核算，对正确计算产品成本具有重要意义。

一、制造费用的归集

制造费用是指企业的基本生产单位（车间、分厂）为产品生产和劳务而发生的、不能直接计入各成本计算对象的各项间接费用，包括生产单位（车间、分厂）管理人员的工资、福利费等职工薪酬，车间房屋、机器设备等固定资产的折旧费，发生的机物料消耗、低值易耗品摊销、办公费、水电费、取暖费、运输费、保险费、设计制图费、实验检验费、劳动保护费、季节性和修理期间的停工损失等。

制造费用属于综合费用项目，其内容比较复杂，应该按照管理的要求分别设立若干个费用项目进行计划和核算，归类反映各项费用的计划执行情况。制造费用的费用项目，可以按照费用的经济用途设立，如用于车间办公方面的支出，设立“办公费”项目；也可以按照费用的经济内容设立，如车间的机器设备、厂房等固定资产的折旧，设立“折旧费”项目。

对制造费用进行核算,要设置"制造费用"总分类账户。"制造费用"账户借方反映企业在一定时期内发生的制造费用,贷方反映分配结转到"生产成本"账户的数额。一般情况下,"制造费用"账户期末没有余额。此外,为了归集制造费用,控制制造费用总额,正确计算产品成本,在"制造费用"总分类账户下,企业应当按照生产车间(部门)设置明细账,账内按照"制造费用"项目设专栏,分别核算各车间、部门制造费用的发生和分配结转情况。制造费用明细账的格式如表3-23所示。

表3-23 制造费用明细账

车间名称:铸造车间　　20×0年3月28日　　单位:元

年		摘要	材料费用	人工费用	折旧费用	办公费用	水电费用	修理费用	其他	合计
月	日									
3	31	材料费分配表	15 200							15 200
		工资费用分配表		8 000						8 000
		折旧费用分配表			1 600					1 600
		其他费用分配表				1 600				1 600
		其他费用分配表					1 000			1 000
		辅助费用分配表					7 000			7 000
		辅助费用分配表						3 000		3 000
		其他费用分配表							140	140
		合计	15 200	8 000	1 600	1 600	8 000	3 000	140	37 540

制造费用应当按照费用发生的地点和费用项目进行归集。根据各种费用分配表以及有关费用发生的原始凭证,借记"制造费用"账户,并按费用的项目记入所属的有关明细账,贷记"原材料""应付职工薪酬""累计折旧""周转材料""银行存款"等账户。通过"制造费用"账户的借方,可以把企业一定时期内发生的全部制造费用归集起来。

二、制造费用的分配

为了正确计算产品成本,必须合理地分配制造费用。在基本生产车间只生产一种产品的情况下,制造费用可以直接计入该种产品生产成本。在生产多种产品的情况下,就要采用适当的分配方法,将制造费用分配计入各种产品生产成本。由于企业各个生产车间或部门的生产任务、技术装备程度、管理水平和费用水平各不相同,因此,制造费用的分配一般应按生产车间或部门进行。

企业应当根据制造费用的性质、产品的性质以及生产方式,结合自身的实际情况,合理选择分配方法。具体来说,企业所选择的制造费用的分配方法,必须与制造费用的发生具有密切的相关性,并且使分配到每种产品之间的制造费用金额基本合理,同时还应当适当考虑计算手续的简便。制造费用的分配方法有生产工时比例法、机器工时比例法、生产工人工资比例法、耗用原材料的数量或成本比例法、直接成本(材料、生产工人工资等薪酬之和)比例法和产成品产量比例法等。企业具体选用哪种分配方法,由企业根据实际情况自行确定。分配方法一经确定，不得随意变更。如果确实需要变更，变更后，要在会计报表附注中予以说明。

（一）生产工时比例法

生产工时比例法是指按照各种产品所用生产工人实际工时数的比例分配制造费用的一种方法。

按生产工时比例分配制造费用，可以使产品负担制造费用的多少与劳动生产率的高低联系起来。如劳动生产率提高，则单位产品生产工时减少，所负担的制造费用也就降低。因此，这是一种常见的、合理的方法。如果企业产品的工时定额比较准确，也可以按不同产品的定额工时比例分配制造费用。其计算公式如下：

$$\text{费用分配率}=\frac{\text{某生产车间应分配的制造费用总额}}{\text{该生产车间各种产品生产工时之和}}$$

$$\text{某产品应分配的制造费用}=\text{该产品生产工时}\times\text{费用分配率}$$

【例3—15】 某企业机加生产车间20×0年3月制造费用明细账汇集的本月制造费用总额为48 650元。该车间本月实际完成生产工时25 000小时，其中甲产品8 000小时、乙产品10 000小时、丙产品7 000小时。采用生产工时比例法，计算分配过程如下：

(1)计算费用分配率。

费用分配率＝48 650÷25 000＝1.946(元/小时)

(2)计算费用分配额。

甲产品应负担的费用分配额＝8 000×1.946＝15 568(元)

乙产品应负担的费用分配额＝10 000×1.946＝19 460(元)

丙产品应负担的费用分配额＝7 000×1.946＝13 622(元)

(3)编制制造费用分配表，如表3—24所示。

表3—24　　　　制造费用分配表

（生产工时比例法）

车间名称：机加车间　　　　20×0年3月

产品名称	生产工时(小时)	费用分配率(元/小时)	费用分配额(元)
甲产品	8 000	1.946	15 568
乙产品	10 000		19 460
丙产品	70 00		13 622
合　计	25 000		48 650

(4)账务处理。

借：生产成本——基本生产成本(甲产品)　　5 036
　　　　　　——基本生产成本(乙产品)　　12 590
　　　　　　——基本生产成本(丙产品)　　7 554
　贷：制造费用——机加车间　　25 180

（二）机器工时比例法

机器工时比例法是按照各种产品生产时所用机器设备运转时间的比例分配制造费用的一种方法。这种方法适用于产品生产的机械化程度高的车间。因为在这样的车间中，制造费用中与机器设备使用有关的费用比较多，如设备的折旧费、机物料消耗等，而相应的人工费用较少。如果按生产工时比例分配法进行分配，则会造成机械化程度较低的产品由于其生产工人工时较多而负担的制造费用较大、机械化程度较高的产品由于其生产工人工时较少而负担的制造费用较少的不合理分配结果。因此，在机械化程度较高的车间，其制造费用采用与设备运转的时间有密切关系的机器工时进行分配比较合理。其计算公式如下：

$$费用分配率=\frac{某生产车间应分配的制造费用总额}{该生产车间各种产品机器工时之和}$$

$$某产品应分配的制造费用=该产品机器工时\times 费用分配率$$

【例 3－16】 某企业第一生产车间生产甲、乙两种产品，20×0 年 3 月制造费用明细账汇集的费用总额为 485 000 元。两种产品本月机器总工时为 125 000 小时，其中，甲产品75 000 小时、乙产品 50 000 小时。采用机器工时比例分配法，计算分配过程如下：

(1)计算费用分配率。

费用分配率＝485 000÷125 000＝3.88(元/小时)

(2)计算费用分配额。

甲产品应负担的费用分配额＝75 000×3.88＝291 000(元)

乙产品应负担的费用分配额＝50 000×3.88＝194 000(元)

(3)编制制造费用分配表，如表 3－25 所示。

表 3－25 **制造费用分配表**

车间名称：一车间 20×0 年 3 月

产品名称	机器工时(小时)	费用分配率(元/小时)	费用分配额(元)
甲产品	75 000	3.88	291 000
乙产品	50 000		194 000
合　计	125 000		485 000

(4)账务处理。

借：生产成本——基本生产成本(甲产品)　　291 000
　　　　　　——基本生产成本(乙产品)　　194 000
　　贷：制造费用——车间　　485 000

(三)生产工人工资比例法

生产工人工资比例法是按照直接计入各种产品成本的生产工人实际工资的比例分配制造费用的方法。

生产工人工资比例法分配标准的资料(工资费用分配表)比较容易取得，计算也比较简便。这种方法适用于各种产品机械化程度大致相同的情况，否则会影响分配的合理性。例如，机械化程度低的产品，所用工资费用多，分配的制造费用也多；相反，机械化程度高的产品，所用工资费用少，分配的制造费用也少。这种情况是不合理的。如果直接人工费用本身是按照生产工时比例分配法分配计入各种产品的，则按生产工人工资比例分配制造费用，实际上也就是按生产工时比例法分配制造费用。其计算公式如下：

$$费用分配率=\frac{某生产车间应分配的制造费用总额}{该生产车间各种产品生产工人工资之和}$$

$$某产品应分配的制造费用=该产品生产工人工资\times 费用分配率$$

【例 3－17】 某企业第一基本生产车间生产甲、乙、丙三种产品。20×0 年 3 月制造费用明细账汇集的本月制造费用总额为 198 600 元，该车间三种产品直接人工费用分别为25 000元、37 000 元、20 750 元。采用生产工人工资比例法，计算分配过程如下：

(1)计算费用分配率。

费用分配率＝198 600÷(25 000＋37 000＋20 750)＝2.4

(2)计算费用分配额。

甲产品应负担的费用分配额＝25 000×2.4＝60 000(元)

乙产品应负担的费用分配额＝37 000×2.4＝88 800(元)

丙产品应负担的费用分配额＝20 750×2.4＝49 800(元)

(3)编制制造费用分配表，如表 3－26 所示。

表 3－26　　**制造费用分配表**

车间名称：一车间　　20×0 年 3 月

产品名称	生产工人工资(元)	费用分配率	费用分配额(元)
甲产品	25 000	2.4	60 000
乙产品	37 000		88 800
丙产品	20 750		49 800
合　计	87 250		198 600

(4)账务处理。

借：生产成本——基本生产成本(甲产品)　　60 000

　　　　　——基本生产成本(乙产品)　　88 800

　　　　　——基本生产成本(丙产品)　　49 800

　贷：制造费用——第一车间　　198 600

(四)计划分配率法

计划分配率法是指分配制造费用时，不论各月实际发生的制造费用是多少，每月均按年度计划费用分配率计算各种产品应分配的制造费用的一种方法。

在计划分配率法中，计划费用分配率是按计划产量考虑的，实际分配的费用是按实际产量计算的；年度实际发生的制造费用与制造费用预算也会存在差异。因此，采用计划分配率法，“制造费用”账户 1～11 月各月末分配结转后可能有余额，这些余额通常年内各月(1～11 月)不必调整。但如果年末仍有余额，则应调整计入 12 月的产品成本。其计算公式如下：

$$\text{费用分配率}=\frac{\text{某生产车间年度制造费用预算总额}}{\text{该生产车间年度计划产量的定额总工时}}$$

其中：

定额总工时＝∑某产品年度计划产量×该产品单位产品定额工时

某产品本月应分配费用＝该产品本月实际产量×单位产品定额工时×费用分配率

【例 3－18】 某企业第一车间生产甲、乙、丙三种产品，本年度制造费用预算总额为840 000元。三种产品本年计划产量分别为 1 600 件、5 000 件、6 000 件，单位产品定额工时分别为 50 小时、40 小时、70 小时。本年 3 月生产甲产品 300 件、乙产品 600 件、丙产品 400 件，实际发生制造费用 45 000 元。2 月末该车间制造费用明细账借方余额为 400 元。采用计划分配率法，计算分配过程如下：

(1)计算本年度计划产量的定额总工时。

1 600×50＋5 000×40＋6 000×70＝700 000(小时)

(2)计算费用分配率。

费用分配率＝840 000÷700 000＝1.2(元/小时)

(3)计算费用分配额。

甲产品应负担的费用分配额＝300×50×1.2＝18 000(元)

乙产品应负担的费用分配额＝600×40×1.2＝28 800(元)

丙产品应负担的费用分配额＝400×70×1.2＝33 600(元)

(4)编制制造费用分配表，如表3－27所示。

表3－27　　制造费用分配表

车间名称：一车间　　20×0年3月

应借科目	实际产量的定额工时(小时)	年度计划费用分配率	分配金额(元)
生产成本——基本生产成本(甲产品)	300×50		18 000
生产成本——基本生产成本(乙产品)	600×40		28 800
生产成本——基本生产成本(丙产品)	400×70		33 600
合　计	67 000	1.2	80 400

(5)账务处理。

借：生产成本——基本生产成本(甲产品)　　18 000
　　　　　　——基本生产成本(乙产品)　　28 800
　　　　　　——基本生产成本(丙产品)　　33 600
　贷：制造费用——某车间　　80 400

通过上述各种生产成本的归集与分配，基本生产车间在生产过程中发生的各项成本费用，已经集中反映在“生产成本——基本生产成本”账户的借方，这些成本费用都是在当月发生的，但这并不是本月完工产品的成本。要计算出本月完工产品的成本，还要将本月发生的生产成本，加上月初在产品成本，然后再将其在本月完工产品和月末在产品之间进行分配，从而计算出本月完工产品成本。

月初在产品成本、本月发生的生产成本、月末在产品成本和本月完工产品成本四项成本之间的关系可以用下列公式表达：

月初在产品成本＋本月发生的生产成本＝月末在产品成本＋本月完工产品成本

或者：

月初在产品成本＋本月发生的生产成本－月末在产品成本＝本月完工产品成本

由于公式中的前两项是已知数，所以，在完工产品和月末在产品之间分配成本的方法有两类：一是将前两项之和按照一定的比例在后两项之间进行分配，从而计算出完工产品成本和月末在产品成本；二是先确定月末在产品成本，再计算完工产品成本。但是无论采用哪一类方法，都必须先取得在产品数量的核算资料。

第六节　生产费用在完工产品和在产品之间的归集与分配

企业要想正确地计算完工产品的成本，就必须保证在产品和完工产品数量的正确性，进而将生产费用在完工产品和在产品之间进行合理的归集与分配。

一、在产品数量核算

企业的在产品有广义和狭义之分。广义的在产品是就整个企业而言的，是指企业已经投入生产，但尚未完成全部生产过程，不能作为商品销售的产品。广义的在产品包括正在各个生产单位加工的在制品和已经完成一个或多个生产步骤，但尚未最终完工而需要继续加工的自制半成品。狭义的在产品是就企业某一个生产单位(分厂、车间)或某一个生产步骤而言的，是指本生产单位和本步骤正在加工的在制品，不包括该生产单位或生产步骤已经完工交付的自制半成品。另外，对外销售的自制半成品，属于商品产品，验收入库后不应列入在产品之内。

在产品结存的数量，同其他材料物资结存的数量一样，既要有账面核算资料，又要有实际盘点资料。企业一方面要做好在产品收发结存的日常核算工作，另一方面要做好在产品的清查盘点工作。车间在产品收发结存的日常核算工作，一般是通过在产品收发结存账进行的。在实务工作中，通常是分别车间并按照产品的品种和在产品名称设立在产品台账，来反映车间各种在产品的转入、转出和结存数量。各车间应认真做好在产品的计量、验收和交接工作，并在此基础上根据领料凭证、在产品内部转移凭证、产成品检验凭证和产品交库凭证，及时完整登记在产品收发结存账。该账簿由车间核算人员登记。做好这两项工作，既可以从账面上随时掌握在产品的动态，又可以清查在产品的数量。这对于正确计算产品成本、加强资金管理、保证在产品的安全完整以及保证账实相辅都具有十分重要的意义。

为了核实在产品的数量，企业必须认真做好在产品的清查工作，可以定期进行清查，也可以不定期轮流清查。有的车间没有建立在产品的日常收发核算，则每月月末都必须进行一次清查，以便取得在产品的实际盘存资料。清查后，根据在产品的清查结果和账面资料编制在产品盘点表，列明在产品的账面数、实存数和盘盈盘亏数，并列明盈亏的原因和处理意见，对于毁损和报废的在产品，还要登记残值。

在产品发生盘盈时，根据盘盈在产品的成本，借记“生产成本”账户，贷记“待处理财产损溢”账户；按照管理权限报经批准进行处理时，借记“待处理财产损溢”账户，贷记“管理费用”账户。在产品发生盘亏和毁损时，借记“待处理财产损溢”账户，贷记“生产成本”账户，冲减在产品成本；按照管理权限报经批准进行处理时，毁损在产品的残值，借记“原材料”账户，贷记“待处理财产损溢”账户；盘亏和毁损在产品的损失，借记“管理费用”“其他应收款”等账户，贷记“待处理财产损溢”账户。

二、生产费用在完工产品和在产品之间的分配方法选择

每月月末，当月生产成本明细账中按照成本项目归集了该种产品的本月生产成本以后，如果产品已经全部完工，则生产成本明细账中归集的月初在产品成本和本月发生的生产成本之和，就是该种完工产品的总成本。如果产品全部没有完工，则生产成本明细账中归集的月初在

产品成本和本月发生的生产成本之和，就是该种在产品的成本。如果月末既有完工产品，又有在产品，则生产成本明细账中归集的月初在产品成本和本月发生的生产成本之和，就应当在完工产品和月末在产品之间，采用适当的分配方法进行分配，以计算完工产品成本和月末在产品成本。

企业应当根据在产品数量的多少、各月在产品数量变化的大小、各项成本比重的大小，以及定额管理基础的好坏等具体条件，采用适当的方法将生产成本在完工产品和月末在产品之间进行分配。常用的分配方法有：不计算在产品成本法、在产品按固定成本计价法、在产品按所耗直接材料成本计价法、约当产量比例法、在产品按定额成本计价法、定额比例法等。

(一)不计算在产品成本法

采用这种分配方法，月末虽然有在产品，但是不计算其成本。也就是说，每月发生的生产成本，全部由完工产品承担，生产成本明细账中归集的全部生产费用，就是完工产品的成本。这种方法适用于月末在产品数量很小，是否计算在产品成本对于完工产品成本的影响很小的企业，为了简化核算工作，可以不计算在产品成本。

(二)在产品按固定成本计价法

采用这种分配方法，1～11 月各月月末的在产品成本固定不变。某种产品本月发生的生产费用就是本月完工产品的成本。但是在年末，在产品成本不应再按固定不变的金额计价，否则会使按固定金额计价的在产品成本与其实际成本有较大差异，影响产品成本计算的正确性。因而在年末，应当根据实际盘点的在产品数量，具体计算在产品成本和 12 月的完工产品成本。这种方法适用于月末在产品数量很小的产品，或者月末在产品数量虽然较多，但各月在产品数量比较均衡的产品。例如，炼钢厂等冶炼企业炼钢炉内溶液、化工企业输送带和管道内的在产品等，数量都比较稳定，可以采用这种固定在产品成本的方法。年度内，1～11 月的月末在产品成本是固定的，简化了成本核算工作；12 月的在产品成本是通过实地盘点后重新计算的，从全年来看，完工产品的实际总成本的计算也是正确的；同时，12 月份计算的月末在产品成本，又可以作为下一年度 1～11 月固定在产品成本。

(三)在产品按所耗直接材料成本计价法

采用这种分配方法，各月末的在产品只计算其所耗用的直接材料成本，不计算直接人工等加工成本。也就是说，产品的直接材料成本(月初在产品的直接材料成本和本月发生的直接材料成本之和)需要在完工产品和月末在产品之间进行分配，而本月生产产品所发生的加工成本全部由完工产品成本承担。这种方法适用于各月末在产品数量较多、在产品数量变化较大、直接材料成本在生产成本中所占比重较大且材料在生产开始时一次就全部投入的产品。例如，纺织、造纸、酿酒等行业的产品，原材料费用在产品成本中所占比重较大，就可以采用这种方法。

【例 3－19】 某企业生产甲产品，该产品原材料费用在产品成本中所占比重较大，月初在产品材料成本为 6 400 元，本月共发生直接材料费用 51 600 元，原材料在生产开始时一次投入。本月完工产品数量为 400 件，月末在产品数量为 100 件。本月发生直接人工费 2 800 元，制造费用 2 980 元。按所耗原材料成本计算月末在产品成本及完工产品成本。

分配计算过程如下：

直接材料费用分配率＝(6 400＋51 600)÷400＋100＝116(元/件)

完工产品原材料费用＝400×116＝46 400(元)

月末在产品原材料费用＝100×116＝11 600(元)

完工产品成本＝46 400＋2 800＋2 980＝52 180(元)

(四)约当产量比例法

采用约当产量比例法，是先将月末在产品数量按照完工程度折算为相当于完工产品的数量，即约当产量，然后将产品应负担的全部成本按照完工产品数量与月末在产品约当产量的比例进行分配，以计算出完工产品成本和月末在产品成本。这种分配方法适用于月末在产品数量较大，各月末在产品数量变化也较大，产品成本中直接材料、直接人工及制造费用所占比重相差不大的产品。

采用约当产量比例法，月末在产品需要按完工程度折算为约当产量。由于月末在产品的投料程度与加工程度可能不尽相同，各项费用的投入程度也就可能不同，所以，应分别计算用于分配原材料、工资及福利费、制造费用等成本项目的在产品约当产量。

采用约当产量比例法计算分配生产成本，一般可以分为以下几个步骤进行：

1. 计算月末在产品约当产量

月末在产品约当产量是按照月末在产品数量和完工程度折算的相当于完工产品的数量，用公式表示为：

月末在产品约当产量＝月末在产品数量×在产品完工程度(投料程度)

上述公式中的月末在产品数量，可以根据“在产品台账”并通过实地盘点确定，在产品完工程度则应当视具体情况，采用一定的方法测定。如果各道工序在产品数量和在产品的加工程度都相差不多，后面工序多加工的可以弥补前面工序少加工的，这样全部在产品的完工程度可以平均为50%。同理，每道工序在产品的完工程度也可以按50%计算(仅指完成本工序的50%，前面工序已完成的，要按100%计算)。此外，还需要视具体情况而定。

(1)直接人工费和制造费用等成本项目的在产品约当产量

这类成本项目是根据月末在产品的加工程度计算约当产量，加工程度按加工时间计算确定。

第一，如果产品生产是单工序的，则可以直接根据单位月末在产品已加工时间占单位完工产品加工时间比例计算(也可以用工时定额)。

【例3－20】 某产品有月末在产品200件，已加工时间占完工产品加工时间的70%，即完工程度为70%。

在产品约当产量＝200×70%＝140(件)

第二，如果产品生产是多工序的，则应分工序计算各工序完工程度和在产品约当产量。

$$\text{某道工序在产品完工率}=\frac{\text{前面各工序累计工时定额}+\text{本工序工时定额}\times 50\%}{\text{完工产品工时定额}}$$

$$\text{月末在产品约当产量}=\sum(\text{每一道工序在产品数量}\times\text{该道工序在产品完工率})$$

根据各道工序的在产品数量和测定的加工程度，计算出各工序上的月末在产品约当产量，并据以分配计算完工产品和月末在产品的加工费用。

【例3－21】 某产品需要经三道工序加工完成，其工时定额为50小时。第一道工序20小时，第二道工序12小时，第三道工序18小时。该产品月末在产品为100件，其中，第一道工序20件，第二道工序50件，第三道工序30件。各工序结存的在产品在本工序的平均加工程度按50%计算。试测算各工序在产品完工率，计算在产品的约当产量。

$$\text{第一道工序上的在产品完工率}=\frac{20\times 50\%}{50}=20\%$$

$$第二道工序上的在产品完工率=\frac{20+12\times50\%}{50}=52\%$$

$$第三道工序上的在产品完工率=\frac{20+12+18\times50\%}{50}=82\%$$

月末在产品约当产量＝20×20%＋50×52%＋30×82%＝54.6(件)

(2)直接材料成本项目的在产品约当产量

在产品成本中，直接材料费的完工程度也称为投料程度，是指在产品的已投材料占完工产品应投材料的百分比。原材料投料程度的确定按原材料投入形式的不同，区别以下几种情形：

第一，如果原材料是在生产开始一次投入，则直接材料成本项目的在产品完工程度(投料率)为100%，即一件在产品应与一件完工产品同等分配原材料费用，月末在产品约当产量等于月末在产品数量。

第二，如果原材料随加工进度逐步投料，投料程度与加工程度一致，则用于分配原材料的在产品约当产量，与按照分配直接人工费和制造费用等成本项目的在产品约当产量相同。

第三，如果原材料随加工进度逐步投料，投料程度与加工程度不一致，则原材料费用分配较为复杂。

如果产品生产是单工序的，按照实际的投料程度，计算在产品约当产量。

【例3－22】 某企业生产甲产品，生产开始时投料40%，产品加工到50%时投料30%，产品加工到70%时投料30%。本月月末在产品300件，加工程度为60%。此时实际上已经投入两次材料，投料程度为70%(40%＋30%)。

月末在产品约当产量＝300×70%＝210(件)

如果产品生产是多工序的，应根据各工序累计原材料消耗定额占完工产品原材料消耗定额的比率，计算各工序完工率(投料率)。

$$某道工序在产品完工率=\frac{前面各工序累计材料费用定额+本工序材料费用定额\times50\%}{完工产品材料费用定额}$$

$$月末在产品约当产量=\sum(各工序在产品数量\times各工序在产品完工程度)$$

【例3－23】 某企业生产丙产品要经过两道工序，各工序原材料费用定额、在产品数量，以及完工率和约当产量计算如表3－28所示。

表3－28 **月末在产品约当产量计算表**

工序	本工序材料费用定额(元)	完工率计算	月末在产品数量(件)	月末在产品约当产量(件)
1	30	$\frac{30\times50\%}{50}\times100\%=30\%$	40	12
2	20	$\frac{30+20\times50\%}{50}\times100\%=80\%$	80	64
合计	50	—	120	76

第四，如果原材料随着加工程度于每个工序一开始时一次投入，则计算在产品约当产量时，要将一次投料和陆续投料的计算方法相结合。

【例3－24】 承【例3－23】中的原材料费用定额和在产品数量资料，计算在产品的完工率和约当产量，如表3－29所示。

表 3－29　　　　月末在产品约当产量计算表

工序	本工序材料费用定额(元)	完工率计算	月末在产品数量(件)	月末在产品约当产量(件)
1	30	$\frac{30}{50}\times 100\%=60\%$	40	24
2	20	$\frac{30+20}{50}\times 100\%=100\%$	80	80
合计	50	—	120	124

在这两种情况下计算出来的在产品约当产量不同,原因是原材料在每个工序一开始时一次投入,不需要再乘以50%。

【例 3－25】 某产品经过三道工序加工完成,原材料于每个工序一开始时投入。月末在产品数量及原材料消耗定额如表 3－30 所示,其中,各工序结存的在产品在本工序的平均投料程度按50%计算。

表 3－30　　　　月末在产品数量及原材料消耗定额

工序	月末在产品数量(件)	单位产品原材料消耗定额
1	100	70
2	120	80
3	140	100
合计	360	250

计算以下两种情况下,各工序在产品的投料率及月末在产品直接材料成本项目的约当产量:

(1)原材料于每个工序一开始时投入;

(2)原材料于每个工序开始以后逐步投入。

解:(1)原材料于每个工序一开始时投入,月末在产品直接材料约当产量计算如表 3－31 所示。

表 3－31　　　　月末在产品直接材料约当产量计算表

工序	月末在产品数量(件)	单位产品原材料消耗定额	投料率	在产品约当产量(件)
1	100	70	70÷250×100%＝28%	28
2	120	80	(70＋80)÷250×100%＝60%	72
3	140	100	(70＋80＋100)÷250×100%＝100%	140
合计	360	250		240

(2)原材料于每个工序开始以后逐步投入,月末在产品直接材料约当产量计算如表 3－32 所示。

表 3—32　　月末在产品直接材料约当产量计算表

工序	月末在产品数量(件)	单位产品原材料消耗定额	投料率	在产品约当产量(件)
1	100	70	70×50%÷250×100%=28%	14
2	120	80	(70+80×50%)÷250×100%=60%	52.8
3	140	100	(70+80+100×50%)÷250×100%=100%	112
合计	360	250		178.8

2. 计算完工产品成本和月末在产品成本

月末在产品约当产量=月末在产品数量×在产品完工程度(投料程度)

$$\text{生产成本项目费用分配率}=\frac{\text{月初在产品成本}+\text{本月生产费用}}{\text{完工产品数量}+\text{月末在产品约当产量}}$$

完工产品成本=完工产品产量×该成本项目费用分配率

月末在产品成本=月末在产品约当产量×该成本项目费用分配率

【例 3—26】 某公司生产甲产品,20×0 年 3 月,完工产品产量为 3 000 件,月末在产品数量为 400 件,完工程度为 50%,原材料在开始生产时一次投入,其他成本按约当产量比例分配。月初在产品成本和本月生产费用如表 3—33 所示。

表 3—33　　生产费用资料　　单位:元

成本项目	直接材料	直接人工	制造费用
月初在产品	200 000	80 000	90 000
本月生产费用	1 160 000	560 000	870 000
合　计	1 360 000	640 000	960 000

甲产品各项成本分配计算如下:

(1)直接材料成本的分配

由于原材料在开始生产时一次投入,因此应按完工产品和在产品的实际生产数量比例进行分配,而不能使用约当产量。

$$\text{完工产品应负担的直接材料成本}=\frac{1\ 360\ 000}{3\ 000+400}\times 3\ 000=1\ 200\ 000(\text{元})$$

$$\text{在产品应负担的直接材料成本}=\frac{1\ 360\ 000}{3\ 000+400}\times 400=160\ 000(\text{元})$$

直接人工成本和制造费用均应该按照约当产量进行分配,在产品为 400 件,完工程度为 50%,折合约当产量为 200 件(400×50%)。

(2)直接人工成本的分配

$$\text{完工产品应负担的直接人工成本}=\frac{640\ 000}{3\ 000+200}\times 3\ 000=600\ 000(\text{元})$$

$$\text{在产品应负担的直接材料成本}=\frac{640\ 000}{3\ 000+200}\times 200=40\ 000(\text{元})$$

(3)制造费用的分配

$$完工产品应负担的制造费用=\frac{960\ 000}{3\ 000+200}\times 3\ 000=900\ 000(元)$$

$$在产品应负担的制造费用=\frac{960\ 000}{3\ 000+200}\times 200=60\ 000(元)$$

根据以上计算分配的结果，可以计算出甲产品完工产品成本和在产品成本。

甲产品完工产品成本＝1 200 000＋600 000＋900 000＝2 700 000(元)

甲产品在产品成本＝160 000＋40 000＋60 000＝260 000(元)

根据以上计算结果，编制“产品成本计算单”，如表3－34所示。

表3－34　　产品成本计算单

产品名称：甲产品

成本项目	直接材料	直接人工	制造费用	合　计
月初在产品成本(元)	200 000	80 000	90 000	370 000
本月生产费用(元)	1 160 000	560 000	870 000	2 590 000
生产费用合计(元)	1 360 000	640 000	960 000	2 960 000
产成品数量(件)	3 000	3 000	3 000	
在产品约当产量(件)	400	200	200	
分配率	400	200	300	
完工产品成本(元)	1 200 000	600 000	900 000	2 700 000
月末在产品成本(元)	160 000	40 000	60 000	260 000

根据成本计算结果，编制结转完工产品成本的会计分录：

借：库存商品——甲产品　　　　2 700 000

　贷：生产成本——甲产品　　　　2 700 000

（五）在产品按定额成本计价法

在产品成本按定额成本计价的方法简称定额成本法，即根据月末在产品数量及各项费用的定额资料计算出月末在产品的定额成本，将该产品实际发生的全部生产费用减去按定额成本计算的在产品成本，余额作为完工产品实际成本。这种分配方法，简化了生产费用在完工产品和月末在产品之间的分配计算工作，但是如果定额不够准确，实际费用脱离定额的差异就较大，从而会影响成本计算的正确性。因此，这种分配方法适用于定额管理基础较好，各项消耗定额或费用定额比较准确、稳定，而且各月月末在产品数量波动不大的产品。其计算公式如下：

在产品直接材料定额成本＝在产品数量×单位在产品材料定额成本

＝在产品数量×单位材料消耗定额×材料计划单价

在产品直接人工定额成本＝在产品数量×单位工时定额×单位工时定额工资

＝在产品定额工时×单位工时定额工资

在产品制造费用定额成本＝在产品数量×单位工时定额×单位工时定额制造费用

＝在产品定额工时×单位工时定额制造费用

在产品定额成本＝在产品直接材料定额成本＋在产品直接人工定额成本＋在产品制造费用定额成本

完工产品成本＝月初在产品定额成本＋本月生产费用－月末在产品定额成本

【例3－27】　某企业生产乙产品，生产分两道工序进行。原材料在第一道工序开始时一次投入，各道工序在产品的平均加工程度为50%。本月完工B产品为2 000件，月末在产品为800件，其中，第一道工序420件，第二道工序380件。月初在产品成本为：直接材料3 500元，直接人工2 520元，制造费用3 125元；本月生产费用为：直接材料86 500元，直接人工52 480元，制造费用21 875元。

单位产品材料消耗定额4千克，直接材料计划单价5元/千克，单位产品工时定额8小时，其中，第一道工序5小时，第二道工序3小时。B产品单位工时费用定额为：直接人工4元/小时，制造费用2元/小时。

月末在产品按定额成本计价法分配，计算本月完工产品和月末在产品成本。

解：(1)计算月末在产品定额成本。

在产品直接材料定额成本＝800×4×5＝16 000(元)

在产品完成的定额总工时＝5×50%×420＋(5＋3×50%)×380＝3 520(小时)

在产品直接人工定额成本＝3 520×4＝14 080(元)

在产品制造费用定额成本＝3 520×2＝7 040(元)

在产品定额成本＝16 000＋14 080＋7 040＝37 120(元)

(2)计算完工产品实际总成本。

完工产品直接材料成本＝3 500＋86 500－16 000＝74 000(元)

完工产品直接人工成本＝2 520＋52 480－14 080＝40 920(元)

完工产品制造费用成本＝3 125＋21 875－7 040＝17 960(元)

完工产品实际总成本＝74 000＋40 920＋17 960＝132 880(元)

(3)根据以上计算结果，编制“产品成本计算单”，如表3－35所示。

表3－35 **产品成本计算单**

产品名称：乙产品 单位：元

成本项目	直接材料	直接人工	制造费用	合计
月初在产品成本	3 500	2 520	3 125	9 145
本月生产费用	86 500	52 480	21 875	160 855
生产费用合计	90 000	55 000	25 000	170 000
月末在产品成本	16 000	14 080	7 040	37 120
完工产品成本	74 000	40 920	17 960	132 880
单位成本	37	20.46	8.98	66.44

(4)根据成本计算结果，编制结转完工产品成本的会计分录。

借：库存商品——乙产品 132 880

　　贷：生产成本——乙产品 132 880

(六)定额比例法

定额比例法，是指以完工产品与月末在产品的定额消耗量或定额成本的比例来分配计算完工产品成本和月末在产品成本的一种方法。由于原材料和人工费、制造费用的定额耗用量标准不同，所以，需要按成本项目分别计算分配。其中，原材料费用按照原材料定额耗用量或原材料定额费用比例分配；直接人工费和制造费用可以按定额工时比例分配，也可以按定额费用比例分配。这种分配方法适用于各项消耗定额准确、稳定，各月月末在产品数量变化较大的产品。因为月初和月末在产品费用之间脱离定额的差异要在完工产品和月末在产品之间按比例分配，从而提高了产品成本计算的正确性。其计算公式如下：

$$消耗量分配率=\frac{月初在产品实际消耗量+本月实际消耗量}{完工产品定额消耗量+月末在产品定额消耗量}$$

完工产品实际消耗量＝完工产品定额消耗量×消耗量分配率

完工产品成本＝完工产品实际消耗量×原材料单价（或单位工时的工资、费用）

月末在产品实际消耗量＝月末在产品定额消耗量×消耗量分配率

月末在产品成本＝月末在产品实际消耗量×原材料单价（或单位工时的工资、费用）

按照上述公式分配，既可以提供完工产品和月末在产品的实际费用资料，还可以提供实际消耗量资料，便于考核和分析各项消耗定额的执行情况。但是，在各产品所耗原材料的品种较多的情况下，采用这种分配方法工作量较大。为了简化核算工作，也可以采用下列公式计算分配：

$$直接材料成本分配率=\frac{月初在产品实际原材料成本+本月实际原材料成本}{完工产品定额原材料成本+月末在产品定额原材料成本}$$

完工产品应负担的直接材料成本＝完工产品定额原材料成本×直接材料成本分配率

月末在产品应负担的直接材料成本＝月初在产品定额原材料成本×直接材料成本分配率

或：

$$\begin{matrix}月末在产品应负担\\的直接材料成本\end{matrix}=\begin{matrix}月初在产品的\\直接材料成本\end{matrix}+\begin{matrix}本月实际\\原材料成本\end{matrix}-\begin{matrix}完工产品应负担\\的直接材料成本\end{matrix}$$

$$直接人工成本分配率=\frac{月初在产品实际人工成本+本月实际发生直接人工成本}{完工产品定额工时+月末在产品定额工时}$$

完工产品应负担的直接人工成本＝完工产品定额工时×直接人工成本分配率

月末在产品应负担的直接人工成本＝月末在产品定额工时×直接人工成本分配率

$$制造费用分配率=\frac{月初在产品的制造费用+本月实际发生的制造费用}{完工产品定额工时+月末在产品定额工时}$$

完工产品应负担的制造费用＝完工产品定额工时×制造费用分配率

月末在产品应负担的制造费用＝月末在产品定额工时×制造费用分配率

$$月末在产品应负担的制造费用=\begin{matrix}月初在产品\\的制造费用\end{matrix}+\begin{matrix}本月实际发生\\的制造费用\end{matrix}-\begin{matrix}完工产品应负担\\的制造费用\end{matrix}$$

【例3－28】 某企业生产丙产品，本月完工产品500件，月末在产品80件，单位完工产品材料定额消耗为400千克，工时定额为100小时。单位在产品材料定额消耗为400千克，工时定额为50小时。生产丙产品发生的费用资料如表3－36所示。按照定额比例法，计算在产品成本及完工产品成本。

表3－36 **本月生产费用资料表** 单位：元

项目	直接材料	直接人工	制造费用	合计
期初在产品成本	200 000	20 000	30 000	250 000
本期发生成本	480 000	300 000	450 000	1 230 000
合计	680 000	320 000	480 000	1 480 000

按照完工产品定额与在产品定额各占总定额的比例，分配计算在产品成本及完工产品成

本,计算分配过程如下:

1. 计算完工产品定额消耗

完工产品直接材料定额消耗=400×500=200 000(千克)

完工产品直接人工定额消耗=100×500=50 000(小时)

完工产品制造费用定额消耗=100×500=50 000(小时)

2. 计算在产品定额消耗

在产品直接材料定额消耗=400×80=32 000(千克)

在产品直接人工定额消耗=50×80=4 000(小时)

在产品制造费用定额消耗=50×80=4 000(小时)

3. 计算定额比例

在产品直接材料定额消耗比例=32 000÷(200 000+32 000)×100%=13.79%

在产品直接人工定额消耗比例=4 000÷(50 000+4 000)×100%=7.41%

在产品制造费用定额消耗比例=4 000÷(50 000+4 000)×100%=7.41%

完工产品直接材料定额消耗比例=200 000÷(200 000+32 000)×100%=86.21%

完工产品直接人工定额消耗比例=50 000÷(50 000+4 000)×100%=92.59%

完工产品制造费用定额消耗比例=50 000÷(50 000+4 000)×100%=92.59%

4. 分配成本

完工产品应负担的直接材料成本=680 000×86.21%=586 228(元)

在产品应负担的直接材料成本=680 000×13.79%=93 772(元)

完工产品应负担的直接人工成本=320 000×92.59%=296 288(元)

在产品应负担的直接人工成本=320 000×7.41%=23 712(元)

完工产品应负担的制造费用=480 000×92.59%=444 432(元)

在产品应负担的制造费用=480 000×7.41%=35 568(元)

通过以上计算分配,可以计算出丙产品完工产品成本和月末在产品成本:

丙产品本月完工产品成本=586 228+296 288+444 432=1 326 948(元)

丙产品月末在产品成本=93 772+23 712+35 568=153 052(元)

根据以上分配丙产品完工产品总成本,编制结转完工产品入库的会计分录:

借:库存商品——丙产品　　1 326 948

　　贷:生产成本——丙产品　　1 326 948

本章小结

在工业企业中,材料费用是构成产品成本的主要生产费用,包括企业在生产经营过程中实际消耗的各种原材料、辅助材料、外购半成品、修理用备品备件、燃料、动力、包装物和低值易耗品等费用。

企业在生产活动中耗用的材料费用,是根据领、退料凭证,按照材料的用途归集和分配的。材料费用的分配标准有很多,主要有材料定额耗用量、材料定额成本、产品产量、产品重量等,方法有定额耗用量比例法、定额费用比例法。

职工薪酬是指企业根据有关规定应该支付给职工的各种报酬,包括职工工资、奖金、津贴和补贴，职工福利费、医疗、养老、失业、工伤、生育等社会保险费，以及住房公积金，工会经费，职工教育经费，非货币性福利等因职工为企业提供服务而产生的义务。工资的计算可以按照计时工资与出勤天数计算和计件工资计算。

企业的人工费用应该按其发生的地点和用途进行归集和分配。采用计件工资形式支付的工资，可以直接计入所生产产品的成本。采用计时工资形式支付的工资，如果生产工人只生产一种产品，仍可以直接计入所生产产品的成本；如果生产多种产品，则需要选用适当的分配方法，在各种产品之间进行分配。

辅助生产根据它所提供的产品、劳务和作业的种类多少，可以分为两种类型：一类是只提供一种产品、劳务或作业的辅助生产，称为单品种辅助生产，如供电、供水、供气、运输等；另一类是提供多种产品、劳务或作业的辅助生产，称为多品种辅助生产，如工具、模具制造、机械设备修理等。辅助生产费用的分配方法主要有直接分配法、一次交互分配法、代数分配法|、计划成本分配法和顺序分配法。

制造费用是指企业的基本生产单位（车间、分厂）为产品生产和劳务而发生的、不能直接计入各成本计算对象的各项间接费用，包括生产单位（车间、分厂）管理人员的工资、福利费等职工薪酬，车间房屋、机器设备等固定资产的折旧费、发生的机物料消耗、低值易耗品摊销、办公费、水电费、取暖费、运输费、保险费、设计制图费、实验检验费、劳动保护费、季节性和修理期间的停工损失等。通过"制造费用"账户的借方，可以把企业一定时期内发生的全部制造费用归集起来。制造费用的分配方法有生产工时比例法、机器工时比例法等。

生产费用在完工产品和在产品之间进行合理的归集与分配方法有不计算在产品成本法、在产品按固定成本计价法、在产品按所耗直接材料成本计价法、约当产量比例法、在产品按定额成本计价法、定额比例法等。

思考题

1. 各项生产费用的归集与分配包括的内容有哪些？
2. 间接计入产品的费用应如何进行分配？
3. 各要素费用在进行分配时应如何进行账务处理？
4. 辅助生产费用的分配有何特点？有哪些分配方法？
5. 辅助生产费用的交互分配法的特点是什么？
6. 制造费用一般应包括哪些费用项目？有哪些分配方法？

第四章　成本核算的基本方法——品种法

学习目的

熟悉品种法的含义、特点、适用范围及种类，重点掌握品种法的核算程序与计算方法。

第一节　品种法概述

品种法是成本核算中最基本的一种方法，其他成本核算方法都是建立在品种法的基础之上。本章将完整系统地介绍品种法成本核算的详细过程，以便为学习其他成本核算方法奠定基础。

企业按照产品品种来计算产品成本，是成本计算的最基本要求。

一、品种法的含义

产品成本核算的品种法简称品种法，是指以产品品种作为成本核算对象，来归集和分配生产费用，计算产品成本的一种方法。

工业企业进行成本核算时，为了适应产品生产工艺的特点和加强成本管理的要求，往往会采用不同的成本核算方法。但是，主管企业的上级机构一般都要求企业按照产品品种报送成本资料，而企业本身为了方便成本考核和商品定价等，客观上也需要最终按产品品种来反映成本。因此，不论工业企业生产什么类型的产品，其生产特点如何，也不论管理的要求如何，每个工业企业最终都必须按照产品品种计算出产品成本。这说明，按照产品品种计算成本是最起码、最一般的要求，品种法是最基本的成本核算方法，品种法的计算程序也是产品成本核算的一般程序。

二、品种法的特点

（一）成本核算对象是产品品种

在采用品种法计算产品成本时，成本核算对象是产品品种。如果企业只生产一种产品，计算产成品成本时，只需为这种产品设置成本明细账，账内按成本项目设立专栏或专行。企业发生的各项生产费用都是直接计入费用，可以直接计入该产品成本明细账的有关成本项目，不存在在各成本计算对象之间分配费用的问题。如果企业生产的产品不止一种，成本明细账就需要按每种产品分别设置，这时，企业发生的生产费用要区分直接费用和间接费用，直接费用可直接计入各成本核算对象的产品成本明细账,间接费用则需采用一定的分配方法,在各成本核算对象之间进行分配,然后记入各产品成本明细账的有关成本项目。

(二)成本计算期一般按月进行

由于品种法主要适用于大量大批的单步骤生产,以及不要求分步骤计算产品成本的大量大批的多步骤生产,而大量大批生产的情况下生产总是连续不断地进行,按生产周期计算成本有很大的难度,而且会造成成本核算的混乱并影响各期损益的计算,因此,在品种法下,一般按月定期进行成本核算。成本计算期与会计报告期一致,与产品的生产周期不一致。

(三)品种法下月末应分别按不同情况处理在产品成本

在月末计算产品成本时,如果某种产品没有在产品,或者虽有在产品,但数量很少,对成本影响不大,可以不计算月末在产品成本。这样,归集和分配计入该种产品成本明细账中的生产费用,即为该产品的总成本;总成本除以产品产量,就是该产品的单位成本。

如果某种产品有在产品存在,而且数量较多,则需要将该产品成本明细账中归集的生产费用,采用适当的分配方法在完工产品和月末在产品之间进行分配,计算出完工产品成本和月末在产品成本。

在大量大批单步骤生产的企业或车间中,如果产品单一,没有在产品,或者在产品很少,那么可以不计算在产品成本。在这种情况下,其所采用的品种法也称为单一法、简单法或简化的品种法。

1. 以产品品种作为成本计算对象,按产品品种归集和分配生产费用

如果企业只生产一种产品,该种产品就是成本计算对象。按该种产品设置生产成本明细账,归集和分配生产费用,计算该种产品的成本。如果企业生产多种产品,成本计算对象就是各种产品。按各种产品分别设置生产成本明细账或成本计算单,发生的直接费用可直接计入各种产品的生产成本明细账或成本计算单;应由几种产品共同负担的间接费用,则要选择适当的分配方法,在各种产品之间分配,然后计入各种产品的生产成本明细账或成本计算单。

2. 按月定期计算产品成本

每月月末计算完工产品的成本,成本计算期与会计报告期是一致的。由于各种产品的生产周期长短不尽相同,所以产品生产周期与成本计算期不一致。

3. 月末一般没有完工产品和在产品之间的成本分配

大量大批单步骤生产,产品品种单一,月末一般没有在产品,不需要将生产费用在完工产品和月末在产品之间进行分配。大量大批多步骤生产,月末如有在产品,就需要将生产费用在完工产品和在产品之间进行分配,从而确定完工产品成本和在产品成本。

三、品种法的适用范围

品种法一般适用于大量大批单步骤生产的企业,如发电、供水、采掘等。品种法还适用于大量大批多步骤生产,但管理上不要求分步骤计算产品成本的企业,如水泥厂、造纸厂等。另外,企业的供水、供电、供气等辅助生产车间,计算其提供的水、电、气的成本,也可以采用品种法。

四、品种法的种类

品种法按成本计算对象数量,可区分为单品种的品种法和多品种的品种法。采用单品种的品种法的企业,只生产一种产品,产品单一,把生产过程中发生的费用汇总,即为该产品的生

产成本。采用多品种的品种法的企业,生产多种产品,生产过程中发生的费用,需按产品品种进行分配,计算各种产品的成本。

第二节　品种法成本核算程序

成本核算程序是指对产品生产过程中所发生的各项费用,按照财务会计制度规定,进行审核、归集和分配,计算完工产品成本和月末在产品成本的过程。

一、品种法的成本核算程序

品种法作为产品成本计算的一种最基本的方法,其成本计算的一般程序主要包括以下几个步骤:

(一)按产品品种设置有关成本明细账

企业应在"生产成本"总分类账户下,设置"基本生产成本"和"辅助生产成本"二级账;同时,按照企业确定的成本核算对象(即产品品种),设置产品生产成本明细账(产品成本计算单);按照辅助生产单位或辅助生产单位提供的产品(劳务)品种,设置辅助生产成本明细账;在"制造费用"总分类账户下,按生产单位(分厂、车间)设置制造费用明细账。

产品生产成本明细账(产品成本计算单)和辅助生产成本明细账应当按照成本项目设专栏,制造费用明细账应当按费用项目设专栏。

(二)归集和分配本月发生的各项费用

企业应根据各项费用发生的原始凭证和其他有关凭证归集和分配材料费用、工资费用和各项费用。按成本核算对象(即产品品种)归集和分配生产费用时,根据编制的会计分录,凡能直接记入有关生产成本明细账(产品成本计算单)的应当直接记入;不能直接记入的,应当按照受益原则分配以后,根据有关费用分配表,分别记入有关产品生产成本明细账(产品成本计算单)。各生产单位发生的制造费用 ,先通过制造费用明细账归集,记入有关制造费用明细账。直接计入当期损益的管理费用、营业费用、财务费用,应分别记入有关期间费用明细账。

(三)分配辅助生产费用

根据辅助生产成本明细账归集的本月辅助生产费用总额,按照企业确定的辅助生产费用分配方法,分别编制各辅助生产单位的"辅助生产费用分配表"分配辅助生产费用。根据分配结果,编制会计分录,分别记入有关产品生产成本明细账(产品成本计算单)、制造费用明细账和期间费用明细账。

辅助生产单位发生的制造费用,如果通过制造费用明细账归集,应在分配辅助生产费用前分别转入各辅助生产成本明细账,并计入该辅助生产单位本期费用(成本)总额。

(四)分配基本生产单位制造费用

根据各基本生产单位制造费用明细账归集的本月制造费用,按照企业确定的制造费用分配方法,分别编制各基本生产单位的"制造费用分配表"分配制造费用。根据分配结果,编制会计分录,分别记入有关产品生产成本明细账(产品成本计算单)。

(五)计算本月完工产品实际总成本和单位成本

根据产品生产成本明细账(产品成本计算单)归集的本月生产费用合计数(期初在产品成

本加上本月生产费用)，在本月完工产品和月末在产品之间分配生产费用，计算出本月完工产品的实际总成本和月末在产品成本。各产品完工产品实际总成本分别除以其实际总产量，以计算出该产品本月实际单位成本。

(六)结转本月完工产品成本

根据产品成本计算结果，编制本月“完工产品成本汇总表”编制结转本月完工产品成本的会计分录，并分别记入有关产品生产成本明细账(产品成本计算单)和库存商品明细账。

二、单品种的品种法应用举例

在大量大批单步骤生产情况下，企业往往只生产一种产品，即只生产单一产品，只有一个成本计算对象。企业在生产过程中发生的各种应计入产品成本的费用，都是直接计入费用，不存在在各成本计算对象之间分配的问题。如果企业生产周期较短，没有或极少有期末在产品，也不存在在完工产品和期末在产品之间分配费用的问题。采用品种法计算产品成本，只需为这种产品开设一张生产成本明细账或成本计算单。按成本项目设专栏，发生的生产费用全部都是直接费用，可以根据原始凭证直接记入。月份终了时，一般没有在产品，或者虽有在产品，但数量很少，可以不必计算在产品成本。这样，按成本项目归集于成本明细账的本月生产费用，就是产品的总成本，除以产量，就是产品的单位成本。

单品种的品种法适用于大量大批单步骤生产的企业。这种企业的生产不可间断，产品单一，生产周期较短，一般没有在产品，如采掘、发电、供水等企业。

【例4—1】 兴旺发电厂只生产电力一种产品，该企业采用品种法计算电力产品成本，设置“生产成本明细账”(按费用项目设置)和“电力产品成本计算单”(按成本项目设置)等明细账。20×0年10月电力成本明细账中归集的生产费用如表4—1所示。

表4—1　**生产成本明细账**

20×0年10月　单位：元

摘　要	直接材料	直接人工	水费	折旧费	修理费	其他	合计
消耗燃料	270 000						270 000
辅助材料	4 200						4 200
工资和福利费		123 000					123 000
耗用水			35 840				35 840
折旧费				5 400			5 400
修理费					660		660
其他制造费用						4 800	4 800
合　计	274 200	123 000	35 840	5 400	660	4 800	443 900

10月电力产量887 800度，根据电力成本明细账，编制电力产品成本计算单，如表4—2所示。

表 4—2　　电力产品成本计算单　　单位:元

成本项目	总成本	单位成本
直接材料	274 200	0.31
直接人工	123 000	0.14
制造费用	46 700	0.05
合　计	443 900	0.5

三、多品种的品种法应用举例

在大量大批多步骤生产情况下,企业生产的产品品种较多,即生产多品种的产品,有多个成本计算对象。企业在生产过程中发生的应计入产品成本的费用,往往既有直接计入费用,又有间接计入费用,存在在各成本计算对象之间分配的问题。由于这种企业月末一般有在产品,所以,又存在完工产品和月末在产品之间分配费用的问题。如果采用品种法计算产品成本,则需要按每种产品设置生产成本明细账或成本计算单,按成本项目设置专栏。除直接费用可以按原始凭证直接计入外,间接费用要先行归集,然后采用适当标准在各种产品之间进行分配,记入各种产品成本明细账。月份终了时,如果有在产品,各产品成本明细账所归集的生产费用,还要按一定的方法,在完工产品和月末在产品之间进行分配,以便计算出完工产品成本和月末在产品成本。这种成本计算的方法,通常称为多品种的品种法。

多品种的品种法,适用于大量大批多步骤生产的企业,这种企业生产可以间断,规模较大,产品较多,管理上不要求按生产步骤计算成本,月末一般有在产品,如小型水泥厂、造纸厂、砖瓦厂等。

下面以某工业企业 20×0 年 3 月有关资料为例,说明品种法下的成本计算程序和相应的账务处理。

【例 4—2】 某机械厂设有铸造和机加两个基本生产车间,属于大量大批生产。铸造车间生产甲、乙两种产品,机加车间生产丙产品。另设置供电车间和修理车间两个辅助生产车间,向企业基本生产车间和管理部门提供电力和修理服务。由于供电车间和修理车间都只提供单一劳务,所以辅助生产车间不设置“制造费用”账户,发生的费用全部直接记入“辅助生产成本”账户。辅助生产费用采用直接分配法进行分配。

制造费用采用生产工时比例法进行分配。生产费用在完工产品和月末在产品之间采用约当产量法进行分配。甲、乙两种产品均为生产开始时一次投料,丙产品随完工程度逐步投料,假设投料程度与加工程度一致。

该企业 3 月有关成本费用资料如下:

①3 月期初在产品成本资料见表 4—3。

表 4—3　　月初在产品成本　　单位:元

产品名称	直接材料	直接人工	制造费用	合　计
甲产品	18 120	3 250	2 976	24 346
乙产品	6 448	5 000	4 384	15 832
丙产品	3 000	2 000	1 860	6 860

②3月产量资料见表4—4。

表4—4　**产量资料**　单位：件

项　目	甲产品	乙产品	丙产品
月初在产品	80	30	80
本月投产量	320	260	340
本月完工产品产量	300	210	370
月末在产品数量	100	80	50
月末在产品完工程度	50%	50%	60%

③3月辅助生产车间提供的劳务量资料见表4—5。

表4—5　**劳务量资料**

受益部门	供电车间(度)	修理车间(小时)
供电车间		100
修理车间	200	
铸造车间	14 000	1 000
机加车间	8 000	1 600
行政管理部门	800	200
合　计	23 000	2 900

④3月甲产品的生产工时为6 000小时，乙产品的生产工时为4 000小时。

解：根据以上资料，3月成本计算程序及相应的账务处理如下：

1. 设置各种成本费用明细账

(1)该企业应设置甲产品、乙产品和丙产品三张基本生产成本明细账，在明细账中按"直接材料""直接人工"和"制造费用"成本项目设置专栏，根据甲、乙、丙三种产品的上月月末在产品成本，结转本月月初在产品成本，见表4—16、表4—17、表4—18。

(2)该企业设有两个辅助生产车间，应该设置两张辅助生产费用明细账，见表4—10、表4—11。

(3)该企业两个基本生产车间需要设置两张制造费用明细账，见表4—13、表4—14，辅助生产车间不设制造费用明细账。

2. 归集和分配各项生产费用，编制有关费用分配表，登记总账和明细账

(1)根据领料原始凭证，编制领料凭证汇总表(略)，按照汇总表汇总的材料费用的用途，编制材料费用分配表，见表4—6。

表 4—6　　　　材料费用分配表

20×0 年 3 月 31 日　　　　单位:元

费用分配 分配对象		直接耗用材料	共同耗用材料					合　计
			本月投产量	单耗定额	定额耗用量	分配率	分配费用	
基本生产	甲产品	32 000	1 000	3	3 000	2.96	8 880	40 880
	乙产品	20 000	1 200	1	1 200		3 552	23 552
	小计	52 000			4 200		1 2432	64 432
	丙产品	12 000						12 000
	合计	64 000						76 432
辅助生产	供电车间	5 000						5 000
	修理车间	3 000						3 000
	合计	8 000						8 000
制造费用	铸造车间	5 200						5 200
	机加车间	3 000						3 000
	合计	8 200						8 200
企业管理部门耗用		2 000						2 000
总　计		82 200					12 432	94 632

根据材料费用汇总分配表,编制记账凭证,会计分录如下:

借:基本生产成本——甲产品　　40 880
　　　　　　　——乙产品　　23 552
　　　　　　　——丙产品　　12 000
　辅助生产成本——供电车间　　5 000
　　　　　　　——修理车间　　3 000
　制造费用——铸造车间　　5 200
　　　　　——机加车间　　3 000
　管理费用　　2 000
　贷:原材料　　　　94 632

(2)根据各车间、部门的工资计算凭证,编制工资结算汇总表(略),根据工资结算汇总表汇总的工资信息,编制工资费用分配表,见表 4—7。

表 4—7　　　　**工资费用分配表**

20×0 年 3 月 31 日　　　　单位:元

费用分配 分配对象		生产工时	分配率	应付工资
基本生产	甲产品	8 000	2	16 000
	乙产品	5 000		10 000
	小计	13 000		26 000
	丙产品	3 600		8 000
	合计	16 600		34 000
辅助生产	供电车间			3 700
	修理车间			2 860
	合计			6 560
制造费用	铸造车间			8 000
	机加车间			6 000
	合计			14 000
企业管理部门				5 000
总　　计				54 560

根据工资费用分配表,编制会计分录如下:

借:基本生产成本——甲产品	16 000	
——乙产品	10 000	
——丙产品	8 000	
辅助生产成本　供电车间	3 700	
——修理车间	2 860	
制造费用——铸造车间	8 000	
——机加车间	6 000	
管理费用	5 000	
贷:应付职工薪酬		54 560

(3)根据各车间部门上月固定资产折旧计算额和上月增加、减少固定资产的折旧额,编制固定资产折旧费用计算表,见表 4—8。

表 4—8　　　　**折旧费用分配表**

20×0 年 3 月 31 日　　　　单位:元

分配对象		2 月折旧额	2 月增加固定资产的折旧额	2 月减少固定资产的折旧额	本月固定资产折旧额
基本生产车间	铸造车间	1 500	200	100	1 600
	机加车间	1 460	60	80	1 440
	合　计	2 960	260	180	3 040

续表

分配对象		2月折旧额	2月增加固定资产的折旧额	2月减少固定资产的折旧额	本月固定资产折旧额
辅助生产车间	供电车间	1 500	300	80	1 720
	修理车间	1 800	100	160	1 740
	合　计	3 300	400	240	3 460
企业管理部门		196	30	26	200
总　　计		6 456	690	446	6 700

根据折旧费用分配表,编制会计分录如下:

借:辅助生产成本——供电车间　　1 720
　　　　　　　　——修理车间　　1 740
　　制造费用——铸造车间　　1 600
　　　　　　——机加车间　　1 440
　　管理费用　　200
　　贷:累计折旧　　6 700

(4)各车间、部门为制造产品而发生的其他各项间接费用支出,根据有关付款凭证,并按费用发生地点和用途编制其他费用分配表,见表4—9。

表4—9　　**其他费用分配表**

20×0年3月31日　　单位:元

分配对象		办公费	水费	其他	合计
基本生产车间	铸造车间	1 600	100	40	1 740
	机加车间	800	80	20	900
辅助生产车间	供电车间	900	60	20	980
	修理车间	700	80	20	800
企业管理部门		1 000	100	50	1 150
总　　计		5 000	420	150	5 570

根据其他费用分配表,编制会计分录如下:

借:辅助生产成本——供电车间　　980
　　　　　　　　——修理车间　　800
　　制造费用——铸造车间　　1 740
　　　　　　——机加车间　　900
　　管理费用　　1 150
　　贷:银行存款　　5 570

3. 归集和分配辅助生产费用

(1)根据上述各项费用分配表及有关凭证,登记辅助生产费用明细账,见表4—10、表4—11。

表 4—10　　　　　　　　　　　　**辅助生产费用明细账**

车间名称:供电车间　　　　　　　　20×0 年 3 月 31 日　　　　　　　　单位:元

20×0 年		摘　要	材料费	工资费	折旧费	水电费	办公费	其他费用	合　计
月	日								
3	31	根据材料费用分配表	5 000						5 000
		根据工资费用分配表		3 648					3 700
		根据折旧费用分配表			1 720				1 720
		根据其他费用分配表				60	900	20	980
		本月发生	5 000	3 648	1 720	60	900	20	11 400
		本月转出	—5 000	—3 648	—1 720	—60	—900	—20	—11 400

表 4—11　　　　　　　　　　　　**辅助生产费用明细账**

车间名称:修理车间　　　　　　　　20×0 年 3 月 31 日　　　　　　　　单位:元

20×0 年		摘　要	材料费	工资费	折旧费	水电费	办公费	其他费用	合　计
月	日								
3	31	根据材料费用分配表	3 000						3 000
		根据工资费用分配表		2 850					2 860
		根据折旧费用分配表			1 740				1 740
		根据其他费用分配表				80	700	20	800
		本月发生	3 000	2 850	1 740	80	700	20	8 400
		本月转出	—3 000	—2 850	—1 740	—80	—700	—20	—8 400

(2)根据辅助生产车间对外提供的劳务量,采用直接分配法分配辅助生产费用,编制辅助生产费用分配表,见表 4—12。

表 4—12　　　　　　　　　　　　**辅助生产费用分配表**

20×0 年 3 月 31 日　　　　　　　　金额单位:元

项　　目	供电车间	修理车间	合　计
待分配费用	11 400	8 400	19 800
对外供应劳务量	22 800(度)	2 800(小时)	
单位成本(分配率)	0.5	3	

续表

项目			供电车间	修理车间	合计
基本生产车间	铸造车间	耗用数量	14 000(度)	1 000(小时)	
		分配金额	7 000	3 000	10 000
	机加车间	耗用数量	8 000(度)	1 600(小时)	
		分配金额	4 000	4 800	8 800
企业管理部门		耗用数量	800(度)	200(小时)	
		分配金额	400	600	1 000
金额合计			11 400	8 400	19 800

根据辅助生产费用分配表,编制会计分录如下:

借:制造费用——铸造车间　　10 000

　　　　——机加车间　　8 800

　管理费用　　1 000

　贷:辅助生产成本——供电车间　　11 400

　　　　　　——修理车间　　8 400

4. 归集和分配制造费用

(1)根据上述各项费用分配表及有关凭证,登记制造费用明细账,见表4—13、表4—14。

表4—13　　制造费用明细账

车间名称:铸造车间　　20×0年3月31日　　单位:元

20×0年		摘要	材料费用	人工费用	折旧费用	办公费用	水电费用	修理费用	其他	合计
月	日									
3	31	材料费用分配表	5 200							5 200
		工资费用分配表		8 000						8 000
		折旧费用分配表			1 600					1 600
		其他费用分配表				1 600				1 600
		其他费用分配表					100			100
		辅助费用分配表					7 000			7 000
		辅助费用分配表						3 000		3 000
		其他费用分配表							40	40
		合计	5 200	8 000	1 600	1 600	7 100	3 000	40	26 540

表 4—14　　**制造费用明细账**

车间名称:机加车间　　20×0 年 3 月 31 日　　单位:元

20×0 年 月	日	摘　要	材料费用	人工费用	折旧费用	办公费用	水电费用	修理费用	其他	合计
3	31	材料费用分配表	3 000							3 000
		工资费用分配表		6 000						6 000
		折旧费用分配表			1 440					1 440
		其他费用分配表				800				800
		其他费用分配表					80			80
		辅助费用分配表					4 00			4 000
		辅助费用分配表						4 800		4 800
		其他费用分配表							20	20
		合　计	3 000	6 000	1 440	800	4 080	4 800	20	20 140

(2)分配制造费用。铸造车间生产甲、乙两种产品,制造费用需要在两种产品之间分配;机加车间只生产丙产品,不需要分配。编制制造费用分配表,如表 4—15 所示。

表 4—15　　**制造费用分配表**

20×0 年 3 月 31 日　　单位:元

应借科目		生产工时	分配率	分配金额
基本生产成本	甲产品	6 000		15 924
	乙产品	4 000		10 616
	小　计	10 000	2.654	26 540
基本生产成本	丙产品			20 140
	合　计			46 680

根据制造费用分配表,编制会计分录如下:

借:基本生产成本——甲产品　　15 924

　　　　　　　——乙产品　　10 160

　　　　　　　——丙产品　　20 140

　贷:制造费用——铸造车间　　26 540

　　　　　　——机加车间　　20 140

5. 计算各种完工产品和在产品成本

(1)根据各种费用分配表及其他有关资料,登记基本生产成本明细账,分别归集甲、乙、丙三种产品的成本,并采用规定的方法计算各种产品的完工产品成本和月末在产品成本。甲、乙、丙三种产品的基本生产成本明细账见表 4—16、表 4—17、表 4—18。

表 4—16 **基本生产成本明细账**

完工产品:300 件
月末在产品:100 件
完工程度:50%

产品名称:甲产品　　20×0 年 3 月　　单位:元

20×0 年		摘　要	成本项目			成本合计
月	日		直接材料	直接人工	制造费用	
3	1	月初在产品成本	18 120	3 250	2 976	24 346
	31	材料费用分配表	40 880			40 880
		工资费用分配表		16 000		16 000
		制造费用分配表			15 924	15 924
		本月生产费用合计	40 880	16 000	15 924	72 804
		本月完工产品成本	44 250	16 500	16 200	76 950
		月末在产品成本	14 750	2 750	2 700	20 200

表 4—17 **基本生产成本明细账**

完工产品:210 件
月末在产品:80 件
完工程度:50%

产品名称:乙产品　　20×0 年 3 月　　单位:元

20×0 年		摘　要	成本项目			成本合计
月	日		直接材料	直接人工	制造费用	
3	1	月初在产品成本	6 448	5 000	4 384	15 832
	31	材料费用分配表	23 552			23 552
		工资费用分配表		10 000		10 000
		制造费用分配表			10 616	10 616
		本月生产费用合计	23 552	10 000	10 616	44 168
		本月完工产品成本	25 200	12 600	12 600	50 400
		月末在产品成本	4 800	2 400	2 400	9 600

表 4—18 **基本生产成本明细账**

完工产品:370 件
月末在产品:50 件
完工程度:50%

产品名称:丙产品　　20×0 年 3 月　　单位:元

20×0 年		摘要	成本项目			成本合计
月	日		直接材料	直接人工	制造费用	
3	1	月初在产品成本	3 000	2 000	1 860	6 860
	31	材料费用分配表	12 000			12 000
		工资费用分配表		8 000		8 000
		制造费用分配表			20 140	20 140
		本月生产费用合计	12 000	8 000	20 140	40 140
		本月完工产品成本	13 875	9 250	20 350	43 475
		月末在产品成本	1 125	750	1 650	3 525

(2)根据甲、乙、丙三种产品基本生产成本明细账计算的完工产品总成本和单位成本,编制完工产品成本汇总表,见表 4—19。

表 4—19 **完工产品成本汇总表** 单位:元

成本项目	甲产品(300 件)		乙产品(210 件)		丙产品(370 件)	
	总成本	单位成本	总成本	单位成本	总成本	单位成本
直接材料	44 250	147.5	25 200	120	13 875	37.5
直接人工	16 500	55	12 600	60	9 250	25
制造费用	16 200	54	12 600	60	20 350	55
合　　计	76 950	256.5	50 400	240	43 475	117.5

根据完工产品成本汇总表,编制会计分录如下:

借:库存商品——甲产品　　76 950
　　　　　——乙产品　　50 400
　　　　　——丙产品　　43 475
　贷:基本生产成本——甲产品　　76 950
　　　　　　　　——乙产品　　50 400
　　　　　　　　——丙产品　　43 475

在该例中,省略了总账和部分明细账(主要是管理费用明细账)的登记工作。

本章小结

品种法,是指以产品品种作为成本核算对象,来归集和分配生产费用,计算产品成本的一种方法。品种法是最基本的成本核算方法,品种法的计算程序也是产品成本核算的一般程序。

品种法的特点是:成本核算对象是产品品种、成本计算期一般按月进行、月末应分别按不同情况处理在产品成本。

品种法一般适用于大量大批单步骤生产的企业,如发电、供水、采掘等。品种法还适用于大量大批多步骤生产,但管理上不要求分步骤计算产品成本的企业,如水泥厂、造纸厂等。另外,企业的供水、供电、供气等辅助生产车间,计算其提供的水、电、气的成本,也可以采用品种法。

品种法按成本计算对象数量,可区分为单品种的品种法和多品种的品种法。

品种法作为产品成本计算的一种最基本的方法,其成本计算的一般程序,主要包括以下六个步骤:(1)按产品品种设置有关成本明细账;(2)归集和分配本月发生的各项费用;(3)分配辅助生产费用;(4)分配基本生产单位制造费用;(5)计算本月完工产品实际总成本和单位成本;(6)结转本月完工产品成本。

思考题

1. 工业企业的生产按生产工艺过程特点和生产组织特点如何分类?
2. 生产特点和管理要求对产品成本计算的影响有哪些?
3. 工业企业产品成本计算的基本方法和辅助方法有哪些?
4. 品种法的适用范围是什么? 有哪些特点?

第五章 成本核算的基本方法——分批法

学习目的

熟悉成本核算的分批法的含义与特点、适用范围，掌握分批法核算的基本程序，重点掌握一般的分批法和简化的分批法的计算方法。

第一节 分批法概述

同品种法一样，产品成本核算的分批法也是与某种生产或加工方式相对应的，但该种产品成本核算方法的基础仍然是品种法。

不同的生产类型和生产组织方式决定着产品成本核算的方法，除了按照产品品种作为成本计算对象外，还有按照产品批别作为产品成本计算对象的核算方法。

一、分批法的含义及特点

（一）分批法的含义

分批法是以产品批别或单件产品作为成本计算对象，来归集和分配生产费用，计算产品成本的一种方法。采用分批法计算产品成本的企业，产品的批别和每批产品的批量往往根据客户的订单确定，所以分批法又称订单法。

但是，应该注意，订单和分批并不是同一概念。如果一份订货单有几种产品，或虽只有一种产品，但数量较多且要求分批交货时，就必须按品种划分为批别，或者划分为较少数量的批别；如果同一会计期间的几张订单中有相同的产品，也可以将其合并为一批，组织生产并计算成本。

（二）分批法的特点

1. 以产品的批别作为成本核算对象

分批法就是以产品的批别或单件产品作为成本计算对象，开设产品成本计算单，归集和分配生产费用，计算各批产品成本的方法。因此，以产品的批别或单件产品作为成本计算对象是分批法的主要特点，也是同其他成本计算方法相区别的主要标志。

2. 成本计算期与生产周期相一致

分批法的成本计算期是不定期的，产品的成本计算期与该批产品的生产周期相一致，而与会计报告期不一致。

3. 一般不需要在完工产品与在产品之间分配费用

这种方法从理论上来讲，只有生产费用在各批产品之间的分配问题，而不存在生产费用在完工产品与月末在产品之间的分配问题。但是在批内跨月陆续完工的情况下，月末计算成本时，一部分产品已经完工，另一部分尚未完工，这时就要在完工产品与月末在产品之间分配生产费用，以分别计算完工产品成本和月末在产品成本。

二、分批法的适用范围

分批法适用于小批单件多步骤或单步骤生产。例如，重型机械、船舶、精密仪器、专用设备、专用工具以及新产品试制等小批单件的多步骤生产，以及一些特殊或精密铸件的熔铸等小批单件的单步骤生产。

三、分批法的成本计算程序

（一）按产品批别设置基本生产成本明细账（产品成本计算单）

分批法以产品的批别作为成本核算对象，应用分批法计算产品成本时，会计部门应根据订单或生产计划部门签发的生产任务通知单中所规定的产品批号，为每批产品开设基本生产成本明细账。

（二）按产品批别归集和分配本月发生的各种费用

企业本月发生的各种费用，能够按照批次划分的直接计入费用，包括直接材料费用、直接人工费用等，要在费用原始凭证上注明产品批号（或工作令号），以便据以直接记入各批产品生产成本明细账（产品成本计算单）；对于多批产品共同发生的直接材料和直接人工等费用，则应在费用原始凭证上注明费用的用途，以便按费用项目归集，按照企业确定的费用分配方法，在各批产品（各受益对象）之间进行分配以后，再记入各批产品生产成本明细账（产品成本计算单）。

（三）分配辅助生产费用

在设有辅助生产单位的企业，月末应将归集的辅助生产费用分配给各受益对象，包括直接分配给产品的生产成本和基本生产车间的制造费用等。

（四）分配基本生产车间制造费用

基本生产车间的制造费用应由该生产车间的各批产品成本负担，月末应将汇集的基本生产车间的制造费用分配给各受益对象（各批产品）。

（五）计算完工产品成本

采用分批法一般不需要在本月完工产品和月末在产品之间分配生产费用。某批产品全部完工，则该批别产品生产成本明细账（产品成本计算单）归集的生产费用合计数，就是该批产品的实际总成本。如果某批产品少量跨月陆续完工，可以用完工产品实际数量，乘以近期实际单位成本或计划单位成本、定额单位成本，作为完工产品实际总成本。为了正确分析和考核该批产品成本计划的执行情况，在该批产品全部完工时，还应计算该批产品的实际总成本和单位成本。

（六）结转完工产品成本

期末，根据成本计算结果，结转本期完工产品的实际总成本。

上述分批法的成本计算程序，除了产品生产成本明细账的设置和完工产品成本的计算与品种法有所区别外，其他步骤与品种法完全一致。

第二节 一般的分批法

除在投产批次较多而且月末未完工批次也较多的企业中采用简化的分批法外，其他企业均采用一般的分批法。

一、一般的分批法的含义

按发生地点归集的间接计入费用(如生产工人计时工资、制造费用)在各受益对象之间的分配有两种方法：当月分配法和累计分配法。以此作为主要标志，人们把分批法分为一般的分批法和简化的分批法。

二、一般的分批法的特点

(一)采用间接费用当月分配法

一般的分批法采用当月分配法分配间接计入费用。所谓当月分配法，是指将当月发生的间接计入费用全部分配并记入基本生产成本明细账(产品成本计算单)，而不管该基本生产成本明细账的产品是否已经完工。

(二)分批计算在产品成本

采用一般的分批法核算产品成本的企业，对间接费用计入要逐月在各批产品之间采用当月分配率分配计入。也就是说，各订单或生产任务通知单无论是否完工，都要登记各项生产费用。因此，一般的分批法可以分批计算在产品成本，而简化的分批法不分批计算在产品成本。

三、一般的分批法应用举例

在单件小批生产企业，各批产品的完工可能出现两种情况：一种情况是同批产品，同月完工；另一种情况是同批产品，跨月陆续完工。现分别对这两种情况举例说明一般的分批法。

(一)同批产品，同月完工

【例 5—1】 企业生产类型为单件小批，产品成本计算采用分批法。3 月接到订单一张，订购甲产品 100 件，生产批号为 302 号，3 月 8 日投产。4 月接到订单一张，订购乙产品 80 件，生产批号为 401 号，4 月 2 日投产。302 批号甲产品 100 件均于 5 月份完工，401 批号乙产品 80 件 5 月份均未完工。5 月这两个批次产品的成本计算过程如下：

(1)按产品批别设置基本生产成本明细账(产品成本计算单)，见表 5—1、表 5—2。

表 5—1　　**基本生产成本明细账**

生产批号:302　　投产日期:3 月 8 日

产品名称:甲产品　　完工日期:5 月 30 日

生产批量:100 件　　单位:元

年		凭证号数	摘　　要	直接材料	直接人工	制造费用	合　计
月	日						
3	31		3 月分配转入费用	13 500	8 000	2 000	23 500
4	30		4 月分配转入费用	21 000	10 000	2 200	33 200
4	30		累计	34 500	18 000	4 200	56 700
5	31		5 月分配转入费用	16 000	9 000	1 800	26 800
5	31		累计	50 500	27 000	6 000	83 500
			本批完工产品总成本	50 500	27 000	6 000	83 500
			本批完工产品单位成本	505	270	60	835

表 5—2　　**基本生产成本明细账**

生产批号:401　　投产日期:4 月 2 日

产品名称:乙产品　　完工日期:

生产批量:80 件　　单位:元

年		凭证号数	摘　　要	直接材料	直接人工	制造费用	合　计
月	日						
4	30		4 月分配转入费用	40 000	21 000	5 000	66 000
5	31		5 月分配转入费用	30 000	20 000	4 800	54 800
5	31		累计	70 000	41 000	9 800	120 800

(2)～(4)按产品批别归集生产费用,登记基本生产成本明细账(产品成本计算单),见表 5—1、表 5—2。由于生产费用的归集和分配与品种法相同,故在此不再讲述。

(5)计算完工产品成本。

由于 302 号甲产品 5 月全部完工,不存在跨月陆续完工情况,因此,将 3～5 月发生的各项费用按成本项目加总,即为该批产品的总成本,用总成本除以该批产品产量,即为该批产品的单位成本。而 4 月投产的 402 号乙产品,由于 5 月全部未完工,因此,4～5 月累计发生的生产费用,就是该批产品的在产品成本。

(6)结转完工产品成本。

这一步骤也与品种法相同,在此省略。

(二)同批产品,跨月陆续完工

【例 5—2】 企业生产类型为单件小批,产品成本计算采用分批法。4 月接到订单一张,订购丙产品 20 件,生产批号为 408 号,4 月 20 日投产。5 月完工 10 件,6 月完工另外的 10 件。本企业在每批产品全部完工前,按计划成本结转跨月陆续完工的产品成本。5 月、6 月两个月份该批次产品的成本计算过程如下:

(1)按产品批别设置基本生产成本明细账(产品成本计算单),见表5—3。

表5—3　　基本生产成本明细账

生产批号:408　　投产日期:4月20日
产品名称:丙产品　　完工日期:6月30日
生产批量:20件　　单位:元

年		凭证号数	摘要	直接材料	直接人工	制造费用	合计
月	日						
4	30		4月分配转入费用	8 200	7 500	1 700	17 400
5	31		5月分配转入费用	8 800	8 000	1 900	18 700
5	31		累计发生额	17 000	15 500	3 600	36 100
5	31		按计划成本转出10件成本	9 000	8 000	2 000	19 000
5	31		月末余额	8 000	7 500	1 600	17 100
6	30		6月分配转入费用	1 200	900	200	2 300
6	30		月末余额	9 200	8 400	1 800	19 400
6	30		结转产品全部完工后的差额	9 200	8 400	1 800	19 400
			本批完工产品总成本	18 200	16 400	3 800	38 400
			本批完工产品单位成本	910	820	190	1 920

(2)～(4)的成本计算程序均同品种法,在此省略。

(5)计算完工产品成本。

①5月该批次产品完工10件的成本计算。丙产品计划单位成本为1 900元,其中:直接材料900元,直接人工800元,制造费用200元。10件完工丙产品按计划单位成本计算的总成本为19 000元,其中:直接材料9 000元,直接人工8 000元,制造费用2 000元。

②6月该批次产品完工10件的成本计算。该批次产品4～6月累计生产费用扣除已按计划成本转出的余额为19 400元,其中:直接材料9 200元,直接人工8 400元,制造费用1 800元。

(6)结转完工产品成本(略)。

第三节　简化的分批法

在有些小批单件生产的企业或车间里,订单多、生产周期长,而实际每月完工的订单并不多。在这种情况下,如果采用当月分配法分配各项费用,即将当月发生的各项生产费用全部分配给各批产品,而不论各批产品完工与否,这样,由于产品批次众多,费用分配的核算工作量将非常繁重。因此,为了简化核算,这类企业或车间可采用简化的分批法。

一、简化的分批法的含义

有的单件小批生产企业,同一月份内投产的产品批数非常多,如果采用一般的分批法计算各批产品成本，各种间接计入成本的费用在各批产品之间的分配和登记工作量极为繁重。在这种情况下，可以将间接计入费用在各批产品之间的分配和在完工产品与在产品之间的分配结合起来，采用简化的分批法。

采用简化的分批法，只有各批产品完工，才分配结转间接计入费用；对于未完工的各批产品，不计算各批产品的在产品成本，而是将其累计起来，在生产成本二级账中以总额反映。因这种方法不分批计算在产品成本，所以也称为不分批计算在产品成本的分批法。

二、简化的分批法的特点

与一般的分批法相比较，简化的分批法具有以下特点：

（一）必须设置基本生产成本二级账

采用简化的分批法，仍应按照产品批别设置基本生产成本明细账（产品成本计算单）；同时，必须按生产车间设置基本生产成本二级账。基本生产成本二级账按成本项目登记全部产品的月初在产品费用、本月生产费用和累积的生产费用。同时，登记全部产品的月初在产品生产工时、本月生产工时和累计生产工时。基本生产成本二级账将各批产品发生的生产费用，分成本项目以直接材料、直接人工、制造费用以及生产工时进行登记。

基本生产成本明细账（产品成本计算单），要与基本生产成本二级账进行平行登记，但是平时只按月登记直接计入费用（直接材料费用）和生产工时。不按月分配和登记间接计入费用，各月发生的间接计入费用（如直接人工费用和制造费用）只有在该批产品完工的月份，才根据基本生产成本二级账记录的资料，分配计算完工产品应负担的间接计入费用，转入基本生产成本明细账（产品成本计算单）。本月完工产品从基本生产成本二级账分配转入的间接计入费用，加上产品生产成本明细账（产品成本计算单）原登记的直接计入费用，即为本月完工产品总成本。

（二）不分批计算月末在产品成本

将本月完工的各批产品应负担的间接计入费用，分配转入各相应批次产品的基本生产成本明细账（产品成本计算单）以后，由于未完工的各批产品的间接计入费用仍保留在基本生产成本二级账中，因此在未完工的各批产品的基本生产成本明细账（产品成本计算单）中，没有在产品应负担的间接计入费用，只有在产品的累计直接计入费用和累计工时。

月末，各基本生产成本明细账中，在产品的直接材料或生产工时之和，应该等于基本生产成本二级账中的直接材料和生产工时数额。不能核对间接计入费用（如直接人工费用和制造费用）的余额。

（三）采用间接计入费用累计分配法

采用简化的分批法，每月发生的各项间接计入费用，不是按月在各批产品之间进行分配，而是将这些间接计入费用按成本项目在基本生产成本二级账中先分别累计起来，等到批次产品完工时，才将基本生产成本二级账中累计起来的间接计入费用按照完工产品生产工时占全部累计生产工时的比例，向各批完工产品进行分配。这种间接计入费用累计分配的计算过程分为两步，先按全部工时计算分配率，然后用完工的某批次产品的累计工时乘以分配率求得分配额。

三、简化的分批法应用举例

【例 5—3】 企业生产类型为单件小批，产品成本计算采用简化的分批法。5 月继续生产

401号甲产品、402号乙产品，本月投产501号丙产品，三个批次产品的投产量及完工量见表5—4。简化的分批法的成本计算程序如下：

表5—4　　投产量及完工量　　单位：件

批号	产品名称	投入产量	完工数量	在产品数量
401	甲产品	上月投产50件	50	
402	乙产品	上月投产10件	10	
501	丙产品	本月投产35件		35

1. 开设基本生产成本二级账及基本生产成本明细账

根据简化的分批法的特点，开设基本生产成本二级账及基本生产成本明细账，见表5—5、表5—6、表5—7、表5—8。

表5—5　　基本生产成本二级账　　单位：元

年		凭证号数	摘　要	直接材料	生产工时	直接人工	制造费用	合　计
月	日							
5	1		期初余额	300 000	66 000	190 000	106 800	596 800
			本月发生	150 000	62 000	130 000	98 000	378 000
			累计	450 000	128 000	320 000	204 800	974 800
			累计间接费用分配率			2.5	1.6	
			本月完工产品转出	300 000	98 000	245 000	156 800	701 800
5	31		期末余额	150 000	30 000	75 000	48 000	273 000

表5—6　　基本生产成本明细账

生产批号：401　　投产日期：4月2日

产品名称：甲产品　　完工日期：5月10日

生产批量：50件　　单位：元

年		凭证号数	摘　要	直接材料	生产工时	直接人工	制造费用	合　计
月	日							
5	1		期初余额	250 000	56 000			
			本月发生	0	24 000			
			累计	250 000	80 000			
			累计间接费用分配率			2.5	1.6	
			本月完工产品成本	250 000	80 000	200 000	128 000	578 000
			完工产品单位成本	5 000		4 000	2 560	11 560

表 5—7　　**基本生产成本明细账**

生产批号:402　　投产日期:4 月 8 日

产品名称:乙产品　　完工日期:5 月 20 日

生产批量:10 件　　单位:元

年		凭证号数	摘　要	直接材料	生产工时	直接人工	制造费用	合　计
月	日							
5	1		期初余额	50 000	10 000			
			本月发生		8 000			
			累计	50 000	18 000			
			累计间接费用分配率			2.5	1.6	
			本月完工产品成本	50 000	18 000	45 000	28 800	123 800
			完工产品单位成本	5 000	1 800	4 500	2 880	12 380

表 5—8　　**基本生产成本明细账**

生产批号:501　　投产日期:5 月 6 日

产品名称:丙产品　　完工日期:　月　日

生产批量:35 件　　单位:元

年		凭证号数	摘　要	直接材料	生产工时	直接人工	制造费用	合　计
月	日							
5	1		本月发生	150 000	30 000			
			累计	150 000	30 000			
5	31		期末余额	150 000	30 000			

2. 归集生产费用和累计工时

这一过程包括:(1)登记本月发生的生产费用;(2)分配辅助生产费用;(3)分配制造费用。在此过程中,将发生的直接计入费用和工时数,按批别或订单分别记入相应的基本生产成本明细账;将发生的直接计入费用和间接计入费用以及工时数,累计记入基本生产成本二级账。

3. 计算完工产品成本

(1)累计间接计入费用分配率

累计直接人工费用分配率＝450 000÷180 000＝2.5(元/小时)

累计制造费用分配率＝288 000÷180 000＝1.6(元/小时)

(2)完工产品应负担的间接计入费用

甲产品直接人工费用分配额＝2.5×80 000＝200 000(元)

甲产品制造费用分配额＝1.6×80 000＝128 000(元)

乙产品直接人工费用分配额＝2.5×18 000＝45 000(元)

乙产品制造费用分配额＝1.6×18 000＝28 800(元)

本章小结

产品成本核算的分批法的基础仍然是品种法。分批法是以产品批别或单件产品作为成本计算对象，来归集和分配生产费用，计算产品成本的一种方法。采用分批法计算产品成本的企业，产品的批别和每批产品的批量往往是根据客户的订单确定，分批法又称订单法。

分批法的特点为：(1)以产品的批别作为成本核算对象；(2)成本计算期与生产周期相一致；(3)一般不需要在完工产品与在产品之间分配费用。

分批法适用于小批单件多步骤或单步骤生产。例如，重型机械、船舶、精密仪器、专用设备、专用工具以及新产品试制等小批单件的多步骤生产，以及一些特殊或精密铸件的熔铸等小批单件的单步骤生产。

分批法的成本计算程序为：(1)按产品批别设置基本生产成本明细账(产品成本计算单)；(2)按产品批别归集和分配本月发生的各种费用；(3)分配辅助生产费用；(4)分配基本生产车间制造费用；(5)计算完工产品成本；(6)结转完工产品成本。

按发生地点归集的间接计入费用(如生产工人计时工资、制造费用)在各受益对象之间的分配有两种方法：当月分配法和累计分配法。以此作为主要标志，人们把分批法分为一般的分批法和简化的分批法。一般的分批法的特点为：采用间接费用当月分配法，分批计算在产品成本。

由于产品批次众多，费用分配的核算工作量将非常繁重。因此，为了简化核算，这类企业或车间可采用简化的分批法。简化的分批法具有以下特点：必须设置基本生产成本二级账，不分批计算月末在产品成本，采用间接计入费用累计分配法。

思考题

1. 分批法的适用范围是什么？
2. 生产费用在完工产品与在产品之间如何分配？
3. 简化的分批法的特点是什么？

第六章　成本核算的基本方法——分步法

学习目的

熟悉分步法的含义、特点、种类及适用范围，掌握分步法的计算程序，重点掌握逐步结转分步法和分项结转分步法的特点及适用范围、计算程序和方法。

第一节　分步法概述

分步法的成本计算对象为各种产品及其所经过的生产步骤，因此，对于生产步骤繁杂的企业而言，它具有较强的实用性。

一、分步法的含义及特点

（一）分步法的含义

分步法是以产品的加工步骤为成本计算对象，归集生产费用、计算产品成本的一种方法。它适用于大量大批多步骤生产的企业，如冶金、造纸、纺织等大量大批生产的机械加工制造企业。

这类多步骤生产企业，其生产工艺过程，从原材料投入生产到产成品制造完成要经过一系列的加工步骤。除最后一个步骤生产出来的是产成品外，其余各个步骤所生产完成的都是各种不同的半成品。为了加强这类企业的成本管理，不仅要按照产品品种归集生产耗费，计算产品成本，而且还要按照产品的生产步骤归集生产耗费，计算各个生产步骤的半成品成本，提供各种产品及其各个生产步骤成本计划执行情况的资料。

尽管分步法与分批法、品种法一起构成企业产品成本核算的三种基本方法，且该方法能够反映企业生产的某种特定的成本信息，但是分步法的成本核算仍然以品种法为基础。

（二）分步法的特点

1. 以产品的品种及所经生产步骤作为成本计算对象

分步法下的成本计算对象，是各种产品的生产步骤。因此，在计算产品品种时，应按照产品的生产步骤和产品的品种设立产品成本明细账。

如果企业只生产一种产品，其成本计算对象就是该种产品及其所经过的各生产步骤，产品成本明细账应按照该种产品的生产步骤设立。

如果企业生产多种产品，其成本计算对象就是各种产品及其所经过的各生产步骤，产品成本明细账应按照每种产品的各个生产步骤设立。

需要指出的是，在实际工作中，产品成本计算的分步与产品生产步骤的划分不一定完全一致。为了简化成本计算工作，可以只对管理上有必要的分步计算成本的生产步骤单独设立产品成本明细账，单独计算成本；管理上不要求单独计算成本的包装步骤，则可与其他生产步骤合并设立产品成本明细账，合并计算成本。例如，造纸企业的包装步骤，如果发生的费用不多，为了简化成本计算工作，也可以与制纸步骤合并在一起计算成本。另外，在按生产步骤设立车间的企业中，一般来讲，分步骤计算产品成本就是分车间计算产品成本。但是，企业生产规模较小，管理上不要求分车间计算成本，也可以将几个车间合并为一个步骤计算成本。相反，如果企业规模很大，车间可以分为几个生产步骤，管理上又要求分步计算成本，据此，也可以在车间内分步计算成本。总之，应根据管理的要求，确定成本的计算对象。

2. 产品成本计算定期按月进行，成本计算期与生产周期不一致，但与会计报告期一致

在分步法下，成本计算一般都是按月定期进行，其成本计算期与生产周期不相一致。这是因为在大量大批多步骤生产中，产品往往都是跨月陆续完工。在月末计算产品成本时，各生产步骤一般都存在未完工的在产品，为此，采用分步法计算产品成本时，记入各种产品、各生产步骤成本明细账中的生产费用都要采用适当的分配方法在完工产品和月末在产品之间进行分配，分别计算各种产品及其各生产步骤的完工产品成本和月末在产品成本。

3. 月末需要在完工产品与在产品之间分配生产费用

对分步进行生产的产品而言，上一步骤生产的半成品是下一步骤的加工对象。因此，为了计算各种产品的产成品的成本，还需要按照产品品种，分别结转各步骤成本。很显然，这与其他成本计算方法不同，在采用分步法计算产品成本时，在各步骤之间还存在着成本结转的问题。这也是分步法的一个重要特点。

二、分步法的种类

采用分步法按照产品生产步骤来归集费用，计算产品成本时，各个生产步骤成本的计算和结转，有逐步结转和平行结转两种不同的方法。产品成本计算的分步法，也就分为逐步结转分步法和平行结转分步法两种。

（一）逐步结转分步法

逐步结转分步法又称顺序结转分步法，是指在分步法下，自制半成品成本随半成品在各生产步骤之间移动而顺序结转的一种方法。在这一方法下，必须分生产步骤计算自制半成品成本。计算各个生产步骤所产的半成品成本，是逐步结转分步法的显著特征。因此，逐步结转分步法也称为计算半成品成本的分步法。

（二）平行结转分步法

平行结转分步法又称平行汇总分步法，是指在分步法下，自制半成品成本不在生产步骤之间结转，而在月终将应由产品负担的各步骤的生产费用平行汇总，以求得产成品成本的一种方法。平行结转分步法按照生产步骤归集生产费用，只计算完工产成品在各生产步骤的成本“份额”，不计算和结转各生产步骤所产的半成品成本。因此，平行结转分步法也称为不计算半成品成本的分步法。

三、分步法的适用范围

分步法适用于大量大批多步骤生产，且管理上要求分步骤核算的企业，如纺织、冶金、造纸

以及大量大批生产的机械制造等企业。在这些企业中，产品生产可以划分为若干生产步骤。例如，冶金企业的生产可以分为炼铁、炼钢等生产步骤；纺织企业的生产可以分为纺纱、织布、印染等生产步骤；造纸企业的生产可以分为制浆、制纸等生产步骤；机械制造企业的生产可以分为铸造、加工、装配等生产步骤等。

在这些企业中，为了加强各生产步骤的成本管理，不仅要求按照产品的品种计算各种产成品的实际总成本和单位成本，而且还要求按照生产步骤归集生产费用，计算各生产步骤的成本，以便考核和分析产成品及其所经各个生产步骤的成本计划的执行情况。

（一）逐步结转分步法的适用范围

计算半成品成本的逐步结转分步法，主要适用于半成品可以加工为不同产品，或者有半成品对外销售和需要考核半成品成本的企业，特别是大量大批连续式多步骤生产企业。

在这些企业中，从原材料投入生产到产成品制成，中间要顺序经过若干个生产步骤，前面各个生产步骤所生产的都是半成品，只有在最后生产步骤完工的才是产成品。各生产步骤所产半成品，既可以转交给下一步骤继续加工，耗用在不同产品上，又可以作为商品对外销售。例如，纺织企业生产的棉纱，既可以为本企业自用，继续加工成各种成品布，又可以作为商品，直接对外销售。在这种情况下，为了计算产品销售成本，除了需要计算各种产品成本外，还必须计算各生产步骤所产半成品成本。有的企业自制半成品不一定对外销售，但为了考核半成品成本，也需要计算半成品成本。

逐步结转分步法一般应在半成品种类不多，逐步结转半成品成本的工作量不大，管理上要求提供各生产步骤半成品成本资料的情况下采用。

（二）平行结转分步法的适用范围

不计算半成品成本的平行结转分步法，主要适用于在成本管理上要求分步骤归集费用，但不要求计算半成品的企业，特别是没有半成品对外销售的大量大批装配式多步骤生产企业。

在这些企业中，从原材料投入生产到产成品制成，是先由各生产步骤对各种原材料平行地进行加工，使之成为各种零件和部件（半成品），然后由总装车间（最后生产步骤）装配成各种产成品。如果各生产步骤所产半成品的种类比较多，半成品对外销售的情况也很少，为了简化和加速成本核算工作，可以采用平行结转分步法。在某些连续式多步骤生产企业，如果各生产步骤所产半成品仅供本车间下一步骤继续加工，不准备对外出售，也可以采用平行结转分步法。

平行结转分步法一般应在半成品种类较多，逐步结转工作量较大，管理上又不要求提供各步骤半成品成本资料的情况下采用；而且在采用时，应加强各步骤在产品收发结存的数量核算，以便为在产品的实物管理和资金管理提供资料。

四、分步法的成本计算程序

(1)按产品的品种及所经生产步骤，设置基本生产成本明细账（产品成本计算单）。

分步法以产品的品种及所经生产步骤作为成本核算对象，因此，应当按产品的品种及所经生产步骤，设置基本生产成本明细账（产品成本计算单），用以归集和分配生产费用，计算产品成本。

(2)按产品的品种及所经生产步骤，归集和分配本月发生的各种费用（同品种法，在此省略）。

(3)分配辅助生产费用（同品种法，在此省略）。

(4)分配基本生产车间制造费用(同品种法,在此省略)。

(5)计算完工产品成本。

①逐步结转分步法的完工产品成本计算。

逐步结转分步法是按产品生产步骤的顺序,逐步计算并结转半成品成本,上一步骤的半成品成本要随着半成品实物的转移而转入下一步骤相同产品的成本之中,顺此往后直接到最后生产步骤,以逐步计算半成品成本和最后一个步骤的产成品成本。

逐步结转分步法的成本计算程序,因企业各生产步骤完工的半成品是否验收入库,即半成品实物的流转程序不同而有两种情况:半成品不通过仓库收发;半成品完工和领用通过仓库收发。

②平行结转分步法的完工产品成本计算。

在平行结转分步法下,各生产步骤不计算也不逐步结转半成品成本,只是在企业的产成品入库时,才将各步骤中应计入产成品成本的"份额",从各生产步骤基本生产成本明细账(产品成本计算单)中转出、汇总,计算出产成品成本。

(6)结转完工产品成本(同品种法,在此省略)。

第二节　逐步结转分步法

逐步结转分步法是指按产品的生产步骤先计算半成品成本,再随实物依次逐步结转,最终计算出产成品成本的方法。

一、逐步结转分步法的特点

除分步法的一般特点外,逐步结转分步法的特点主要表现在:

(1)各生产步骤的半成品成本,随着半成品实物的转移在各生产步骤之间顺序结转。

(2)各生产步骤基本生产成本明细账(产品成本计算单)的期末余额,反映该步骤结存的在产品成本。

(3)将各生产步骤所归集的本步骤发生的生产费用(包括上一步骤转入的半成品成本),在完工半成品与狭义在产品之间进行分配。

二、逐步结转分步法的成本计算程序

采用逐步结转分步法,其成本计算程序是:先计算第一步骤所产半成品成本,并将其转入第二步骤;然后将第二步骤发生的各种费用,加上第一步骤转入的半成品成本,计算出第二步骤所产半成品成本,并将其转入第三步骤;这样按照生产步骤逐步计算并且结转半成品成本以后,在最后步骤计算出完工产成品成本。在设有半成品仓库的企业,还应当在半成品仓库和有关生产步骤(生产半成品和领用半成品的生产步骤)之间,随着半成品实物的收入(生产完工验收入库)和发出(生产领用),进行半成品成本的结转。

三、逐步结转分步法的种类

采用逐步结转分步法,各生产步骤之间半成品成本的结转,按照半成品成本在下一步骤基

本生产成本明细账中的反映方法不同,或半成品成本结转的具体方式不同,又可分为综合结转法和分项结转法两种。

(一)综合结转法

综合结转法是指在逐步结转分步法下,半成品成本结转的一种具体方式。在这种方式下,将上一生产步骤转入下一生产步骤的半成品成本,不分成本项目,全部记入下一生产步骤基本生产成本明细账中的“直接材料”(专设的“半成品”)成本项目,综合反映各生产步骤所耗上一生产步骤所产半成品成本。半成品成本综合结转可以按照上一生产步骤所产半成品的实际成本结转,也可以按照半成品的计划成本或定额成本结转。在实际工作中,一般按实际成本分项结转。

逐步结转分步法,采用半成品成本综合结转方式时,上一生产步骤转入的自制半成品成本,是综合了三个成本项目(“直接材料”“直接人工”“制造费用”)后,登记在下一生产步骤基本生产成本明细账的“直接材料”(专设的“半成品”)成本项目的。这样计算出的产品成本,不能按原始成本项目提供成本资料,不符合产成品成本项目构成的实际情况,不能据以从整个企业的角度来分析产品成本的构成和水平。因此,对于产成品成本中的“半成品”这一综合性项目的成本,必须按原规定的成本项目进行分解、还原,恢复为按原始成本项目反映的产成品成本。

成本还原一般采用的是逆还原法。具体做法是:从最后一个步骤起,将产成品中所耗上一步骤半成品的综合成本,按上一步骤所产半成品的成本结构,进行比例分解;如此自后向前逐步分解、还原,直至第二生产步骤为止,再汇总各生产步骤相同成本项目的金额,从而求得按原始成本项目反映的产成品成本。

(二)分项结转法

分项结转法是指在逐步结转分步法下,半成品成本结转的又一种具体形式。在这种方式下,半成品成本按其成本项目,伴随半成品的转移而转入下一生产步骤的基本生产成本明细账内,分别列入相应的各成本项目,不单独设置“半成品”项目,也不综合地列入“直接材料”成本项目中。分项结转既可以按半成品实际成本结转,也可以按半成品计划成本或定额成本结转。在实际工作中,一般按实际成本分项结转。

四、逐步结转分步法的成本核算程序

为了计算外售半成品成本,以满足同行业同类半成品的比较和考核,或者为了分别计算各种产品的成本,必须计算各个生产步骤的半成品成本。逐步结转分步法就是为了分步计算半成品成本而采用的一种分步法。

在大量大批连续式复杂生产的企业中,产品生产从原料投入到产品制成,中间需经过一系列循序渐进、性质不同的生产步骤,各个步骤生产的半成品既可以作为下一步骤继续加工的对象,又可以作为商品对外销售,如钢铁厂的钢锭、纺织厂的棉纱等,还有一些半成品为企业内几种产品共同耗用。

逐步结转分步法在计算各步骤产品成本时,由于上一步骤的半成品将作为下一步骤的加工对象,因此,上一步骤计算的半成品成本要随着半成品实物的转移一起从上一步骤的基本生产明细账转入下一步骤相同产品的基本生产明细账,以便依次计算各步骤的半成品成本和最后步骤的产成品成本。

逐步结转分步法下,各步骤半成品成本的结转应与半成品实物的转移相适应。在设半成品库进行半成品收发的情况下,下一步骤不直接领用上一步骤的完工半成品,而是通过半成品库进行。因此，应设置自制半成品明细账，结转完工入库和生产领用的半成品成本。验收入库时，应将入库半成品成本借记“自制半成品——上一步骤”账户，贷记“基本生产成本——上一步骤”账户。下一步骤领用自制半成品时，再借记“基本生产成本——下一步骤”账户，贷记“自制半成品——上一步骤”账户。其核算程序如图 6－1 所示。

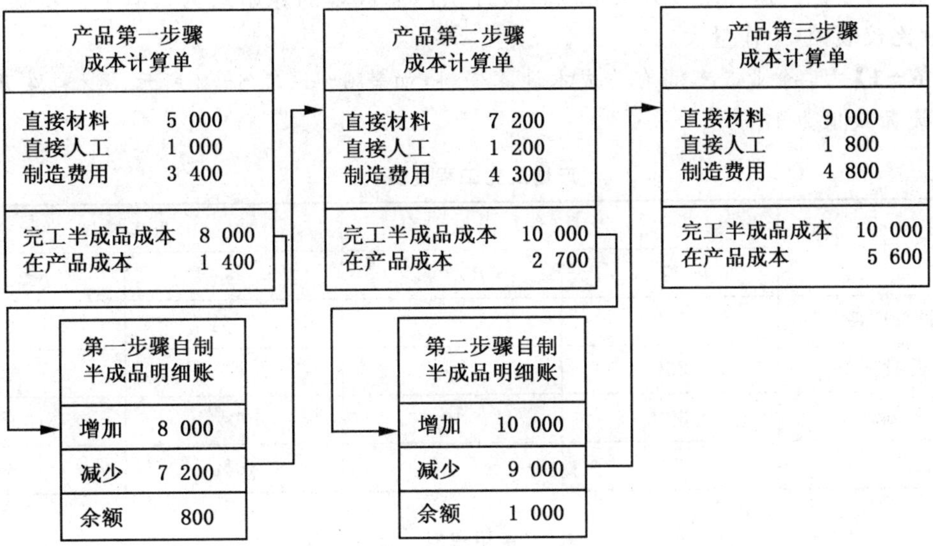

图 6－1　逐步结转分步法程序图(设自制半成品库)

在不设半成品库进行半成品收发的情况下，下一步骤可以直接领用上一步骤的完工半成品。各步骤半成品实物直接转入下一步骤，其半成品成本也直接转入下一步骤的成本计算单，不必通过自制半成品明细账进行核算。其核算程序如图 6－2 所示。

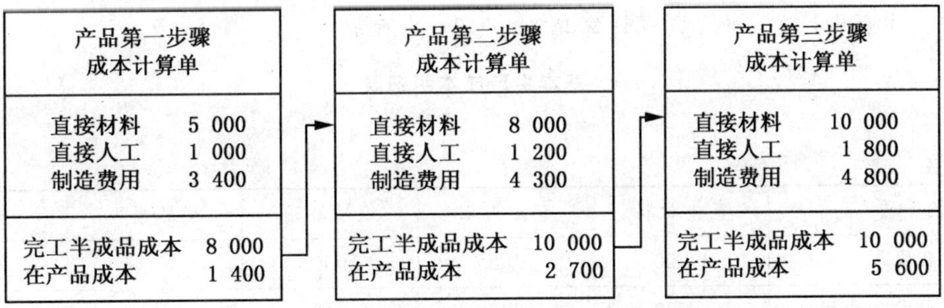

图 6－2　逐步结转分步法程序图(不设自制半成品库)

根据以上所述，逐步结转分步法又称计算半成品成本的分步法，是指按照产品生产加工的先后顺序逐步计算并结转半成品成本，直至最后一个步骤计算出产成品成本。

逐步结转分步法的主要特点为：成本计算对象为各种产品的生产步骤和产品品种；成本计算期与会计报告期一致，而与产品生产周期不一致；月末需计算每一步骤的完工产品和在产品成本，并按照产品的生产加工顺序依次在生产步骤之间进行半成品成本的结转工作。

五、分项结转分步法的成本核算程序

分项结转分步法，是将上一步骤半成品成本按照成本项目分项结转到下一步骤成本计算单上相应的成本项目的一种方法。如果半成品通过半成品库收发，半成品明细账也要分别按成本项目进行登记。这种结转方法可以直接提供产品成本的原始结构。但生产步骤较多时，转账手续比较烦锁，工作量大。

【例 6—1】 某企业二车间有关成本计算资料，如表 6—1、表 6—2 所示。材料在开工时一次投入，废品残值为 120 元。

表 6—1　　产量及完工程度资料

项　目	数量(件)		完工程序	
	合格品	废　品	合格品	废　品
月初在产品	100	—	50%	—
本月投入	260	—	—	—
本月完工	300	10	100%	100%
月末在产品	50	—	40%	—

表 6—2　　费用资料

单位：元

摘　要	直接材料	直接人工	制造费用	废　品	合　计
月初在产品成本	1 800	700	900	—	3 400
本月本车间发生费用	780	1 680	2 240	—	4 700
上车间转入费用	3 380	1 040	1 300	300	6 540

根据上述资料，二车间的成本计算单，如表 6—3 所示。

表 6—3　　基本生产成本明细表

车间名称：二车间

产品名称：甲产品

单位：元

摘　要	直接材料	直接人工	制造费用	废品损失	合　计
月初在产品成本	1 800	700	900	—	3 400
本月本车间发生费用	780	1 680	2 240	—	4 700
上车间转入费用	3 380	1 040	1 300	300	6 540
本月费用合计	6 480	3 420	4 440	300	14 640
结转废品成本	−160	−100	−130		−390
废品损失计入成本				270	270
产成品成本	4 800	3 000	3 900	570	12 270
月末在产品成本	800	320	410	0	1 530

成本计算单中有关项目的计算过程如下：

(1)计算上车间转入半成品的单位成本。

直接材料单位成本＝3 380÷260＝13(元/件)

直接人工单位成本＝1 040÷260＝4(元/件)

制造费用单位成本＝1 300÷260＝5(元/件)

(2)计算本车间本月发生费用的单位成本。

直接材料单位成本＝780÷260＝3(元/件)

直接人工单位成本＝1 680÷(300＋10＋50×40%－100×50%)＝6(元/件)

制造费用单位成本＝2 240÷280＝8(元/件)

(3)废品成本为 390 元，废品残值为 120 元，废品损失为 270 元(390－120)，计算有关废品成本。

直接材料＝(13＋3)×10＝160(元)

直接人工成本＝(4＋6)×10＝100(元)

制造费用＝(5＋8)×10＝130(元)

(4)计算月末在产品成本。

直接材料＝(13＋3)×50＝800(元)

直接人工成本＝50×4＋50×40%×6＝320(元)

制造费用＝50×5＋50×40%×8＝410(元)

(5)计算完工产品成本。

直接材料＝(13＋3)×300＝4 800(元)

直接人工成本＝(4＋6)×300－3 000(元)

制造费用＝(5＋8)×300＝3 900(元)

废品损失合计为 570 元(300＋270)，完工产品成本合计为 12 270 元。

六、综合结转分步法的成本核算程序

综合结转分步法是指各生产步骤将其所耗费的上一生产步骤的半成品成本综合记入其“基本生产成本”明细账户的“直接材料”或专设的“自制半成品”成本内反映的计算方法。

(一)综合结转分步法下半成品的计价

在综合结转半成品成本时，可按实际成本结转，也可按计划成本结转至下一生产步骤。而在分项结转半成品成本时，通常采用按实际成本分项结转，以免按成本项目分项调整成本差异。

按实际成本综合结转，各步骤所耗上一步骤的半成品成本，等于所耗半成品的数量乘以半成品的实际单位成本。在半成品通过半成品库收发的情况下，所耗半成品的单位成本应用先进先出法、加权平均法或后进先出法来确定。

【例 6－2】 某企业甲产品的生产经过两个步骤，分别由两个车间进行。第一车间生产半成品，交半成品库验收；第二车间按照所需数量向半成品库领用。第二车间所耗半成品费用按全月一次加权平均单位成本计算。两个车间月末在产品均按定额成本计价。其成本核算程序如下：

(1)根据各种费用分配表、半成品交库单和第一车间在产品定额成本资料，登记第一车间甲产品成本计算单，如表 6－4 所示。

表 6－4 **产品成本计算单**

车间名称：第一车间

产品名称：甲半成品

单位：元

摘　要	产量(件)	直接材料	直接人工	制造费用	合　计
月初在产品成本(定额成本)		39 000	2 000	16 050	57 050
本月生产费用		87 300	8 650	57 050	153 000
生产费用合计		126 300	10 650	73 100	210 050
半成品成本	1 000	89 100	7 900	47 000	144 000
半成品单位成本		89.1	7.9	47	144
月末在产品成本(定额成本)		37 200	2 750	26 100	66 050

根据第一车间半成品交库单，编制结转半成品成本的会计分录如下：

借：自制半成品——甲半成品　　125 537.50

　贷：基本生产成本——第一车间(甲半成品)　　125 537.50

(2)根据计价后的第一车间半成品交库单和第二车间领用半成品的领用单，登记自制半成品明细账，如表 6—5 所示。

表 6－5 **自制半成品明细账**

半成品名称：甲半成品

单位：元

月份	月初余额		本月增加		累　计			本月减少	
	数量(件)	实际成本	数量(件)	实际成本	数量(件)	实际成本	单位成本	数量(件)	实际成本
6	150	21 000	1 000	144 000	1 150	165 000	143.478	900	129 130.20
7	250	35 869.8							

根据第二车间领用半成品的领用单，编制结转半成品成本的会计分录如下：

借：基本生产成本——第二车间(甲产品)　　129 130.2

　贷：自制半成品——甲半成品　　129 130.2

(3)根据各种费用分配表、半成品领用单、产成品交库单，以及第二车间在产品定额成本资料，登记第二车间甲产品成本计算单，如表 6－6 所示。

表 6－6 **产品成本计算单**

车间名称：第二车间

产品名称：甲产成品

单位：元

摘　要	产量	半成品	直接人工	制造费用	合　计
月初在产品成本(定额成本)		95 00	4 950	24 750	124 700
本月生产费用		129 130.20	7 850	38 450	175 430.20
生产费用合计	800	138 630.20	12 8700	63 200	330 530.20
产成品成本		150 058.20	10 400	51 200	211 658.20
产成品单位成本		187.57	13	64	264.57
在产品成本(定额成本)		11 428	2 400	12 000	25 828

编制会计分录如下：

借：库存商品——甲产品　　211 658.20

　　贷：基本生产成本——甲产品　　211 658.20

在按计划成本综合结转的情况下，为了调整所耗半成品的成本差异，自制半成品明细账不仅要反映半成品收支和结存的数量和实际成本，而且要反映半成品的收发和结存的计划成本、成本差异和差异率；在产品成本计算单中，对于所耗半成品，可以按调整成本差异后的实际成本登记。为了分析上一步骤半成品成本差异对本步骤成本的影响，也可以按照所耗成品的计划成本和成本差异分别登记。这时，产品成本计算单的“半成品”项目、“直接材料”项目，要分设“计划成本”“成本差异”“实际成本”三栏，具体核算程序与原材料按计划成本核算的程序基本相同，此处不再赘述。

（二）综合结转分步法下的成本还原

采用综合结转法结转半成品成本，各步骤所耗半成品的成本是以“原材料”或专设的“自制半成品”成本项目综合反映的，这样计算出来的产成品成本，不能提供按原始成本项目反映的成本资料。在生产步骤较多的情况下，顺序综合结转半成品成本后，表现在产成品成本中“原材料”或“自制半成品”成本项目的成本往往占了绝大部分的费用，而其他费用仅是最后一个步骤的加工费用，在产成品成本中所占的比重很小。这显然不符合产品成本构成的实际情况，因而不能对企业的产成品成本结构和水平进行考核、分析。因此，为了满足成本管理的需要，应将顺序结转算出的产成品成本进行成本还原。

所谓成本还原，就是将产成品成本中的“自制半成品”项目，从最后一个步骤起，逐步分解为规定的成本项目，然后将各步骤相同的成本项目数额相加，即可求得按规定成本项目反映的产品成本。成本还原的方法通常有以下两种：

1. 按半成品各成本项目各占全部成本的比重还原

采用这种方法，首先要确定各步骤完工产品的成本结构，即各成本项目占全部成本的比重；然后，从最后一个生产步骤开始，将产成品成本中的半成品综合成本乘以前一步骤该种半成品的各成本项目的比重，就可以把综合成本进行分解；如果成本计算在两步以上，那么第一次成本还原后，还会有未还原的半成品成本，这时应将未还原的半成品成本，再乘以前一步骤该种半成品的各成本项目的比重，以此类推，直到半成品成本还原为原始成本项目为止。

【例 6－3】 华丰企业生产甲产品经过第一、第二两个生产步骤。第一步骤的半成品直接交由第二步骤使用，1 件甲产品耗用 2 件半成品。假定第一步骤本月转出半成品 200 件，总成本为 70 000 元，其中，材料成本 50 000 元，人工成本 8 000 元，制造费用 12 000 元。第二步骤本期完工甲产品 80 件，总成本为 72 000 元，其中，半成品 56 000 元，人工成本 6 000 元，制造费用 10 000 元。现采用上述方法，将半成品成本 56 000 元还原成直接材料、直接人工、制造费用项目。具体计算过程如下：

第一步骤生产出的 200 件半成品各成本项目所占比重分别为：

直接材料成本占总成本比重＝50 000÷80 000×100％＝62.5％

直接人工成本占总成本比重＝8 000÷80 000×100％＝22.5％

制造费用成本占总成本比重＝12 000÷80 000×100％＝15％

56 000 元半成品的成本构成为：

直接材料＝56 000×62.5％＝35 000（元）

直接人工＝56 000×22.5％＝12 600(元)

制造费用＝56 000×15％＝8 400(元)

2. 按各步骤耗用半成品的总成本占上一步骤完工半成品总成本的比重还原

这一方法的原理与上述第一种方法相同，先确定产成品成本中半成品综合成本占上一步骤本期所产该种半成品总成本的比例，然后以此比例从最后一个生产步骤开始，分别乘以上一步骤本期所产该种半产品各成本项目的成本。即可将耗用半成品的综合成本进行分解、还原。其计算公式如下：

$$\text{成本还原率}=\frac{\text{本期产成品耗用上一步骤半成品成本合计}}{\text{上一步骤本期所产该半成品成本合计}}$$

$$\text{某成本项目还原数}=\frac{\text{上一步骤本期所产该}}{\text{半成品某成本项目金额}}\times\text{成本还原率}$$

【例6—4】 承【例6—3】，采用该方法，将半成品成本56 000元还原成直接材料、直接人工、制造费用项目。具体计算过程如下：

甲半成品的成本还原率＝56 000÷80 000＝0.7

56 000元半成品的成本构成如下：

直接材料＝50 000×0.7＝35 000(元)

直接人工＝18 000×0.7＝12 600(元)

制造费用＝12 000×0.7＝8 400(元)

甲产品的成本构成为：直接材料40 000元，直接人工12 400元(6 400＋6 000)，制造费用196 000元(10 000＋9 600)。

七、逐步结转分步法应用举例

【例6—5】 巨星工厂大量生产甲产品，顺序经过三个生产步骤，分设三个车间进行加工。该企业采用逐步结转分步法计算产品成本。原材料在生产开始时一次投入，其他费用陆续发生，各步骤完工的半成品不通过半成品库。半成品成本按实际成本综合结转，各步骤产品成本采用约当产量法计算，在产品完工率均为50％。甲产品本月产量及有关费用资料，如表6—7、表6—8、表6—9所示。

表6—7 **产品产量记录** 单位：件

摘　要	一车间	二车间	三车间	产成品
月初在产品	160	20	140	—
本月投入	440	—	—	—
上步转入	—	500	400	—
本月完工	500	400	480	480
月末在产品	100	120	60	—

表 6—8

费用资料

（综合逐步结转分步法）

单位：元

摘　　要	车　间	直接材料	自制半成品	直接人工	制造费用	合　计
月初在产品成本	一车间	1 600	—	80	240	1 920
	二车间	—	280	50	70	400
	三车间	—	3 640	140	280	4 060
本期发生费用	一车间	4 400	—	470	1 410	6 280
	二车间	—		2 250	3 150	5 400
	三车间	—		880	1 760	2 640

表 6—9

费用资料

（分项逐步结转分步法）

单位：元

摘　　要	车　间	直接材料	直接人工	制造费用	合　计
月初在产品成本	一车间	1 600	80	240	1 920
	二车间	200	70	130	400
	三车间	1 400	980	1 680	4 060
本期发生费用	一车间	4 400	470	1 410	6 280
	二车间	—	2 250	3 150	5 400
	三车间	—	880	1 760	2 640

根据上述资料，分别采用综合逐步结转分步法和分项逐步结转分步法计算产品成本。

1. 综合逐步结转分步法的应用

综合逐步结转分步法的计算过程如表 6—10、表 6—11、表 6—12、表 6—13、表 6—14 所示。

表 6—10

一车间成本计算单

完工产量：500 件

产品名称：甲 A 半成品　　　　单位：元

摘　　要	直接材料	直接人工	制造费用	合　计
月初在产品成本	1 600	80	240	1 920
本月生产费用	4 400	470	1 410	6 280
生产费用合计	6 000	550	1 650	8 200
完工半成品成本	5 000	500	1 500	7 000
半成品单位成本	10	1	3	14
月末在产品成本	1 000	50	150	1 200

表 6—11 **二车间成本计算单**

完工产量:400 件

产品名称:甲 B 半成品 单位:元

摘　　要	自制半成品	直接人工	制造费用	合　计
月初在产品成本	280	50	70	400
本月生产费用	7 000	2 250	3 150	12 400
生产费用合计	7 280	2 300	3 220	12 800
约当产量(件)	520	460	460	—
完工半成品成本	5 600	2 000	2 800	10 400
半成品单位成本	14	5	7	26
月末在产品成本	1 680	300	420	2 400

表 6—12 **三车间成本计算单**

完工产量:480 件

产品名称:甲产品 单位:元

摘　　要	自制半成品	直接人工	制造费用	合　计
月初在产品成本	3 640	140	280	4 060
本月生产费用	10 400	880	1 760	13 040
生产费用合计	14 040	1 020	2 040	17 100
约当产量	540	510	510	—
完工半成品成本	12 480	960	1 920	15 360
半成品单位成本	26	2	4	32
月末在产品成本	1 560	60	120	1 740

表 6—13 **产品成本还原计算表**

完工产量:480 件

单位:元

行次	项　　目	成本还原率	自　制半成品	直接材料	直接人工	制造费用	合　计
1	还原前产成品成本		12 480	—	960	1 920	15 360
2	第二步半成品成本		(5 000)	—	(2 000)	(2 800)	(10 400)
3	第一次成本还原	1.2	6 720	—	2 400	3 360	12 480
4	第一步半成品成本			(5 000)	(500)	(1 500)	(7 000)
5	第二次成本还原	0.96		4 800	480	1 440	6 720
6	还原后产成品成本			4 800	3 840	6 720	15 360
7	产品单位成本			10	8	14	32

表 6—13 中：

第一次成本还原率＝12 480÷10 400＝1.2

第二次成本还原率＝6 720÷7 000＝0.96

$$\frac{还原后产成品}{直接人工成本}=\frac{还原前产成品}{直接人工成本}+\frac{第一次成本还原}{直接人工成本}+\frac{第二次成本还原}{直接人工成本}$$

＝960＋2 400＋480＝3 840(元)

还原后，产成品成本还原计算同直接人工成本计算，见表 6—14。

表 6—14　　产成品成本还原计算表

完工产量：480 件

单位：元

行次	项　目	自制半成品	直接材料	直接人工	制造费用	合　计
1	还原前产成品成本	12 480	—	960	1 920	15 360
2	第二步半成品成本	53.85%	—	19.23%	26.92%	100%
3	第一次成本还原	6 720	—	2 400	3 360	12 480
4	第一步半成品成本	—	71.43%	7.14%	21.43%	100%
5	第二次成本还原	—	4 800	480	1 440	6 720
6	还原后产成品成本	—	4 800	3 840	6 720	15 360
7	产品单位成本	—	10	8	14	32

(1)计算上一步骤完工半成品的各成本项目比重。

自制半成品＝5 600÷10 400×100%＝53.85%

直接人工＝2 000÷10 400×100%＝19.23%

制造费用＝2 800÷10 400×100%＝26.92%

(2)第一次成本还原金额。

自制半成品成本＝12 480×53.85%＝6 720(元)

直接人工＝12 480×19.23%＝2 400(元)

制造费用＝12 480×26.92%＝3 360(元)

(3)一车间成本结构。

直接材料＝5 000÷7 000×100%＝71.43%

直接人工＝500÷7 000×100%＝7.14%

制造费用＝1 500÷7 000×100%＝21.43%

(4)第二次成本还原金额。

直接材料＝4 800(元)

直接人工＝960＋2 400＋480＝3 840(元)

制造费用＝1 920＋3 360＋1 440＝6 720(元)

2. 分项逐步结转分步法的应用

分项逐步结转分步法的计算过程如表 6—15、表 6—16、表 6—17 所示。

表 6－15　　一车间成本计算单

完工产量:500 件

产品名称:甲 A 半成品　　单位:元

摘　　要	直接材料	直接人工	制造费用	合　计
月初在产品成本	1 600	80	240	1 920
本月生产费用	4 400	470	1 410	6 280
生产费用合计	6 000	550	1 650	8 200
完工半成品成本	5 000	500	1 500	7 000
月末在产品成本	1 000	50	150	1 200

表 6－16　　二车间成本计算单

完工产量:400 件

产品名称:甲 B 半成品　　单位:元

摘　　要	直接材料	直接人工	制造费用	合　计
月初在产品成本	200	70	130	400
上车间转入费用	5 000	500	1 500	7 000
本月生产费用	—	2 250	3 150	5 400
生产费用合计	5 200	2 820	4 780	12 800
完工半成品成本	4 000	2 400	4 000	10 400
月末在产品成本	1 200	420	780	2 400

表 6－17　　三车间成本计算单

完工产量:480 件

产品名称:甲产品　　单位:元

摘　　要	直接材料	直接人工	制造费用	合　计
月初在产品成本	1 400	980	1 680	4 060
上车间转入费用	4 000	2 400	4 000	10 400
本月生产费用	—	880	1 760	2 640
生产费用合计	5 400	4 260	7 440	17 100
完工半成品成本	4 800	3 840	6 720	15 360
月末在产品成本	600	420	720	1 740

成本计算单中有关项目的计算过程如下:

(1)计算上车间转入半成品的单位成本。

直接材料单位成本＝5 000÷500＝10(元/件)

直接人工单位成本＝500÷500＝1(元/件)

制造费用单位成本＝1 500÷500＝3(元/件)

(2)计算本车间本月发生费用单位成本。

直接人工单位成本＝2 250÷(400＋120×50%－20×50%)＝5(元/件)

制造费用单位成本＝3 150÷(400＋120×50%－20×50%)＝7(元/件)

(3)计算完工半成品成本。

直接材料＝10×400＝4 000(元)

直接人工＝(1＋5)×400＝2 400(元)

制造费用＝(3＋7)×400＝4 000(元)

(4)计算月末在产品成本。

直接材料＝10×120＝1 200(元)

直接人工＝1×120＋5×120×50%＝420(元)

制造费用＝3×120＋7×120×50%＝780(元)

完工产品成本和月末在产品成本的计算方法同上。

第三节　平行结转分步法

平行结转分步法是指半成品成本并不随半成品实物的转移而结转，而是在哪一步骤发生就留在该步骤的成本明细账内，直到最后加工成产成品，才将其成本从各步骤的成本明细账转出的方法。

一、平行结转分步法的特点

平行结转分步法相对于逐步结转分步法来说，具有以下几个特点：

(1)在生产过程中，上一步骤的半成品实物转入下一步骤时，其半成品成本不随实物的转移而结转，仍保留在原步骤内，不要求计算各步骤半成品成本，只要求计算各步骤发生的各项费用中应计入完工产品成本的份额，并于产品完工进入产成品库时，平行汇总计入完工产成品成本。所以，此法又可以称为“不计算半成品成本的分步法”。

(2)为了正确计算各步骤应计入产成品成本的份额，各步骤应将本步骤月初在产品成本与本期生产费用(不包括耗用的上一步骤半成品成本)的合计数在最终产成品与广义在产品之间进行分配。广义在产品是从全厂的角度出发，相对于最终产成品而言的在产品，而不是各步骤本身结存的在产品。它包括各步骤正在加工中的在制品、本步骤已完工转入半成品库的半成品，以及已转移到以后各步骤进一步加工，但尚未最后形成产成品的一切半成品。分配方法可采用约当产量比例法或定额比例法等方法。

(3)由于不计算各步骤半成品成本，因而半成品无论是在各步骤之间直接转移，还是通过半成品库收发，均不通过“自制半成品”账户进行价值核算，只需进行自制半成品的数量核算。

(4)由于产成品成本一般是按照成本项目平行结转汇总各步骤中应计入产成品成本的份额得出的，因而不存在成本还原的问题。各步骤也可以同时计算成本，不需要等待上一步骤的成本计算结果，成本计算更为及时。

二、平行结转分步法的成本核算程序

(1)分步骤、按产品品种设置“基本生产成本明细账”或成本计算单，归集生产费用。

(2)各步骤(或车间)根据各种费用分配表,登记各步骤(或车间)产品成本计算单,以确定不包括耗用上一步骤半成品费用在内的其他各项费用的数额。

(3)采用约当产量比例法或定额比例法等方法,按成本项目将各步骤月初在产品成本与本期归集的生产费用的合计数在最终产成品与广义在产品之间进行分配,以确定各步骤应计入产成品成本的份额和各步骤的广义在产品成本。

(4)产成品入库时,将各步骤应计入产成品成本的份额平行汇总,编制“产成品成本计算单”,以确定产成品的实际总成本及单位成本。

平行结转分步法的核算程序如图6－3所示。

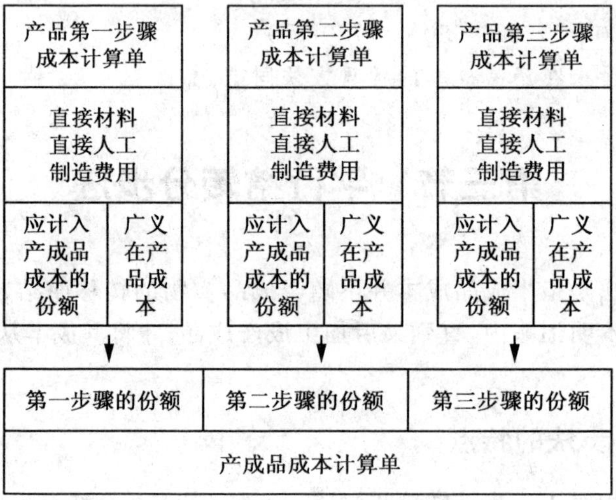

图6－3　平行结转分步法程序图

二、平行结转分步法应用举例

【例6－6】 巨星工厂大量生产乙产品,顺序经过三个车间制造完成。原材料在第一车间一次投入,在生产过程中,第二车间单位产品(半产品、在产品)耗用第一车间半成品2件,第三车间单位产品(在产品、产成品)耗用第二车间半成品2件。该企业采用平行结转分步法计算产品成本,月末在产品成本按约当产量法计算,在产品完工程度均为50％。该企业20×0年1月有关产量及成本费用资料,如表6－18、表6－19所示。

表6－18　　产量记录

20×0年1月　　单位:件

摘　要	一车间	二车间	三车间	产成品
月初在产品	40	100	80	
本月投入或上步骤转入	560	250	150	
本月完工	500	300	150	150
月末在产品	100	50	80	

表 6—19

成本费用资料

20×0 年 1 月

单位:元

摘　　要	车间	直接材料	直接人工	制造费用	合　计
月初在产品成本	一车间	31 740	2 120	5 600	44 460
	二车间	—	3 157	6 930	10 087
	三车间	—	5 040	2 408	7 448
本期发生费用	一车间	324 300	97 280	77 920	499 500
	二车间	—	15 785	34 650	50 435
	三车间	—	15 120	7 224	22 344

表 6—19 中，月初在产品成本根据上月成本单资料取得，本月发生费用根据本月各项费用分配表取得。根据上述资料，丙产品成本计算过程，如表 6—20、表 6—21、表 6—22、表 6—23 所示。

表 6—20

一车间成本计算单

完工产成品:150 件

产品名称:乙产品　　20×0 年 1 月　　单位:元

摘　　要	直接材料	直接人工	制造费用	合　计
月初在产品成本	31 740	7 120	5 600	44 460
本月生产费用	324 300	97 280	77 920	499 500
本月费用合计	356 040.00	104 400.00	83 520.00	543 960.00
单位产品成本	317.89	97.57	78.06	493.52
计入产成品成本份额	190 734.00	58 542.00	46 836.00	296 112.00
月末在产品成本	165 306.00	45 858.00	36 684.00	247 848.00

表 6—21

二车间成本计算单

完工产成品:150 件

产品名称:乙产品　　20×0 年 1 月　　单位:元

摘　　要	直接人工	制造费用	合　计
月初在产品成本	3 157.00	6 930.00	10 087.00
本月生产费用	15 785.00	34 650.00	50 435.00
本月费用合计	18 942.00	41 584.00	60 526.00
单位产品成本	39.06	85.73	124.79
计入产成品成本份额	11 718.00	25 719.00	37 437.00
月末在产品成本	7 224.00	15 861.00	23 085.00

表 6—22 **三车间成本计算单**

完工产成品:150 件

产品名称:乙产品　　20×0 年 1 月　　单位:元

摘　要	直接人工	制造费用	合　计
月初在产品成本	5 040.00	2 408.00	7 448.00
本月生产费用	15 120.00	7 224.00	22 344.00
本月费用合计	20 160.00	9 632.00	29 792.00
单位产品成本	106.105	50.695	156.80
计入产成品成本份额	15 916.00	7 604.00	23 520.00
月末在产品成本	4 244.00	2 028.00	6 272.00

表 6—23 **产品制造成本**

完工产成品:150 件

产品名称:乙产品　　20×0 年 1 月　　单位:元

摘　要	直接材料	直接人工	制造费用	合　计
一车间份额	190 734.00	58 542.00	46 836.00	296 112.00
二车间份额	—	11 718.00	25 719.00	37 437.00
三车间份额	—	15 916.00	7 604.00	23 520.00
产成品总成本	190 734.00	86 176.00	80 159.00	357 069.00
产品单位成本	1 271.56	574.507	534.393	2 380.46

1. 一车间成本计算单中有关项目的计算

(1)单位产品成本的计算。

单位产品直接材料成本＝356 040÷(150×4＋80×4＋50×2＋100×50%)＝317.89(元)

单位产品直接人工成本＝104 400÷(150×4＋80×4＋50×2＋100×50%)＝97.57(元)

单位产品制造费用＝83 520÷(150×4＋80×4＋50×2＋100×50%)＝78.06(元)

(2)计入产成品成本份额的计算。

直接材料成本份额＝150×4×317.89＝190 734(元)

直接人工成本份额＝150×4×97.57＝58 542(元)

制造费用份额＝150×4×78.06＝46 836(元)

(3)月末在产品成本的计算。

月末在产品成本,是指月末广义在产品成本,总计 247 848 元,其中:

直接材料成本＝356 040－190 734＝165 306(元)

直接人工成本＝104 400－58 542＝45 858(元)

制造费用＝83 520－46 836＝36 684(元)

2. 二车间成本计算单中有关项目的计算

(1)单位产品成本的计算。

单位直接人工成本＝18 942÷(150×2＋80×2＋50×50%)＝39.06(元)

单位制造费用=41 580÷(150×2+80×2+50×50%)=85.73(元)

(2)计入产成品成本份额的计算。

直接人工成本份额=150×2×39.06=11 718(元)

制造费用份额=150×2×85.73=25 719(元)

(3)月末在产品成本的计算。

月末在产品成本,是指广义在产品成本,总计 23 085 元,其中:

直接人工成本=18 942-11 718=7 224(元)

制造费用=41 584-25 719=15 861(元)

3. 三车间成本计算单中部分项目的计算

(1)单位产品成本的计算。

单位产品直接人工成本=20 160÷(150+80×50%)=106.105(元)

单位产品制造费用=9 632÷(150+80×50%)=50.695(元)

(2)应计入产成品成本份额的计算。

直接人工成本=150×106.105=15 916(元)

制造费用份额=150×50.695=7 604(元)

(3)月末在产品成本的计算。

月末在产品成本总计 6 272 元,其中:

直接人工成本=20 160-15 916=4 244(元)

制造费用=9 632-7 604=2 028(元)

本章小结

分步法是以产品的加工步骤为成本计算对象,归集生产费用、计算产品成本的一种方法。它适用于大量大批多步骤生产的企业,如冶金、造纸、纺织等大量大批生产的机械加工制造企业。分步法与分批法、品种法一起构成企业产品成本核算的三种基本方法,因分步法能够反映企业生产的某种特定的成本信息,因此该方法的成本核算仍然以品种法为基础。

分步法的特点为:

(1)以产品的品种及所经生产步骤作为成本计算对象。

(2)产品成本计算定期按月进行,成本计算期与生产周期不一致,但与会计报告期一致。

(3)月末需要在完工产品与在产品之间分配生产费用。

分步法适用于大量大批多步骤生产,且管理上要求分步骤核算的企业,如纺织、冶金、造纸以及大量大批生产的机械制造等企业。

产品成本计算的分步法,分为逐步结转分步法和平行结转分步法两种。

逐步结转分步法又称顺序结转分步法,是指在分步法下,自制半成品成本随半成品在各生产步骤之间移动而顺序结转的一种方法。主要适用于半成品可以加工为不同产品,或者有半成品对外销售和需要考核半成品成本的企业,特别是大量大批连续式多步骤生产企业。

平行结转分步法又称平行汇总分步法,是指在分步法下,自制半成品成本不在生产步骤之间结转,而在月终将应由产品负担的各步骤的生产费用平行汇总,以求得产成品成本的一种方法。主要适用于在成本管理上要求分步骤归集费用,但不要求计算半成品的企业,特别是没有半成品对外销售的大量大批装配式多步骤生产企业。

分步法的成本计算程序为：

(1)按产品的品种及所经生产步骤，设置基本生产成本明细账(产品成本计算单)。

(2)按产品的品种及所经生产步骤，归集和分配本月发生的各种费用。

(3)分配辅助生产费用。

(4)分配基本生产车间制造费用。

(5)计算完工产品成本。

(6)结转完工产品成本。

思考题

1. 综合结转法和分项结转法有何优缺点？其适用范围是什么？
2. 逐步结转分步法有哪些优缺点？
3. 平行结转分步法有哪些优缺点？

第七章　成本核算的辅助方法

学习目的

熟悉辅助核算方法的种类，掌握分类法与定额法的概念、适用范围及核算程序，掌握各种核算方法的应用。

第一节　成本核算的辅助方法——分类法

一、分类法概述

（一）分类法的概念

分类法是指按照产品类别归集生产费用，计算各类完工产品总成本，再按照一定的分配标准计算产品成本的一种方法。

（二）分类法的适用范围

分类法主要适用于产品品种规格繁多，使用同一原材料，采用基本相同的工艺，并可以按照一定标准划分为若干类别的企业或者车间。在这些行业中，如果按照每一种品种设置明细账，计算产品成本的工作量比较大。为了简化核算，这类企业可以采用分类法进行核算。

二、分类法的核算程序

（一）合理划分产品类别

根据产品的结构、性质、所用材料及工艺技术过程，将产品分成若干类别，以便按照类别归集产品生产费用，计算各类产品成本。

（二）计算各类别产品中完工产品成本的总额

根据划分的类别，设置产品成本明细账，归集生产费用，计算各类别的产品费用总额。

（三）计算各类别中的完工产品成本和在产品成本

根据一定的分配方法，将产品费用总额在完工产品和在产品之间进行分配。分配方法有在产品成本按照定额计算、在产品成本按照定额比例计算等。

（四）选择合理的分配标准，对各类别内部各种产品成本进行计算

在分类法下，将各类别总成本在各产品之间进行分配，可以采用产品的价值指标，如计划成本、定额成本、销售价格等；也可以采用技术指标，如重量、长度等；还可以采用产品生产的各种定额消耗指标或者系数作为分配标准。

分类法的核算程序如图 7—1 所示。

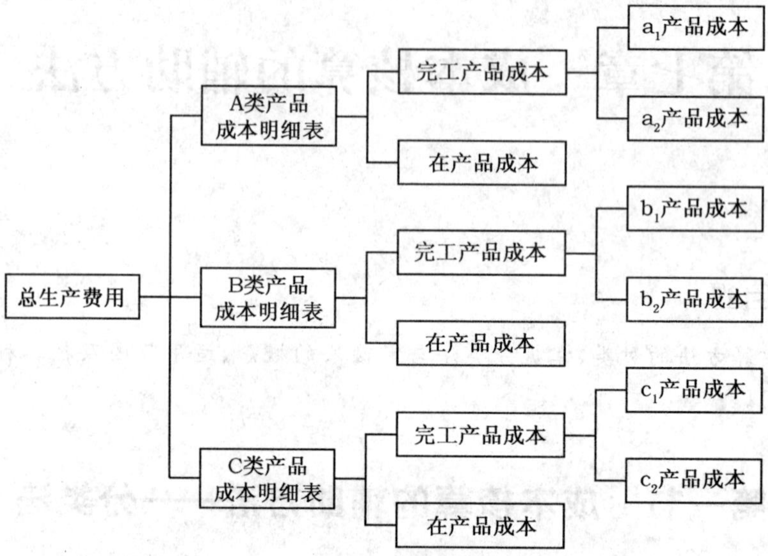

图 7—1　分类法的核算程序

【例 7—1】 某企业生产的甲、乙、丙三种产品的结构、所用材料和工艺程度基本相同，合并为一类产品，采用分类法计算产品成本。各类别内部分配费用的标准为：原材料按照原材料费用定额确定；其他费用按照定额公示比例分配。与甲、乙、丙三种产品成本计算有关的数据以及成本计算过程如下：

1. 根据原材料费用定额计算原材料费用系数，如表 7—1 所示。

表 7—1　　原材料费用系数计算表　　金额单位：元

产品	单位产品原料系数计算表				原材料费用系数
	原材料名称或编号	消耗定额	计划单价	费用定额	
甲（标准产品）	001	200	1.5	300	1
	002	200	0.5	100	
	003	100	1	100	
	小计			500	
乙产品	001	100	1.5	150	300÷500=0.6
	002	100	0.5	20	
	003	100	1	100	
	小计			300	

续表

产品	单位产品原料系数计算表				原材料费用系数
	原材料名称或编号	消耗定额	计划单价	费用定额	
丙产品	001	200	1.5	300	650÷550＝1.3
	002	100	0.5	50	
	003	300	1	300	
	小计			600	

2. 按照产品类别(A类)开设产品成本明细账。根据各项费用分配表登记产品成本明细账,计算该类产品的产品成本(在产品成本按年初固定数计算),如表7—2所示。

表7—2　　产品成本明细账

产品名称:A类　　20××年×月　　单位:元

摘　要	原材料	工资及福利费	制造费用	成本合计
月初在产品成本	55 000	25 000	20 000	100 000
本月费用	800 000	52 000	48 000	900 000
生产费用合计	855 000	77 00	68 000	1 000 000
产成品成本	800 000	52 000	48 000	900 000
月末在产品成本	55 000	25 000	20 000	100 000

3. 分配计算甲、乙、丙三种产品的产品成本。根据各种产品的产量、原材料费用系数和工时消耗定额,分配计算A类甲、乙、丙三种产品的产品成本,如表7—3所示。

表7—3　　甲、乙、丙三种产品成本计算表　　金额单位:元

项目	产量	原材料费用系数	原材料费用总系数	工时消耗定额	定额工时	原材料	工资及福利费	制造费用	成本合计
①	②	③	④＝②×③	⑤	⑥＝②×⑤	⑦＝④×分配率	⑧＝⑥×分配率	⑨＝⑦×分配率	⑩
分配率									
甲产品	1 000	1	1 000	10	10 000	400 000	26 000	24 000	450 000
乙产品	150	0.6	90	20	3 000	36 000	7 800	7 200	51 000
丙产品	700	1.3	910	10	7 000	364 000	18 200	16 800	399 000
合计			2 000		20 000	800 000	52 000	48 000	900 000

注:原材料费用分配率＝800 000÷2 000＝400

工资及福利费分配率＝52 000÷20 000＝2.6

制造费用分配率＝48 000÷20 000＝2.4

第二节　成本核算的辅助方法——定额法

一、定额法概述

定额法，是通过确定产品的消耗定额、费用定额和定额成本，为企业成本核算制定一个切实、科学的目标，并在生产费用发生的当时，将符合定额的费用和发生的差异分别核算，在月末时，在定额成本的基础上，加减各种成本差异，计算产品的实际成本，为成本的定期考核和分析提供数据的一种成本计算方法。

生产费用都是按照其实际发生的费用额进行计算，产品的实际成本都是根据实际生产费用计算的。因此，生产费用和产品成本脱离定额的差异及其发生的原因，只有在月末通过实际资料与定额资料进行对比、分析才能得到反映，而不能在月内生产费用发生时就反映。定额法弥补了这些方法的不足，为加强定额管理，及时对产品成本进行控制管理，更有效地发挥成本核算，以及节约费用、降低成本，起到了重要的作用。

产品成本计算的定额法，就是为了克服上述几种成本计算方法的弱点，能够及时反映和监督生产费用和产品成本脱离定额的差异，把成本的计划、控制、核算和分析结合在一起，以便加强成本管理，而采用的一种成本计算方法。

二、定额法的核算程序

（一）定额成本的计算

采用定额法计算产品成本，必须首先制定产品的原材料、动力、工时等消耗定额，并根据各项消耗定额和原材料的计划单价、计划的工资率（计划每小时生产工资）或计件工资单价、制造费用率（计划每小时制造费）等资料，计算产品的各项费用定额和产品的单位定额成本。其计算公式如下：

原材料费用定额＝产品原材料消耗定额×原材料计划单价

生产工资费用定额＝产品生产工时定额×生产工资计划单价

制造费用定额＝产品生产工时定额×制造费用计划单价

生产工人工资和制造费用，通常是按生产工时比例计入产品成本的，因而其计划单价通常是计划的每小时各项费用额。各项费用定额的合计数，就是单位产品的定额成本或计划成本。

所谓产品的定额成本，也就是根据各种有关的现行定额计算的成本。制定定额成本，可以使企业的成本控制和考核更加有效，更加符合实际，从而保证成本计划的完成。

产品的单位定额成本的制定，包括零件、部件的定额成本和产成品的定额成本，通常由计划、会计等部门共同制定。一般是先制定零件的定额成本，然后汇总计算部件和成品的定额成本。如果产品的零件（部件）较多，为了简化计算工作，可以不计算零件（部件）的定额成本，而直接根据零件（部件）定额卡所列的零件（部件）的原材料消耗定额、工作计划和工时消耗定额，以及原材料的计划单价、计划的工资率和计划的制造费用率等，计算零件（部件）定额成本，然后汇总计算产品总额成本；或者根据零件（部件）定额卡和原材料计划单价、计划的工资率和计划的制造费用率等，直接计算产品的定额成本。计算实际成本时采用的成本项目和成本计算方法一致，以便于成本考核和成本分析工作的进行。

零件定额卡和部件定额成本计算卡的格式分别如表 7—4、表 7—5 所示。

表 7—4　**零件定额卡**

零件编号、名称：201　　20××年×月

材料编号与名称	计量单位	材料消耗定额
1301	千克	4
工序编号	工时定额	累计工时定额
1	2	2
2	4	6

表 7—5　**部件定额成本计算卡**

部件编号、名称：200　　20××年×月　　金额单位：元

<table>
<tr><td rowspan="3">所需零件编号及名称</td><td rowspan="3">零件数量</td><td colspan="7">材料定额</td><td rowspan="3">工时定额</td></tr>
<tr><td colspan="3">1301</td><td colspan="3">1302</td><td rowspan="2">金额合计</td></tr>
<tr><td>数量</td><td>计划单价</td><td>金额</td><td>数量</td><td>计划单价</td><td>金额</td></tr>
<tr><td>201</td><td>3</td><td>12</td><td>5</td><td>60</td><td></td><td></td><td></td><td>60</td><td>18</td></tr>
<tr><td>202</td><td>2</td><td></td><td></td><td></td><td>8</td><td>4</td><td>32</td><td>32</td><td>12</td></tr>
<tr><td>装配</td><td></td><td></td><td></td><td></td><td></td><td></td><td></td><td></td><td>4</td></tr>
<tr><td>合计</td><td></td><td></td><td></td><td>60</td><td></td><td></td><td>32</td><td>92</td><td>34</td></tr>
<tr><td rowspan="3">原材料</td><td colspan="8">定额成本项目</td><td rowspan="3">定额成本合计</td></tr>
<tr><td colspan="4">工资及福利费用</td><td colspan="4">制造费用</td></tr>
<tr><td colspan="3">计划工资及福利费用</td><td>金额</td><td colspan="3">计划费用率</td><td>金额</td></tr>
<tr><td>92</td><td colspan="3">0.95</td><td>32.30</td><td colspan="3">2</td><td>68</td><td>192.30</td></tr>
</table>

（二）脱离定额差异的核算

脱离定额的差异，是指生产过程中，各项生产费用的实际支出脱离现行定额或预算的数额。脱离定额差异的核算，就是在发生生产费用时，为符合定额的费用和脱离定额的差异，分别编制定额凭证和差异凭证，并在有关的费用分配表和明细分类账中分别予以登记。

1. 原材料脱离定额差异的核算

原材料脱离定额差异的核算方法，一般有限额法、切割核算法和盘存法三种。

(1)限额法

原材料的领用应该实行限额领料（或定额发料）制度，符合定额的原材料应根据限额领料单等定额凭证发放。

对于产出限额的领料数量，须经过主管部门特别是技术部门审批。由于增加产量，需要增加用料时，在追加限额手续后，也可以根据定额凭证发放；由于其他原因发生的超额用料或代用材料的用料，则应填制专设的超额领料单、代用材料领料单等差异凭证，经过一定的审批手续后发放。在差异凭证中，应填写差异的数量、金额以及发生差异的原因。

每批生产任务完成以后，应根据车间余料编制退料手续。退料单也是一种差异凭证。退料单中的原材料数额和限额领料单中的原材料余额，都是原材料脱离定额的节约差异。

【例7－2】 某限额领料单规定的产品数量为4 000件，每件产品的原材料消耗定额为6千克，则领料限额为24 000千克。本月实际领料23 600千克，差异为400千克。则有以下三种情况：

①本期投产产品数量符合限额领料规定的产品数量，即4 000件，上述400千克为领取材料的节约差异。

②本期投产产品数量仍为4 000件，但车间期初余料为200千克，期末余料为220千克。则：

原材料定额消耗量＝4 000×6＝24 000(千克)

原材料实际消耗量＝23 600＋200－220＝23 580(千克)

原材料脱离定额差异＝23 580－24 000＝－420(千克)(节约)

该情况说明节约差异不仅包括实际差异400千克，还包括期初和期末的材料差异20千克，所以节约差异共计420千克。

③本期投产产品数量为3 000件，车间期初余料为200千克，期末余料为220千克。则：

原材料定额消耗量＝3 000×6＝18 000(千克)

原材料实际消耗量＝23 600＋200－220＝23 580(千克)

原材料脱离定额差异＝23 580－18 000＝5 580(千克)(超支)

该情况说明虽然目前的凭证差异为节约400千克，加上期初和期末差异20千克，共计节约420千克，但由于生产产品的数量减少了1 000件，从而超支了6 000千克，所以超支了5 580千克。

只有投产产品数量等于规定的产品批量，且车间期初、期末均无余料或期初、期末余料数量相等时，领料(或发料)差异才是用料脱离定额的差异。

(2)切割核算法

对于某些贵重材料或经常大量使用的，且又需要经过下料工段切割后才能进一步进行加工的材料，如板材、棒材等，还应采用材料切割核算单(如表7－6所示)。

表7－6 **材料切割核算单**

材料编号或名称：1111　　材料计量单位：千克　　材料计划单价：6元

产品名称：A　　零件编号或名称：222　　图纸号：333

切割工人工号和姓名：0167 李立　　机床编号：312

发交切割日期：20××年×月×日　　完工日期：20××年×月×日

<table>
<tr><td colspan="4">发料数量</td><td colspan="4">退回余料数量</td><td colspan="2">材料实际消耗量</td><td>废料回收数量</td></tr>
<tr><td colspan="4"></td><td colspan="4"></td><td colspan="2"></td><td></td></tr>
<tr><td colspan="2">单件消耗定额</td><td colspan="3">单件回收废料定额</td><td colspan="3">应割成的毛坯数量</td><td>实际割成的毛坯数量</td><td>材料定额消耗量</td><td>废料定额回收数量</td></tr>
<tr><td colspan="4"></td><td colspan="4"></td><td colspan="2"></td><td></td></tr>
<tr><td>数量</td><td colspan="2">单价</td><td>金额</td><td colspan="2">数量</td><td>单价</td><td>金额</td><td colspan="2" rowspan="2"></td><td rowspan="2"></td></tr>
<tr><td></td><td colspan="2"></td><td></td><td colspan="2"></td><td></td><td></td></tr>
</table>

注：回收材料超过定额的差异可以冲减材料费用，列负数；相反，低于定额差异，列正数。

采用材料切割核算单进行材料切割的核算，能及时反映材料的实际耗用量和发生差异，并在核算单中列明差异产生的具体原因和责任人，有利于加强对材料消耗的控制和监督。

上述方法主要适用于小批量的生产，能够分批计算和核算原材料脱离差异的具体性。

(3)盘存法

在大量生产的情况下，主要使用盘存法。盘存法的特点为：

①使用限额领料单等定额凭证和超额领料单等差异凭证，以便控制日常材料的实际消耗。

②定期(按工作班、工作日或按周、旬等)对盘存的方法核算差异。

具体应用时，可以借助以下公式进行计算：

本月投产产品数量＝本月完工产品数量＋期末在产品数量－期初在产品数量　　(7－1)

原材料定额消耗量＝本月投产产品数量×原材料消耗定额　　(7－2)

原材料脱离定额差异＝原材料实际消耗定额－原材料消耗定额　　(7－3)

如原材料一次投入，则式(7－1)应修订为：

本月投产产品数量＝本月完工产品数量＋期末在产品约当产量－期初在产品数量

【例 7－3】　生产D产品需耗用某材料。D产品期初在产品为130件，本期完工产品为2 000件，期末在产品为100件。生产D产品用的原材料系在生产开始时一次投入，D产品的原材料消耗定额为每件1千克，计划单价为每千克20元。限额领料单中载明的本期已实际领料数量为2 000千克。车间期初余料为100千克，期末余料为120千克。计算过程如下：

投产品数量＝2 000＋100－130＝1 970(件)

原材料定额消耗量＝1 970×1＝1 970(千克)

原材料实际消耗定额＝2 000＋100－120＝1 980(千克)

原材料脱离定额差异(数量)＝1 980－1 970＝10(千克)(超支)

原材料脱离定额差异(金额)＝10×20＝200(元)(超支)

对原材料的定额消耗量和脱离定额的差异，应分批或定期地按照成本计算对象进行汇总，编制领料定额费用和脱离定额差异汇总表。表中应填明该批或该种产品所耗各种原材料的定额消耗量、定额费用和脱离定额的差异，并分析说明差异产生的主要原因。根据【例 7－3】，编写原材料定额费用和脱离定额差异汇总表，如表7－7所示。

表 7－7　　原材料定额费用和脱离定额差异汇总表

金额单位：元

原材料类别	材料编号	数量单位	计划单位成本	定额费用		计划价格费用		脱离定额差异		差异原因
				数量	金额	数量	金额	数量	金额	
某材料	1201	千克	20元/千克	1 970	39 400	1 980	39 600	＋10	＋200	略
合计										

2. 生产工资脱离定额差异的核算

在计件工资的情况下，生产员工的工资属于直接计入费用，应该计入产品成本。凡符合定额的生产工资可反映在工资卡、工作班产量记录、工序进程单等产量记录中。脱离定额的差异部分，应设置“工资补付单”等差异凭证予以反映，填明差异发生的原因，并要经过一定的审批手续。

在计时工资的情况下，由于实际工资总额到月中才能确定，故相应的差异计算公式如下：

$$\text{某种产品生产工资脱离定额差异}=\text{该产品实际生产工资费用}-(\text{该产品实际产量}\times\text{该产品生产工资费用定额})$$

如果生产工资属于间接计入费用，则产品的生产工资脱离定额差异应该按照下列公式计算：

$$\text{计划单位小时工资}=\frac{\text{某车间计划产量的定额生产工资}}{\text{该车间计划产量的定额生产工时}}$$

$$\text{实际单位小时工资}=\frac{\text{某车间实际产量的定额生产工资}}{\text{该车间实际产量的定额生产工时}}$$

$$\text{某产品的定额生产工资}=\text{该产品实际产量的定额生产工时}\times\text{计划单位小时工资}$$

$$\text{某产品的实际生产工资}=\text{该产品实际产量的实际生产工时}\times\text{实际单位小时工资}$$

$$\text{某产品生产工资脱离定额差异}=\text{该产品的实际生产工资}-\text{某产品的定额生产工资}$$

【例 7—4】 京宇厂甲车间(该车间生产 A 产品和其他产品)9 月计划产量的定额生产工资费用为 21 000 元，计划产量的定额生产工时为 2 000 小时。本月实际发生的生产工人工资费用为 20 300 元，实际生产工时为 2 030 小时。本月 A 产品的定额工时为 1 500 小时，实际生产工时为 1 480 小时。则 A 产品的定额生产工资费用和生产工资脱离定额差异的计算如下：

计划单位小时工资＝21 000÷2 000＝10.50(元)

实际单位小时工资＝20 300÷2 030＝10(元)

A 产品的定额生产工资＝1 500×10.50＝15 750(元)

A 产品的实际生产工资＝1 480×10＝14 800(元)

A 产品生产工资脱离定额的差异＝14 800－15 750＝－950(元)　(节约)

3. 制造费用及其他费用脱离定额(或计划)的核算

一般来说，这些费用属于间接计入费用，对于其中的材料，也可以限额领料单、超额领料单等定额凭证和差异凭证进行控制。对生产工具、零星费用，则可采用“领用手册”“费用定额卡”等凭证进行控制。在这些凭证中，先要填明领用的计划数，然后登记实际发生数和脱离计划的差异。对于超计划领用，也要经过一定的审批手续。

计算这些费用的公式如下：

$$\text{计划小时制造费用分配率}=\frac{\text{某车间计划制造费用}}{\text{该车间计划制造费用总额}}$$

$$\text{实际小时制造费用分配率}=\frac{\text{某车间实际制造费用}}{\text{该车间实际制造费用总额}}$$

$$\text{某产品的实际制造费用}=\text{该产品实际生产工时}\times\text{实际小时制造费用分配率}$$

$$\text{某产品的定额制造费用}=\text{该产品实际产量的定额生产工时}\times\text{计划小时制造费用分配率}$$

$$\text{某产品制造费用脱离定额差异}=\text{该产品的实际制造费用}-\text{某产品的定额制造费用}$$

【例 7—5】 京宇厂甲车间 9 月的计划制造费用总额为 20 200 元，计划产量的定额生产工时总额为 2 000 小时。实际生产工时为 2 030 小时，实际发生制造费用 21 000 元。本月 A 产品的定额生产工时为1 500小时，实际生产工时为1 480小时。则A产品定额制造费用和制造费用脱离定额差异的计算如下：

计划小时制造费用率＝20 800÷2 000＝10.40(元)

实际小时制造费用率＝21 000÷2 030＝10.34(元)

A产品的实际制造费用＝1 480×10.34＝15 303.20(元)

A产品的计划制造费用＝1 500×10.40＝15 600(元)

A产品制造费用脱离定额差异＝15 303.20－15 360＝－296.80(元)　(节约)

(三)材料成本差异的分配

在采用定额法计算产品成本的企业中，除了要考虑由于原材料等消耗量的变动给成本带来的差异(即量差)外，还要考虑计划单位成本和实际单位成本的单位成本差异。其计算公式如下：

$$\text{某种产品应分配的原材料的成本差异}=\left(\text{该产品的原材料定额费用}\pm\text{原材料脱离定额差异}\right)\times\text{原材料成本差异分配率}$$

【例7—6】　承【例7—5】，京宇厂A产品9月份所消耗原材料定额费用为6 000元，脱离定额超支差异为1 000元，原材料的成本差异率为节约1%。

A产品应分配的材料成本差异＝(60 000＋1 000)×(－1%)＝－610(元)

各种产品应分配的材料成本差异，一般均由相应的完工产品成本负担，月末在产品不再负担。

(四)定额变动差异的核算

定额变动差异，是指因修订消耗定额或生产耗费的计划价格而产生的新旧定额之间的差额。定额变动差异与脱离定额差异是不同的。

消耗定额和定额成本一般在月初、季初或年初定期进行修订。在定额变动的月份，其月初在产品的定额成本并未修订，它仍然是按照旧定额计算的。因此，为了将按旧定额计算的月初在产品的定额成本和按新定额计算的本月投入产品的定额成本，在新定额的同一基础上相加起来，应该计算月初在产品的定额变动差异，以调整月初在产品的定额成本。月初在产品定额变动差异，可以根据定额发生变动的在产品盘存数量或在产品账面结存数量和修订前后的消耗定额，计算出月初在产品消耗定额修订后的定额消耗量，进而确定定额变动产品实际成本的计算公式：

$$\text{产品实际成本}=\text{按现行定额计算的产品定额成本}\pm\text{脱离定额现行差异}\pm\text{原材料或半成品成本差异}\pm\text{月初在产品定额变动差异}$$

定额变动差异一般应按照定额成本比例，在完工产品的月末在产品之间进行分配。因为这种差异不是当月工作的结果，不应全部计入当月完工成本。但是若定额变动差异数额较小，或者月初在产品本月全部完工，那么，定额变动差异也可以全部由完工产品负担，月末在产品不再负担。

【例7—7】　假设宏大公司采用定额法计算产品成本，该产品的定额变动差异和材料成本差异由完工产品成本负担。脱离定额差异按定额成本比例，在完工产品与月末在产品之间进行分配。宏大公司采用定额法计算A产品成本所登记的产品成本明细账，如表7—8所示。

表 7—8

产品成本明细表

产品名称:A 产品　　　　产量:2 000 件　　　　20××年×月　　　　单位:元

成本项目	月初在产品成本		月初在产品定额变动		本月生产费用			生产费用累计											
	定额成本	脱离定额差异	定额成本调整	脱离变动差异	定额成本	脱离定额差异	材料成本差异	定额成本	脱离定额差异	材料成本差异	定额变动差异	脱离定额差异	定额成本	脱离定额差异	材料成本差异	定额变动差异	实际成本	定额成本	脱离定额成本
	①	②	③	④	⑤	⑥	⑦	⑧=①+③+⑤	⑨=②+⑥	⑩=⑦	⑪	⑫=⑨÷⑧	⑬	⑭	⑮=⑩	⑯=⑪	⑰=⑬+⑭+⑮+⑯	⑱	⑲=⑱+⑫
原材料	10 000	−400	−300	+300	40 000	−800	−500	49 700	−1 200	−500	+300	−2.41%	39 760	−960	−500	+300	38 600	9 940	−240
工资及社保费	1 000	−40			8 000	+200		9 000	+160			+1.78%	8 000	+142.22			8 142.22	1 000	+17.78
制造费用	3 000	+500			19 500	−400		22 500	100			+0.4%	20 000	+88.89			20 088.89	2 500	+11.11
成本合计								81 200	−920	−500	+300		67 760	−728.89	−500	+300	66 831.11	13 440	+211.11

注:月初在产品成本资料,根据上月末在产品资料登记;月初在产品定额变动资料,根据月初在产品定额变动差异的计算资料登记;本月生产费用中的定额成本和脱离定额差异,根据原材料定额费用和脱离定额差异汇总表和其他有关汇总表、分配表进行登记;材料成本差异,根据原材料成本差异分配计算资料登记;由于脱离定额差异要在完工产品和月末在产品之间按照定额成本比例进行分配,完工产品的定额成本,根据产成品入库单列示的产品数量单位定额成本计算登记。

三、各种成本计算方法的应用

成本计算的品种法、分批法和分步法，以及成本计算辅助方法的分类法和定额法，各有千秋，有着不同的适用范围。目前市场的复杂多变，使很多企业采用生产多品种、多步骤、多型号产品等战略，这就使企业的成本计算和核算过程呈现出多元化的趋势。一个企业可能生产不同种类的产品（原材料不同）、不同型号的产品（原材料相同，但加工技术含量不同）等。因此，在一个企业或车间中，就有可能同时应用几种不同的产品成本计算方法。即使是同一种产品，在该产品的各个生产步骤、各种半成品和各个成本项目之间，它们的生产类型或管理的要求也不一定相同，因而在一种产品的成本计算中，也有可能将几种成本计算方法结合起来应用。

（一）几种产品成本计算方法同时应用

一个企业或车间，在下列情况下，往往同时采用几种成本计算方法：

1. 企业各个车间提供产品的类型不同，可以采用不同的成本计算方法

例如，重型机械生产厂家，其基本生产车间和辅助生产车间的类型不同，由于生产产品的特性，只要求按照批别计算产品成本，辅助生产车间大批量单步骤生产水、电、汽等，这就要求对基本生产车间采用分批法计算产品成本，而对辅助生产车间则可以采用品种法计算产品成本。即使同为基本生产车间，若生产类型不同，对之也可以采用不同的成本计算方法。又如，企业为了应对市场的瞬息万变，采用多种产品并举的战略，多种产品所在的车间必定根据产品的不同特点来组织生产、汇集成本，最终体现为多种产品成本方法的并用。

2. 企业对各种产品的管理要求不同，可以采用不用的成本计算方法

例如，某食品厂生产 A 类产品，所使用的原材料相同，但由于工艺和价格的问题，需要对 A 类产品中的甲产品单独核算成本，这就需要企业对 A 类的其他产品采用分类法核算，而对甲产品采用品种法核算。又如，一个基本生产车间生产 A、B 两种产品，产品已经定型，大批量进行生产，而 B 产品正处于小批量试制阶段。在这种情况下，A 产品可以采用品种法计算产品成本，B 产品则采用分批法计算产品成本。

（二）几种产品成本计算方法结合应用

计算一种产品成本，在下列情况下，往往结合采用几种成本计算方法：

1. 一种产品的不同生产步骤，由于生产地点和管理要求不同，可以采用不同的成本计算方法

例如，在小批、单件生产的机械厂，最终产品是经过铸造、机械加工、装配等相互关联的生产阶段完成的。就其最终产品来看，产品成本的计算应采用分批法，但从其产品生产的各个阶段来看，铸造车间可以采用品种法计算逐渐增加的成本，加工、装配车间则可以采用分批法计算各批产品的成本；铸造和加工、装配车间分步骤计算成本，但加工车间所产半成品种类较多，不外售，不需要计算半成品成本，则在加工和装配车间之间可以采用平行结转分步法结转成本。这样，该厂在分批法的基础上，结合采用了品种法和分步法，在分步法中还结合采用了逐步结转和平行结转的方法。

2. 一种产品的不同成本项目，可以采用不同的成本计算方法

例如，在大批量多步骤生产某种产品，该产品原材料费用比重较大的情况下，则原材料费用可以采用逐步结转分步法，分步骤计算该产品的原材料费用，其他成本项目的比重较小，则可以采用品种法等适当的成本计算方法，不分步计算该产品的其他成本项目的费用。

各种产品成本的计算方法并不是完全独立的(见表 7—9),其适用范围中均有交叉的地方,企业的情况又是千差万别,作为企业的财务人员和管理人员,应根据企业的具体情况,选用最适合的、最能正确披露成本信息的方法进行成本核算,而且,在实务工作中,企业还应每隔一段时间(1 年或 2 年)进行一次成本计算方法的测评,修正不适于企业成本核算的方法,以达到正确披露企业成本信息的要求。

表 7—9　　成本计算方法的使用范围

<table>
<tr><th rowspan="2">生产组织特点</th><th rowspan="2">生产工艺特点</th><th rowspan="2">成本管理要求</th><th colspan="3">成本计算方法特点</th><th rowspan="2">基本成本计算方法</th></tr>
<tr><th>成本计算对象</th><th>成本计算期</th><th>在产品成本计算</th></tr>
<tr><td rowspan="3">大量大批生产</td><td>单步骤</td><td>要求按照品种计算成本</td><td rowspan="2">产成品</td><td>按月计算</td><td>不需要计算在产品成本</td><td rowspan="2">品种法</td></tr>
<tr><td rowspan="2">多步骤</td><td>不要求按照步骤计算成本</td><td>按月计算</td><td>需要计算在产品成本</td></tr>
<tr><td>要求按照步骤计算成本</td><td>半成品
产成品</td><td>按月计算</td><td>需要计算在产品成本</td><td rowspan="2">分步法</td></tr>
<tr><td rowspan="2">单件小批量生产</td><td rowspan="2">单步骤或多步骤</td><td>要求按照步骤计算成本</td><td>半成品
产成品</td><td>按月计算</td><td>需要计算在产品成本</td></tr>
<tr><td>要求按照批别计算成本</td><td>产成品</td><td>按批别计算</td><td>不需要计算在产品成本</td><td>分批法</td></tr>
</table>

本章小结

分类法是指按照产品类别归集生产费用,计算各类完工产品总成本,再按照一定的分配标准计算产品成本的一种方法。

分类法主要适用于产品品种规格繁多,使用同一原材料,采用基本相同的工艺,并可以按照一定标准划分为若干类别的企业或者车间。

分类法的核算程序为:(1)合理划分产品类别;(2)计算各类别产品中完工产品成本的总额;(3)计算各类别中的完工产品成本和在产品成本;(4)选择合理的分配标准,对各类别内部各种产品成本进行计算。

定额法,是通过确定产品的消耗定额、费用定额和定额成本,为企业成本核算制定一个切实、科学的目标,并在生产费用发生的当时,将符合定额的费用和发生的差异分别核算,在月末时,在定额成本的基础上,加减各种成本差异,计算产品的实际成本,为成本的定期考核和分析提供数据的一种成本计算方法。

产品的定额成本,也就是根据各种有关的现行定额计算的成本。制定定额成本,可以使企业的成本控制和考核更加有效,更加符合实际,从而保证成本计划的完成。

脱离定额的差异,是指生产过程中,各项生产费用的实际支出脱离现行定额或预算的数额。脱离定额差异的核算,就是在发生生产费用时,为符合定额的费用和脱离定额的差异,分别编制定额凭证和差异凭证,并在有关的费用分配表和明细分类账中分别予以登记。

定额变动差异,是指因修订消耗定额或生产耗费的计划价格而产生的新旧定额之间的差额。定额变动差异与脱离定额差异是不同的。

在一个企业或车间中，有可能同时应用几种不同的产品成本计算方法。即使是同一种产品，在该产品的各个生产步骤、各种半成品和各个成本项目之间，它们的生产类型或管理的要求也不一定相同，因而在一种产品的成本计算中，也有可能将几种成本计算方法结合起来应用。

思考题

1. 什么是分类法？分类法的适用范围是什么？
2. 分类方法的核算程序是什么？
3. 什么是定额法？定额法的作用是什么？
4. 定额法的计算程序是什么？
5. 什么是定额成本？
6. 什么是脱离成本差异？
7. 原材料脱离定额差异的核算方法有哪些？各自的特点是什么？
8. 什么是定额变动差异？

第八章　标准成本系统

学习目的

了解标准成本的含义、特点和分类，掌握标准成本的制定，重点掌握成本差异的计算及其分析。

标准成本系统是泰罗制的一个重要组成部分，是在19世纪末、20世纪初随着泰罗制的产生而产生和发展起来的，也是人类管理历史上出现最早和最规范的成本控制系统。

第一节　标准成本控制概述

除了定额法外，使产品成本核算与成本控制同步实现的方法就是标准成本制度，它是成本核算的一种辅助方法。

一、标准成本的含义及特点

标准成本是指企业在现有的生产技术水平和有效经营管理条件下，按照成本项目反映的、应当达到的单位产品成本的目标。

标准成本不是实际发生的成本，它是一种预定的目标成本。在实际工作中，标准成本有两种含义：

一是单位产品的标准成本，其计算公式如下：

标准成本＝单位产品标准成本＝单位产品标准消耗量×标准单价

二是实际产量的标准成本，其计算公式如下：

标准成本＝实际产量×单位产品标准成本

通过上述描述，可以看出标准成本有以下特点：

第一，科学性。标准成本是通过对企业进行实际调查，依据科学的方法制定的，具有一定的科学性。

第二，稳定性。标准成本是按照正常条件制定的，没有考虑不可预测的异常因素，所以它一经制定，就不会轻易改变，具有一定的稳定性。

第三，尺度性。标准成本是成本控制系统的目标和衡量实际成本的尺度，因而它具有尺度性。

二、标准成本的分类

标准成本按其制定所依据的生产技术和经营管理水平不同，可以分为理想标准成本、正常标准成本和现实标准成本三种。

(一)理想标准成本

理想标准成本是在最优的生产条件下，利用现有规模和设备能达到的最低成本。它是理想上的业绩标准、生产要素的理想价格和可能实现的最高生产能力的利用水平。其中，理想上的业绩标准是指在生产过程中毫无技术浪费时的生产要素消耗量，技术最熟练、工作效率最高、不存在废品损失和停工时间等条件下可能实现的最优业绩；最高生产能力的利用水平是指在理论上可能达到的设备利用程度，只扣除不可避免的机器修理、改换品种、调整设备的时间，而不考虑产品的销路不畅、生产技术故障等因素造成的影响。这种标准很难成为现实，它是一个完美的目标，在现实的生产条件下很难实现，因此不能作为考核的依据。

(二)正常标准成本

正常标准成本又称基本标准成本，是指根据现有生产技术水平，在有效的经营条件下预期能达到的成本水平。这种标准成本主要以过去若干年内成本的平均水平为基础制定，同时结合未来的影响因素和变动趋势进行调整，它考虑了在现实经济生活中不可避免的合理损耗、设备故障及人工闲置等因素，因此具有一定的实用性，在实际工作中得到广泛的应用。

(三)现实标准成本

现实标准成本是根据企业最可能发生的生产要素耗用量、生产要素价格和生产经营能力利用程度而制定的标准成本。它考虑到企业暂时不可避免的低效、失误和超量消耗等因素，因此，它是一种经过努力可以达到的既先进合理，又切实可行的成本。目前，现实标准成本在实际生活中为大多数企业所采用。

三、标准成本的制定

要进行成本控制，就必须在投产前制定成本控制标准。产品成本按成本性态，分为固定成本和变动成本，在此基础上将标准成本按成本项目分为直接材料、直接人工、制造费用三项内容。

(一)直接材料标准成本的制定

直接材料标准成本是由直接材料价格标准和直接材料耗用量标准两个因素决定的。

1. 直接材料价格标准的制定

直接材料价格标准是指取得某种材料所应支付的单位价格，包括材料的购买价格以及预计的采购费用，如运输费、装卸费、保险费等。企业在制定价格标准时，通常采用企业编制的计划价格，它的制定主要是同财务部门和采购部门共同完成的。

2. 直接材料耗用量标准的制定

直接材料耗用量标准是指生产技术部门在一定条件下所确定的单位产品所耗用的各种直接材料的数量，包括形成产品实体的材料数量、在正常情况下所允许发生的材料损耗以及生产过程中不可避免的废品所耗费的材料数量。它是根据企业产品的设计、生产和工艺现状，结合企业的经营管理水平情况和降低成本任务的要求，考虑在生产过程中发生的必要损失和废品的可能性，由企业的生产技术部门制定的。

3. 直接材料标准成本的制定

某种产品的直接材料标准成本是由生产该种产品的材料价格标准和该种材料耗用量标准的乘积相加总求得的。其计算公式如下：

某单位产品耗用某种材料的标准成本＝该种材料价格标准×该种材料耗用量标准

某单位产品直接材料的标准成本＝$\sum$该种产品所耗用的各种材料标准成本

＝$\sum$(该种材料价格标准×该种材料耗用量标准)

【例 8－1】 某企业计划生产甲产品，所消耗直接材料的资料如表 8－1 所示。

表 8－1　　直接材料资料表

标　准	A 材料	B 材料
价格标准:(元)	105	160
买价	100	150
采购费用	5	10
耗用量标准:(件)	80	60
单位产品消耗数量	80	60

则单位甲产品直接材料标准成本的计算如下：

单位甲产品耗用 A 材料的标准成本＝105×80＝8 400(元/件)

单位甲产品耗用 B 材料的标准成本＝160×60＝9 600(元/件)

单位甲产品直接材料的标准成本＝8 400＋9 600＝18 000(元/件)

(二)直接人工标准成本的制定

直接人工标准成本是由直接人工价格标准和直接人工用量标准两个因素决定的。

1. 直接人工价格标准的制定

直接人工价格标准即标准工资率，是指每直接人工小时的标准工资。在计时工资形式下，标准工资率就是指生产工人每一工作小时应分配的工资，即小时工资率。其计算公式如下：

$$\text{小时工资率标准}=\frac{\text{预计支付生产工人工资总额}}{\text{标准工时总额}}$$

2. 直接人工用量标准的制定

直接人工用量标准是指企业在现有的生产技术条件、工艺方法和技术水平的基础上，考虑到直接加工过程中必要的间歇和停工，生产单位产品所需要的时间，也称为工时用量标准。它主要是同生产技术部门和劳资部门共同制定的。

3. 直接人工标准成本的制定

某种产品的直接人工标准成本是由生产该种产品各项作业的标准工资率和该项作业相应的工时用量的乘积相加总求得的。其计算公式如下：

某单位产品直接人工的标准成本＝$\sum$(各项作业的标准工资率×相应的工时用量)

(三)制造费用标准成本的制定

制造费用标准成本也包括“价格”标准和“数量”标准，其中价格标准称为制造费用分配率，通常分固定制造费用和变动制造费用分别计算。

1. 固定制造费用标准成本的制定

如果以直接人工的标准工时代表生产量标准，则单位产品固定制造费用的标准成本按如下公式计算：

$$\text{单位工时固定制造费用标准分配率}=\frac{\text{固定制造费用预算总额}}{\text{直接人工标准总工时}}$$

$$\begin{matrix}\text{单位产品固定}\\\text{制造费用标准成本}\end{matrix}=\begin{matrix}\text{单位工时固定制造}\\\text{费用标准分配率}\end{matrix}\times\begin{matrix}\text{单位产品直接}\\\text{人工标准工时}\end{matrix}$$

2. 变动制造费用标准成本的制定

如果以直接人工的标准工时代表生产量标准，则单位产品变动制造费用的标准成本按如下公式计算：

$$\text{单位工时变动制造费用标准分配率}=\frac{\text{变动制造费用预算总额}}{\text{直接人工标准总工时}}$$

$$\begin{matrix}\text{单位产品变动}\\\text{制造费用标准成本}\end{matrix}=\begin{matrix}\text{单位工时变动制造}\\\text{费用标准分配率}\end{matrix}\times\begin{matrix}\text{单位产品直接}\\\text{人工标准工时}\end{matrix}$$

第二节　标准成本差异的计算与分析

标准成本差异是指企业在一定时期生产某种产品所发生的实际成本与其标准成本之间的差额。按成本差异的构成内容不同，可将标准成本差异分为直接材料成本差异、直接人工成本差异和制造费用成本差异。其中，制造费用成本差异按成本性态，又可分为变动制造费用成本差异和固定制造费用成本差异。

一、直接材料成本差异的计算与分析

直接材料成本差异是指在生产过程中直接材料实际成本与直接材料标准成本之间的差额，由直接材料价格差异和用量差异两部分组成。

(一)直接材料成本差异的计算

直接材料价格差异是指产品生产过程中直接材料实际耗用量偏离标准用量所形成的直接材料成本差异部分。其计算公式如下：

$$\begin{aligned}\begin{matrix}\text{直接材料}\\\text{价格差异}\end{matrix}&=(\text{单位标准价格}\times\text{投入的实际耗用数量})-(\text{单位标准价格}\times\text{实际产量下的标准投入量})\\&=(\text{投入的实际耗用数量}-\text{实际产量下的标准投入量})\times\text{单位标准价格}\end{aligned}$$

直接材料用量差异是指因直接材料实际价格偏离其标准价格形成的直接材料成本差异部分。其计算公式如下：

$$\begin{aligned}\begin{matrix}\text{直接材料}\\\text{用量差异}\end{matrix}&=(\text{实际价格}\times\text{投入的实际耗用数量})-(\text{单位标准价格}\times\text{投入的实际耗用数量})\\&=(\text{实际价格}-\text{单位标准价格})\times\text{投入的实际耗用数量}\end{aligned}$$

(二)直接材料成本差异的分析

直接材料价格差异是在采购过程中产生的，因此通常由采购人员负责控制。虽然材料价格在很大程度上不为采购人员所控制，还受如供应厂家价格变动、未按经济批量进货、未能及时订货造成的紧急订货、供货方与本厂的距离等因素的影响，这些因素往往不受采购人员的控制。在分析价格差异时，还应注意区别主观因素和客观因素，对主观因素要进行重点分析研究。

直接材料用量差异是在材料耗用过程中形成的，它反映生产制造部门的成本控制业绩，因此通常由生产经理负责控制。材料用量差异形成的原因很多，诸如，操作疏忽造成废品或废料增加、新工作上岗造成多用料而导致的材料浪费等。另外，如果某生产经理觉得实现有利差异困难，就可能将有缺陷的产品视为合格品而投入市场，尽管可以避免材料的浪费，但却有可能损害企业与顾客的关系，损害企业的信誉形象，所以在分析用量差异时，还要将该差异结合产品的质量结合分析。

二、直接人工差异的计算与分析

直接人工成本差异是指直接人工实际成本与直接人工标准成本之间的差额，其中包括直接人工工资率差异（价格差异）和直接人工效率差异（数量差异）。

（一）直接人工差异的计算

直接人工工资率差异是指因直接人工实际工资率偏离其预定的标准工资率而形成的直接人工成本差异。其计算公式如下：

直接人工工资率差异＝（实际工资率×实际工时用量）－（标准工资率×实际工时用量）

＝（实际工资率－标准工资率）×实际工时用量

直接人工效率差异是指因生产单位产品实际耗用的直接人工工时用量偏离其预定的标准工时用量所形成的直接人工成本差异。其计算公式如下：

直接人工效率差异＝（标准工资率×单位产品实际工时用量）－（标准工资率×标准工时用量）

＝（单位产品实际工时用量－标准工时用量）×标准工资率

（二）直接人工差异的分析

直接人工工资率差异形成的原因很多而且复杂，但很大程度上由外部因素如劳动力市场等决定。其产生也可能是由于将平均工资率作为工资率标准，一旦实际人工组合改变，平均工资率也随之改变，这就产生了人工工资率差异。另外，由于较为熟练且报酬较高的工人来完成只需较低技能的工作、加班或使用临时工、出勤率变化等因素，也产生了直接人工工资率差异。所以它一般由负责安排工人工作的劳动人事部门或生产部门共同负责。

直接人工效率差异形成的原因包括工人的熟练程序、设备的问题、管理的原因、材料的质量等。一般来说，直接人工效率差异基本上应由生产部门负责，但也需要视具体情况而定。

三、制造费用成本差异的计算与分析

制造费用差异是指为完成实际产量或作业量而实际发生的制造费用与按标准分配的制造费用之间的差额。

（一）变动制造费用成本差异的计算与分析

变动制造费用差异是指变动制造费用实际发生额与变动制造费用标准发生额之间的差额。变动制造费用差异包括变动制造费用开支差异（数量差异）和变动制造费用效率差异（价格差异）。

变动制造费用开支差异是指因变动制造费用实际分配率偏离其标准分配率而形成的变动制造费用差异部分。其计算公式如下：

变动制造费用开支差异＝（实际分配率－标准分配率）×实际工时

变动制造费用效率差异是指因生产单位产品实际耗用的直接人工工时偏离预定的工时而

形成的变动制造费用差异部分。其计算公式如下：

变动制造费用效率差异＝(实际工时－标准工时)×标准分配率

引起变动制造费用不利差异的原因很多，如构成变动制造费用的各要素价格的上涨，其中包括材料价格的上涨、动力费用价格的上涨等；另外，材料的浪费和直接人工的使用浪费、大材小用等也是导致变动制造费用不利差异的原因。一般来说，价格变动的因素是不可控制的，而耗用量的因素则是可控的，所以对于变动制造费用的开支差异，必须区分不同费用项目及所属的责任部门，具体分析，才能正确归属责任。

变动制造费用效率差异与直接人工效率或用量差异直接相关，如果变动制造费用确实与直接人工耗用成正比，那么与人工用量差异一样，变动制造费用效率差异也是由于直接人工高效(或低效)利用引起的。

(二)固定制造费用成本差异的计算与分析

固定制造费用成本差异是指一定期间内实际产量下的固定制造费用实际发生总额与其预算发生总额之间的差额。对于固定制造费用差异的计算，通常有两种方法：一种是两差异法，另一种是三差异法。

1. 两差异法

两差异法是将固定制造费用差异分为开支差异和能力差异。

开支差异是指固定制造费用的实际发生额与固定制造费用的预算发生额之间的差额。固定制造费用与变动制造费用不同，其总额不因业务量的变动而变动，故其差异有别于变动费用。其计算公式如下：

固定制造费用开支差异＝固定制造费用实际发生额－固定制造费用预算额

能力差异是指固定制造费用预算额与固定制造费用标准成本之间的差额，它反映未能充分利用生产能力而形成的损失。其计算公式如下：

固定制造费用能力差异＝固定制造费用预算额－固定制造费用标准发生额

2. 三差异法

三差异法是将固定制造费用成本差异分为固定制造费用开支差异、固定制造费用能力差异和固定制造费用效率差异三种。其中，开支差异的计算与两差异法的计算相同。不同的是，将两差异法中的“能力差异”进一步分为两个部分：一部分是实际产量的实际工时未能达到(或超额)预算产量的标准工时而形成的能力差异；另一部分是实际产量的实际工时脱离实际产量的标准工时而形成的差异，即效率差异。其计算公式如下：

固定制造费用开支差异＝实际产量实际固定制造费用－预算产量标准固定制造费用

固定制造费用能力差异＝(预算产量标准工时－实际产量实际工时)×固定制造费用标准分配率

固定制造费用效率差异＝(实际产量实际工时－实际产量标准工时)×固定制造费用标准分配率

固定制造费用开支差异又称固定制造费用耗费差异、固定制造费用预算差异，是指固定制造费用实际金额与固定制造费用预算金额之间的差额。在企业经营中，固定制造费用耗费差异的产生主要受管理人员的工资率、利税率、折旧率等的影响，一般为部门主管负责控制。

固定制造费用能力差异又称固定制造费用数量差异、固定制造费用除数差异，是指固定制造费用按应耗的标准小时数(预定分配率)计算的分配数与固定制造费用预算数之间的差额。该项差异是由预计业务量的变动而引起的，反映的是计划生产能力的利用程度，只有通过对业务量的控制才能控制，通常由高管人员负责，其决策都出自规划部门。固定制造费用能力差异具有以下特点：

(1)若预计业务量等于应耗的标准小时数，则没有能力差异；

(2)若预计业务量大于应耗的标准小时数，则能力差异为不利差异，表示计划生产能力尚未得到充分利用；

(3)若预计业务量小于应耗的标准工时数，则能力差异为有利差异，说明计划生产能力已得到充分利用。

固定制造费用效率差异是指为完成实际产量或作业量而实际发生的制造费用与按标准分配的制造费用之间的差额。效率差异可体现单位产品的生产效率是否改变，通常由部门经理负责。

引起固定制造费用能力不利差异的原因有很多，如生产安排不均衡、机器设备发生故障、设备检修引起停工，以及不能得到足够多的订单，无法保持正常的生产能力等。管理人员应该确定不利差异产生的原因并采取相应的措施加以控制。

【例 8－2】 20×0 年 12 月实际产量为 500 件，实际发生固定制造费用总额为 11 500 元，预算产量的标准工时为 4 800 小时，固定制造费用的预算总额为 19 200 元，每件产品的标准工时为 10 小时/件，实际耗用直接人工 5 200 小时。

分别用两差异法和三差异法计算固定制造费用差异。

(1)在两差异法下：

固定制造费用的标准分配率＝19 200÷4 800＝4(元/小时)

固定制造费用开支差异＝11 500－19 200＝－7 700(元)

固定制造费用能力差异＝(4 800－500×10)×4＝－800(元)

固定制造费用总差异＝11 500－500×10×4＝－8 500(元)

经计算可知：

固定制造费用总差异＝固定制造费用开支差异＋固定制造费用能力差异

(2)在三差异法下：

固定制造费用开支差异＝11 500－19 200＝7 700(元)

固定制造费用能力差异＝(4 800－5 200)×4＝－1 600(元)

固定制造费用效率差异＝(5 200－500×10)×4＝800(元)

固定制造费用总差异的计算同两差异法的计算。

经计算可知：

$$\text{固定制造费用总差异} = \text{固定制造费用开支差异} + \text{固定制造费用能力差异} + \text{固定制造费用效率差异}$$

第三节　标准成本系统的账务处理

在标准成本系统中，为了能够提供标准成本、成本差异和实际成本的资料，需要将实际发生的成本分为标准成本和成本差异两部分。通过对实际成本和标准成本之间差异的分析和披露，计算产品的实际成本，从而实施对产品成本的控制。为了真实、准确地反映企业在一定时期的经营耗费和经营成果，必须对每一类成本差异分别设置成本差异账户进行核算，做出相关的账务处理。

一、标准成本差异的账户设置

采用标准成本法时，针对各种成本差异，应该分别设置成本差异账户进行核算。在材料成本差异方面，应该设置“材料价格差异”和“材料用量差异”两个账户；在直接人工差异方面，应该设置“直接人工工资率差异”和“直接人工效率差异”两个账户；在变动制造费用差异方面，应该设置“变动制造费用开支差异”和“变动制造费用效率差异”两个账户；在固定制造费用差异方面，应该设置“固定制造费用开支差异”“固定制造费用能力差异”和“固定制造费用效率差异”三个账户，分别核算不同的制造费用差异。各种成本差异类账户的借方均核算发生的不利差异，贷方核算发生的有利差异。

二、标准成本差异的账务处理

（一）直接材料差异的账务处理

在标准成本法下，会计处理为借记“生产成本”账户，贷记“原材料”账户，其中原材料的金额以标准成本反映。根据标准成本和实际成本差异的性质，借记或贷记“材料数量差异”或“材料价格差异”账户。如果差异为节约差异，则贷记相关差异账户；如果差异为超支差异，则借记相关差异账户。

【例 8－3】 某企业生产甲产品耗用 A 材料的标准用量是 100 千克/件，标准价格为 10 元/千克，本月生产 1 000 件，实际耗用材料 110 000 千克，实际价格为 8 元/千克。

用标准成本法将产生的差异进行账务处理。

材料价格差异＝110 000×(8－10)＝－220 000(元)

材料用量差异＝10×(110 000－100 000)＝100 000(元)

相关会计处理如下：

借：生产成本	1 000 000	
材料用量差异	100 000	
贷：原材料		880 000
材料价格差异		220 000

（二）直接人工差异的账务处理

核算人工费用差异时，设置“生产成本”“直接人工效率差异”和“直接人工工资率差异”三个账户。“生产成本”账户登记直接人工的标准成本，同时将实际人工成本与标准人工成本之差记入“直接人工效率差异”和“直接人工工资率差异”账户。

【例 8－4】 某企业生产 A 产品的标准人工工时为 20 小时/件，标准工资率为 15 元/小时，本月生产 2 000 件，实际耗用人工工时 38 500 小时，实际支付工资 580 000 元。

用标准成本法将产生的差异进行账务处理。

直接人工效率差异＝15×(38 500－20×2 000)＝－22 500(元)

直接人工工资率差异＝38 500×(580 000÷38 500－15)＝2 500(元)

相关会计处理如下：

借：生产成本	600 000	
直接人工工资率差异	2 500	

贷：应付职工薪酬　　580 000

　　直接人工效率差异　　22 500

（三）制造费用的账务处理

在分配制造费用时，借记"生产成本"账户，贷记"制造费用"账户，根据差异方向借记或贷记相关差异账户。

1. 变动制造费用差异的账务处理

在变动制造费用差异方面，设置"变动制造费用开支差异"和"变动制造费用效率差异"两个账户。

【例8－5】 某企业生产甲产品，变动制造费用的开支差异为超支680元，变动制造费用的效率差异为节约65元，已知变动制造费用的标准成本为18 469元。

计算实际的变动制造费用，并做出相应的会计处理。

实际的变动制造费用＝18 469＋680－65＝19 084（元）

相关会计处理如下：

借：生产成本　　18 469

　　变动制造费用开支差异　　680

　贷：制造费用　　19 084

　　　变动制造费用效率差异　　65

2. 固定制造费用差异的账务处理

在固定制造费用差异方面，设置"固定制造费用开支差异""固定制造费用能力差异"和"固定制造费用效率差异"三个账户。

【例8－6】 某企业生产乙产品，固定制造费用的开支差异为超支2 680元，固定制造费用的能力差异为节约2 052元，固定制造费用的效率差异为节约46元，已知固定制造费用的标准成本为13 521元。

计算实际的固定制造费用，并做出相应的会计处理。

实际的固定制造费用＝13 521＋2 680－2 052－46＝14 103（元）

相关会计处理如下：

借：生产成本　　13 521

　　固定制造费用开支差异　　2 680

　贷：制造费用　　14 103

　　　固定制造费用效率差异　　46

　　　固定制造费用能力差异　　2 052

本章小结

标准成本是指企业在现有的生产技术水平和有效经营管理条件下，按照成本项目反映的、应当达到的单位产品成本的目标，具有科学性、稳定性和尺度性的特点。

标准成本按其制定所依据的生产技术和经营管理水平不同，可以分为理想标准成本、正常标准成本和现实标准成本三种。

产品成本按成本性态，分为固定成本和变动成本，在此基础上将标准成本按成本项目分为直接材料、直接人工、制造费用三项内容。

标准成本差异是指企业在一定时期生产某种产品所发生的实际成本与其标准成本之间的差额。按成本差异的构成内容不同，可将标准成本差异分为直接材料成本差异、直接人工成本差异和制造费用成本差异。其中，制造费用成本差异按成本性态，又可分为变动制造费用成本差异和固定制造费用成本差异。

在标准成本法下，针对各种成本差异，应该分别设置成本差异账户进行核算。在材料成本差异方面，应该设置“材料价格差异”和“材料用量差异”两个账户；在直接人工差异方面，应该设置“直接人工工资率差异”和“直接人工效率差异”两个账户；在变动制造费用差异方面，应该设置“变动制造费用开支差异”和“变动制造费用效率差异”两个账户；在固定制造费用差异方面，应该设置“固定制造费用开支差异”“固定制造费用能力差异”和“固定制造费用效率差异”三个账户，分别核算不同的制造费用差异。各种成本差异类账户的借方均核算发生的不利差异，贷方核算发生的有利差异。

思考题

1. 什么是标准成本？其特点是什么？
2. 如何理解标准成本与定额成本的异同？
3. 在标准成本法下，成本差异在期末应如何进行处理？
4. 在标准成本法下，有关账户应如何设置和使用？
5. 如何进行标准成本差异的计算与分析？

第九章　作业成本法

学习目的

了解作业成本法的起源及其发展，熟悉作业成本法的概念、作业的特征及其分类，掌握作业成本法的基本原理及其核算程序。

近年来，人们越来越多地开始关注新的理论和方法对成本管理的影响，并试图运用新的理论和方法使传统的成本管理得到发展和提高。

第一节　作业成本法概述

作业成本法(Activity-Based Costing，ABC)是指以作业为核心、以资源流动为线索、以成本动因为媒介、以作业成本计算为主要方式的一种新型的成本核算方法。

一、作业成本法的起源

作业成本法是一种比传统成本核算方法更加精细和准确的成本核算方法，是西方国家于20世纪80年代末开始研究、90年代以来在先进制造企业首先应用起来的一种全新的企业管理理论和方法，在发达国家的企业中日益得到广泛应用。

(一)作业成本法产生的背景

首先是高新技术的迅猛发展，特别是生产高度的自动化。计算机辅助设计(CAD)、计算机辅助制造(CAM)、计算机数控机床(CNCM)等的广泛应用，使企业成本结构发生了巨大的变化。伴随着产品技术含量的增加，间接费用在产品中所占的比重大大提高。传统的人工费用占产品很大比重的假设基础上的分配间接费用的方法，极大地歪曲了产品成本构成的真实情况。

其次，伴随着经济的发展，西方社会步入了富裕社会阶段，人们可支配的收入也大大增加，消费者的行为变得更加个性化、多样化。社会需求的变化，要求企业的生产方式也相应地发生变化，传统的大批量单品种生产方式转变为小批量多品种的顾客化生产。适用于产品常规化和批量化生产方式的传统成本计算方法将在新的制造环境下被一种新的更为灵活、柔性的成本计算方法所替代。

另外，全球统一市场的形成，使企业面临的市场竞争比以往更加激烈，高度竞争性的产品的盈利空间越来越小,盈亏的变化迅速,如何对市场的变化做出及时的反映、产品成本是否有继续降低的空间等都要求企业充分了解企业产品的真实成本,要求提供的成本信息更加准确,而要达到此目标,离不开更加科学的成本核算方法。传统的不以因果关系为前提的成本核算方法很显然无法适应时代发展的要求。

正是在外部环境和内部条件变化的影响下,作业成本法产生了。

(二)作业成本法的发展

对作业成本的研究最早可追溯到20世纪,美国会计学家埃里克·科勒教授于1952年在其编著的《会计师词典》中首次提出"作业""作业账户""作业会计"等概念。1971年,乔治·斯托布斯教授在《作业成本计算和投入产出会计》一书中,对"作业""成本""作业成本计算"等概念做了全面阐述,引发了80年代以后西方会计学者对传统的成本会计系统的全面反思。1988年,随着高新技术和适时生产系统的应用、基于作业为基础的全面质量管理理论的提出,以及价值链优化的要求,传统的成本核算方法受到了质疑。哈佛大学的罗宾·库珀与罗伯特·卡普兰对此调查研究后,发展了乔治·斯托布斯的思想,对作业成本法的现实意义、运作程序、成本动因选择、成本库的建立等重要问题进行了全面深入的分析,提出了以作业为基础的成本计算方法。此后,在英美等国家对作业成本的研究日益兴起,与作业成本法相关的文章纷纷出现,作业成本理论日趋完善,在冶金、电信、制药、电子设备和IT等行业的应用也逐步开展了起来。

(三)作业成本法的主要代表思想

1. 科勒的作业会计思想

科勒的作业会计思想,主要来自于对20世纪30年代的水力发电活动的思考。在水力发电生产过程中,直接人工和直接材料(这里指水源)的成本都很低廉,而间接费用所占的比重相对很高,这就从根本上冲击了传统的会计成本核算方法按照工时比例分配间接费用的方法。其原因是,传统的成本计算方法(本书指制造成本法),预先假定了一个前提,即直接成本在总成本中所占的比重很高(如工业革命以来,机器人生产中人量的劳动力投入和原料消耗一直是成本的主体)。科勒提出的会计思想,主要有以下几个观点:

(1)作业,指的是一个组织单位元对一项工程、一个大型建设项目、一个规划或重要经营事项的具体活动所做的贡献,或者说某一个部门的某一类活动;作业在现实生产活动中是一直存在的,只是此时才第一次被运用到成本核算和生产管理之中。

(2)作业账户,对每一项作业设置一个作业账户,对其相关的作用(贡献)和费用进行核算,对作业的责任人,要能进行控制,即同一个责任人控制的作业活动才是一项独立的作业。

(3)作业账户的设置方法是,从最低层、最具体、最详细的作业开始,逐级向上设置,一直到最高层的作业总账,类似于传统科目的明细账、二级账和总账。

(4)作业会计的假设是,所有的成本都是变动的,所有的成本都能够找出具体责任人,控制由责任人实施。在会计史上,科勒的作业会计思想第一次把作业的观念引入会计和管理之中,被认为是作业成本法(ABC)的萌芽。

2. 斯托布斯的会计思想

斯托布斯是第二位研究作业成本法的学者,他分别在1954年的《收益的会计概念》、1971年的《作业成本计算和投入产出会计》和1988年的《服务与决策的作业成本计算——决策有用框架中的成本会计》等著作中提出了一系列的作业成本观念。其理论要点有:

(1)会计是一个信息系统,而作业会计是一个与决策有用性目标相联系的会计,同时,研究作业会计首先应该明确其基本概念,如作业、成本、会计目标(决策有用性)。

(2)要揭示收益的本质,首先必须揭示报表目标。报表目标是履行托管责任或受托责任,为投资决策提供信心,减少不确定性,报表中的收益和利润与成本密切相关;ABC 揭示的成本不是一种存量,而是一种流量。

(3)要较好地解决成本计算和分配问题,成本计算的对象就应该是作业,而不是某种完工产品或其对应的工时等单一标准。成本不应该硬性分为直接材料、直接人工和制造费用,更不是根据每种产品的工时来计算分配全部资源成本(无论是直接的还是间接的),而是应该根据资源的投入量和消耗额,计算消耗的每种资源的"完全消耗成本"。这并不排除最后把每种产品的成本逐一计算出来,而是说,关注的核心应该是从资源到完工产品的各个作业和生产过程中,资源是如何被一步步消耗的,而不是完工产品这一结果。

3.20 世纪末作业成本法(ABC)研究的全面兴起

当时,以计算机为主导的生产自动化、智能化程度日益提高,直接人工费用普遍减少,间接成本相对增加,明显突破了制造成本法中"直接成本比例较大"的假定。制造成本法中按照人工工时、工作量等分配间接成本的思路,严重扭曲了成本。另外,传统管理会计的分析,重要的立足点是建立在传统成本核算基础上的,因而其得出的信息,对实践的指导意义不大,相关性大大减弱。虽然当时流行许多模型,但是除了所依据的信息相关性值得商榷外,还很抽象、难懂,甚至一些专家都看不懂,其实践意义就更差了。在这种背景下,哈佛大学的卡普兰教授在其著作《管理会计相关性消失》一书中提出,传统管理会计的相关性和可行性下降,应有一个全新的思路来研究成本,即作业成本法。由于卡普兰教授等专家对于作业成本法(ABC)的研究更加深入、具体而完善,使之上升为系统化的成本和管理理论并广泛宣传,卡普兰教授本人被认为是作业成本法作业成本法(ABC)的集大成者。其理论观点有:

(1)产品成本是制造和运输产品所需全部作业的成本总和,成本计算的最基本对象是作业,作业成本法(ABC)赖以存在的基础是产量耗用作业、作业耗用资源。即对价值的研究着眼于"资源、作业、产品"的过程,而不是传统的"资源、产品"的过程。

(2)作业成本法(ABC)的本质就是以作业作为确定分配间接费用的基础,引导管理人员将注意力集中在成本发生的原因及成本动因上,而不仅仅是关注成本计算结果本身。通过对作业成本的计算和有效控制,就可以较好地克服传统制造成本法中间接费用责任不清的缺点,并且使以往一些不可控的间接费用在 ABC 系统中变为可控。所以,作业成本法(ABC)不仅仅是一种成本计算方法,更是一种成本控制和企业管理手段。在其基础上进行的企业成本控制和管理,称为作业管理法(Activity-Based Management,ABM)。

目前,作业成本制度的应用已由最初的美国、加拿大、英国,迅速地向澳洲、亚洲、美洲以及欧洲国家扩展。在行业领域方面,也由最初的制造行业扩展到商品批发、零售业、金融、保险机构、医疗卫生等公用部门,以及会计师事务所、咨询类社会中介机构等。

二、作业成本法的基本概念

作业成本法把直接成本和间接成本(包括期间费用)作为产品(服务)消耗作业的成本同等地对待,拓宽了成本的计算范围,使计算出来的产品(服务)成本更准确、真实。

(一)作业

作业是基于一定的目的,以人为主体,消耗了一定资源的特定范围的工作,是构成产品生产、服务程序的组成部分。简言之,作业就是指企业为提供产品或流程中的各工序和环节。实际工作中可能出现的作业类型一般有:起动设备、购货订单、材料采购、物料处理、设备维修、质量控制、生产计划、工程处理、动力消耗、存货移动、装运发货、管理协调等。

1. 作业的特征

(1)作业是以人为主体的。尽管现代制造业的机械化、自动化程度很高,但人掌握并且操纵各种机器设备仍然是现代制造业中各项具体生产工作的主体,也就是作业的主体。

(2)作业消耗一定的资源。作业以人为主体,至少要消耗一定的人力资源;作业是人力作用于物的工作,因而也要消耗一定的物质资源。

(3)区分不同作业的标志是作业目的。在一个完备的制造业中,其现代化程度越高,生产程序的设计和人员分工越合理,企业经营过程的可区分性就越强。这样,可以把企业制造或服务过程按照一部分工作的特定目的区分为若干作业,每个作业负责该作业职权范围内的每一项工作,这些作业互补并且互斥,构成了完整的经营过程。

(4)对于一个生产程序不尽合理的企业,作业可以区分为增值作业和非增值作业。增值作业是指增加顾客价值的作业,也就是说,这种作业的增减变动会导致顾客价值的增减变动。非增值作业是指不增加顾客价值的作业,这里,非增值作业虽然也消耗资源,但并不是合理消耗,也就是说,这种作业的增加或减少不会影响顾客价值的大小,所以,有人也称这种作业为浪费作业。

(5)作业可以按不同的标志进行不同的分类。由于各企业之间生产组织特点、生产工艺过程的不同,以及管理要求的不同,很难把作业按统一的要求进行分类,如杰弗·米勒和汤姆·沃尔曼把作业分为逻辑性作业、平衡性作业、质量作业和变化作业4类;罗宾·库用则把作业分为单产性作业、批量性作业、品种性作业和产能性作业4类。

2. 作业的分类

目前理论界比较认可的分类方法是依据作业动因将作业进行的分类,可分为两大类:

(1)专属作业,是指为某种特定产品提供专门服务的作业。专属作业成本库成本直接结转计入该特定产品的成本,无须在各种产品或劳务之间进行分配。

(2)共同消耗作业,是指为多种产品生产提供服务的作业。共同消耗作业又可按其为产品服务的方式和原因,分为以下四小类:

①批别动因作业,是指服务于每批产品并使每一批产品都受益的作业,如分批获取订单的订单作业、分批运送原材料或产品的搬运作业。

②产品数量动因作业,是指使每种产品的每个单位都受益的作业,如包装作业。

③工时动因作业,是指资源耗费与工时呈比例变动的作业,每种产品按其所耗工时吸纳作业成本,如机加工作业等。

④价值管理作业是指负责综合管理工作的部门作业,如作业中心总部。

(二)资源

资源是指生产资料或生活资料的天然来源。如果把整个制造中心(即作业系统)看成是一个与外界进行物质交换的投入产出系统,则所有进入该系统的人力、物力、财力等都属于资源范畴。资源进入该系统,并非都被消耗,即使被消耗,也不一定都是对形成最终产出有意义的消耗。因此，作业成本制度把资源作为成本计算对象，是要在价值形成的最初形态上反映被最终产品吸纳的有意义的资源耗费价值。资源按其包括内容又可分为人力资源、物力资源、财力资源等。

（三）作业链

作业链是指现代企业为了满足顾客需要而建立的一系列有序的作业集合体，是指与成本标的密切相关的一系列有序的集合。

例如，某组织有甲、乙、丙三个部门和 A、B、C 三个成本标的，a、b、c 将作业链上的所有作业汇总起来，即成为价值链。如图 9－1 所示，A 产品的作业链 a 包括甲、乙、丙三个作业，C 产品的作业链 c 包括甲、丙两个作业。可见，每个成本对象需要不同部门的不同作业，各成本标的经过各部门的作业构成作业链。

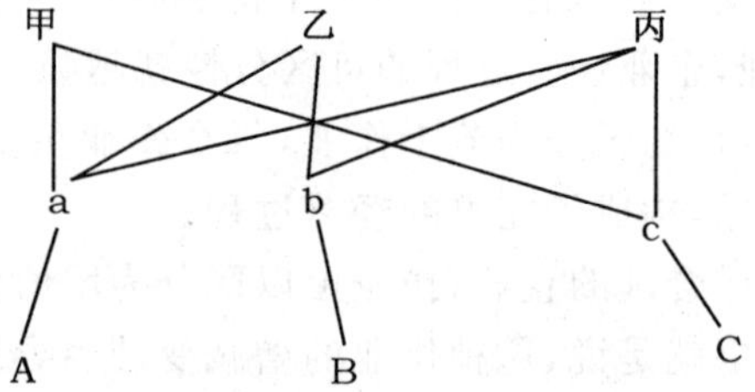

图 9－1　作业链

（四）价值链

企业每完成一项作业都要消耗一定的资源，而作业的产出又形成一定的价值，转移到下一个作业，依次转移，直至形成最终产品，提供给企业外部顾客，这一系列有序的价值集合体就是价值链。最终产品作为企业作业链的最后一环，凝结了各个作业链所形成并最终提供给顾客的价值。因此可以说，作业链的形成过程，也就是价值链的形成过程。

（五）资源动因

资源动因是作业消耗资源的方式和原因，反映了作业中心对资源的消耗情况，是资源分配到作业中心的标准。

（六）作业动因

作业动因是指各项作业被最终产品或劳务消耗的方式或原因，是将作业中心的成本分配到产品或劳务中的标准，也是将资源消耗与最终产出相沟通的中介。例如，起动准备作业的作业动因是起动准备次数，质量检验作业的成本动因是检验小时。资源动因和作业动因统称为成本动因，是引起成本发生和变化的因素。

（七）作业中心

作业中心是负责完成某一项特定产品制造功能的一系列作业的集合。作业中心即是成本汇集中心，也是责任考评中心。作业中心是基于管理的目的而不是专门以成本计算为目的设置或划定的一个责任中心。一个作业中心就是生产程序的一个部分，例如，检验部门就是一个作业中心。

第二节 作业成本法的应用

作业成本计算是一个以作业为基础的管理信息系统。它以作业为中心，而作业的划分是从产品设计开始，到物料供应，从生产工艺流程（各车间）的各个环节、质量检验、总装，到发运销售的全过程。

一、作业成本法的计算程序

作业成本计算，可归纳为“产品消耗作业，作业消耗资源”。按照作业成本计算的程度不同，可将作业成本计算分为二阶段作业成本计算和多阶段作业成本计算。二阶段作业成本计算就是将作业流程划分为两个阶段的作业成本计算；同样，多阶段成本计算就是将作业流程划分为多个阶段的作业成本计算。本章重点在于介绍二阶段作业成本计算。

作业成本计算的基本程序就是要把资源耗费价值予以分解并分配给作业，再将各种作业汇集的价值分配给最终产品或劳务，即作业成本计算按以下程序进行：

（一）以资源动因为基础，将资源耗费价值分配到作业成本库

在这里，我们把具有共同资源动因的作业称为同质作业，并且为每一项同质作业设置一个作业成本库，也即为每一项不同资源动因的作业设置一个作业成本库（相同资源动因的作业合并为一项作业）。确立资源动因的原则是：

(1)如果某项资源耗费能直观地确定为某一特定产品所消耗，则直接计入该特定产品成本，此时，资源动因也是作业动因，该动因可以认为是“终结耗费”。材料费往往适用该原则。

(2)如果某项资源耗费可以从发生领域区分为各作业所消耗，则可以直接计入各作业成本库，此时，资源动因可以认为是“作业专属耗费”。各作业各自发生的办公费适用该原则，各作业按实付工资额核定应负担工资费时，也适用这一原则。

(3)如果某项资源耗费从最初消耗上呈混合耗费形态，则需要选择合适的量化依据，将资源分解并分配到各作业，这个量化依据就是资源动因。例如，动力费一般按各作业实用电力度数分配，电力度数即为动力费的资源动因。在资源耗费价值的分配过程中，各资源耗费价值要根据资源动因一项一项分配到各作业成本库，将每个作业成本库资源耗费价值相加就形成了作业成本库价值。

（二）以作业动因为基础，将作业成本库的成本分配到最终产品

与传统成本计算法一样，我们为每一种（或批别、步骤）产品设立成本计算单。在每一张成本计算单中，我们还按该产品生产所涉及的作业种类开立作业成本项目。本步骤就是将各作业成本库的价值分配结转到各产品成本计算单上，分配的标准就是作业动因。既然作业是依据作业动因确认的，就每一项作业而言，其作业动因也就已经确定，成本计算在这一步只采用比例分配法进行计算。例如，订单作业是一种批别动因作业，我们只需将该作业成本除以当期订单份数，即可得到应计入该批产品成本计算单“订单”这个成本项目中的价值。将成本计算单中各成本项目求和，就是该种产品的成本合计。二阶段作业成本计算程序如图 9－2 所示。

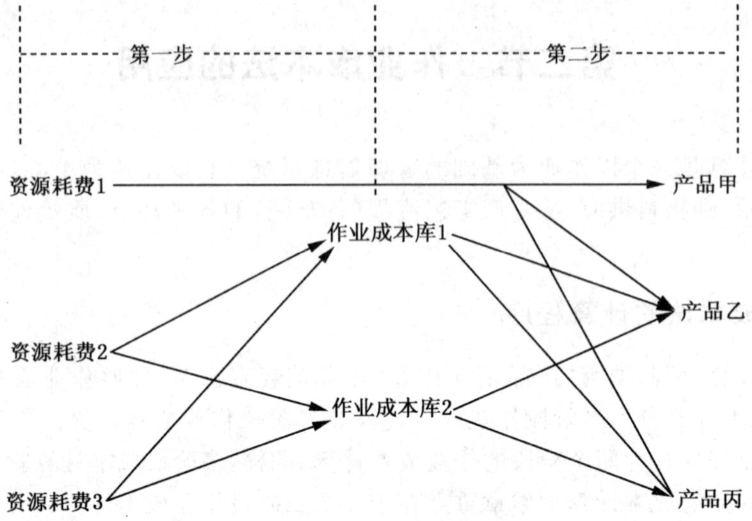

图 9—2　二阶段作业成本计算程序图

从图 9—2 可看出，二阶段作业成本计算模型中，资源被作业消耗，接着作业就被最终成本对象消耗。多阶段成本计算模型是一个树状结构，资源被一级作业消耗，一级作业又被二级作业消耗……，资源需流经多级作业，最终才被成本对象消耗。

上述作业计算程序称为作业流程，很显然，作业流程就是作业链或供应链，或是作业链与供应链的交织。

二、作业成本法应用举例

【例 9—1】　巨星公司生产销售 X、Y 和 Z 三种产品。为了满足客户的特殊需求，附带生产小型差异化产品，生产过程既有高度复杂的自动化生产，也有部分的手工生产，市场前景很好。但随着市场销路的扩展，越来越多的企业投入环保设备的生产和销售，近年来受到同业激烈竞争的影响，巨星公司为了提升自己产品的性能，早在五年之前就开始在现代制造技术方面投资，引进了几条先进的生产线，这导致公司产品的成本结构发生了显著的变化。现在的人力资源成本仅仅是以前的人力资源成本的一小部分，但是由新技术带来的成本节约并没有使顾客获得好处，也没有使公司的产品在市场上获得价格优势。该公司主要产品的利润呈现下滑趋势，市场份额逐步缩小，公司的高层已经意识到企业的成本核算存在一些问题，由于成本信息失真，高层无法据此做出诸如价格之类正确的决策。在这种情况下，公司将目标转向先进的管理方法和核算系统的探索上。在了解到作业成本法后，公司开始了成本核算方法的改革，进行人员的培训，增加财力，建立作业成本核算系统，要求财务部门应用作业成本法，重新确定产品的成本，正确指导产品的定价。

1. 传统方法下的产品成本计算

巨星公司 20×0 年三种产品的生产情况为：

X 产品产量为 10 000 件，Y 产品和 Z 产品分别为 20 000 件和 4 000 件。直接材料费用可以根据领料单及材料的单位成本确定；三种产品的直接人工费用均为直接专项发生费用，可以通过工资考核登记表，结合定额小时工资率计算确定。制造费用分配方法是按照人工小时进行分配，工时分别为30 000小时、80 000小时和8 000小时。公司在此基础上制定销售价格，目标售价为产品成本的125%。制造费用的分配、目标价格的制定如表9—1至表9—3所示。

表9—1　　有关成本数据

	X产品	Y产品	Z产品	合计
产量(万件)	1	2	0.4	3.4
材料费用(万元)	50	180	8	238
人工费用(万元)	58	160	16	234
制造费用(万元)		389.4		389.4
人工工时(万小时)	3	8	0.8	11.8

表9—2　　传统方法下的制造费用的分配

	X产品	Y产品	Z产品	合计
人工工时(万小时)	3	8	0.8	11.8
待分配费用(万元)	389.4			
分配率(元/小时)	33			
制造费用(万元)	99	264	26.4	389.4
材料费用(万元)	50	180	8	238
人工费用(万元)	58	160	16	234
合计(万元)	207	604	50.4	861.4
单位成本(元/小时)	207	302	126	—

表9—3　　目标价格的确定

(目标售价为成本的125%)

	X产品	Y产品	Z产品
产品成本(元)	207	302	126
实际售价(元)	258.75	328	250
目标售价(元)	258.75	377.5	157.5

2. 以作业成本法计算产品成本

公司首先确定企业的作业，也就是企业的工作流程，建立作业中心和作业成本库。经过与工程师、财务人员及工人代表的交流、探讨，确定公司的主要作业中心共有8个，分别为装配作业中心、材料采购中心、物料处理中心、设备启动准备中心、产品质量控制中心、产品包装中心、工程处理中心及综合管理协调中心。

然后，明确资源动因，确定资源数量，进行资源分配。公司的资源主要有材料费用、人工费用和与设备有关的各项折旧费用、修理费用、动力费及车间办公费、劳动保护费等。公司的直接材料和直接人工费用如前所述，均为直接计入费用，可直接计入各作业中心；折旧费用为各作业中心的直接费用,可直接计入作业中心。只将不能直接计入作业中心的费用按资源动因分配计入作业中心便可。动力费的资源动因为耗电度数,办公费和劳动保护费用可以按各作业中心的实际人数进行分配(此分配过程较为简单,本书主要介绍作业中心的成本分配计入成本的程序,对于资源分配计入作业中心的过程略)。按资源动因将各项资源分配计入作业后,就可按作业归集资源,确定作业中心的作业成本。

公司最重要的任务是明确成本动因,计算成本动因分配率。装配作业中心与机器小时具有相关性,可以机器小时作为作业动因;材料采购中心发生的材料采购费用与订单量密切相关,可以订单量作为作业动因;物料处理中心主要负责材料的清点、切割等,与移动次数有关;设备启动准备中心与准备次数有关;产品质量控制中心的成本与检验小时有关;产品包装中心与包装次数有关;工程处理中心与工程处理次数有关;综合管理协调中心与协调人员工时有关。成本动因明确以后,可以对其进行量化,以确定动因分配率,进行作业中心成本的分配。

最后,根据动因设计产品成本明细账,按动因项目汇总各项成本,从而计算出三种产品的总成本及单位成本。

作业中心的成本分配及产品成本的计算过程如表9—4所示。

表9—4　　作业中心及成本　　单位:万元

作业中心	金额	作业动因	X产品作业量	Y产品作业量	Z产品作业量	作业量合计	单位作业成本	X成本	Y成本	Z成本
装配作业	121.26	机器小时	1	2.5	0.8	4.3	28.2	28.2	70.5	22.56
材料采购	20	订单量	0.12	0.48	1.4	2	10	1.2	4.8	14
物料处理	60	移动次数	0.07	0.3	0.63	1	60	4.2	18	37.8
设备启动准备	0.3	准备次数	0.1	0.4	1	1.5	0.2	0.02	0.08	0.2
产品质量控制	42.1	检验小时	0.4	0.8	0.8	2	21.05	8.42	16.84	16.84
产品包装	25	包装次数	0.04	0.3	0.66	1	25	1	7.5	16.5
工程处理	70	处理次数	1	1.8	1.2	4	17.5	17.5	31.5	21
综合管理协调	50.74	直接人工工时	3	8	0.8	11.8	4.3	12.9	34.4	34.4
合计								73.44	183.62	132.34
直接材料								50	180	8
直接人工								58	160	16
总成本								181.44	523.62	156.34
产量								1	2	0.4
单位成本								181.44	261.81	390.85

3. 传统成本核算法与作业成本法应用差异比较

表 9—5 差异比较表 单位:元

	X产品	Y产品	Z产品
传统成本核算法	207	302	126
作业成本法	181.44	261.81	390.85
目标价格(传统成本核算法)	258.75	377.5	157.5
目标价格(作业成本法)	226.8	327.26	488.56
实际价格	258.75	328	250

由上面两种方法的应用,可以清楚地看到两种方法下的差异。在传统的以人工为标准分配制造费用的方法下,X产品的成本为207元,目标售价为258.75元,实际价格达到了目标售价258.75元,销售情况良好;Y产品为企业的重点产品,成本为302元,目标售价为377.5元,实际价格为328元,目前尚未达到企业的目标售价;Z产品的成本为126元,目标售价为157.5元,实际价格为250元,为企业的高盈利产品,目前市场上供不应求,生产能力不足,订单多,但因其生产产量较小,非企业的重点产品。传统成本核算方法掩盖了产品的真实情况,在作业成本法下,结论与传统方法下大相径庭。X产品不仅达到了目标售价,其成本利润率高达30%,应加大生产力度,增加生产投入。Y产品的成本利润率也在20%以上,且产品为企业的重点产品,仍应保证其正常投入,不必为此担忧。相反,Z产品并非企业的高盈利产品,实为企业的严重亏损产品,企业传统方法下制定的目标售价歪曲了产品的实际成本,这也正是为何企业将价格提到250元仍供不应求的原因。应将其价格提到488.56元,才可能弥补企业为此所付出的代价。企业应考虑实际情况,若不能提高价格,又不能降低Z产品的成本,可试图转向其他产品的研制生产。巨星公司正是通过采用作业成本法,正确地分析企业的盈利产品和亏损产品,在此基础上,进行正确的生产决策、定价决策,在当年就走出了成本误区,利润增加,市场占有额上升。

三、作业成本法的评价

作业成本法既是一套成本核算系统,又是一套成本管理系统,较之传统的标准成本法,它有很多优点,如能够提供较为准确和及时的成本信息等,但它也存在着一些不足。

(一)作业成本法的优点

作业成本法是一种全新的成本核算系统,它对提供准确的成本信息发挥着不可估量的作用。通过与传统成本核算法的比较,可以证明作业成本法更适应知识经济、全球经济一体化和会计发展的需要。具体表现在以下几个方面:

1. 成本计算对象方面

传统成本核算法主要以产品为成本对象计算成本,作业成本法以作业为最基本的成本计算对象。

2. 成本核算观念方面

传统成本核算法是为了存货估价而将已发生的费用分配到成本计算对象;作业成本法以作业为中心,通过对作业成本的确认和计量,将已发生的费用分配到成本对象,并及时提供有用信息,促使损失浪费减小到最低限度,进而提高企业管理决策。

3. 间接成本的分配标准方面

传统成本核算法将成本按一定标准一次分配到产品中;作业成本法的分配基础(成本动因)发生了质变,它不再采用单一的数量分配标准,而是采用多元分配标准,并且集财务变量与非财务变量于一体,特别强调非财务变量,按成本动因,将成本分配到最终产品中。

4. 相关成本费用的处理方面

传统成本核算法将许多成本项目列为期间费用,在发生的当期一次性扣除,而不加以分配;在作业成本法下,对于营销产品设计等领域发生的成本,只要这些成本与特定产品相关,则可以通过有关作业分配至有关产品(或其他成本对象)中。

5. 成本管理与控制方面

作业成本法不仅是一种科学的成本计算方法,更是一种科学的成本管理方法。基于作业成本管理的过程管理思想,企业成本管理已不局限于企业内部,而是扩展到外部的供应链管理;不局限于生产领域,而是扩展到从产品设计到最终提供产品给用户的所有环节,真正实现全过程管理。作业成本法要求成本控制落实到每一作业上,以作业为核心进行作业分析,以成本动因为基础进行控制,并在保留原有财务指标基础上提供许多非财务指标,可以为企业生产决策、定价决策和长期投资决策提供更多更可靠的依据。

通过价值链的分析,可以消除无效作业,达到对成本的事前、事后控制,从而改善企业各项作业效率及质量,提高企业效益。

6. 产品设计和质量成本管理方面

作业成本法不断改进产品设计和工艺设计,重新配置有限资源,使资源分配到能增值的项目上,达到不断改善企业价值链的目标。

(二)作业成本法的缺点

作业成本法下核算出的成本仍然是历史成本信息,所以,要发挥决策作用,必须要有附加条件。作业成本法虽然大大减少了现行方法在产品成本计算上的主观分配,但并未从根本上消除。

(1)作业成本法的基础资料来自于现行的权责发生制,其计算结果必然受诸如折旧和开发等成本期末分配中任意性的影响。这样,作业成本法核算系统下的作业成本库归集成本的正确性和客观性就会受到影响。

(2)就作业成本法核心内容、成本归集库和成本动因选择而言,作业成本法也无法做到尽善尽美。其成本动因和作业成本库的设置与选择,主观随意性较强。

(3)生产部门管理权力下降,部门的主观能动性受到限制。传统的成本核算方法是按地点、按部门归集分配成本的,所以,目标也易于落实到部门和责任人。在作业成本制度下,成本是与作业密切相连的,而与部门关系不大。在作业成本法下,强调的是按作业来完成生产任务,或者说是要求工人严格地执行工序,在这种情况下,部门失去工作的热情,操作者失去工作的积极性和创造力。

但是,此问题也不是不能解决的。在分析成本动因时,对部门的设置应尽量考虑作业的影响,尽可能按具体的作业来划分部门,使部门对于作业流程有充分的认识,同时鼓励基层的操作人员进行工序的优化,发挥其创造性。这样就可以解决此问题。

四、作业成本法的应用前景

作业成本法是适应现代高科技生产的需要而产生的。尽管实施作业成本法需要花费很长的时间，从人员的培训到作业成本核算系统的设计、建立、维持，企业要付出很多的人力、物力、财力，但是公司获得的效益明显超过投入。

(一)作业成本法可以与变动成本法和标准成本法甚至与责任成本、计划成本相结合

决策与计划会计的重要理论基础之一是成本性态分析，作业成本法对多数决策与计划模式的冲击正是源于其对成本性态分析的扩展。

传统成本性态分析以产量作为区分固定成本与变动成本的基础。产品成本中直接费用含量较高时，这种成本性态分析可以比较准确地反映成本变化的原因。但在高科技条件下，间接费用含量较高时，这种性态分析就掩盖了间接费用的可变性，无法准确反映成本变化的原因。

作业成本法用成本动因来解释成本性态，基于成本与成本动因的关系，可将成本划分为产量基础变动成本、非产量基础变动成本、固定成本三类。产量基础变动成本一般在短期内随产品产量的变动而变动，故仍以产量为基础(如直接人工小时、机器小时、原材料耗用量等)来归属这些成本。非产量基础变动成本往往随作业的变动而变动，故以非产量基础(如检验小时、订购次数、整备次数)作为成本动因来归属成本。作业成本法下的成本性态分析，拓宽了变动成本的范围，使投入与产出间的联系更加明晰，是对传统成本性态分析的扩展。

成本性态分析是变动成本法的前提和本量利分析的基础，同时也是相关成本决策法的基石之一。作业成本法扩展了成本性态分析，因此，对变动成本法、本量利分析法以及相关成本决策法产生了一系列影响。

(二)作业成本法可以与管理学相结合，形成作业成本管理

作业成本法不仅是一种精确的核算方法，更是一种科学有效的管理手段，作业成本法也融合了先进的管理思想。

1. 作业管理

作业管理的出发点是将企业看作由顾客需求驱动的系列作业组合而成的作业集合体，在管理中以努力提高增加顾客价值的作业的效率、消除遏制不增加顾客价值的作业为方向。

作业管理的先进性在于：其一，适应企业面临的买方市场的环境新特点，树立“以顾客为中心”的管理思想，把及时满足不同顾客的特定需要放在首位；其二，改变传统成本管理只注重成本本身水平高低的状况，着眼于成本效益水平的高低，以资源的消耗是否对顾客发生价值增值作为评价成本管理水平的标准，而不再以成本本身的水平高低为标准。

2. 过程管理

过程管理认为企业为顾客提供产品的业务过程，由一系列前后有序的作业构成，企业就是将它们由此及彼、由内到外连接起来的一条作业链。每完成一项作业要消耗一定的资源，作业的产出又形成一定的价值，因而企业又是价值在作业链上各作业之间转移所形成的一条价值链。过程管理就是对作业链、价值链进行分析和管理，找出企业业务活动中各个环节上的症结，提高业务活动各个环节的效率。

过程管理的先进性在于：其一，将管理的重点由产品成本的结果转向作业成本的形成原因。从作业成本的计算原理可知，产品成本的高低不仅与其消耗的作业量的大小有关，还与每种作业上的资源占用量有关，作业量的减少并不能自动地减少该项作业所占用的资源(如设备、人员)。因此,降低产品成本、提高资源使用效率,不仅要提高生产过程中的各项作业完成的效率和质量,而且要提高生产过程之前资源配置的合理性,高度重视产前调研和产品开发设计管理。其二,使企业整体成为多个局部的动态有机结合,而不再是局部的简单总和,这有助于企业协调局部关系,实现整体最优化和持续改善;也有助于实现"业务的根本革新"。

总之,作业成本法不仅是先进的成本计算方法,也是成本计算与成本控制相结合的全面成本管理制度,它融合作业管理、过程管理等先进管理思想,形成了一个综合管理体系。

(三)作业成本法可以与流程优化相结合,加强战略成本管理

作业成本计算的意义并非简单意义的成本核算。

作业成本法以作业为中心的思想,现在已从成本的确认、计量方面转移到企业管理的诸多方面,一个新的现代企业管理思想——作业管理正在形成。它尽可能消除不增值作业,改进增值作业,优化作业链和价值链,最终增加顾客价值和企业价值。实际上,作业成本法的最持久的好处,是使管理者知道哪些是增值作业,哪些是不增值作业;哪些是关键作业,哪些是一般作业;更好地理解生产过程,从而尽可能减少不增值作业,抓住关键作业,使采取的管理措施更有效地控制成本和增加企业价值。由此可见,作业管理不仅是一项管理工作,更重要的是,它还是不断改进企业作业流程的动态过程,从而在源头上控制生产成本,并及时根据市场需求动向应对市场风险,适应环境的变化。

(四)作业成本法可以结合战略管理,以利于企业高层进行作业链、价值链基础上的战略决策

作业成本法带来的效益在于管理层可以使用更精确和更具有相关性的信息,作业成本法为管理层的商业决策提供了一个好的工具。作业成本法不仅能以准确的成本核算为产品定价提供科学依据,而且还能准确分析出每一种产品和每一个客户对企业利润的贡献度,从而做出合理的产品组合方案、资源配置方案和差别化的客户营销方案决策。对于盈利能力无法达到要求的产品线可以考虑退出,将有限的资源投入盈利能力较高的产品线,或者通过提高产品价格等措施,提升产品创造价值的能力。

(五)作业成本法可以与资源分配相结合,研究供应链优化基础上资源的有效配置问题

作业成本法的实施,有利于我们通过具体细致的分析与控制资源消耗的过程,来进行价值链、作业链的优化和生产数量与产品种类的组合,以此进行资源配置优化,使企业内部的生产环节、各工艺和部门之间的协同作用得到发挥,资源得到充分利用。

作业成本法在任何一个领域,都有其进一步研究的价值。作业成本法必将为企业带来巨大的经济效益。

本章小结

作业成本法是指以作业为核心、以资源流动为线索、以成本动因为媒介、以作业成本计算为主要方式的一种新型的成本核算方法,是西方国家于20世纪80年代末开始研究、90年代以来在先进制造企业首先应用起来的一种全新的企业管理理论和方法,在发达国家的企业中日益得到广泛应用。

作业成本法把直接成本和间接成本(包括期间费用)作为产品(服务)消耗作业的成本同等地对待,拓宽了成本的计算范围,使计算出来的产品(服务)成本更准确、真实。

作业成本计算是一个以作业为基础的管理信息系统。它以作业为中心,而作业的划分是从产品设计开始，到物料供应，从生产工艺流程(各车间)的各个环节、质量检验、总装，到发运销售的全过程，可归纳为“产品消耗作业，作业消耗资源”。按照作业成本计算的程度不同，可将作业成本计算分为二阶段作业成本计算和多阶段作业成本计算。

作业成本计算程序为：(1)以资源动因为基础，将资源耗费价值分配到作业成本库；(2)以作业动因为基础，将作业成本库的成本分配到最终产品。

作业成本法既是一套成本核算系统，又是一套成本管理系统，较之传统的标准成本法，它有很多优点，包括：间接费用分配更科学；成本控制更有效；成本管理更精细；重视产品设计和质量成本管理，力求根据技术和经济相统一原则；使成本控制与预算控制成为可能。

作业成本法的缺点包括：(1)作业成本法的基础资料来自于现行的权责发生制，其计算结果必然受诸如折旧和开发等成本期末分配中任意性的影响。(2)就作业成本法核心内容、成本归集库和成本动因选择而言，作业成本法也无法做到尽善尽美。(3)生产部门管理权力下降，部门的主观能动性受到限制。

思考题

1. 什么是作业成本法？
2. 作业成本法的特点是什么？
3. 作业成本法的优缺点是什么？
4. 作业成本法的应用背景是什么？

第三篇

成本分析与成本控制

第十章 成本习性分析

学习目的

了解成本性态的含义、分类，了解混合成本的含义，并掌握混合成本的分解，重点掌握本量利分析。

正确地看待企业内部成本与利润的关系，可以认为企业内部就是一种广义的成本计量，而利润则是市场角度的成本补偿程度的计量，企业运行机制就被重新描述为在有意义的领域做出独特的贡献而进行的成本流程安排。成本是企业综合经营后的结果，因此成本分析也是一种综合型分析活动。

第一节 成本分类

一、成本按经济用途分类

在西方传统的财务会计中，通常把产品总成本按其经济用途分为两大类：制造成本、非制造成本。

(一)制造成本

制造成本也称生产成本，是指为生产产品或提供劳务而发生的支出。它由三种基本要素构成，即直接材料、直接人工和制造费用。

(1)直接材料，是指在生产过程中用于构成产品实体的那部分材料成本。

(2)直接人工，是指在生产过程中对材料进行直接加工使它变成产品所耗用的人工成本。

(3)制造费用，是指为生产产品或提供劳务的过程中而发生的各种间接费用。从核算的角度讲，包括直接材料、直接人工以外的为生产产品和提供劳务而发生的无法直接归属于某一产品的全部支出。人们通常还将其细分为：

(1)间接材料，是指在产品生产过程中被耗用，但不便归入某一特定产品的材料成本，如机器机油、油漆和清洁材料。

(2)间接人工，是指为生产服务而不直接进行产品加工的工人成本，如维修人员的工资、设备养护人员的工资。

(3)其他制造费用，是指不属于上述两种的其他各类间接费用，如设备的折旧费、维修费、保险费等。

(二)非制造成本

非制造成本也称期间费用,是指生产成本以外的成本,一般可以分成销售成本和管理成本两大类。

销售成本是指在流通领域为销售产品而发生的各项成本,如广告宣传费,送货运杂费,销售佣金,销售人员的工资、福利费,以及销售部门的其他费用(办公费、差旅费、修理费)等。

管理成本是指企业行政管理部门为组织企业生产所发生的成本,如董事经费,行政管理人员的工资、福利费,办公费,邮电费,业务费,行政管理部门固定资产的折旧费等。在财务会计中,非制造成本通常包括管理费用、销售费用和财务费用。

二、成本按性态分类

成本性态也称成本习性,是指成本的总额对业务总量的依存关系。企业的全部成本按其习性进行分类,是管理会计这一学科的基石之一,可以将成本同生产能力联系起来,便于企业进行决策特别是短期决策。成本按其性态分类,可以分为固定成本、变动成本和混合成本三大类。

(一)固定成本

固定成本是指在一定时期、一定业务量范围内,其总额不受产量变动影响,始终保持不变的有关成本,如厂房、建筑物按直线法计提折旧,机器设备租金,管理人员的工资等。也就是说,固定成本只要产量不超过某一特定范围,其数额将会稳定在某一既定的水平上。这里的一定时期、一定业务量范围又称为成本的相关范围。其主要特点是:

(1)在一定时期、一定业务量范围内,固定成本总额不受产量变动的影响,固定不变。

(2)在一定时期、一定业务量范围内,随着产量的变动,单位固定成本呈反比例变动。

【例 10－1】 假设某厂生产过程中所用的某种机器是租用的,其月租金为 2 000 元,该机器每月最大产量为 300 件。所以,当该厂每月产量为 300 件以内时,其租金成本一般不随产量的变动而变动,固定为 2 000 元,但当每月产量分别为 50 件、100 件、150 件、200 件、250 件时,其单位固定成本将随产量的增加呈反比例下降,如表 10－1 所示。

表 10－1　　单位产品固定成本

产量(件)	固定成本总额(元)	单位固定成本(元)
50	2 000	40
100	2 000	20
150	2 000	13
200	2 000	10
250	2 000	8

产量和固定成本总额与单位固定成本的关系如图 10－1 所示。

在实际工作中,固定成本还可以根据其支出数额是否能改变,进一步分为酌量性固定成本和约束性固定成本两类。

酌量性固定成本又称选择性固定成本,是企业根据经营方针由高层领导确定一定期间的预算额而形成的固定成本。这些成本对提高企业的经济效益起着良好的促进作用,如扩大产品销路、提高产品的质量和增强企业的核心竞争力等。这类固定成本,在不影响生产经营的前

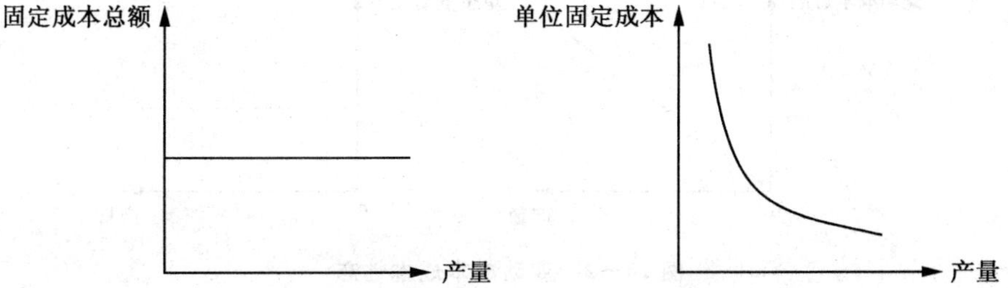

图 10－1　固定成本的成本性态

提下，可以酌量减少其预算的总额，主要包括新产品研究开发费用、科研试验费、广告宣传费和职工培训费、广告费、经营性租赁等。

约束性固定成本又称拘束性固定成本、经营能力成本，是与整个企业经营能力的形成及其正常维护直接相联系的成本，一般不受管理当局短期决策的影响。由于企业的经营能力一旦形成，短期内不轻易改变，由此确定的固定成本也具有很大的约束性，在管理中往往不能采取降低这部分成本总额的措施，因为降低这类固定成本总额等于降低生产能力，所以对这类固定成本，只能充分利用生产能力，提高产品质量，降低其单位固定成本，主要包括厂房、机器设备的折旧费，保险费，财产税，管理人员的工资等。

（二）变动成本

变动成本是指在一定时期、一定业务量范围内，随着业务量的变动，其总额呈正比例变动的有关成本，如直接材料、直接人工、外部加工费等。

变动成本和产量之间的线性关系，通常只在一定的相关范围内存在。在相关范围外就可能表现为非线性关系。其主要特点是：

(1)变动成本总额随产量变动呈正比例变动。

(2)单位变动成本不受产量变动的影响。

【例 10－2】　承【例 10－1】，假设单位产品的直接材料成本为 20 元，当产量分别为 1 000 件、2 000 件、3 000 件和 4 000 件时，材料的总成本和单位的材料成本如表 10－2 所示。

表 10－2　　单位产品变动成本

产量(件)	材料总成本(元)	单位产品材料成本(元)
1 000	20 000	20
2 000	40 000	20
3 000	60 000	20
4 000	80 000	20

产量与变动成本总额和单位变动成本的关系如图 10－2 所示。

变动成本进一步也可以划分为酌量性变动成本和技术性变动成本。

酌量性变动成本是指单位成本不受客观因素决定、企业管理当局可以改变其数额的那部分变动成本，如按产量计酬的工人薪金、按销售收入的一定比例计算的销售佣金。这些支出的比例或标准取决于企业管理当局的决策，当然，企业管理当局在做出上述决策时不能脱离当时的市场环境。例如，在确定计件工资时必须考虑当时的劳动力市场情况，在确定销售佣金时必

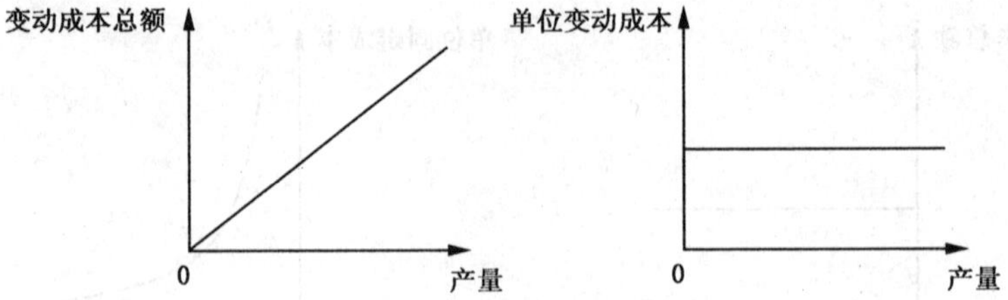

图 10—2 变动成本成本性态

须考虑所销产品的市场情况。

技术性变动成本是指单位成本受客观因素决定、数额由技术因素决定的那部分成本。例如，生产某种数控机床必须配套用外购的某种自动控制系统，在外购价格一定的情况下，其成本就是设计技术决定的、与机床产量呈正比例变动的技术性变动成本。这类成本只能通过技术革新或提高劳动生产率等来降低。

(三)混合成本

混合成本是指混合了固定成本和变动成本两种不同性质的成本。这类成本的特征是成本随业务量的变动而变动，但又不呈正比例变动，如设备的维修费、机械动力费、检验人员的工资、行政管理费等。

混合成本按其变动部分与业务量的依存关系，可进一步细分为半变动成本、半固定成本、延期变动成本和曲线型混合成本。

1. 半变动成本

半变动成本是指在没有业务量的情况下仍然发生一定的初始量，当有业务量发生的情况下，其发生额随业务量呈正比例变动。这类成本由两部分组成：

(1)基数部分。它不随业务量的变化而变化，呈现固定成本性态。这部分是为提供服务所必需的、基本的最低支出部分，不管当期是否使用或使用多少，都必须支付。

(2)基数以上部分。它随业务量的变化而呈比例变化，呈现变动成本性态，是可根据实际耗用量的多少乘上单价而计算的部分，如企业的公用事业费、电话费、煤气费、销售人员的薪金等。

【例 10—3】 某企业在生产中租用一台设备，租约规定，租金的计算分两部分：按年支付固定租金 2 000 元，在此基础上，机器每运转一个小时支付租金 0.6 元。假定该设备今年累计运转 5 000 小时，则该设备的租金支出共计 5 000 元，其中固定成本 2 000 元、变动成本 3 000 元。该企业租用设备支出的固定成本和变动成本如图 10—3 所示。

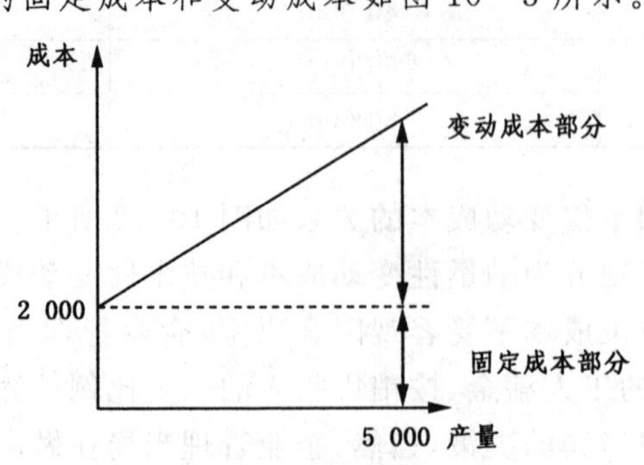

图 10—3 半变动成本的成本性态

2. 半固定成本

半固定成本是在一定业务量范围内，其发生额是固定的；当业务量增长到一定程度时，其发生额跳跃式增加，并在新的业务量范围内保持不变。例如，企业产品质量检验员、化验员等的工资。

【例 10－4】 某企业每个管理员每月工资为 2 000 元，每人至多可以管理 15 个工人，且每个工人可以产出 3 000 件产品。在此种情况下，管理员的工资支出在不同生产量下呈现阶梯式增长，如图 10－4 所示。

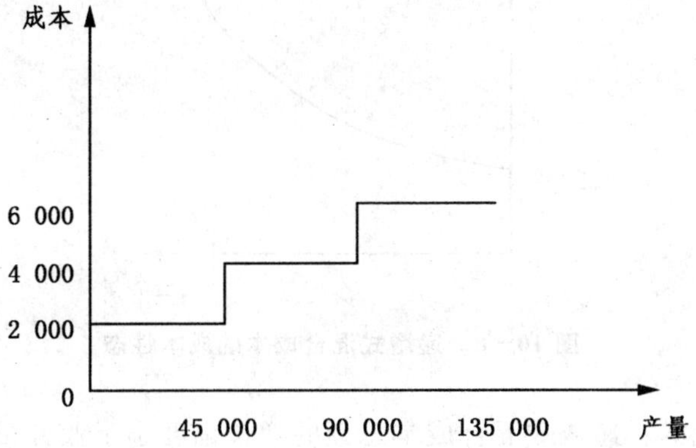

图 10－4 半固定成本的成本性态

3. 延期变动成本

延期变动成本是指在一定业务量范围内，其总额保持固定不变；但若突破该业务量限度，其超额部分则随业务量的增加呈正比例增长的成本。例如，企业支付给职工的工资在正常情况下是不变的，属于固定成本，但当业务量超过正常水平后，则需根据超产数量支付加班费或超产奖金。

【例 10－5】 假设某企业有固定搬运工 10 人，其工资总额为 3 000 元，当货物达到 3 000 件时，就需要雇用临时工。临时工采用计件工资制，单位工资为每件 1 元，则如图 10－5 所示。

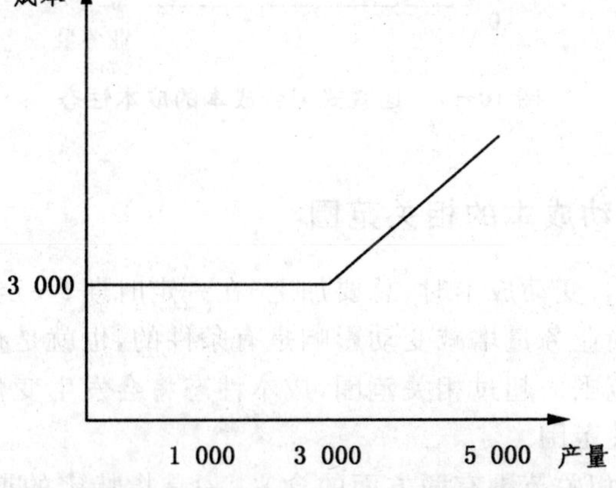

图 10－5 延期变动成本的成本性态

4. 曲线型混合成本

曲线型混合成本是指在没有业务量的情况下有一个初始量，当有业务发生时，成本总额随业务量的变化而变化，但不成直线关系，而成曲线关系。按曲线斜率的不同变动趋势，可进一步将其分为递增式混合成本和递减式混合成本。

(1)递增式混合成本。递增式混合成本总额的增长幅度大于业务量的增长幅度，成本的斜率随业务量呈递增趋势，如累计制工资、各种违约罚金等。其成本性态如图 10－6 所示。

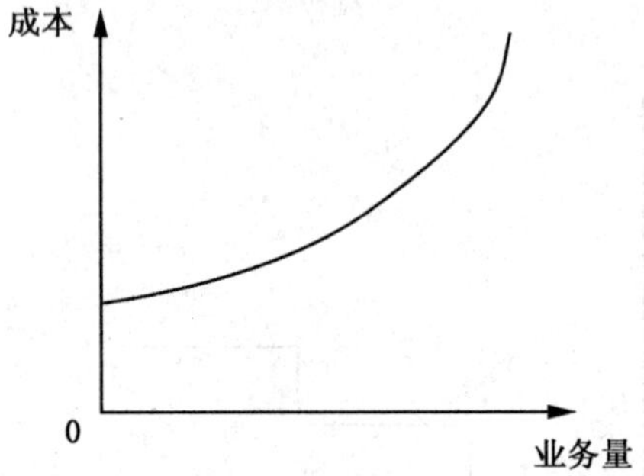

图 10－6　递增式混合成本的成本性态

(2)递减式混合成本。递减式混合成本总额的增长幅度小于业务量的增长幅度，成本的斜率随业务量呈递减趋势。例如，热处理使用的电炉设备，每班需要预热，因预热而耗用的成本属于固定成本性质。而预热后进行热处理的耗电成本，则随业务量的增加呈现出抛物线上升的趋势。其成本性态如图 10－7 所示。

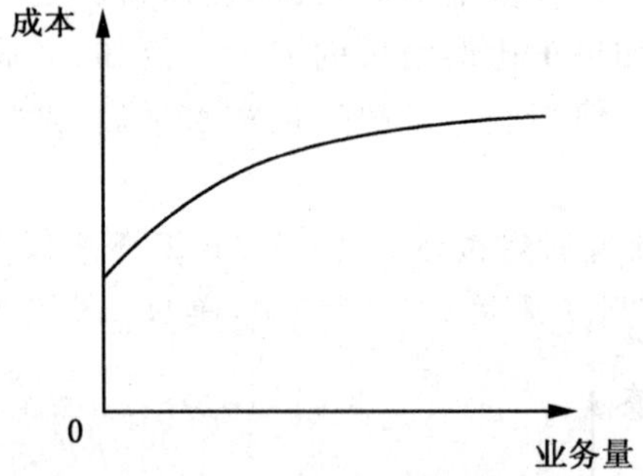

图 10－7　递减式混合成本的成本性态

三、固定成本与变动成本的相关范围

前面在解释固定成本、变动成本时，总要加上“在一定时期、一定业务量范围内”，这就意味着固定成本的发生额不受业务量增减变动影响是有条件的，也就是存在一定的范围，这个范围在管理会计中称为相关范围。超过相关范围，成本性态将会发生变化。

(一)固定成本的相关范围

对于固定成本而言，相关范围有两方面的含义：一是指特定的期间。从较长时期看，所有的成本都是可变的，即使是约束性固定成本，随着时间的推移，企业的生产能力也会发生变化，其总额也必然会发生变化。因此，只有在一定期间内，固定成本才能保证不变的特征。二是指特定的业务量水平。如果业务量水平超出了这一水平，企业势必要增加厂房、机器设备和人员的投入，导致固定成本增加。由此可见，即使在某一特定期间内具有固定特征的成本，其固定性也是针对某一特定业务量范围内而言的。如果超出这个业务量范围，固定成本总额就可能发生变动。

例如，某企业租用设备，月租金为 2 000 元，最大生产量为 500 件，在一个月内，产量在 0～500 件这个相关范围内，租金这一成本便是固定成本。但超过相关范围一个月或 500 件业务量时，租金就不再固定不变了。如企业需要扩大生产，必须租用两台设备，那么租金总额就会发生变化。固定成本的相关范围如图 10－8 所示。

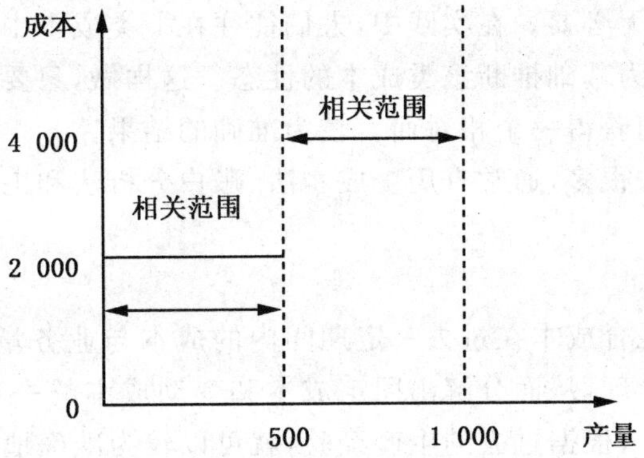

图 10－8 固定成本的相关范围

（二）变动成本的相关范围

变动成本总额与业务量的完全线性关系也需要保持在一定时间和业务量范围内，超出这个相关范围，其依存关系也要发生变化，表现为非线性关系。例如，某企业生产甲产品，在生产的最初阶段，由于工人的技术不够熟练，单位直接人工成本较高；随着时间的推移，直接人工成本降低至正常水平；但产量继续增加，可能需要工人加班加点，这时直接人工成本又随产量增加而增加。这样，在不同时期、不同业务量下，变动成本与业务量之间有时呈正比例变动，有时呈非比例变动。变动成本的相关范围如图 10－9 所示。

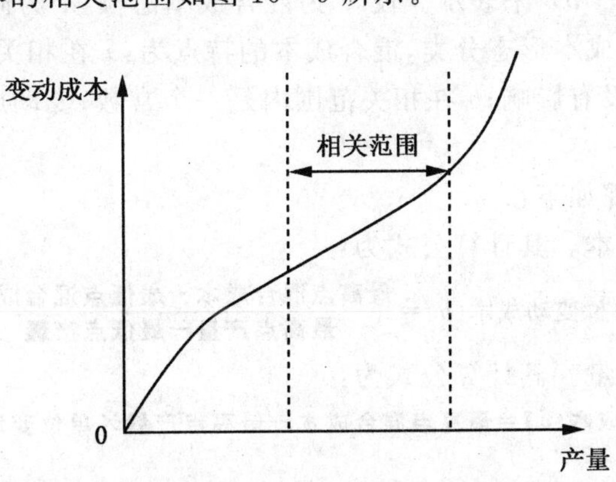

图 10－9 变动成本的相关范围

第二节　混合成本的分解

根据成本性态将企业的全部成本区分为变动成本和固定成本两大类，是管理会计规划和控制企业经济活动的基本前提。但实际工作中，许多成本项目同时兼有固定和变动性质，即以混合成本的形式存在，需要将其进一步分解为固定成本和变动成本两部分。如果我们对费用逐笔、逐次地分解分析，那么结果无疑是最为准确的，但是这种分解工作的成本无疑是相当大的。即使有可能，恐怕也无必要。在实践中，人们往往在一类成本中选择具有代表性的成本项目进行性态分析，并以此为基础推断该类成本的性态。这样做，只要分类合理、选择得当，就可以一个较低的分解成本而获得一个相对而言较为准确的结果。

混合成本的分解方法很多，通常有历史成本法、账户分析法和工程分析法。

一、历史成本法

历史成本法是根据混合成本在过去一定期间内的成本与业务量的历史资料，采用适当的数学方法对其进行数据处理，从而分解出固定成本和变动成本的一种定量分析法。只要企业生产流程不发生重大变化，根据过去的生产经验，就可以较为准确地预计未来成本随产量变化而变化的情况。该方法要求企业历史资料齐全，成本数据与业务量的资料要同期配套，具备相关性。因此，历史成本法适用于生产条件比较稳定、成本水平波动不大以及有关历史资料比较完备的企业。常用的历史分析法有高低点法、散布图法和回归直线法。

(一)高低点法

高低点法是根据一定期间内的最高点产量和最低点产量之间的差额以及与之相对应的最高点产量混合成本和最低点产量混合成本之间的差额，推算混合成本总额中固定成本和变动成本含量的一种简捷方式。

高低点法的基本原理是：任何一项混合成本都是由固定成本和变动成本两种因素构成的，因而可用数学模型 $y=a+bx$ 来表示。设 y 为混合成本总额，a 为固定成本总额，b 为单位变动成本，x 为产量。根据成本形态分类，混合成本的特点为：a 在相关范围内是固定不变的，高低点产量发生变动对它没有影响；b 在相关范围内是一个常数；变动成本总额(bx)随着高低点产量的变化而变动。

高低点法的基本步骤如下：

(1)确定单位变动成本。其计算公式为：

$$\text{单位变动成本}(b)=\frac{\text{最高点混合成本}-\text{最低点混合成本}}{\text{最高点产量}-\text{最低点产量}}$$

(2)确定固定成本含量。其计算公式为：

$$\text{固定成本}(a)=\text{最高点混合成本}-\text{最高点产量}\times\text{单位变动成本}$$

或

$$\text{固定成本}(a)=\text{最高低混合成本}-\text{最高低产量}\times\text{单位变动成本}$$

【例 10－6】 某企业 20×9 年上半年维修成本在相关范围内的变动情况如表 10－3 所示。用高低点法对维修成本进行分解。

表 10－3　　某企业维修成本资料

月　份	直接人工工时(小时)	维修成本(元)
1	4 500	3 500
2	6 700	4 600
3	4 800	3 650
4	6 600	4 550
5	7 200	4 850
6	7 900	5 200

解:(1)首先,根据历史数据找出最高点与最低点的业务量。

高点(6 月)[7 900　5 200]

低点(1 月)[4 500　3 500]

(2)计算单位变动成本。

单位变动成本(b)＝(5 200－3 500)÷(7 900－4 500)＝0.5(元/小时)

(3)计算固定成本。

a＝5 200－0.5×7 900＝1 250(元)

或:

a＝3 500－0.5×4 500＝1 250(元)

(4)得出混合成本的模型。

y＝1 250＋0.5x

需要注意的是,选择高低点时,应以业务量为选择高低点的依据,而不要以混合成本的高低作为选择的依据。

高低点法的优点就是简便。其明显缺点是只利用了历史成本资料中的两组数据,而未考虑其他数据的影响,因而代表性差。

(二)散布图法

散布图法是指在坐标纸上,分别表明一定期间内业务量(x)以及与之相应的混合成本(y)的坐标,通过目测画出一条尽可能反映所有坐标点的直线,据此推算出固定成本和单位变动成本的一种方法。该种方法能够考虑所提供的全部资料,比较形象直观,但由于靠目测决定直线,容易造成误差,运用时可根据需要与其他方法结合使用。

散布图法的基本步骤如下:

(1)将各期业务量与相应混合成本的历史资料作为点的坐标,标注在平面直角坐标图上。

(2)目测一条直线,使其尽可能通过或接近所有坐标点。

(3)在纵坐标上读出该直线的截距值,即固定成本总额 a。

(4)在直线上任取一点 p,假设其坐标值为(x,y),将其代入下式计算单位变动成本 b:

$$b=\frac{y-a}{x}$$

(5)将 a,b 的值代入下式,得出一般性成本形态模型:

$$y=a+bx$$

【例 10－7】 某公司机器小时及维修成本资料如表 10－4 所示。用散布图法进行成本性态分析。

表 10－4 **某公司机器小时及维修成本资料**

年　份	机器小时(小时)	维修成本(元)
20×1	120	100
20×2	110	95
20×3	100	90
20×4	120	100
20×5	130	105
20×6	140	110

(1)将 6 期资料的相应坐标点分别标在坐标纸上,形成散布图,如图 10－10 所示。

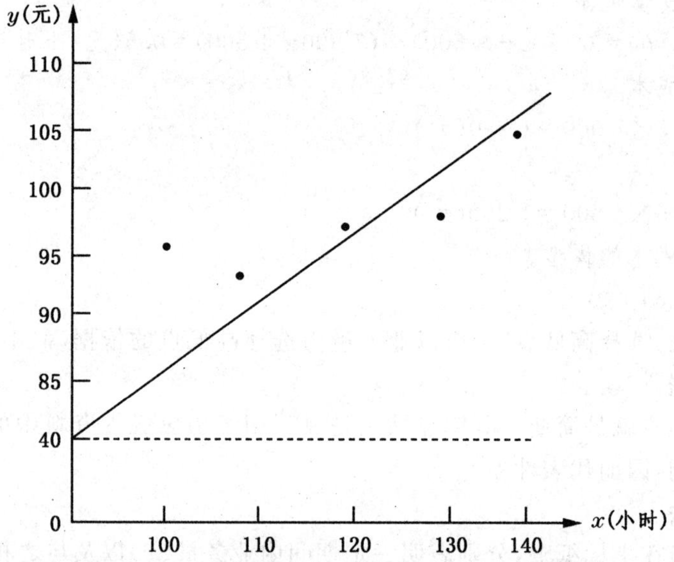

图 10－10　散布图

(2)通过目测,画出一条直线,尽可能反映各坐标点。

(3)读出直线截距为 40 元。

(4)在直线上任取一点(120,100),则:

$$b=\frac{100-40}{120}=0.5(\text{元/小时})$$

(5)该项混合成本的成本性态模型为:

$y=40+0.5x$

散布图法全面考虑了已知的所有历史成本数据,其图形可反映成本的变动趋势,比较形象直观,易于理解,但由于仅凭目测画线会因人而异,往往带有一定的主观性,准确程度较差。此法只适用于对混合成本的分解精度要求不高的情况。

（三）回归直线法

回归直线法是根据一定期间业务量与相应混合成本之间的历史资料，利用微分极值原理计算出最能反映业务量与成本之间关系的回归直线，从而确定成本性态的一种方法。它是在反映业务量与成本之间关系的直线中，确定一条所有已知观测值到直线距离误差平方和最小的直线——回归线，故又称最小平方法。在管理会计中，它是用来分解混合成本的一种较为精确的方法。

其基本原理是以 $y=a+bx$ 这一线性方程模型为基础，确定一条能正确反映 x 和 y 之间具有最小误差的直线，并据以求出固定成本总额和单位变动成本。其计算步骤如下：

(1)找到足够的历史数据资料，n 不要小于 5；

(2)用列表法对历史数据进行加工、延伸，计算出公式中的求和值；

(3)将求和值代入公式，求出 a 和 b 的值；

$$a=\frac{\sum y-b\sum x}{n}$$

$$b=\frac{n\sum xy-\sum x\sum y}{n\sum x^2-(\sum x)^2}$$

(4)建立成本性态模型，将 a 和 b 的值代入 $y=a+bx$。

【例 10－8】 某公司今年 1～6 月设备维修费与机器运行时间的资料如表 10－5 所示。用回归直线法进行混合成本分解。

表 10－5　　某公司设备维修费与机器运行时间资料

月　份	机器小时(小时)	维修费(元)
1	5	25
2	7	33
3	6	27
4	8	31
5	9	36
6	6	24

对原始资料进行加工整理，求得有关数据，见表 10－6。

表 10－6　　相关数据计算表

月份($n=6$)	机器小时(x)	维修费(y)	xy	x^2
1	5	25	125	25
2	7	33	231	49 *
3	6	27	162	36
4	8	31	248	64
5	9	36	324	81
6	6	24	144	36
合　计	41	176	1 234	291

将表 10—6 的数据代入公式，得：

$a=(6\times1\ 234-41\times176)\div(6\times291-41\times41)=2.89$

$b=(176-2.89\times41)\div6=9.59$

据此建立成本模型为：

$y=9.59+2.89x$

回归直线法的优点在于充分利用了离差平方和最小的原理，分析结果比较精确，避免主观上的误差。其缺点在于计算工作量大，对资料要求较高。这种方法适用于成本增减变动趋势较大的企业。

二、账户分析法

账户分析法是根据各个成本、费用账户（包括明细账户）的内容，直接判断其与业务量之间的依存关系，从而确定其成本性态的一种成本分解方法。

账户分析法的基本做法是，根据各有关成本账户的具体内容，判断其特征是更接近固定成本，还是更接近变动成本，进而直接将其确定为固定成本或变动成本。例如，“管理费用”账户中大部分项目发生额的大小在正常产量范围内与产量变动没有关系，至少没有明显关系，那么就将管理费用全部视为固定成本；“制造费用”账户中的车间管理部门办公费、按折旧年限计算的设备折旧费等虽与产量的关系较“管理费用”密切一些，但基本特征仍属“固定”，所以也应视为固定成本；而“制造费用”账户中的燃料动力费、维修费等，虽然不像直接材料费那样与产量呈正比例变动，但其发生额的大小与产量变动的关系很明显，因而可以将其视为变动成本。

【例 10—9】 某企业某车间的月成本见表 9—7。采用账户分析法对成本进行分解。

表 10—7　　**某企业某车间月成本资料**　　单位：元

产量为 5 000 件时的成本	
账　户	总成本
直接材料	10 000
直接人工	12 000
燃料、动力费	4 000
维修费	2 000
间接人工	2 000
折旧	8 000
行政管理费	2 000
合　计	40 000

在表 10—7 中，直接材料和直接人工通常为变动成本，燃料、动力费、维修费、间接人工等虽然都会随产量变动而呈比例变动，但由于我们不了解其他产量水平下的实际成本，无法对其进行成本性态分析，而只能将其先视为变动成本。行政管理费用又具体包括许多杂项支出，其中大部分与产量没有明显的关系，但也可能会有变动的因素。基于上述原因，仍可将其视为固定成本。具体分解见表 10—8。

表 10—8　　某车间月成本分解表　　单位：元

账户＼项目	产量为 5 000 件时的成本		
	总成本	固定成本	变动成本
直接材料	10 000		10 000
直接人工	12 000		12 000
燃料、动力费	4 000		4 000
维修费	2 000		2 000
间接人工	2 000		2 000
折旧	8 000	800	
行政管理	2 000	200	
合　计	40 000	10 000	30 000

根据表 10—7，可将该车间总成本分解成“固定”和“变动”两个部分，并以直线方程 $y=a+bx$ 表示，其中 $a=10\ 000$，$b=30\ 000\div 5\ 000=6$，即成本性态模型为：

$y=10\ 000+6x$

该车间只要估算出计划期的生产量，即可用上式估算出相应的总成本。

三、工程分析法

工程分析法是运用工业工程的研究方法来研究影响各有关成本项目数额大小的每个因素，并在此基础上直接估算出固定成本和变动成本的一种成本分解方法。

工程分析法的基本步骤如下：(1)确定研究的成本项目；(2)对导致成本形成的生产过程进行观察和分析；(3)确定生产过程的最佳操作方法；(4)以最佳操作方法为标准，测定标准方法下成本项目的每一构成内容，并按成本性态分别确定固定成本和变动成本。

以下举一简单的例子说明工程分析法如何对成本进行分解。

【例 10—10】　设某车间对精密金属零件采取一次模压成型、电磁炉烧结的方式加工。如果我们以电费作为成本研究对象，经观察，电费成本开支与电磁炉的预热和烧结两个过程的操作有关。按照最佳的操作方法，电磁炉从开始预热至达到可烧结的温度需耗电 1 500 千瓦/时，烧结每千克零件耗电 500 千瓦/时。每一工作日加工一班，每班电磁炉预热一次，全月共 22 个工作日。电费价格为 0.7 元/千瓦。

设每月电费总成本为 y，每月固定电费成本为 a，单位电费成本为 b，x 为烧结零件重量，则有：

$a=22\times 1\ 500\times 0.7=23\ 100$(元)

$b=500\times 0.7=350$(元/千瓦时)

该车间电费总成本分解的数学模型为：

$y=23\ 100+350x$

工程分析法适用于任何可以从客观立场上进行观察、分析和测定的投入产出过程，如对直接材料、直接人工等制造成本的测定，也可以用于仓储、运输等非制造成本的测定。与历史成本法和账户分析法比较，工程分析法的优点是十分突出的：

(1)历史成本法和账户分析法都只适用于有历史成本数据可供分析的情况,而工程分析法是一种独立的分析方法,即使在缺乏历史成本数据的情况下也可以采用。同时,当需要对历史成本分析的结论进行验证时,工程分析法也是最有效的方法。

(2)虽然采用历史成本法或账户分析法时,同样必须排除那些发生在所分析期间的无效或者不正常的支出,否则将直接影响估计成本的准确性。工程分析法由于是从投入与产出之间的关系入手,通过观察和分析,直接测定在一定的生产流程、工艺水平和管理水平条件下应该达到的各种消耗标准,也就是一种较为理想的投入和产出关系,这种关系是企业的各种经济资源利用最优化的结果。所以,不仅那些明显无效或者不正常的支出会被排除,直观上属于正常支出中那些带有隐蔽性的无效或者非正常的部分也很自然地被排除了。

(3)企业在制定标准成本和编制预算时,采用工程分析法较之其他方法,分析结果更具有客观性、科学性和先进性。

当然,工程分析法的分析成本较高,因为对投入和产出过程进行观察、分析和测定,往往要耗费较多的人力、物力和时间。而且对于那些不能直接将其归属于特定投入与产出过程的成本,或者属于不能单独进行观察的联合过程中的成本,如各种间接成本,就不能使用工程分析法。

从混合成本分解的各种方法的讲述中不难看出,成本分析的过程,实际上就是一个对成本性态进行研究的过程,而不仅仅是一个计算过程。就成本分解的各种方法而言,应该说短长互见。应该根据不同的分解对象,来选择适当的分解方法,分解结果出来后,还应当尽可能采用其他方法进行印证,以期获得比较准确的成本性态数据。

本章小结

正确看待企业内部成本与利润的关系,可以认为企业内部就是一种广义的成本计量,而利润则是市场角度的成本补偿程度的计量,企业运行机制就被重新描述为在有意义的领域做出独特的贡献而进行的成本流程安排。成本是企业综合经营后的结果,因此成本分析也是一种综合型分析活动。

在西方传统的财务会计中,通常把产品总成本按其经济用途分为两大类:制造成本、非制造成本。

成本性态也称成本习性,是指成本的总额对业务总量的依存关系,可以分为固定成本、变动成本和混合成本三大类。混合成本的分解方法很多,通常有历史成本法、账户分析法和工程分析法。常用的历史分析法有高低点法、散布图法和回归直线法。

高低点法是根据一定期间内的最高点产量和最低点产量之间的差额以及与之相对应的最高点产量混合成本和最低点产量混合成本之间的差额,推算混合成本总额中固定成本和变动成本含量的一种简捷方式。

散布图法是指在坐标纸上,分别表明一定期间内业务量(x)以及与之相应的混合成本(y)的坐标,通过目测画出一条尽可能反映所有坐标点的直线,据此推算出固定成本和单位变动成本的一种方法。回归直线法是根据一定期间业务量与相应混合成本之间的历史资料,利用微分极值原理计算出最能反映业务量与成本之间关系的回归直线,从而确定成本性态的一种方法。

账户分析法是根据各个成本、费用账户(包括明细账户)的内容,直接判断其与业务量之间的依存关系,从而确定其成本性态的一种成本分解方法。

工程分析法是运用工业工程的研究方法来研究影响各有关成本项目数额大小的每个因素,并在此基础上直接估算出固定成本和变动成本的一种成本分解方法。

思考题

1. 什么是成本性态?
2. 成本按性态分类分为哪几种?
3. 混合成本分解方法有哪几种?
4. 什么是高低点法?其适用范围是什么?
5. 什么是账户分析法?其适用范围是什么?
6. 什么是工程分析法?其适用范围是什么?有哪些优点?

第十一章　成本报表的编制与分析

学习目的

熟悉成本报表的概念、内容和编制的意义；掌握成本报表编制的要求；重点掌握按产品品种种类的可比产品生产成本和不可比产品品种生产成本表的设置及各个相关分析指标的计算与分析；重点掌握按成本项目的生产成本表的设置及相关分析指标的计算与分析。

第一节　产品成本表的编制与分析

成本报表是根据日常成本核算资料及其他有关资料编制的，反映企业一定时期产品成本水平和费用支出情况，据以分析企业成本计划执行情况和结果的报告文件。正确、及时地编制成本报表是成本会计的一项重要内容。

成本报表通常包括产品生产成本表、主要产品单位成本表、制造费用明细表和期间费用明细表等。该类报表在编报的时间、种类、格式、内容和报送对象等方面，国家均不做统一规定，而由企业根据其生产特点与管理要求自行设置和调整。

正确、及时地编报成本报表，有利于企业及主管部门了解和掌握成本计划的执行情况，考核成本工作绩效，对企业的成本工作进行评价；通过成本报表的分析，可以揭示影响产品成本指标和费用项目变动的因素和原因，从生产技术、生产组织和经营管理等方面挖掘降低成本的潜力，提高企业的经济效益；成本报表提供的实际产品成本和耗费支出资料，不仅可以满足加强日常成本管理的需要，而且是企业进行成本利润预测和决策、编制成本费用计划、制定产品价格的重要依据。

成本报表属于内部报表，由于其反映的内容属商业机密，因而不对外公开和报送。

一、产品生产成本表的编制与分析

产品生产成本表是反映企业在报告期内生产全部产品（包括可比产品和不可比产品）的总成本以及各种主要产品的单位成本、总成本及年度累计总成本的报表。可比产品是指以前年度正式生产过、具有较完备的成本资料的产品；不可比产品是指以前年度没有正式生产过，因而也没有完备的成本资料的产品以及上年试制成功当年正式投产的产品。产品生产成本表一般分为以下几种：

(一)按产品种类反映的产品生产成本表的编制

按产品种类反映的产品生产成本表，是按产品种类汇总反映企业在报告期内生产的全部产品的单位成本和总成本的报表。

1. 按产品种类反映的产品生产成本表的设置

按产品种类反映的产品生产成本表分为基本报表和补充资料两部分。

(1)基本报表部分应按可比产品和不可比产品分别设置。基本报表部分反映可比产品、不可比产品和全部产品的本月总成本和本年累计总成本。其中对于各种主要产品，还应分别反映其实际产量、单位成本、本月总成本和本年累计总成本。

(2)补充资料部分主要反映可比产品成本的降低额和降低率等资料。其计算公式如下：

$$\begin{matrix}\text{可比产品}\\\text{成本降低额}\end{matrix}=\begin{matrix}\text{可比产品按上年实际平均}\\\text{单位成本计算的总成本}\end{matrix}-\begin{matrix}\text{可比产品年累计}\\\text{实际总成本}\end{matrix}$$

$$\text{可比产品降低率}=\frac{\text{可比产品成本降低额}}{\text{可比产品按上年实际平均单位成本计算的总成本}}$$

2. 按产品种类反映的产品生产成本表的填列方法

编制产品生产成本表，主要依据有关产品的基本生产成本明细账年度成本计划及上年度本表等资料填列。

(1)“产品名称”项目填列“可比产品”与“不可比产品”的名称。

(2)“实际产量”项目根据“基本生产成本明细账”的记录计算填列。

(3)“单位成本”项目中：

①“上年实际平均”项目根据上年度本表所列各种可比产品的全年累计实际平均单位成本填列。

②“本年计划”项目根据年度成本计划的有关资料填列。

③“本月实际”项目根据有关产品“基本生产成本明细账”中的资料，按下述公式计算填列：

$$\text{某产品本月实际单位成本}=\frac{\text{该产品本月实际总成本}}{\text{该产品本月实际产量}}$$

④“本年累计实际平均”项目根据有关产品“基本生产成本明细账”中的资料，按下述公式计算填列：

$$\text{某产品本年累计实际平均单位成本}=\frac{\text{该产品本年累计实际总成本}}{\text{该产品本年累计实际产量}}$$

(4)“本月总成本”项目中：

①“按上年实际平均单位成本计算”项目是本月实际产量与上年实际平均单位成本之积。

$$\begin{matrix}\text{按上年实际平均单位成本}\\\text{计算的本月总成本}\end{matrix}=\text{本月实际产量}-\begin{matrix}\text{上年实际平均}\\\text{单位成本}\end{matrix}$$

②“按本年计划单位成本计算”项目是本月实际产量与本年计划单位成本之积。

$$\begin{matrix}\text{按本年计划平均单位成本}\\\text{计算的本月总成本}\end{matrix}=\text{本月实际产量}-\begin{matrix}\text{本年计划平均}\\\text{单位成本}\end{matrix}$$

③“本月实际”项目根据本月有关产品“基本生产成本明细账”的记录填列。

(5)“本年累计总成本”项目中：

①“按上年实际平均单位成本计算”项目是本年累计实际产量与上年实际平均单位之积。

$$\begin{matrix}\text{按上年实际平均单位成本}\\\text{计算的本年累计总成本}\end{matrix}=\text{本年累计实际产量}-\begin{matrix}\text{上年实际平均}\\\text{单位成本}\end{matrix}$$

②“按上年计划单位成本计算”项目是本年累计实际产量与本年计划成本之积。

按本年计划平均单位成本计算的本年累计总成本＝本年累计实际产量－本年计划平均单位成本

③“本年实际”项目根据有关“基本生产成本明细账”的资料填列。

【例 11—1】 根据沃尔公司 20×4 年 3 月闸阀和止回阀的生产成本等相关资料(见表 11—1、表 11—2),完工产品和在产品成本计算单(见表 11—3、表 11—4),以及有关历史、计划等有关资料,编制按产品种类反映的“产品生产成本表”,如表 11—5 所示。

表 11—1　　闸阀生产成本及完工情况表

编制单位:沃尔公司　　20×4 年 3 月　　金额单位:元

项　目	累计生产成本	期末完工产量	期末在产品数量	完工程度
直接材料	1 425 276.56	120	8	100%
燃料及动力	367 446.96	120	8	80%
直接人工	163 519.01	120	8	80%
制造费用	128 312.15	120	8	80%
废品损失	6 788.06			
合　计	2 091 342.74			

表 11—2　　止回阀生产成本及完工情况表

编制单位:沃尔公司　　20×4 年 3 月　　金额单位:元

项　目	累计生产成本	期末完工产量	期末在产品数量	完工程度
直接材料	926 501.84	100	—	—
燃料及动力	273 802.90	100	—	—
直接人工	111 291.74	100	—	—
制造费用	87 115.78	100	—	—
废品损失	—			
合　计	1 398 712.26			

表 11—3　　完工产品和在产品成本计算单

产品名称:闸阀　　20×4 年 3 月 31 日　　金额单位:元

项　目	累计生产成本	产量(约当总产量)					单位成本	完工产品成本	月末在产品成本
		完工产量	在产品约当产量			合计			
			在产品数量	完工程度	约当产量				
直接材料	1 425 276.56	120	8	100%	8	128	11 134.973 2	1 336 196.78	89 079.78
燃料及动力	367 446.96	120	8	80%	6.4	126.4	2 907.018 1	348 842.18	18 604.78
直接人工	163 519.01	120	8	80%	6.4	126.4	1 293.663 1	155 239.57	8 279.44
制造费用	128 312.15	120	8	80%	6.4	126.4	1 015.127 8	121 815.34	6 496.81
废品损失	6 788.06						56.571 6	6 788.06	
合　计	2 091 342.74	120					16 407.353 8	1 968 881.93	122 460.81

表 11－4　　　　　　　　**完工产品和在产品成本计算单**

产品名称:止回阀　　　　　　　　20×4 年 3 月 31 日　　　　　　　　金额单位:元

项　目	累计生产成本	产量(约当总产量)					单位成本	完工产品成本	月末在产品成本
		完工产量	在产品约当产量			合计			
			在产品数量	完工程度	约当产量				
直接材料	926 501.84	100	—	—	—	100	926 501.84	926 501.84	—
燃料及动力	273 802.90	100	—	—	—	100	273 802.90	273 802.90	—
直接人工	111 291.74	100	—	—	—	100	111 291.74	111 291.74	—
制造费用	87 115.78	100	—	—	—	100	87 115.78	87 115.78	—
废品损失	—	—	—	—	—	—	—	—	—
合　计	1 398 712.26	100	—	—	—	100	16 407.353 8	1 968 881.93	—

表 11－5　　　　　　　　**产品生产成本表**

（按产品品种）

编制单位:沃尔公司　　　　　　　　20×4 年 3 月　　　　　　　　单位:元

产品名称	计量单位	实际产量		单位成本				本月总成本			本年累计总成本		
		本月	本年累计	上年实际平均	本年计划	本月实际	本年累计实际平均	按上年实际平均单位成本计算	按本年计划单位成本计算	本月实际	按上年实际平均单位成本计算	按本年计划单位成本计算	本月实际
		①	②	③	④	⑤＝⑨/①	⑥＝⑫/②	⑦＝①×③	⑧＝①×④	⑨	⑩＝②×③	⑪＝②×④	⑫
可比产品合计								1 972 130	1 938 000	1 968 881.93	4 849 500	4 845 000	4 848 000
其中:闸阀	件	120	300	16 165	16 150	16 407.35	16 160	1 939 800	1 938 000	1 968 881.93	4 849 500	4 845 000	4 848 000
不可比产品合计									1 400 000	1 398 712.26		3 920 000	3 948 000
其中:止回阀	件	100	280		14 000	13 987.12	14 100		1 400 000	1 398 712.26		3 920 000	3 948 000
全部产品成本合计									3 338 000	3 367 594.19		8 765 000	8 796 000

补充资料:

(1)可比产品成本降低额＝4 849 500－4 848 000＝1 500(元)

(2)可比产品成本降低率＝1 500÷4 849 500＝0.03%

3. 按产品种类反映的产品生产成本表的分析

按产品种类反映的产品生产成本表的分析,一般可以从以下两个方面进行:一是本期实际成本与计划成本的对比分析,二是本期实际成本与上年实际成本的对比分析。

(1)本期实际成本与计划成本的对比分析

【例 11－2】　承【例 11－1】,根据实际成本资料(见表 11－1、表 11－2)和计划成本资料(见表 11－6),编制沃尔公司 20×4 年 3 月“产品生产成本计划完成情况分析表(按产品种类)”,如表 11－7 所示。

表 11－6　　**产品生产成本计划表**

编制单位：沃尔公司　　20×4 年 3 月　　单位：元

产品名称	计量单位	实际产量	单位成本			实际产量总成本		差异	
			上年实际	本年计划	本年实际	按上年实际单位成本计算	本年实际	成本降低额	成本降低率（%）
其中：闸阀	件	360	16 165	16 160	16 160	5 819 400	5 814 000	5 400	0.1
止回阀	件	252		14 000	14 100		3 528 000		

表 11－7　　**产品生产成本计划完成计划情况分析表**

（按产品种类）

编制单位：沃尔公司　　20×4 年 3 月　　单位：元

产品名称	计量单位	实际产量	单位成本			实际产量总成本			差异	
			上年实际	本年计划	本年实际	按上年实际单位成本计算	按本年计划单位成本计算	本年实际	成本降低额	成本降低率（%）
主要产品						4 819 500	8 765 000	8 796 000	－31 000	0.353 7
其中：闸阀	件	300	16 165	16 160	16 160	4 819 500	4 845 000		3 000	0.061 9
止回阀	件	280		14 000	14 100		3 920 000	3 948 000	28 000	0.714 3

在产品生产成本计划完成情况分析表（表 11－7）中，总成本均按同一实物量的实际产量计算，确保了指标性的可比性。

通过表 11－7 的计算分析可以看到，沃尔公司 20×4 年全部产品实际成本与计划成本比较，成本降低额为－31 000 元（8 765 000－8 796 000），成本降低率为－0.353 7%（－31 000÷8 765 000）。在主要的产品中，止回阀成本比计划超支 0.714 3%[（3 948 000－3 920 000）÷3 920 000]。对实际成本超支的问题，该公司应做进一步的分析。

（2）本期实际成本与上年实际成本的对比分析

本期实际成本与上年实际成本的对比分析也可从两个方面进行：一是对可比产品成本降低情况的总括分析，二是对可比产品成本降低情况的因素分析。

①可比产品成本降低情况的总括分析

企业通常在制定成本计划时，规定可比产品成本比上年成本降低的任务，即计划降低额和计划降低率。因此，可比产品成本的分析，首先要计算出实际降低额和降低率，以便于计划降低额与降低率相比较，从而了解可比产品降低任务的完成情况。其计算公式如下：

$$\text{可比产品成本计划降低额}=\sum\text{可比产品计划产量}\times(\text{上年实际平均单位成本}-\text{计划单位成本})$$

$$\text{可比产品成本计划降低率}=\frac{\text{可比产品成本计划降低额}}{\sum(\text{可比产品计划产量}\times\text{上年实际平均单位成本})}\times 100\%$$

$$\text{可比产品成本实际降低额}=\sum\text{可比产品实际产量}\times(\text{上年实际平均单位成本}-\text{本年实际平均单位成本})$$

$$\text{可比产品成本实际降低率}=\frac{\text{可比产品成本实际降低额}}{\sum(\text{可比产品实际产量}\times\text{上年实际平均单位成本})}\times 100\%$$

【例 11－3】　承【例 11－2】，沃尔公司可比产品成本降低任务完成情况如表 11－8 所示。

表 11－8　　可比产品成本降低完成任务情况分析表

（按产品品种）

编制单位：沃尔公司　　20×4 年 3 月　　单位：元

可比产品	计量单位	计划产量	实际产量	单位成本			总成本			降低任务完成情况				差异	
				上年实际	本年计划	本年实际	按上年实际单位成本和计划产量计算	按上年实际单位成本和实际产量计算	本年实际	计划		实际		降低额	降低率（%）
										降低额	降低率（%）	降低额	降低率（%）		
闸阀	件	360	300	16 165	16 150	16 160	5 819 400	4 849 500	4 848 000	5 400	0.1	1 500	0.031	－3 900	－0.069

由表 11－8 可以看到，沃尔公司可比产品成本实际降低额和实际降低率都未完成计划，其中，实际降低额比计划多降低－3 900 元（1 500－5 400），即成本降低额上升了 3 900 元，实际降低率与计划相差－0.069％（0.031％－0.1％）。因此，沃尔公司还应就影响可比产品成本降低情况的诸因素做进一步的分析。

②可比产品成本降低情况的因素分析

影响可比产品成本的主要因素有三个：产品产量、产品品种结构和产品单位成本。由于可比产品的计划降低额是根据各种产品的计划产量确定的，而实际降低额是根据各种产品的实际产量确定的，在产品品种结构和产品单位成本不变的情况下，产量变动将会使成本降低额发生同比例变动，因而产量变动不会影响成本降低率的变动。此外，由于在可比产品中各产品的成本降低程度不尽相同，因而产品品种的比重变动，将会使成本降低额与成本降低率同时发生变动。成本降低程度大的产品比重增加会使成本降低额和降低率提高，反之则会降低。另外，产品品种结构变动和产品单位成本变动会影响成本降低率的变动，而产品产量、产品品种结构和产品单位成本变动均会影响成本降低额的变动。

（二）按成本项目反映的产品生产成本表的编制

按成本项目反映的产品生产成本表，是按成本项目汇总反映企业在报告期内发生的全部产生耗费以及产品生产总成本的报表。

1. 按成本项目反映的产品生产成本表的设置

按成本项目反映的产品生产表一般分为生产费用和生产成本两部分，其格式如表 11－9 所示。

表 11－9　　产品生产成本表

（按成本项目）

编制单位：沃尔公司　　20×4 年 3 月　　单位：元

项　目	上年实际	本年计划	本月实际	本年累计实际
生产耗费：				
直接材料	5 423 760	5 797 968	2 274 378.40	5 685 946
燃料及动力	1 551 544	1 521 525	629 549.86	1 576 874.65
直接人工	746 176	789 435	266 170.50	798 512.25
制造费用	608 200	606 072	206 107.93	618 323.80
废品损失			6 788.06	6 788.06
生产耗费合计	8 329 680	8 715 000	3 382 995	8 686 444.76
加：在产品、自制半成品期初余额	231 800	200 000	107 060	230 125.79
减：在产品、自制半成品期末余额	233 125.79	150 000	120 570.55	120 570.55
产品生产成本合计	8 328 354.21	8 762 000	3 369 484.45	8 796 000

（1）“生产耗费”部分按各成本项目分行列式。

（2）“产品生产成本”部分是在生产耗费合计数的基础上，加减期初、期末在产品及自制半成品余额计算的产品生产成本合计数。生产耗费和产品生产成本可按“本年计划”“本月计划”“实际成本”和“本年累计实际”分栏反映，可比产品还可增设“上年实际”栏。

该表可以反映报告期内全部产品生产耗费的发生情况及各种耗费的构成情况。通过该表，可以对企业的生产耗费进行一般评价。

2. 按成本项目反映的产品生产成本表的填列方法

（1）“本月实际”栏的生产费用数，应根据各“基本生产成本明细账”所记本月生产耗费合计数，按成本项目分别汇总填列。在此基础上，加上“在产品、自制半成品期初余额”，减去“在产品、自制半成品期末余额”，计算确定本月完工的“产品生产成本合计”。

（2）“本年累计实际”栏，应根据本月实际数额，加上上月份本表的“本年累计实际”计算填列。

（3）“期初、期末在产品和自制半成品余额”，应根据各种产品“基本生产成本明细账”期初、期末在产品成本和各种自制半成品明细账的期初、期末余额，分别汇总填列。

（4）“上年实际”数应根据成本计划有关资料填列。

（5）“本年计划”数应根据成本计划有关资料填列。

产品生产成本表是按产品品种和成本项目分别填制的，因此成本计划完成情况的分析，应当按照产品品种和成本项目分别进行。通过分析，既能了解和掌握全部产品及各产品成本计划的执行情况，同时还便于从中发现成本超值或者降低幅度较大的产品和成本项目，为进一步分析指明方向。

3. 按成本项目反映的产品生产成本表的分析

按成本项目反映的产品生产成本表的分析，一般可以采用比较分析法、构成比率分析法和相关指标比率分析法。

(1)比较分析法

比较分析法也称对比分析法，是通过实际数与基数的对比来揭示实际数与基数之间的差异，借以了解经济活动的成绩和问题的一种分析方法。

在比较分析法下，对比基数由于分析的目的不同而有所不同，一般有计划数、定额数、前期实际数、以前年度同期实际数以及反映本企业的历史先进水平和国内外同行业的先进水平的实际数额。将本期实际数与前期实际数或以前年度同期实际数对比，可以考察经济活动的发展变化情况。将本企业实际数与国内外同行业的先进水平对比，可以发现与先进水平之间的差距，从而采取措施，学习、赶上和超过先进水平。

比较分析法适用于同质指标的数量对比，如产品实际成本与计划产品成本对比、原材料实际成本与原材料定额成本对比等。运用这种分析方法时，应该注意指标的可比性。进行对比的各项指标在经济内容、计算期和影响指标形成的客观条件等方面，应有可比的共同基础。如果相比的指标之间有不可比因素，应先按可比口径进行调整，然后再进行对比。

在成本分析中运用比较分析法，主要有以下几种对比方式：

①分析期实际数据与计划(预算)数据对比。

分析期实际数据与计划(预算)数据比较，是基本的比较方法。这种方法可以找出分析期实际成本或费用与计划成本或费用预算之间的差异，查明成本计划和费用预算的执行情况。对比指标如下：

a. 实际脱离计划的差异额，即实际与计划比较增加或减少的数额。其计算公式如下：

$$\text{实际较计划增减额}=\text{分析期实际数}-\text{分析期计划数}$$

b. 实际脱离计划的差异率，即实际较计划增加或减少的百分比。其计算公式如下：

$$\text{实际较计划增减率}(\%)=\frac{\text{分析期实际数}-\text{分析期计划数}}{\text{分析期计划数}}\times 100\%$$

将分析期实际数据与计划(预算)数据比较，如果实际数据与计划数据的差异额较大，必须对计划(预算)的编制情况进行检查。

②分析期实际数据与前期实际数据对比。

将分析期实际成本、费用，与前期(上月、上季、上年、上年同期等)实际成本、费用比较，可以反映企业成本、费用的变动趋势。

在成本分析中，分析期实际数据还应当与本企业历史先进水平的成本、费用指标比较。历史先进水平是指本企业生产的该种产品，成本水平最低的年度的实际成本；或在生产规模、生产条件大致相同的情况下，某种费用总额最低的年度的费用额。

③分析期实际数据与本行业实际平均数据或者本行业先进企业实际数据对比。

将分析期实际数据与计划数据或者前期实际数据进行内部的纵向比较，还不能充分说明企业成本管理工作的成绩和成本、费用的水平，只有将企业实际数据与行业平均数据或同行业先进企业的实际数据进行横向对比，才能找出本企业的差距，确定企业成本管理水平在同行业同类企业中的位置。企业的成本数据属于商业秘密，成本数据在企业之间的这种横向比较，只有在行业内各企业之间达成了某种协议，同行业同类企业之间有成本数据交换的情况下才有可能进行；对于企业集团或者总公司内部各企业之间的成本数据，则应当是公开的。

(2)构成比率分析法

构成比率分析法，也称比重分析法，是指通过计算某项指标的各个组织部分占总体的比重,即部分与全部的比率,进行数量分析的方法。通过这种分析,可以反映产品成本的构成是否合理。产品成本构成比率的计算公式如下:

$$直接材料比率=\frac{直接材料成本}{产品生产成本}\times100\%$$

$$直接人工比率=\frac{直接人工成本}{产品生产成本}\times100\%$$

$$制造费用比率=\frac{制造费用}{产品生产成本}\times100\%$$

(3)相关指标比率分析法

相关指标比率分析法是对两个性质不同而又相关的指标的比率进行数量分析的方法。在实际工作中,由于企业规模、市场环境等不同原因,单纯对比产值、营业收入或者利润等绝对数的多少,不能说明各个企业经济效益的好坏,如果计算成本与产值、营业收入或者利润相比的相对数,即产值成本率、营业收入成本率或成本利润率,就可以反映各企业经济效益的好坏。

【例 11—4】 沃尔公司根据成本计划和成本报表的有关资料,编制截至 20×4 年 3 月按成本项目反映的产品成本计划完成情况分析表(见表 11—10)。

表 11—10　　产品成本计划完成情况分析表

(按成本项目)

编制单位:沃尔公司　　20×4 年 3 月　　单位:元

成本项目	实际产量的总成本		与计划相比	
	按本年计划单位成本计算	本年实际	成本降低额	成本降低率(%)
直接材料	5 897 968.00	5 910 032.40	—12 064.40	—0.204 5
燃料及动力	1 621 525.00	1 626 380.40	—4 855.40	—0.299 4
直接人工	692 435.00	685 763.60	— 3 328.60	—0.480 7
制造费用	553 072.00	557 035.54	—3 963.54	—0.716 6
废品损失		6 788.06	—6 788.06	
合　计	8 765 000.00	8 796 000.00	—31 000.00	—0.353 6

从表 11—10 可以看出,沃尔公司按成本项目反映的全部产品生产成本计划完成情况,与计划比较的成本降低额为—31 000 元,成本降低率为—0.353 6%,进一步分析可以发现,构成产品总成本的三个主要成本项目——直接材料、直接人工和制造费用项目,均未完成计划,与计划比较的降低率分别为—0.204 5%、—0.480 7%、—0.716 6%。对于各成本项目超支的原因,沃尔公司应做进一步分析。

对于各种生产成本,还可以根据表 11—10 提供的资料,计算构成比率,并在本年实际、本年月季、本年计划和上年实际之间进行比较。

(1)本年累计实际构成比率

直接材料构成比率=5 685 964 ÷8 686 444.76×100%=65.46%

燃料及动力构成比率= 1 576 874.65÷8 686 444.76×100%=18.15%

直接人工构成比率=798 512.25 ÷8 686 444.76×100%=9.2%

制造费用构成比率＝ 618 323.80÷8 686 444.76×100％＝7.11％

废品损失构成比率＝6 788.06 ÷8 686 444.76×100％＝0.08％

(2)本月实际构成比率

直接材料构成比率＝2 274 378.40 ÷3 382 995×100％＝67.23％

燃料及动力构成比率＝629 549.86÷3 382 995×100％＝18.61％

直接人工构成比率＝266 170.75 ÷3 382 995×100％＝7.87％

制造费用构成比率＝ 206 107.93÷3 382 995×100％＝6.09％

废品损失构成比率＝6 788.06 ÷3 382 995×100％＝0.2％

(3)本年计划构成比率

直接材料构成比率＝5 797 968 ÷87 150 000×100％＝66.53％

燃料及动力构成比率＝1 521 525÷87 150 000×100％＝17.46％

直接人工构成比率＝789 435÷87 150 000×100％＝9.06％

制造费用构成比率＝606 072÷87 150 000×100％＝6.95％

(4)上年实际构成比率

直接材料构成比率＝5 423 760÷8 329 680×100％＝65.11％

燃料及动力构成比率＝1 551 544÷8 329 680×100％＝18.63％

直接人工构成比率＝746 176÷8 329 680×100％＝8.96％

制造费用构成比率＝608 200÷8 329 680×100％＝7.3％

根据上述各项构成比率可以看出，本年累计实际构成与本年计划构成相比，本年直接燃料成本、直接人工成本和制造费用的比重有所提高，而直接材料成本的比重有所降低；而与上年实际构成相比，本年直接材料、直接人工成本的比重有所提高，而直接燃料成本、制造费用的比重有所降低。应进一步查明这些变动的原因及变动是否合理。

第二节 主要产品单位成本表的编制与分析

主要产品是指企业经常生产、在企业全部产品中所占比重比较大、能概括反映企业经营生产面貌的产品。主要产品单位成本表是反映企业在报告期内生产的各种主要产品生产成本水平及其构成情况的成本报表。由于产品生产成本表中各主要产品的成本只列示其总括数据，无法据以分析其构成情况，所以主要产品单位成本表就成为产品生产成本表的补充。主要产品单位成本表有助于考核各种主要产品单位成本计划的执行结果，明确各成本项目及相关消耗定额的变动情况与成本构成的变化趋势，为企业挖掘降低成本的潜力提供信息。

一、主要产品单位成本表的编制

(一)主要产品单位成本表的设置

主要产品单位成本表按主要产品品种分别设置和编制，一般包括产量、单位成本和主要技术经济指标三个部分。

产量部分反映报告期的计划产量和实际产量，以及本年累计的计划产量和实际产量，此外还反映产品的销售单价。

单位成本部分按照成本项目分别反映历史先进水平、上年实际平均、本年计划、本月实际和本年累计实际平均的单位成本。

技术经济指标部分主要反映原材料、主要材料、燃料和动力以及生产工时的消耗数量。

(二)主要产品单位成本表的填列方法

主要产品单位成本表主要依据有关产品的"基本生产成本明细账"、成本计划、历年有关成本资料、上年度本表有关资料及产品产量、材料和工时的消耗量等资料填列。

【例 11－5】 沃尔公司根据 20×4 年 3 月基本生产成本有关资料(见表 11－1、表 11－2)、公司相关资料(见表 11－11)、完工产品与在产品成本计算单以及产成品成本汇总表资料(见表 11－3、表 11－4),编制 20×4 年 3 月主要产品单位成本表,如表 11－12 所示。

表 11－11 **沃尔公司相关资料**

20×4 年 3 月

<table>
<tr><td colspan="3">闸阀</td><td colspan="3">止回阀</td></tr>
<tr><td>月初在产品</td><td colspan="2">10 件</td><td>月初在产品</td><td colspan="2">0 件</td></tr>
<tr><td>本月投产数量</td><td colspan="2">120 件</td><td>本月投产数量</td><td colspan="2">100 件</td></tr>
<tr><td>月末在产品</td><td colspan="2">8 件,投料率 100%,加工率 80%</td><td>月末在产品</td><td colspan="2">0 件</td></tr>
<tr><td>定额重量</td><td colspan="2">1 800 千克</td><td>定额重量</td><td colspan="2">1 300 千克</td></tr>
<tr><td rowspan="3">工时定额
(小时)</td><td>铸造车间</td><td>70</td><td rowspan="3">工时定额
(小时)</td><td>铸造车间</td><td>50</td></tr>
<tr><td>机加工车间</td><td>35</td><td>机加工车间</td><td>35</td></tr>
<tr><td>装配车间</td><td>32</td><td>装配车间</td><td>30</td></tr>
<tr><td rowspan="4">生产工时/件</td><td rowspan="2">铸造车间</td><td>76.25</td><td rowspan="4">生产工时/件</td><td rowspan="2">铸造车间</td><td rowspan="2">52</td></tr>
<tr><td>修复废品 20</td></tr>
<tr><td>机加工车间</td><td>35</td><td>机加工车间</td><td>34.8</td></tr>
<tr><td>装配车间</td><td>32.5</td><td>装配车间</td><td>35</td></tr>
<tr><td rowspan="2">机器工时/件</td><td>机加工车间</td><td>33</td><td rowspan="2">机器工时/件</td><td>机加工车间</td><td>34</td></tr>
<tr><td>装配车间</td><td>25</td><td>装配车间</td><td>24</td></tr>
<tr><td>铸铁消耗定额</td><td colspan="2">2 480 千克</td><td>铸铁消耗定额</td><td colspan="2">1 790 千克</td></tr>
<tr><td>锤纹漆成本定额</td><td colspan="2">32 元</td><td>锤纹漆成本定额</td><td colspan="2">30 元</td></tr>
<tr><td>大碳消耗定额</td><td colspan="2">790 千克</td><td>大碳消耗定额</td><td colspan="2">510 千克</td></tr>
<tr><td>焦炭消耗定额</td><td colspan="2">330 千克</td><td>焦炭消耗定额</td><td colspan="2">225 千克</td></tr>
<tr><td>炉材消耗定额</td><td colspan="2">180 千克</td><td>炉材消耗定额</td><td colspan="2">130 千克</td></tr>
</table>

表 11－12

主要产品单位成本表

20×4 年 3 月

产品名称:止回阀　　　　产品销售单价:16 784 元

产品规格:400　　　　本月实际产量:100 件

计量单位:元　　　　本年累计实际产量:280 件

成本项目	历史先进水平	上年实际平均	本年计划	本月计划	本年累计实际平均
直接材料	9 076.05		9 314	9 265.02	9 232.68
燃料及动力	2 512.35		2 440	2 738.03	2 560.56
直接人工	1 062.45		1 267	1 112.91	1 297.20
制造费用	849.15		979	871.16	1 009.56
产品单位生产成本	13 500		14 000	13 987.12	14 100
主要技术经济指标	耗用量	耗用量	耗用量	耗用量	耗用量
1. 主要材料					
铸铁消耗(千克)	1 785		1 790	1 784	1 795
锤纹漆消耗(千克)	1.4		2	1.5	1.49
大碳消耗(千克)	500		510	627	530
焦炭消耗(千克)	220		225	295	235
炉材消耗(千克)	126		130	155	140
2. 工时					
定额工时	117		114		
铸造车间(小时)	50		50		
机加工车间(小时)	35		35		
装配车间(小时)	32		30		
生产工时/件	110			121.8	115
铸造车间(小时)	48			52	50
机加工车间(小时)	33			34.8	35
装配车间(小时)	29			35	30

主要产品单位成本表各项目的填列方法如下：

(1)“本月实际产量”和“本年累计实际产量”项目:根据“产品成本明细账”或者“产成品成本汇总表”填列。

(2)“产品销售单价”项目:根据“产品定价表”填列。

(3)“主要技术经济指标”项目:反映主要产品每一单位所消耗的主要原材料、燃料、工时等的数量。

(4)“历史先进水平”栏各项目:反映本企业历史上该种产品成本最低年度的实际平均单位成本和实际单位用量,根据有关年份的成本资料填列。

(5)“上年实际平均”栏各项目:反映上年实际平均单位成本和单位用量,根据上年度本表的本年累计实际平均单位成本和单位用量的资料填列。

(6)“本年计划”栏各项目:反映本年计划单位成本和单位用量,根据年度成本计划资料填列。

(7)“本月实际”栏各项目:反映本月实际单位成本和单位用量,根据本月“产品成本明细账”等有关资料填列。

(8)“本年累计实际平均”栏各项目:反映本年年初至本月月末该种产品的平均实际单位成本和单位用量,根据本年年初至本月月末的已完工产品成本明细账等有关资料,采用加权平均法计算后填列。

本表中按成本项目反映的上年实际平均、本年计划、本月实际、本年累计实际平均的单位成本合计,应与产品生产成本表中各该产品的单位成本金额分别相等。

二、主要产品单位成本表的分析

一定时期产品单位成本的高低与企业的生产技术、生产组织状况和经营管理水平等情况密切相关,结合企业的各种经济资料,对产品单位成本进行分析,可以查明成本升降的具体原因,以便采取措施,降低产品成本。

产品单位成本计划完成情况的分析,重点分析两类产品:一是单位成本升降幅度较大的产品;二是在企业全部产品中所占比重较大的产品。在这两类产品中,又应重点分析升降幅度较大的和所占比重较大的成本项目。分析产品单位成本计划完成情况要根据有关成本报表资料和成本计划资料进行:一是进行一般分析,即运用比较分析法,查明产品成本计划的完成情况;二是进行因素分析,即用因素分析法,阐明各个成本项目成本升降的具体原因。

(一)产品单位成本计划完成情况的一般分析

【例 11—6】 沃尔公司根据本年主要产品单位成本表及有关资料,编制产品单位成本计划完成情况分析表,如表 11—13 所示。

表 11—13　　产品单位成本计划完成情况分析表

编制单位:沃尔公司　　20×4 年 3 月　　单位:元

成本项目	单位成本			与历史最好相比		与本年计划相比	
	历史最好水平	本年计划	本月实际	成本降低额	降低率(%)	成本降低额	降低率(%)
止回阀	13 500.00	14 000	13 987.12	−487.12	−3.61	12.88	0.092
其中:直接材料	9 076.05	9 314	9 265.02	−188.97	−2.08	48.98	0.526
燃料及动力	2 512.35	2 440	2 738.03	−225.68	−8.98	−298.03	−12.214
直接人工	1 062.45	1 267	1 112.91	−50.46	−4.75	154.09	12.160
制造费用	849.15	979	871.16	−22.01	−2.59	107.84	11.015

表 11—13 的分析计算结果表明,与历史最好水平相比,沃尔公司止回阀的单位成本有所上升,上升额为 487.12 元,上升率为 3.61%;但与本年计划比较,止回阀的单位成本降低 12.88 元,降低率为 0.092%;止回阀单位成本超额完成计划,主要是直接人工和制造费用完成计划较好,成本降低额分别为 154.09 元和 107.84 元;但是燃料及动力项目较计划超支 298.03 元,超支 12.214%,应进一步分析原因。

（二）直接材料项目的分析

降低材料成本是降低产品成本的重要途径，特别是直接材料费用占产品成本比重较大的产品，直接材料项目更应作为产品单位成本分析的重点。影响产品单位成本中直接材料费用变动的因素，主要是单位产品材料耗用量和单位材料价格两个因素。分析这两个因素变动对材料成本的影响程度，可按下列公式计算：

$$\text{耗用量变动对材料成本的影响}=\left(\text{单位产品材料实际耗用量}-\text{单位产品材料计划耗用量}\right)\times\text{材料计划价格}$$

$$\text{价格变动对材料成本的影响}=\left(\text{材料实际价格}-\text{材料计划成本}\right)\times\text{单位产品材料实际耗用量}$$

【例 11－7】　根据表 11－13 提供的资料，沃尔公司止回阀实际与计划比较，直接材料费用节约 48.98 元，节约 0.526%。止回阀消耗铸铁、型砂、锤纹漆、碳结钢、无缝钢管、不锈钢圆钢、木模、螺栓、螺母等若干种材料，根据主要材料耗用量和价格资料，编制直接材料成本分析表，如表 11－14 所示。

表 11－14　　直接材料成本分析表

编制单位：沃尔公司　　20×4 年 3 月　　单位：元

材料名称	计量单位	材料消耗量		材料价格		材料成本		成本差异		差异额分析	
		计划	实际	计划	实际	计划	实际	计划	实际	计划	实际
		①	②	③	④	⑤＝①×③	⑥＝②×④	⑦＝⑥－⑤	⑧＝⑦/⑤	⑨＝(②－①)×③	⑩＝(④－③)×②
铸铁	千克	1 790	1 784	3.02	3.033	5 405.80	5 410.87	5.07	0.09	－18.12	23.19
锤纹漆	千克	2	1.5	30.00	22			－27.00	－0.45	－15.00	－12.00
型砂	千克	68.2	68.18	0.3	0.28			－1.37	－6.70	－0.01	－1.36
无缝钢管											
不锈钢											
合计						9 314	9 265.02	－48.98	－0.53		

表 11－14 的分析计算结果表明，沃尔公司止回阀的单位成本中，直接材料成本实际比计划节约 48.98 元，节约 0.53%，主要是锤纹漆和型砂两种材料成本节约引起的，锤纹漆和型砂两种材料的实际成本比计划成本分别节约 27 元和 1.37 元，合计为 28.37 元。铸铁实际成本比计划成本超支 5.07 元，由于铸铁价格超计划，使铸铁成本增加 23.19 元，应当进一步分析价格上升的原因。铸铁耗用量减少，使产品单位成本降低了 18.12 元，也应分析原因，以便总结经验，进一步挖掘企业内部降低成本的潜力。

（三）直接人工项目的分析

产品单位成本中的直接人工耗费，受工人劳动生产率和工人平均工资两个因素影响。根据连环替代法的原理，分析单位产品工时消耗和小时工资率变动对成本的影响。其计算公式如下：

$$\text{单位产品工时消耗变动对成本的影响}=\left(\text{单位产品实际工时}-\text{单位产品计划工时}\right)\times\text{计划小时工资率}$$

$$\text{小时工资率变动对成本的影响}=\left(\text{实际小时工资率}-\text{计划小时工资率}\right)\times\text{单位产品实际工时}$$

【例 11—8】 表 11—12、表 11—13 资料显示，截至 20×4 年 3 月，沃尔公司生产的止回阀单位产品成本中的直接人工耗费，实际较计划降低 154.09 元，降低率为 12.16%。为了分析成本降低的原因，根据止回阀工时、工资等资料（见表 11—11、表 11—12），编制直接人工耗费各因素影响的成本降低情况计算表，如表 11—15 所示。

表 11—15　　直接人工耗费各因素影响的成本降低情况计算表

产品名称：止回阀　　20×4 年 3 月

编制单位：沃尔公司　　单位：元

指　标	本年计划	本月实际	差异
单位产品直接人工成本（元）	1 267.00	1 112.91	−154.09
单位产品工时消耗（小时）	115.00	121.80	6.80
小时工资率（元/小时）	11.02	9.14	−1.88
①止回阀单位成本中直接人工费实际脱离计划的差异额	1 112.91−1 267=−154.09		
②止回阀单位产品工时消耗变动的影响	(121.80−115)×11.02=74.936		
③小时工资率变动的影响	(9.14−11.02)×121.80=−228.984		
④两个因素共同影响数额	−228.98+74.94=−154.04		

第三节　制造费用明细表的编制与分析

制造费用明细表，是反映企业在报告期内发生的制造费用及其构成情况的报表。通过制造费用明细表，可以了解报告期内制造费用的实际支出水平，考核制造费用计划的执行情况，判断制造费用的变化趋势，以利于加强对制造费用的控制和管理。

一、制造费用明细表的编制

（一）制造费用明细表的设置

制造费用明细表按制造费用各项目分为“本年计划数”“上年同期实际数”“本月实际数和本年累计实际数”，其结构和内容如表 11—16 所示。

表 11—16　　机加工车间制造费用明细表

编制单位：沃尔公司　　20×4 年 3 月 31 日　　单位：元

项　目	行次	本年计划数	上年同期实际数	本月实际数	本年累计实际数
消耗材料	1	100 000	9 000	8 800	26 400
低值易耗品摊销	2				
职工薪酬	3	391 000	32 500	32 600	97 800
折旧费	4	192 000	16 000	15 900	47 700

续表

项　目	行次	本年计划数	上年同期实际数	本月实际数	本年累计实际数
劳动保护费	5	61 250	5 200	5 100	15 300
水电费	6	14 000	1 280	1 200	3 600
办公费	7	78 000	6 600	6 500	19 500
租赁费	8	10 000	800	1 000	3 000
机物料消耗	9	4 000	200	0	1 200
差旅费	10	6 000	0	0	1 000
运输费	11	1 000	0	0	0
保险费	12	2 200	0	0	2 200
停工损失	13	7 500	0	0	0
其他	14	32 000	1 700	1 750	5 250
合　计		898 950	73 280	72 850	222 950

(二)制造费用明细表的填列方法

(1)“本年计划数”栏项目:根据本年制造费用预算填列。

(2)“上年同期实际数”栏项目:根据上年同期本表的“本月实际数”栏相应数字填列。如果表内所列费用项目与上年度的费用项目在名称和内容上不相一致,应对上年度的各项数字按本年度表内项日的规定进行调整。

(3)“本月实际数”栏项目:根据“本月制造费用明细账”中各费用项目累计数填列。

(4)“本年累计实际数”栏项目:根据“本年制造费用明细账”各月累计数汇总计算填列。

【例 11—9】 根据沃尔公司 20×4 年 3 月“机加工车间制造费用明细账”(见表 11—18)编制沃尔公司 20×4 年 3 月机加工车间制造费用明细表,如表 11—17 所示。

表 11—17　　机加工车间制造费用明细账

编制公司:沃尔公司　　20×4 年 3 月 31 日　　单位:元

物料消耗	外购动力	工资	折旧费	办公费	其他	劳保费	合计
8 800	1 200	32 600	15 900	6 500	2 750	5 100	72 850

二、制造费用明细表的分析

制造费用明细表的分析,主要在于了解各项制造费用的计划执行情况、各种费用变动的原因及对产品成本的影响。制造费用明细表的分析通常采用比较分析法和构成比率分析法。

(一)比较分析法

在制造费用分析中运用比较分析法,主要有以下几种对比方式:

1. 分析其实际数据与计划(预算)数据对比

分析期实际制造费用数据与计划(预算)制造费用数据比较,可以找出分析期实际制造费用与计划制造费用预算之间的差异,查明制造费用预算的执行情况。

2. 分析期实际数据与前期实际数据对比

将分析期实际制造费用，与前期(上月、上季、上年、上年同期等)实际制造费用比较，可以反映企业制造费用的变动趋势。

在制造费用分析中，分析期实际数据还应当与本企业历史先进水平的制造费用指标比较。历史先进水平是指本企业生产的该种产品，制造费用水平最低年度的实际制造费用；或在生产规模、生产条件大致相同的情况下，制造费用总额最低年度的制造费用额。

3. 分析期实际数据与本行业实际平均数据或者本行业先进企业实际数据对比

对制造费用明细表进行分析，首先应根据表中的实际资料，以本年实际数与本年计划数相比较，确定实际脱离计划的差异；然后分析差异的原因。在按费用组成项目进行分析时，由于费用项目多，因此每次分析时应抓住重点，对其中费用支出占总支出比重较大的，或与计划相比发生较大偏差的项目进行分析。特别应注意那些非生产性的损失项目，如材料、在产品和产成品等存货的盘亏和损毁，因为这些费用的发生与企业管理不善直接相关。分析时，除将本年实际数与计划数相比，检查计划完成情况外，为了从动态上观察、比较各项费用的变动情况和变动趋势，还应将本月实际数和上年同期实际数进行对比，以了解企业工作的改进情况，提高工作效率，降低各项费用支出。

(二)构成比率分析法

在采用构成比率法进行分析时，可以计算某项成本占制造费用合计数的构成比率，也可以将制造费用分为与机器设备使用有关的成本、与机器设备使用无关的成本，以及非生产性损失等几类，分别计算其占制造费用合计数的构成比率。也可以将这些构成比率与企业或车间的生产、技术的特点联系起来，分析其构成是否合理；还可以将本月实际和本年累计实际的构成比率与本年计划的构成比率和上年同期的构成比率进行对比，揭示其差异及与上年同期的增减变化，分析其差异和增减变化是否合理。

第四节　期间费用明细表的编制与分析

期间费用明细表是反映企业在报告期内发生的各种期间费用情况的报表，包括管理费用明细表、财务费用明细表和销售费用明细表。利用期间费用明细表，可以分析和考核期间费用计划的执行结果，分析各项期间费用的构成情况及增减变动的原因。

一、期间费用明细表的编制

(一)期间费用明细表的设置

各期间费用明细表的格式及内容见表11－19至表11－21。

(二)期间费用明细表的填列方法

管理费用明细表、财务费用明细表和销售费用明细表各项目的填列方法如下：

(1)“本年计划数”栏项目：根据本年度各项费用预算填列。

(2)“上年同期实际数”栏项目：根据上年同期相应期间费用明细表的“本月实际数”栏相应数字填列。如果表内所列费用项目和上年度的费用项目在名称和内容上不相一致，应对上年度的各项数字按本年度表内项目的规定进行调整。

(3)“本月实际数”栏项目：根据“管理费用明细账”“财务费用明细账”和“销售费用明细账”的本月数填列。

(4)“本年累计实际数”栏项目：根据本年“管理费用明细账”“财务费用明细账”和“销售费用明细账”各月累计数汇总计算填列。

【例 11－11】 沃尔公司根据 20×4 年 3 月管理费用明细账、财务费用明细账和销售费用明细账等资料（见表 11－18），编制 20×4 年 3 月期间费用明细表，如表 11－19、表 11－20 和表 11－21 所示。

表 11－18　　管理费用、财务费用、销售费用明细账

编制单位：沃尔公司　　20×4 年 3 月　　单位：元

项　目	管理费用	财务费用	销售费用
职工薪酬	67 880		34 310
材料	15 000		
折旧费	13 960		1 360
修理费	11 130		
水电费	4 000		1 600
办公费	12 650		4 600
差旅费	16 360		6 360
业务招待费	9 868		
广告费	—		6 400
利息费用		12 000	
其他	9 800		1 696
合　计	160 648	12 000	56 326

表 11－19　　管理费用明细表

编制单位：沃尔公司　　20×4 年 3 月　　单位：元

项　目	本年计划数	上年同期实际数	本月实际数	本年累计实际数
职工薪酬	815 000	68 000	67 880	200 600
材料	175 000	15 010	15 000	61 200
折旧费	167 520	13 000	13 960	41 880
修理费	144 000	12 000	11 130	15 000
水电费	45 000	3 350	4 000	13 000
办公费	150 000	12 500	12 650	37 000
差旅费	180 000	15 000	16 360	48 500
业务招待费	160 000	13 867	9 868	29 860
其他	110 000	9 600	9 800	42 600
合　计	1 946 520	162 327	160 648	489 640

表 11－20 **财务费用明细表**

编制单位：沃尔公司 20×4 年 3 月 单位：元

项　目	本年计划数	上年同期实际数	本月实际数	本年累计实际数
利息支出(减利息收入)	80 000	6 000	12 000	378 000
汇兑损益(减汇兑收益)	0	0	0	0
金融机构手续费	1 800	500	0	360
其他筹资费用	0	0	0	0
合　计	81 800	6 500	12 000	38 360

表 11－21 **销售费用明细表**

编制单位：沃尔公司 20×4 年 3 月 单位：元

项　目	本年计划数	上年同期实际数	本月实际数	本年累计实际数
职工薪酬	35 000	30 000	34 310	112 100
折旧费	12 000	1 000	1 360	4 080
广告费	73 000	6 000	6 400	6 400
差旅费	60 000	9 000	6 360	7 500
水电费	16 000	1 500	1 600	4 000
办公费	45 000	4 000	4 600	16 026
其他	16 000	1 600	1 696	7 620
合　计	572 000	53 100	56 326	157 720

二、期间费用明细表的分析

对期间费用明细表进行分析，方法与制造费用明细表的分析相同，此处不再赘述。

本章小结

成本报表是根据日常成本核算资料及其他有关资料编制的，反映企业一定时期产品成本水平和费用支出情况，据以分析企业成本计划执行情况和结果的报告文件。正确、及时地编制成本报表是成本会计的一项重要内容。

成本报表通常包括产品生产成本表、主要产品单位成本表、制造费用明细表和期间费用明细表等。该类报表在编报的时间、种类、格式、内容和报送对象等方面，国家均不做统一规定，而由企业根据其生产特点与管理要求自行设置和调整。

成本报表属于内部报表，由于其反映的内容属商业机密，因而不对外公开和报送。

产品生产成本表是反映企业在报告期内生产全部产品(包括可比产品和不可比产品)的总成本以及各种主要产品的单位成本、总成本及年度累计总成本的报表。

按产品种类反映的产品生产成本表，是按产品种类汇总反映企业在报告期内生产的全部产品的单位成本和总成本的报表，分为基本报表和补充资料两部分。编制产品生产成本表，主要依据有关产品的基本生产成本明细账年度成本计划及上年度本表等资料填列。

按产品种类反映的产品生产成本表的分析，一般可以从以下两个方面进行：一是本期实际成本与计划成本的对比分析；二是本期实际成本与上年实际成本的对比分析。

按成本项目反映的产品生产成本表，是按成本项目汇总反映企业在报告期内发生的全部产生耗费以及产品生产总成本的报表，分为生产费用和生产成本两部分。

按成本项目反映的产品生产成本表的分析，一般可以采用对比分析法、构成比率分析法和相关指标比率分析法。

思考题

1. 什么是成本报表？通常包括哪些内容？
2. 编制成本报表的作用是什么？
3. 按产品品种反映的生产成本报表如何进行编制？如何进行分析？
4. 按成本项目反映的生产成本报表如何进行编制？如何进行分析？

第十二章　责任成本控制

学习目的

了解责任成本的实质，明确成本控制范围与责任，掌握责任成本的内容。

责任成本控制是根据分权管理思想，在企业内部划分责任中心，明确成本控制范围和责任，并按照责任中心归集、报告和考评成本控制业绩的一种成本控制方式。

第一节　责任成本概述

企业制定费用预算、标准成本，为整个企业进行成本控制提供了合适的衡量标准，但这一目标能否顺利实现，还必须将成本按责任归属在企业内部各单位间进行分解，使实际成本偏离目标成本而形成差异的责任与各部门相关。从这个意义上说，责任成本实质上是目标成本的具体化和责任化。

一、分权管理与责任中心

现代化企业由于经营方式和所有制形式向多样化、多元化方向发展，企业的规模不断扩大，使得一个管理层次众多的集中管理企业无法达到有效的信息传递、控制和协调；同时，企业组织规模的扩大和复杂性的增加，使得企业高层领导既不可能具体了解企业正在进行的生产经营活动情况，也不可能为企业未来的生产经营活动做出决策；更重要的是，依靠企业高层的少数几个人来经营管理一个庞大的企业，已显得越来越力不从心。为了提高企业的经营效率和竞争能力，分权管理已成为现代企业管理的基本模式。

（一）分权管理的含义

分权管理的基本特征是将决策权在不同层次的管理人员之间进行划分，各层次的管理人员在授权范围内，及时地根据市场需求变化和生产经营条件的改变做出有效的决策，从而避免了因层层汇报、延误决策时间而可能造成的损失。

采用分权管理模式，其优点在于以下几个方面：

(1)在管理手段与各种技术日趋专门化的今天，分权管理可以使内部各单位根据其具体情况有针对性地选择专门人才，使管理更有效。同时，内部各单位最了解情况，由其参与决策，更符合实际，也更为迅速、及时。

(2)内部各单位进行适度的自主决策,可以激励它们充分发挥自身的能力,在实践中培养和提高素质,而高层决策者可以从琐碎的日常事务工作中解脱出来,把主要精力转移到解决企业战略决策方面和各责任中心之间的协调上,以保证企业始终有一个明确、正确的发展目标。

但从另一方面看,管理的分散化也会导致各分权单位为片面追求局部利益而损害企业的整体利益;或为避免风险,放弃某些可能获取的收益;或各分权单位之间相互冲突、摩擦、推卸责任而争取利益。为尽量减少其不利影响,必须明确内部各单位的权责,为整体目标的实现而协调行动。这种承担着与经营决策权相适应的经济责任的单位称为责任中心。责任中心既不是法律主体,也不是财务会计主体,它完全根据企业控制、考核的要求来设立。不同的内部单位,因生产经管特点和相应的控制范围不同,可以成为不同的责任中心。对较大的责任中心,又可按照责任区域和控制对象的大小,进一步划分成若干不同层次的较小的责任中心,如车间是一个责任中心,它又可以进一步按生产工段建立责任中心。

(二)分权管理的原因和表现形式

组织结构是指企业(公司)内部分工协作的基本形式或框架。分工是协作的前提,但又离不开协作,否则,分工就会失去意义,造成组织效率低下。组织结构的功能就在于为分工协作提供一个基本框架。

组织结构所要解决的首要问题就是全面权衡分工的利弊,决定组织分工程度,并在此基础上确定每个人的职务。分工离不开协作和协调,组织中的协调以组织系统为手段,而组织系统就是为了协调大规模的、复杂的分工而产生的。决定组织结构的第二个问题就是权限问题。每一个组织都要做各种决策,且要相互协调。公司为了管理其纷繁复杂的事务,要在两种决策方法——集权式和分权式中做出选择。在集权式决策方式下,决策权尽量集中于组织上层,决策权一般由高层做出,基层(部门)管理人员仅负责执行决策。分权式决策方法将决策权分散于组织下层,允许基层管理人员在其责任范围内制定并执行关键决策。集权与分权相结合是正确处理决策权限关系的基本原则。两者不是必居其一的关系,而是相辅相成的。任何组织都是既需要集权又需要分权的。所以,问题的关键是要把握集权与分权的度,并在集权与分权之间保持适当的平衡。

企业高层经理们应该怎样确定最合适的分权程度呢?这受制于许多具体因素,诸如企业工作性质、组织战略、企业规模、市场环境变化等因素。随着全球经济的迅速发展和新经济时代的到来,企业内部的经营管理日趋复杂。为了满足迅速变化的市场需求,许多企业实行了某种程度的分权管理制度,并确定了相应的业绩评价方法和考核指标。

分权管理的基本特征是:将决策权在不同层次和不同地区的管理人员之间进行适当划分,如在董事会与总经理、总经理与部门经理或地区之间进行划分等,并通过适当的授权,使不同层次的经理或管理人员都能对日常的经营活动及时地做出有效决策,以迅速适应市场变化的需求。

1. 分权管理的原因

首先,便于收集、利用当地的信息,并做出更多更快的反应,将决策权更广泛地分布到产品与市场机会的交接处。决策的质量会受到可获取信息的质量的影响。随着公司在不同市场、地域的扩展,高层管理当局不一定了解当地的情况,而低层(部门)经理人员能运用他们的信息对客户、供货商和职工的需求及时做出反应,使其处于更有利的决策环境之中,并能增加公司对市场的了解,从而改进整个企业的服务。分权管理对于跨国公司尤为适用,因为其分布于许多法律制度和风俗习惯迥异的国家。

其次,突出经理们注意的焦点。由于分散了经营决策权,公司的高级管理层就能从具体事务中解脱出来而致力于战略性的规划和决策,以保证公司始终有一个明确的、正确的发展目标。对于高级管理层而言,公司的长远规划远比日常事务重要。而各层次、各地区的经理人员都能在授权范围内,根据不断变化的市场环境迅速做出应变决策,更好、更快地适应市场机遇。

再次,有助于管理人员的开发和学习。给予经理们更多的责任能促进经验丰富的管理人才库的开发。在这个人才库中,公司可以选拔人才填补更高层的管理位置。公司还可以了解哪些人不具备管理素质。一个外贸公司的总经理这样表述分权制的益处:"实行分权管理,为部门经理们提供了一个培训场所,为业务的竞争者提供了一个为实现自己的见解而战斗的有形战场。"这样可让那些未来的高层经理有机会做出重要决策,同时也有利于高层管理人员考核部门经理人员的管理才能。谁能做出最优决策,谁就最有可能被提升。

最后,增加竞争压力,提高积极性。当下属单位经理能发挥更大的个人创造力时,通常就有了更多的积极性,同时也强化了企业内部的竞争环境,从而群策群力,使全体经理人员既能为提高企业经济效益做出贡献,又能体现其自身价值。

2. 分权管理的主要表现形式——部门化

分权管理的实施方式,通常是设立被称为"分部"的经营单位。通过由企业管理中心向下或向外的层层授权,使每一部门都拥有一定的积极性、权力和职责。部门划分的依据主要有:

第一,按产品品种或经营项目进行划分,即每一经营项目或每一产品(或每类产品)的生产单位均作为一个独立的部门,有关该项目或该产品的生产经营活动,包括采购、生产、销售等全部由该部门负责,不管这种产品市场是在国内还是在国外。

第二,按地区划分,即以不同地区为依据,每一地区均为一个独立的部门,负责该地区的有关经营活动。

第三,按业务职能划分,即以不同的管理职能为依据,每一管理职能均为一个独立的部门,负责与该职能相关的一切经营活动。

综合以上分析,分权管理是现代企业组织管理发展的基本趋势,而部门化的组织结构是企业管理的主要形式。但在实际工作中,各种部门化的组织结构应根据企业具体的生产规模、生产经营特点和管理要求来决定,而不是一成不变的。

二、责任成本的内容

根据企业内部责任单位权责范围以及业务活动特点的不同,可将企业生产经营上的责任中心,划分为成本中心、利润中心和投资中心三类。在此基础上,根据各类责任中心的特点,确定相应的业绩评价、考核的重点,据此组织实施责任会计。

(一)成本中心

成本中心是指有权发生并控制成本的单位。成本中心的工作成果不会形成可以用货币计量的收入,或其工作成果不便于或不必进行货币计量,仅计量和考核发生的成本。例如,生产制造企业中的基本生产车间,由于其所生产的产品仅为企业生产过程的一个组成部分,不能单独出售,因而不会形成用货币计量的收入,该部门管理人员仅对其所发生的变动成本和直接固定成本负责。对成本中心工作业绩的评价考核,主要是通过一定期间实际发生的成本,与其预定的尺度(通常为"标准成本")进行对比,编制业绩报告,剖析差异形成的原因和责任。

由于责任会计是围绕责任中心来组织的，以各个责任中心为对象进行有关资料的收集、整理和分析对比，因此，成本中心的成本与一般所说的完全成本计算法下的产品成本有很大的不同。其主要特点是：

1. 成本中心的成本不是传统的产品成本，而是责任成本。以责任中心为对象进行成本的归集、核算，其原则是“谁负责、谁承担”。而产品成本则按费用承担的客体（产品）进行归集、核算，其原则是“谁受益、谁承担”。两者既有区别又有联系。两者的区别是：

(1)成本的归集对象不同。产品成本按产品归集，而责任成本则按责任中心归集。

(2)目的不同。计算责任成本的目的在于对责任中心的业绩进行评价考核，因而要将成本划分为可控成本与不可控成本两部分；而计算产品成本则不必这样划分。两者的联系则表现为，在一定期间内，责任成本与产品成本的成本发生额相同。

2. 作为成本中心，其所需计量与考核的成本，是可控成本，而不是应归属于各该中心的全部成本。所谓可控成本，是指可以预先知道的、有办法计量的、能为该责任中心所控制、为其工作好坏所影响的成本。成本的可控性是就特定的责任中心、特定的期间和特定权限而言的。某项成本对某责任中心是可控的，但对另一责任中心却是不可控的。例如，直接材料的数量，从产品生产部门看是可控的，而对于采购部门来说，则是不可控的；而直接材料的价格则相反，从采购部门看是可控的，但对于生产部门来说则是不可控的。正如经济学家所指出的，就长期而言，所有成本都是可控成本；而就短期而言，则所有成本都是不可控的。例如，新厂房要建造时，管理部门可以决定厂房规模的大小、成本的多少，因此，此时新厂房的建造成本是可控的；但厂房一旦建成，则厂房的建造成本就为不可控成本。又如，保险费，一般的保险期为一年，因此，如果就期间为一年而言，负责保险的部门有权决定投保与否，因而对其而言是可控的。但一旦投保，则月度或周的保险费就成为不可控成本了。另外，可控性还与特定的权限有关。有些费用，就基层单位来说是不可控的，但对高层管理部门来说，则是可控的。例如，生产设备的租赁费，对于具体使用设备的基层单位来说，是不可控的，因为它无权购进新设备来替代租用的旧设备；但就制造副总经理而言，则是可控的，因为他有权决定是否购进新设备取代目前从外界租用的旧设备。

由此可见，某成本中心的责任成本，即为属于该中心的各项可控成本之和。因此，对成本中心的业绩评价与考核也应以其可控成本作为主要依据，不可控成本仅作参考。成本中心的业绩报告也就以可控成本作为重点，也可同时列示不可控成本，据此可使成本中心负责人全面了解与其有关的成本。根据业绩报告，可以进一步对差异形成的原因和责任进行剖析，充分发挥信息的反馈作用，将有助于各个成本中心积极采取有效措施，巩固成绩、消除缺点，促使其可控成本不断降低，并根据各自的特点，为实现企业总体目标，相互协调、卓有成效地开展有关活动，以最大限度地提高企业生产经营的经济效益。成本中心业绩评价报告的基本形成如表 12－1所示。

表 12－1　　成本中心业绩报告　　单位：元

项　目	当月		全年	
	预算	超支(节约)	预算	超支(节约)
A小组				
直接材料	3 200	(80)	12 760	110
直接人工	14 200	170	87 300	880

续表

项　目	当　月		全　年	
	预算	超支(节约)	预算	超支(节约)
管理人员工资	1 100	(50)	4 140	(78)
其他	910	24	3 420	92
合计	19 410	64	107 620	1 004
甲部门				
A小组	19 410	64	107 620	1 004
B小组	17 832	122	98 430	(213)
C小组	23 456	876	112 456	1 227
各组合计	60 698	1 062	318 506	2 018
部门成本 (各小组的共同成本):				
一般管理人员工资	12 634	0	71 234	0
清理费	6 125	324	32 415	762
其他	1 890	(67)	10 029	(108)
合计	81 347	1 319	432 184	2 672
全厂(厂部)				
甲部门	81 347	1 319	432 184	2 762
乙部门	91 234	(2 034)	405 190	(4 231)
丙部门	107 478	854	441 240	1 346
丁部门	78 245	(433)	367 110	689
各部门合计	358 304	(294)	1 645 724	476
厂部一般成本 (各部门的共同成本):				
工程费	14 235	261	81 340	842
热电	8 435	178	46 221	890
折旧	3 400	0	20 400	0
一般行政管理费	23 110	340	126 189	776
全厂合计	407 484	485	1 919 874	2 984

(二)利润中心

利润中心是指既能控制成本,又能控制销售和收入的责任单位。它不但有成本发生,而且还有收入发生,因此,它不但要对成本、收入负责,而且也要对收入与成本的差额即利润负责。利润中心有两种形式:

第一,"自然的"利润中心。这种利润中心虽然是企业内部的一个责任单位,但它既可向企业内部其他单位提供产品或劳务,又可像一个独立经营的企业那样,直接向企业外界市场销售产品或提供劳务。

第二,"人为的"利润中心。这种利润中心仅对本企业内部各单位提供产品或劳务,不直接对外销售。

利润中心业绩的评价与考核,主要是通过一定期间实际实现的利润同"责任预算"所确定的预计利润数进行比较,并进而对差异形成的原因和责任进行具体剖析,借以对其经营上的得失和有关人员的功过做出全面而正确的评估。通常以"贡献毛益"作为利润中心的业绩评价指标。其计算公式为：

贡献毛益＝销售收入总额－变动成本总额

贡献毛益指标用于责任中心业绩评价，可引申为分部经理毛益和分部毛益两种。

分部经理毛益的计算公式为：

分部经理毛益＝贡献毛益－经理人员可控的可追溯固定成本　(12－1)

分部业绩的计算公式为：

分部毛益＝分部经理毛益－分部经理不可控但高层管理部门可控的可追溯固定成本　(12－2)

公式(12－1)、公式(12－2)可看作严格意义上的贡献毛益在利润中心业绩评价中的自然延伸，是可控性原则的具体体现。公式(12－1)主要用于评价责任中心(分部)负责人的经营业绩，因而必须就经理人员的可控成本进行评价、考核。为此，必须在各分部追溯性固定成本的基础上，进一步将之区分为分部经理可控成本和不可控成本，并就经理人员可控成本进行业绩评价、考核。这是因为，有些成本尽管可追溯到分部，却不为分部经理所控制，如广告费、保险费等。分部经理毛益所反映的是分部经理对其控制的资源的有效利用程度。而公式(12－2)则主要用于对责任中心(分部)的业绩评价和考核，因而仅将为分部所控制的可追溯固定成本从贡献毛益中扣除。其所反映的是分部为补偿共同性固定成本及提供企业利润所做的贡献。

【例 12－1】　设某企业 20×0 年 4 月的经营成果如表 12－2 所示。

表 12－2　　**预计利润表**

20×0 年 4 月　　单位：元

项　目	金　额
销售总收入	125 000
变动成本总额	70 000
贡献毛益	55 000
固定成本	48 000
利润总额	7 000

为明确责任，必须以此为基础，进一步编制各利润中心的业绩报告，以充分反映利润中心的经营业绩。设根据该企业具体资料编制的各利润中心业绩报告如表 12－3 所示。

表 12－3　　**利润中心业绩报告**

20×0 年 4 月　　单位：元

项　目	甲分部	乙分部	丙分部	合　计
销售收入	30 000	50 000	45 000	125 000
变动成本	15 000	35 000	20 000	70 00
贡献毛益	15 000	15 000	25 000	55 000
可追溯固定成本	10 000	17 000	12 000	39 000
分部毛益	5 000	(2 000)	13 000	16 000
不可追溯的未分配固定成本				9 000
利润总额				7 000

至此，还不足以对利润中心经理人员的经营业绩进行评价、考核。因此，还必须对追溯给各利润中心的固定成本进一步区分为经理人员的可控成本与不可控成本，如表12—4所示。

表12—4　固定成本划分　单位：元

项　目	可控成本	不可控成本	固定成本合计
甲分部	56 000	4 400	10 000
乙分部	9 550	7 450	17 000
丙分部	7 050	4 950	12 000
合　计			39 000

根据上述所提供的各种有关资料，可编制各利润中心业绩报告，如表12—5所示。

表12—5　利润中心业绩报告

20×0年4月　单位：元

项　目	甲分部		乙分部		丙分部		合　计	
	金额	占销售的百分比（%）	金额	占销售的百分比（%）	金额	占销售的百分比（%）	金额	占销售的百分比（%）
销售收入	30 000	100	50 000	100	45 000	100	125 000	100
变动成本	15 000	50	35 000	70	20 000	44.44	70 000	56
贡献毛益	15 000	50	15 000	30	25 000	55.56	55 000	44
经理可控的可追溯固定成本	5 600	18.67	9 550	19.10	7 050	15.67	22 200	17.76
分部经理毛益	9 400	31.33	5 450	10.90	17 950	38.89	32 800	26.24
经理不可控但高层领导可控的可追溯固定成本	4 400	14.67	7 450	14.90	4 950	11.00	16 800	13.44
分部毛益	5 000	16.67	(2 000)	—4	13 000	28.899	16 000	12.80
不可追溯给分部的固定成本							9 000	7.20
利润总额							7 000	5.60

表12—5表明，企业平均贡献毛益率为44%，只有乙分部没有达到平均水平。就经理人员业绩而言，平均的分部经理毛益率为26.24%，甲分部、丙分部都超过了平均水平，乙分部只有10.9%，低于平均水平。就分部毛益来说，各分部平均水平为12.8%，也只有乙分部没有达到这一水平。为遵循管理上的“例外原则”，必须对乙分部的经营业绩做进一步的分析，如表12—6所示。

表 12－6　乙分部业绩报告

20×0 年 4 月

单位：元

项　目	预　算		实　际		差　异
	金额	占销售的百分比(%)	金额	占销售的百分比(%)	
销售收入	60 000	100	50 000	100	10 000(U)
变动成本	30 000	50	35 000	70	5 000(U)
贡献毛益	30 000	50	15 000	30	15 000(U)
经理可控的可追溯固定成本	9 500	15.83	9 550	19.10	50(U)
分部经理毛益	20 500	34.17	5 450	10.90	15 050(U)
经理不可控但高层领导可控的可追溯固定成本	4 000	6.67	7 450	14.90	3 450(U)
分部毛益	16 500	27.50	(2 000)	－4	18 500(U)

注：表中 U 表示不利差异。

(三)投资中心

投资中心是指既能控制成本和收入，又能对投入资金进行控制的责任单位。它不仅在产品的生产和销售上享有较大的自主权，而且能够相对独立地运用其所掌握的资金，有权购建和处理固定资产，扩大或缩小生产能力，因而它既要对利润负责，又要对资金的合理运用负责。根据投资中心生产经营活动的特点，通常以投资利润率和剩余收益作为评价和考核投资中心经营成果的主要指标。

1. 投资利润率

投资利润率，是指经营利润与经营资产之比。其计算公式如下：

$$\text{投资利润率}=\frac{\text{经营利润}}{\text{经营资产}}$$

(1)投资利润率指标的计算原理

投资利润率计算公式中的分子“经营利润”，是指扣减利息费和税金之前的利润数(即税前息前利润，常以 EBIT 表示)。这是因为，企业支付的利息费用和所得税受许多因素的影响，如资产的取得方式、折旧的方法、股票及债券上的投资损益等，这些因素不会影响企业如何有效运用资产以获得利润，因而应将利息费用和所得税排除在经营利润之外。

由于投资利润率计算公式中的分子仅限于来自经营活动的利润，因此，分母也应限于经营资产，即按平均占用额计算的固定资产和流动资产的总额。由于经营利润是一个时期指标，为使分子、分母的计算口径保持一致，从而具有可比性，因此，分母“经营资产”也必须是平均的经营资产，通常采用年初、年末平均数来计算。

【例 12－2】　设某投资中心，在生产经营中掌握、使用的全部资产，年初为 110 000 元，年末为 90 000 元；相应的负债总额保持为 40 000 元。与其相联系的利息费用为 3 000 元，年税后利润为 6 000 元，假设所得税税率为 50%。据此，可计算确定投资利润率如下：

$$\text{投资利润率}=\frac{\dfrac{6\,000}{1-50\%}-3\,000}{\dfrac{110\,000+90\,000}{2}}=15\%$$

(2)影响投资利润率的基本因素

为便于进一步说明影响投资利润率这个指标的基本因素,可将其展开如下:

$$投资利润率=\frac{销售收入}{经营资产}\times\frac{经营利润}{销售收入}$$

$$=经营资产周转率\times销售利润率$$

由此可见,提高投资利润率的主要途径有:①尽可能降低成本;②增加销售;③减少经营资产。

为说明上述三种途径如何影响投资利润率,现结合简例加以说明。

【例 12—3】 设某投资中心 20×0 年的有关资料如下(单位:万元):

销售收入	6 000
经营利润	720
经营资产(20×0 年 1 月 1 日)	2 800
经营资产(20×0 年 12 月 31 日)	3 200

该投资中心的投资利润率可计算如下:

$$投资利润率=\frac{6\ 000}{\frac{2\ 800+3\ 200}{2}}\times\frac{720}{6\ 000}=24\%$$

第一,增加销售的情况。

设该投资中心 20×1 年的销售可增加 15%,其他因素不变。再假定 20×0 年变动成本率为 40%。则20×1年该投资中心的投资利润率为:

$$投资利润率=\frac{6\ 000\times(1+15\%)}{3\ 000}\times\frac{720+6\ 000\times5\%\times(1-40\%)}{6\ 000\times(1+15\%)}=42\%$$

上述计算表明,销售收入增加 15%,使投资中心的销售利润率由原来的 12%提高到 18.26%;同时也使经营资产周转率由原来的 2 次提高到 2.3 次,从而使投资利润率由原来的 24%提高到 42%。

由此可见,增加销售有助于提高投资利润率。

影响销售的主要途径有:销售量,销售组合(结构),销售价格,生产量水平,确定经营利润的会计方法等。

第二,降低成本的情况。

设该投资中心 20×1 年将节约固定成本 300 万元,其他因素不变。则 20×1 年该投资中心的投资利润率为:

$$投资利润率=\frac{6\ 000}{\frac{2\ 800+3\ 200}{2}}\times\frac{720+300}{6\ 000}=34\%$$

上述计算表明,由于固定成本节约 300 万元,使投资中心的销售利润率由原来的 12%提高到 17%,从而使投资利润率由原来的 24%提高到 34%。

由此可见,降低成本有助于提高销售利润率,从而有助于提高投资利润率。降低费用的主要途径有:降低约束性固定成本,降低变动成本,降低(削减)酌量性固定成本。

由于约束性固定成本与企业生产能力的形成密切关联,生产能力一经形成,这部分成本就难以改变,而变动成本的降低也有难度,因此经理人员往往首先拿酌量性固定成本“开刀”,采取降低或消除酌量性固定成本的办法提高投资利润率，如削减产品研究与开发费、职工培训费、广告费等。然而，这些酌量性固定成本直接关系到企业的长期发展、生存问题，企业应尽力避免此种短期行为的发生。

第三，减少经营资产的情况。

设20×1年12月31日该投资中心的经营资产减少为1 800元，其他因素不变。则20×1年该投资中心的投资利润率为：

$$投资利润率=\frac{6\,000}{\frac{3\,200+1\,800}{2}}\times\frac{720}{6\,000}=28.8\%$$

上述计算表明，由于经营资产减少将使资产周转速度加快，从而使投资中心的投资利润率由原来的24%提高到28.8%。

由此可见，过量的经营资产，将影响资产周转率，从而影响投资利润率，因而必须削减经营资产的规模。削减经营资产的主要途径有：减少固定资产投资，减少存货，加快应收账款的回收等。

由于减少固定投资会影响企业的长期稳定发展，应尽力避免此种短期行为的发生。投资中心应努力通过减少存货和加快应收账款的回收来减少经营资产，从而达到提高投资利润率的目的。

(3)有关因素的计量问题

①销售收入的确认与计量问题。在计算投资利润率指标时，企业应注意销售收入的确认和计量问题，即：销售应于何时确认？如何确认？销售收入如何计量？是以权责发生制还是现金收付制为基础？不同的确认标准和计量基础，将对企业（责任中心）产生不同的影响，从而影响投资利润率水平。

②收益计量问题。企业主体的收益问题很多，主要的问题表现为内部转移定价和期间成本的分配问题。当公司各分部之间进行业绩比较时，这些问题表现得尤为重要。对此，我们将在下节做专门讨论。在此，我们主要讨论收益如何计量的问题。与计算投资利润率指标相关的各种收益计量问题主要表现为：第一，收入的计量与确认、配比；第二，存货计价问题；第三，折旧程序的选择问题；第四，物价变动的影响问题；第五，成本计算方法的选择问题等。

上述问题的解决方法已为人们所找到，但对于不同的责任中心，其方法的选择则各不相同。故要求企业根据各责任中心的特点谨慎选择使用。

③固定资产的计价问题。在投资利润率的计算中，有一个重要问题必须考虑，即经营资产中的固定资产应按原值计算还是按净值计算的问题。固定资产按不同的标准计算，在此基础上所计算的投资利润率也不相同。在实际工作中，两种方法都有运用。目前的争论主要表现在：

坚持用固定资产净值计算的人认为，固定资产净值（固定资产原值－累计折旧＝固定资产净值）不仅与资产负债表上所列的厂房及设备项目保持一致，而且与经营净利润的计算保持一致。而固定资产原值则由于忽视折旧因素而难以与利润表或资产负债表保持一致。

坚持用固定资产原值计算的人则认为，由于固定资产的净值是逐年递减的，如果按净值计算，即使经营利润不变，也会使投资利润率逐年提高，这与生产经营的实际成果是完全脱节的（如表12－7所示）；而按固定资产原值计算，则可完全避免这种情况。另外，由于新机器的设备净值大于旧机器，因此，按净值计算不利于企业固定资产的更新，而按原值计算，则能避免这种情况的出现。

表 12—7　　投资利润率计算表　　单位:元

项　目	年　份		
	20×0	20×1	20×2
现金流量	10 000	10 000	10 00
折旧①	7 022	7 022	7 022
利润	2 978	2 978	2 978
期初投资②	21 065	14 044	7 022
投资利润率(ROI)	14%	21%	42%

注:①假定按直线法计提折旧。

②假定按期初余额计算。

由于经理人员将一致性看作考虑问题的第一因素,因此,许多企业都采用固定资产账面价值(净值)计算投资利润率。本书也采用账面净值计价法。

(4)对投资利润率的评价

投资利润率作为业绩评价指标,得到广泛的运用,据有关资料对美国《幸运》杂志公布的1 000家大公司的部分调查表明,被调查的459家大公司中,65%的企业以投资利润率作为投资中心业绩评价的指标。但投资利润率也遭到人们的以下批评:

①投资利润重视短期业绩的评价,而忽视对企业长期盈利能力的评价。为保护当期的投资利润率水平,经理人员往往拒绝一些有获利能力的投资机会。

②由于约束性固定成本这一不可控因素的存在,使投资利润率难以被分部经理所控制,从而为区分经理人员业绩与分部本身的业绩带来困难。

为了弥补这些缺陷,已有许多企业采用了市场占有率、新产品开发、生产能力提高、应收账款周转率、存货周转率等多个指标进行业绩评价,而不依靠单一的投资利润率指标进行业绩评价和考核。

以投资利润率作为投资中心的业绩评价指标,并据此编制业绩报告,将有助于高层管理部门的决策,其业绩评价报告的基本形式如表 12—8 所示。

表 12—8　　投资中心业绩报告　　单位:万元

项　目	预　算	实　际	差　异
销售收入	2 500	2 700	200(F)
变动成本	750	800	50(U)
贡献毛益	1 750	1 900	150(F)
直接固定成本	600	625	25(U)
分部毛益	1 150	1 275	125(F)
分配的共同成本	400	412.5	12.5(U)
经营利润	750	862.5	112.5(F)

续表

项　目	预　算	实　际	差　异
经营资产平均占用额：			
现金	150	175	25(U)
应收账款	400	412.5	12.5(U)
存货	450	462.5	12.5(U)
厂房设备(净值)	2 000	2 100	100(U)
经营资产平均占用额合计	3 000	3150	150(U)
投资利润率	25%	27.38%	2.38%(F)

注：表中F表示有利差异，U表示不利差异。

2. 剩余收益

剩余收益是指投资中心的经营利润扣减其经营资产按规定的最低收益率(即“资本成本”)计算的投资收益后的余额。其计算公式如下：

剩余收益＝经营利润－(经营资产×规定的最低收益率)

以剩余收益作为评价和考核经营成果的尺度，比之投资利润率有两个明显的优点：

第一，可以消除利用投资利润率进行业绩评价所带来的错误信号，并促使管理当局重视对投资中心业绩的金额评价。

使用投资利润率指标可能会掩盖某些投资中心的实际业绩，并使人们忽视对业绩进行绝对金额的评价。

【例12－4】 某企业有A、B两个投资中心，其有关资料如表12－9所示。

表12－9　　**投资中心有关资料**　　单位：万元

项　目	投资中心A		投资中心B	
	20×0年	20×1年	20×0年	20×1年
经营利润	3 000	3 600	50	62.5
经营资产平均占用额	20 000	20 000	250	250
投资利润率	15%	18%	20%	25%

如果以投资利润率指标来评价、考核投资中心的业绩，则将得出以下结论：

(1)由于20×0年投资中心B的投资利润为20%，而投资中心A的投资利润率仅为15%，因此，投资中心B对企业更有价值。

(2)由于投资中心B的经理人员使其投资利润率由20%提高到25%，而投资中心A的经理人员仅使其投资利润率由15%提高到18%，因此，应给予投资中心B的经理人员更多的奖励。

但若从金额来看，投资中心B的经营利润20×1年仅比20×0年增加125 000元，而投资中心A的经营利润20×1年比20×0年增加了6 000 000元，远远超过投资中心B的水平，可见投资利润率忽视了绝对金额的比较，从而会得出错误的结论。

而采用剩余收益这一评价指标，则可避免采用投资利润率指标所产生的错误。设规定的最低收益率为14%,则利用剩余收益进行业绩分析如表12—10所示。

表12—10 **剩余收益分析表** 单位:万元

项　目	投资中心A		投资中心B	
	20×0年	20×1年	20×0年	20×1年
经营资产平均占用额	20 000	20 000	250	250
经营利润	3 000	3 600	50 62.5	
减:经营资产最低的投资收益(按14%计算)	2 800	2 800	35	35
剩余收益	200	800	15	27.5

第二,可以鼓励投资中心负责人乐于接受比较有利的投资,使部门目标和企业整体目标趋于一致。

将剩余收益作为评价和考核投资中心经营业绩的指标,可以鼓励投资中心负责人接受更为有利的投资,从而促进部门的目标与企业整体目标趋于一致。

【例12—5】 承【例12—4】,20×0年投资中心B的投资利润率为20%。现假定有一新的投资项目,其经营资产平均占用额为1 500 000元,可取得经营利润240 000元。因此,该项目的投资利润率为:

投资利润率=240 000÷1 500 000×100%=16%

该项目的投资利润率高于为经营资产规定的最低收益率14%,用剩余收益考核,则投资中心B将乐于接受这一新的投资项目。因为它可以使其剩余收益得到进一步提高,对企业整体也有利。但若用投资利润率进行业绩评价,则投资中心B将会拒绝接受这一新的投资项目,因为该项目的投资利润率低于该中心20×0年的投资利润率(20%)。接受这一新项目,将使投资中心B的投资利润率水平下降:

投资利润率=(500 000+240 000)÷(2 500 000+1 500 000)×100%=18.5%

拒绝该项目,对投资中心B自然是有利的,但会因此损害企业的整体利益。有关分析如表12—11所示。

表12—11 **新项目接受与否的分析** 单位:万元

项　目	20×0年	新投资项目	合　计
经营资产平均占用额	250	150	400
经营利润	50	24	74
减:经营资产最低的投资收益(按14%计算)	35	21	56
剩余收益	15	3	18

然而,单纯依靠剩余收益进行投资中心的业绩评价,也会给出错误的信号。当投资中心规模不相等时,利用剩余收益本身对投资中心经理进行业绩评价,难以做到公平、合理。

【例12—6】 设某企业有两个投资中心A与B,其经营成果如表12—12所示。

表 12－12　　剩余收益分析表　　单位：元

项　目	投资中心 A ①	投资中心 B ②	差额 ②－①
经营资产平均占用额	250 000	750 000	500 000
经营利润	55 000	131 250	76 250
减：经营资产最低的投资收益（按 14％计算）	35 000	105 000	70 000
剩余收益	20 000	26 250	6 250

由表 12—12 可以看出，若以剩余收益本身进行业绩评价，则投资中心 B 的经营业绩好于投资中心 A。但若同时考虑经营资产这一因素，则投资中心 B 比投资中心 A 多投资 50 0000 元，但剩余收益比投资中心 A 仅多 6 250 元。因此，凡遇到表 12—12 类似的情况，应结合计算经营资产利润率指标进行业绩评价。

第二节　内部转移价格

内部转移价格是指有利益关系的各企业之间、企业集团或公司内部各利润中心之间调拨产品或商品的结算价格。

一、内部转移价格的特点和作用

企业内部各责任单位在生产经营活动中既相互联系，又相互独立地开展各自的活动，各责任中心之间经常相互提供产品或劳务。为正确评价企业内部各个责任中心的经营业绩，明确区分各自的经济责任，使各个责任中心的业绩评价与考核建立在客观而可比的基础上，从而有利于调动各责任中心的积极性，必须根据各责任中心业务活动的具体特点，制定具有充分经济依据的内部转移价格。

内部转移价格是指企业内部有关责任单位之间提供产品或劳务的结算价格。从本质上来说，一切成本分配都是一种制定转移价格的形式。内部转移价格采取了“价格”的形式，使两个责任中心处于交易的“买”“卖”双方，不仅具有与外部的市场价格类似的功能，而且具有改善经营管理、降低成本、提高企业经济效益的功能。内部转移价格与外部市场价格的不同之处在于：第一，它所影响的“买”“卖”双方都是同一企业内部的两个不同部门，企业必须综合考虑其对双方的影响；第二，它计价结算的是企业内部责任单位之间的产品或劳务，尚未形成独立的市场，因而不具备独立的法律效能。

内部转移价格的上述特点决定了它在企业内部管理中具有以下作用：

(1)有助于明确划分和落实责任中心的经济责任；

(2)为责任中心的业绩考核与评价提供一个公正、合理的衡量标准；

(3)有利于优化企业生产计划，促使企业资源的合理利用，提高企业经济效益；

(4)有助于企业制定正确的经营决策，调动企业内部各部门的积极性。

二、内部价格的制度原则和意义

内部转移价格，是指企业内各责任中心之间（分部之间）相互提供产品或劳务所选用的一种计价标准。转移产品的价格对于出售该产品的分部而言是收入，对于购买该产品的分部而言则是成本。转移产品的定价是一个十分复杂的问题。

我们先讨论转移价格的制定对分部及公司整体的影响，从而得出制定转移价格应该遵循的原则。转移产品价格的制定对有关分部和公司整体都会产生影响。主要表现在以下几个方面：

（一）对分部业绩评价的影响

转移产品的价格会影响购买分部的成本和售出分部的收入，从而影响双方的利润。

内部转移价格使两个责任中心（分部）处于交易的“买”“卖”双方，就必然具有与外部市场价格类似的功能。内部转移价格的确定给“卖方”提供了一个尺度，表明了在目前的经营水平下，“卖方”所能获得内部利润的幅度；同时，由于这个尺度的存在，促使“卖方”不断改善经营管理，从各个方面来降低该产品的成本，从而获得更多的内部利润。内部转移价格同样给了“买方”一个尺度，因为“买方”利用中间产品加工出自己产品（中间或最终产品）后，其成本开支中就有该中间产品的购买支出部分；要以其自己的限定收入抵偿支出并获得更多的内部利润，“买方”就需要在降低物料消耗、减少人工和机器工时支出等其他各方面努力。同时，两个分部的经理也都意识到对本公司最有利的是由售出分部制造这些转移产品。当然，这对两个分部也都是有利的。因为可以节约销售费用，减少坏账损失，多余的生产能力能够利用等。但这并不意味着两个分部的负责人会一致同意转移价格定在某一水平上。因为各分部各自考虑的目的不同：

首先，购买分部负责人从本单位利润和外部市场情况考虑。例如，购买甲产品，他想把甲产品的成本降到最低，使本分部的利润增加到最大限度。他不但可以向本公司售出分部购买甲产品，也有权从外部供应者购进。

其次，售出分部负责人同样力争本分部能产生最大限度的贡献毛益，从而使分部的利润最大化。售出分部负责人在争取把甲产品卖给购买分部的同时，不放弃销售给其他顾客的机会。他力争在可能的、最高的销售价格下，销售尽可能多的甲产品。

（二）对公司整体利润的影响

若从公司整体角度考虑转移价格的制定，转移价格能从两方面影响公司的利润水平。

1. 影响分部的行为

分部在独立决策时可能会制定出有利于分部利润最大化而不利于公司整体利润水平的转移价格。比如，如果转移价格比实际生产成本要高出许多，购买分部就可能从公司外部购入价格低于转移价格的产品。假设售出分部制定的转移价格为 30 元，而其成本为 24 元。如果购买分部能以 28 元的价格从外部供应商处获取该零部件，它就不会向售出分部购买。购买分部每个零部件就可节约 2 元（内部转移价格 30 元－外部市场价格 28 元）。但是，假设售出分部无法向外出售该零件，公司整体在每个零部件上将损失 4 元（外部成本 28 元－内部成本 24 元）。这样，公司整体的成本就提高了。

2. 影响所得税

转移价格会影响公司整体的所得税，对跨国公司尤其如此。而通常情况下，公司会制定适当的内部转移价格使得更多的收入转移到低税率国家,并尽量使成本转移到高税率国家。

(三)对分部经营自主权的影响

由于转移价格的制定会影响公司整体利润,公司高层有时会不自觉地介入其中。这种介入如果成为一种惯例,公司实际上就背离了分权管理的宗旨,当然也就无法发挥其优势。公司之所以选择分权管理,是因为分权管理的总体效益高于总体成本。而总体成本之一,就是分部经理偶尔会做出次优决策。因此,从长远来讲,公司高层为降低这种成本而介入转移价格的制定很可能是不可取的。在不发生需要公司进行仲裁的情况下,公司管理当局一般不干涉制定价格的过程。但公司不希望分部负责人在制定价格协议方面多花费时间。公司认为分部经理应该把时间花费在改进推销、组织生产或其他方面的工作上。公司希望两个分部成交。因为,售出分部产品或零部件的相关成本一般低于外部供应厂家的成本。

通过以上分析,可以得出在确定内部转移价格时,应考虑以下两项原则:

1. 转移价格必须为转让各方自愿接受

例如,以市场价格为基础制定的转移价格,购买和售出分部应当具有大致相等的讨价还价的权力,具有选择产品、价格、供应者和顾客的自由。只要一方不同意,转移价格就不能成立。因此,独立自主性是确定转移价格的前提。上级公司应允许他们这一自由,但要特别强调各分部负责人对其经营成果负责。

2. 转移价格必须使转让双方都有利

无论转移价格是以市场价格为基础,还是以标准成本为基础,都应该遵守这个原则。如在转移产品没有市场价格可做参考,或内部销售条件与外部销售条件相类似,或公司要求购买分部和售出分部在内部进行交易等情况下,各分部在确定转移价格时,都以自己的利益为出发点,只有所定价格对双方都有利或能正确反映双方业绩考核时,交易才能成立。因此,有利性是确定转移价格的基础。

三、内部转移价格的种类

转移价格按其所包含的内容或制定方式不同,可以分为以下几种类型:

(一)成本法

以产品的成本作为转移价格是制定转移价格最简单的方法。常使用实际成本、标准成本、变动成本等不同的成本概念,它们对存货估价、业绩评价会产生不同的影响。实际成本资料较易取得,不会为制定转移价格增加任何费用,但卖方责任中心经营管理的成绩与过失全部地转移给买方责任中心,一方面使卖方缺乏降低成本的积极性,另一方面使买方承担了其他部门造成的工作效率上的责任。标准成本能弥补上述缺陷,可以极大地减少低效率的问题,有利于明确经济责任,但标准成本的制定并非易事,要求整个企业的管理水平较高。在转移价格的制定中,以变动成本作为转移价格,固定成本作为非相关成本不予考虑,这对短期决策而言,有存在的合理性,但同样存在不能正确考核责任中心业绩和正确评价业绩的问题。

(二)成本加成法

成本加成是指在产品或劳务成本的基础上加上一定的合理利润作为计价基础,通常以变动成本或全部成本加成作为转移价格。

1. 以变动成本加成

以变动成本加成是指根据产品或劳务的变动成本,再加上一定的合理利润作为计价基础,它能促使企业整体决策的优化。

【例 12－7】 某企业有甲、乙两个责任中心，甲责任中心专门生产的A产品售给乙责任中心，乙责任中心进一步将其加工成B产品。有关产品的成本资料为：A产品的单位成本为50元/件，其中单位变动成本为30元/件，分摊的固定成本为20元。乙责任中心在进一步加工过程中，发生单位变动成本25元/件。加成比例为10%。

最近，该企业有一订单，愿意购买B产品1 000件，可以利用剩余生产能力生产。但客户只愿出价65元/件，而正常B产品的销售单价为100元/件。

在正常情况下，生产B产品的单位成本为75元/件(50＋25)，而对方出价65元/件，每件亏损10元/件，该项订货应该放弃。但如果甲责任中心考虑到此项订货不超过现有生产能力，不需要增加固定成本，转移价格采用以变动成本加成的方法制定，可能会得出不同的决策结论。

A产品单位变动成本	30元/件
加成比例10%	3元/件
转移价格	33元/件
B产品追加单位变动成本	25元/件
小计	58元/件

B产品单位贡献毛益为7元/件(65－58)

在以变动成本加成定价时，接受该订单的生产，使企业闲置的经济资源得到了充分利用，并为企业增加盈利7 000元(7×1 000)。由此可见，以变动成本加成作为转移价格，能促使企业优化决策。但如果中间产品存在竞争市场或剩余生产能力，只有在不能以正常价格取得订货或不影响正常订货的情况下，甲责任中心才会接受低于正常价格的变动成本加成作价的企业中其他责任中心的订货。因为对甲责任中心而言，以变动成本加成作价转移产品会出现亏损，本例为17 000元{1 000×[33－(30＋20)]}，不利于公正地评价部门业绩。这种转移价格主要适用于成本中心相互之间提供产品或劳务，以及有关成本中心之间责任成本的转账。

2. 以全部成本加成

以全部成本加成是指根据产品或劳务全部成本加上一定的合理利润作为转移价格。消耗的成本全部予以补偿，但由此也会影响决策的制定。如【例12－7】中，假定甲责任中心以全部成本加成作价，其转移价格为55元/件[(30＋20)×(1＋10%)]，乙责任中心B产品的单位成本为80元(55＋25)，那么单价为65元/件的1 000件订货就不能接受。采用成本加成的优点主要表现在简便易行，但这种转移价格包含了实际成本，仍然会把“卖方”的功过全部转嫁给“买方”承担，从而削弱了双方降低成本的责任感。此外，确定加成的利润率带有很大的主观随意性，加成利润率的偏高或偏低都会影响对双方业绩的正确评价。

(三)市场价格法

市场价格法是指根据产品或劳务的市场供应价格作为定价基础。一般认为市场价格是一种最理想的转移价格，因为市场价格比较客观，对买卖双方无所偏袒。同时，市场价格也最能体现利润中心和投资中心的基本要求，在企业内部形成一种竞争的市场环境，让利润中心和投资中心真正保持相对的独立性，切实保障它们的经济权益。

从企业的观点看，两个责任中心相互交易，不管市场上是否有同样的产品或劳务，在企业内部进行买卖的产品质量及交易期易于控制，可以节省谈判费用等，具有较多的优越性。因

此，高层决策者为了使各责任中心的竞争建立在与企业总体目标相一致的基础上，应当鼓励进行内部交易，并要求各责任中心遵守下列规则：

(1)卖方责任中心的产品，应首先满足内部其他责任中心的需要，但有权拒绝以低于市场价格的转移价格对内供应；

(2)买方责任中心可以与市场购买相比较，如果内部责任中心的价格高于市场价格，买方有权拒绝购买，改向市场购买；

(3)内部转让，应不影响责任中心履行其已签订的对外供货合同。

但是，以市场价格作为转移价格也存在着一定的局限性。企业内部生产的产品或劳务，往往是专门生产的，或具有特定的规格，在这种情况下很可能没有市场价格可做比较；另外，市场价格的波动会给市场价格的确定带来一定的困难。

四、协商价格法

协商价格是由买卖双方共同协议而商定的一种内部结算价格。采用这种转移价格，不仅有关产品或劳务的买卖双方都乐于接受，而且还能维护企业的整体利益。利用协商价格进行内部转账结算，可以同时满足买卖双方的特定需要，适当兼顾不同责任中心的经济权益。

一般而言，协商价格可以稍低于市场价格，这主要是因为：

(1)转移价格中包含的收账费用、销售费用通常都低于企业外部；

(2)企业内部转移产品或劳务一般数量较大，因而单位成本较低；

(3)卖方大多拥有闲置的生产能力和存在竞争市场，确定的协商价格只需略高于单位成本。

但是，协商价格的不足之处在于协商价格的确定需要双方反复协商，往往造成时间和精力的浪费，还会使各单位的利益受到谈判人员谈判技巧的影响。如果买卖双方在协商时相持不下，就需要高层决策者进行裁定，这样不仅丧失了分权管理的初衷，也很难发挥激励责任单位的作用。

四、内部转移价格的制定方法

为了实现分部的利益，并使公司整体得到最大利益，公司可建立一种制定转移价格的方针。这种方针确定了分部负责人制定转移价格时应该使用的方法。制定转移价格主要有四种常用的方法：以市场价格为基础制定的转移价格；协商价格(双方协议)；以成本为基础制定的转移价格；双重价格。

(一)以市场价格为基础制定的转移价格

西方国家通常认为，在转移产品有市场价格可以比较的情况下，市场价格是制定内部转移价格的最好依据，因为市场价格比较客观，对买卖双方无所偏袒，而且能促使售出方努力改善经营管理，不断降低成本。然而，市场行情变幻莫测，转移产品在市场供需平衡和供需不平衡时，如何确定转移价格呢？下面列举两种情况加以说明。

1. 市场供需基本平衡时转移价格的确定

这里的供需平衡，是指购买和售出双方可以在市场上自由售出和买进，而不影响市场价格。这时，只有对售出和购买双方及上级公司都有利，转移价格才能成立。

【例10－8】 设售出分部的产品市场价格为10元，变动制造成本为5元，变动销售费用为2元，以转移价格9元售给购买分部，购买分部加工后产品售价为20元，变动加工费为6

元。分别从三种角度计算、分析，如表12—13所示。

表12—13　　三种角度计算分析表　　单位：元

	上级公司角度	售出分部角度	购买分部角度
转移产品可获得贡献毛益	20－5－6＝9	9－5＝4	20－9－6＝5
不转移产品可获得贡献毛益	(10－5－2)＋(20－6－10)＝7	10－5－2＝3	20－10－6＝4
转移和不转移比较	9＞7	4＞3	5＞4

因为对三者都有利，按9元转移价格转让可以成立。

2. 市场价格不平衡时转移价格的确定

当市场需求相对大于供应时，转移价格应基本等于市场价格。无论售出或购买分部，都应当期望较高的价格。因为，售出部门向外出售，无疑都想尽量高价，购买部门在供货少的情况下，无法用低价买进。所以，此时的转移价格应基本等于市场价格。当市场需求相对小于供应时，转移价格应小于市场价格，大于售出分部的变动成本。

市场供需平衡是相对的，不平衡是绝对的。无论遇到多么复杂的市场行情和供需关系，以市场价格为基础加以调整(减去一些销售费用、运输费等)，制定转移价格，基本上能满足三项原则。

(二)协商价格

协商价格是买卖双方以正常的市场价格为基础，定期共同协商，确定出一个双方都愿意接受的价格作为计价的标准。协商价格通常要比市价低一些，这是因为：

第一，内部转移价格中所包含的推销和管理费用，一般要低于外界供应的市价；

第二，内部转移的中间产品一般数量较大，故单位成本较低；

第三，售出单位大多拥有剩余生产能力，因而议价只需略高于单位变动成本。

可见，协商价格的上限是市场价格，下限是单位变动成本，具体价格应由买卖双方在其上下限范围内协商议定。协商过程可以由售出分部提出报价等有关资料和条件，也可先由购买分部提出转移价格和有关条件。双方都有充分的讨价还价的权力，进而做出接受转让或拒绝转让的决定。

协商价格的缺陷是：在双方协商过程中，不可避免地要花费很多人力、物力和时间；另外，买卖双方的负责人在协商时往往会相持不下，就需要企业高层领导进行裁定。这样不仅丧失了分权管理的初衷，也很难发挥激励责任单位的作用。

(三)以成本为基础制定的转移价格

以产品成本作为内部转移价格，是制定转移价格最简单的方法。

1. 实际成本法

以中间产品生产时发生的生产成本作为其内部转移价格，即为实际成本法。这种方法尽管简便，但严格来说只是一个实际成本的计算转让过程，还不能作为一种内部“价格”发挥其在各部门之间划清经济责任和调节企业内部利润的作用。在这种方法下，提供产品或劳务的部门将其工作的成绩与缺陷全都转给了使用部门，而使用部门本不应对这些成绩和缺陷承担责任。也就是说，接受产品或劳务的部门，要承担不受它控制而由其他部门造成的工作效率上的责任。因此，这种方法对于产品或劳务的提供部门降低成本缺乏激励作用。

2. 实际成本加成法

实际成本法主要适用于各成本中心相互转移产品(半成品)或劳务时价格的确定。如果产品(半成品)或劳务的转移涉及的是利润中心或投资中心,为了让提供部门取得一定的利润,也可在实际成本的基础上加上一定的利润作为内部转移价格,即实际成本加成法。由于这种转移价格包含了实际成本,成绩和缺陷的转嫁现象不能消除,无助于调动卖方部门降低成本、增加利润的积极性。此外,所加的利润带有一定的主观随意性,而利润的偏低或偏高又会影响双方经营业绩的正确评价。

3. 标准成本法

以各中间产品的标准成本作为其内部转移价格,即为标准成本法。这种方法适用于成本中心产品(半成品)的转移。标准成本法的最大优点是将管理和核算工作结合起来,可以避免功过转嫁之患而收责任分明之效,能鼓励双方降低成本的积极性。

4. 标准成本加成法

如果产品(半成品)的转移涉及利润中心或投资中心,可将标准成本加利润作为转移价格,以分清双方责任。但是,确定利润的高低,仍需管理当局慎重斟酌。

(四)双重价格

当转移价格的定价在交易过程中没有给卖方部门带来利润时,转移价格的定价将起不到鼓励卖方部门从事内部交易的作用。为此,可以采用双重的内部转移价格来取代单一的内部转移价格。所谓双重的内部转移价格,是指对产品(半成品)的供需双方分别采用不同的转移价格。例如,当某种产品或劳务在市场上出现不同价格时,买方采用最低的市价,卖方则采用最高的市价(或者成本加一定的利润),称为双重市场价格。又如,卖方按市价作为计价基础,而买方则按卖方的成本作为计价基础,称为双重内部转移价格。这样区别对待,可以较好地满足买卖双方在不同方面的需要,同时也可激励双方在生产经营方面充分发挥其主动性和积极性。

采取双重转移价格定价方法能够使卖方部门获利而买方部门仅仅负担成本,或者卖方部门以成本加一定的利润作为内部转移价格,而买方部门只支付该产品的成本部分,差额可以记录在一个专门的集中核算的账户中。这种方法为买方部门留下成本数据,且通过转移价格向卖方部门提供了利润,从而鼓励内部交易活动。

第三节　责任成本核算及报告

一、责任成本与可控性

责任成本是责任中心当期发生的各项可控成本之和。考核责任中心的成本,首先要确认成本控制的经济责任,即哪些成本应该由这个责任中心负责,哪些成本不能由该中心负责,这就涉及成本的可控性问题。具体而言,可控成本应具备以下基本特征:

第一,责任中心能预计发生何种性质的成本费用;

第二,责任中心能确切地计量费用发生的数额;

第三,责任中心能够影响或控制费用发生的多少。

凡不符合以上条件的即为不可控成本。各可控成本之和构成该责任单位的责任成本。

应当注意的是，成本的可控性是随条件变化的，在具体判断某一项支出可控与否时，在遵循上述条件的前提下，还应根据实际情况具体分析。

（一）应针对特定的责任中心判断一项支出是否可控

一个企业必然同时存在若干责任中心，发生的每一项支出，对于某一责任中心而言是不可控的，但对于另一个责任中心则是可控的。例如，材料质量不好或规格不符而造成原材料消耗大大超过正常的消耗定额，对生产单位来说是不可控的，但对采购部门来说则是可控成本。一项支出对于较高层次的责任中心来说是可控成本，但对于其下属较低层次的责任中心来说，则可能是不可控成本；反过来，较低层次责任中心的可控成本，则一定是其所属较高层次责任中心的可控成本。例如，生产车间的管理费，对生产车间责任中心来说，属于可控成本，而对下属各班组责任中心来说，则是不可控成本。

（二）应结合特定时期分析一项支出的可控与否

企业的生产持续不断地进行，而成本、费用是在一定时期内发生的，因此，有些成本从短时期来看可能是不可控的，但从较长时期来考察，又可以成为可控成本。例如，固定资产折旧费在资产使用阶段是不可控的，但在固定资产更新决策时却是可控的。

（三）可根据成本习性来分析成本的可控性

一般来讲，发生在某一责任中心的变动成本大多为可控成本，而固定成本则大多为不可控成本。但也不可以绝对化，应从每笔支出的具体情况做出判断。

从整个企业和较长时期来观察，所有成本都是可控的，只是可控的主体不同。掌握责任成本的可控性特征，是正确进行责任成本计算并进行有效考核的基本条件。

二、责任成本与产品成本

责任成本制度以责任中心为对象开展工作，核算和报告的成本是责任中心的责任成本。由于责任成本核算是围绕各个责任中心来组织的，并以各个责任中心为对象进行有关资料的收集、整理，因而它与传统的以产品品种为对象、按成本项目汇集或计算的产品成本有较大的区别。责任成本与产品成本是两个完全不同的概念，下面用实例来说明它们之间的联系和区别。

【例 12－9】 某厂有甲、乙两个生产车间和丙、丁两个服务部门，共有四个成本（费用）中心，某期生产 A、B 两种产品，本期共发生成本 49 020 元，其产品成本和责任成本分别如表 12－14、表 12－15 所示。

表 12－14　　责任成本单　　单位：元

成本项目	责任中心				全厂总成本
	甲车间	乙车间	丙服务部门	丁服务部门	
原材料	6 000	4 000	5 000	3 000	18 000
生产工资及福利费	4 200	3 500	3 800	2 800	14 300
间接材料	3 100	2 200	1 900	600	7 800
间接工人	1 300	1 500	1 100	700	4 600
管理人员工资	1 200	500	700	800	3 200
其他	440	120	830	280	1 120
合　计	16 240	11 820	12 830	8 130	49 020

表 12—15　　产品成本单　　单位：元

成本项目	A产品总成本	B产品总成本	全厂总成本
原材料	7 500	10 500	18 000
生产工资及福利费	6 900	7 400	14 300
制造费用	7 150	9 570	16 720
合　计	21 550	27 470	49 020

从以上实例中，可以反映出责任成本和产品成本的主要区别主要表现在以下几个方面：

（一）成本计算的对象不同

成本计算的对象是归集和分配费用而确定的承担费用的客体。产品成本是以产品为对象，按不同的产品分别归集费用，确定成本；而责任成本是以责任中心为对象，按不同的管理层次汇集、加工成本数据，并对责任中心的成本进行核算，这就把成本计算和控制与责任中心联系起来，从而使成本控制能够落实到实处。

（二）成本计算的原则不同

产品成本实行“谁受益、谁负担”的原则，即哪种产品耗用的费用或应分摊的费用，应由哪种产品承担，侧重于成本计算的正确性；责任成本则实行“谁负责、谁承担”的原则，即按责任归属传递成本信息，考核成本责任。

（三）成本核算的主要目的不同

核算产品成本的主要目的是计算一定种类、一定数量的产品所发生的成本，用以计算利润，并反映和监督产品成本计划的完成情况，是实行经济核算的主要手段；核算责任成本的主要目的是计算各责任中心应负责控制的成本，用以反映和考核责任预算的执行情况，控制各责任中心的生产耗费，服务于企业的内部管理。

（四）成本核算的基础不同

产品成本核算是将应计入产品成本的费用按经济用途进一步划分原材料、燃料和动力、生产工资及福利费和制造费用等成本项目，较为详细地反映产品成本的各项具体构成；责任成本核算是在按成本的可控性，将全部成本划分为可控成本和不可控成本的基础上进行的，责任成本只包括可控成本，它不受其他单位的影响，也不影响其他任何单位，从而有利于成本的控制和考核。

责任成本与产品成本虽然有许多不同点，但它们之间也有密切的联系，两者的经济实质是相同的，都是生产过程中发生的耗费，并且责任成本控制的有效与否将直接影响产品成本的耗费水平。所以，虽然责任成本和产品成本控制的角度不一样，但它们的总目标是一致的，从一定时期看，产品成本和责任成本总额是相等的。

三、责任成本核算

进行责任成本核算，是将成本核算的着重点从单纯计算产品成本转移到计算各责任中心的工作业绩和经济效益上来，使提供的成本信息能说明成本节约或超支与哪些责任中心的工作质量有关，把企业经济责任制建立和落实在科学管理的基础上。

责任成本的核算是以责任中心为对象归集各中心的可控成本，将各中心的不可控成本转给应承担责任的责任中心。它不需要像产品成本核算那样计算月初在产品成本、月末在产品成本和本月完工产品成本,而只需核算各责任中心当期发生的成本;也不需要像产品成本核算那样将费用在各种产品之间进行分配,而只需归集到各责任中心。由此可见,责任成本核算的内容比较单纯,就是计算责任中心当期发生的可控成本。在各责任中心存在共同发生耗费的情况下,应妥善解决间接成本在有关责任中心之间的合理分配问题。

【例 12－10】 某企业有第一、第二基本生产车间和一运输队,其中运输队主要为基本生产车间提供运输服务。假设本月份运输队实际发生成本 16 800 元,其中固定运输成本 5 200 元,变动运输成本 11 600 元。该运输队本月成本预算额为 16 000 元,其中固定成本预算 5 000 元,变动成本预算 11 000 元。提供运输的总数为 2 800 千米,其中第一车间 1 000 千米,第二车间 1 800 千米。现要求将运输队的运输成本在受益的各责任中心进行分配。

1. 按实际运输数进行分配

运输的实际单位成本＝16 800÷(1 000＋1 800)＝6(元/千米)

第一车间应负担的运输成本＝1 000×6＝6 000(元)

第二车间应负担的运输成本＝1 800×6＝10 800(元)

这种分配方法简便易行,但分配结果有可能将运输队因浪费和低效率增加的种种耗费转嫁给第一、第二基本车间,不利于分解和落实责任预算的执行情况。

2. 按预算并区分"固定"和"变动"两部分进行分配

首先,按第一、第二基本车间对运输作业的正常需要量分配固定运输成本预算。

设第一、第二基本车间对运输作业的正常需要量占运输队提供劳务的40%和60%,则:

第一车间固定运输成本分配额＝5 000×40%＝2 000(元)

第二车间固定运输成本分配额＝5 000×60%＝3 000(元)

其次,按第一、第二车间运输作业实际使用量分配变动运输成本预算额。

变动单位运输成本＝11 000÷(1 000＋1 800)＝3.93(元/千米)

第一车间变动运输成本分配额＝1 000×3.93＝3 930(元)

第二车间变动运输成本分配额＝1 1000＋3 930＝7 070(元)

最后,计算第一、第二基本车间运输成本分配额以及运输队实际发生额同分配额之间的差异。

第一车间运输成本分配总额＝2 000＋3 930＝5 930(元)

第二车间运输成本分配总额＝3 000＋7 070＝10 070(元)

运输队动力成本分配差额＝16 800－(5 930＋10 070)＝800(元)

这种分配方法计算较为复杂,但对运输队而言,有利于考核其在提供运输服务时的责任成本预算的执行情况,避免将低效率和浪费现象不合理地转嫁给受益单位;对第一、第二基本车间而言,有利于充分调动其加强成本控制的积极性和主动性,将一般意义上的不可控成本通过分配方法的合理运用转化为可控成本,从而进一步明确责任中心的成本责任。

四、责任成本业绩报告

责任成本业绩报告是提供责任成本信息的媒介,对各责任中心的责任成本目标完成情况予以报告是成本控制的一项重要工作。责任成本业绩报告由于主要是为企业内部提供信息,与财务报告相比,在报告对象、报告形式及报告时间等方面都有其特点。

(一)报告对象

各责任中心对责任成本目标完成情况极为关注,企业最高层次的管理者也需要了解每一责任中心的业绩完成情况,因此,需要按责任中心的不同,分别编制责任成本业绩报告,同时为企业编制一份总括的责任报告。由于各责任中心的性质不同,包含的责任成本内容、范围不一样,报告的责任成本目标、实际执行情况和产生差异的具体内容也不尽一致。尽管如此,报告应与责任范围一致,应当完整、清晰。

(二)报告形式

报告的形式主要有报表、数据分析和文字说明等。将责任成本目标、实际履行情况及其产生的差异用报表方式予以列示是报告的基本方式。但由于责任成本报告是对各责任中心的成本履行情况做出专门、概括的总结,因此在揭示差异的同时,应采用定量分析的方法确定差异产生的程度,采用定性分析的方法分析产生的原因,并对各责任中心如何控制差异、如何根据客观环境的变化适时地调整衡量标准提出建设性的意见。

(三)报告时间

财务报告的编制间隔期一般较长,以月或年作为报告时间;而责任成本报告考虑到最基层的责任中心需要随时掌握和控制其责任成本目标的完成情况,希望适当缩短报告的时间,以周或旬予以报告。

对各责任中心的成本进行考核,主要是通过将实际发生的责任成本与其责任成本预算进行比较而实现的。责任中心实际发生的责任成本与责任成本预算之间的差异,反映各责任中心对责任成本进行控制的效果,将考核与奖惩结合起来,可以强化对各责任中心的责任约束,进一步提高其降低成本的积极性。因此,责任成本业绩报告一般按责任中心的可控成本的各明细项目列出其预算数、实际数和差异数。三栏报告中反映的项目不仅限于金额指标,还可包括实物、时间等对评价中心业绩有帮助的其他指标。由于责任中心的划分具有多个层次,所以对处于中、上层次的责任中心而言,责任报告还必须对下属责任中心的成本汇总。常见的责任成本业绩报告如表 12—16 所示。

表 12—16　　××中心责任成本业绩报告

××年

单位:元

项　目	预　算	实　际	差　异
本中心可控成本	68 000	70 000	2 000
其中:间接材料	40 00	41 000	1 000
间接人工	12 000	11 000	−1 000
管理人员工资	8 000	9 000	1 000
固定资产折旧费	1 000	500	−500
固定资产维修费	7 000	8 500	1 500
下属单位转来的责任成本	240 000	241 000	1 000
甲班组	140 000	136 000	−4 000
其中:原材料	90 000	85 000	−5 000

续表

项　目	预　算	实　际	差　异
生产工资及福利费	50 000	51 000	1 000
乙班组	100 000	105 000	5 000
其中:原材料	70 000	80 000	10 000
生产工资及福利费	30 000	25 000	−5 000
本部责任成本合计	308 000	311 000	3 000

计算结果表明,本责任中心实际成本大于预算成本,出现了不利差异,成本控制存在问题,应重点剖析间接材料、管理人员工资、固定资产维修费的费用发生情况。下属的甲班组出现了有利差异,对成本控制取得了一定的成绩。应当注意的是,在根据成本差异进行业绩报告和考评时,如果实际业务量与预算业务量不一致,应按弹性预算的方法调整预算指标,这样,才能使预算与实际的比较具有可比性。

编制责任成本业绩报告时,可以突出报告各责任中心的可控成本,而将不可控成本省略。也可以将不可控成本作为业绩报告的参考资料,以便较为完整地反映各责任中心在一定期间内耗费的经济资源。

以责任成本差异考核和评价责任中心的业绩是一种简便有效的方法。但必须防止片面鼓励降低成本的做法,因为在合理制定的预算或标准成本的基础上,降低成本的可能性是极为有限的,超过一定限度,必然引起产品质量下降。各责任中心应认真分析研究其成本差异形成的原因和责任,作为修改预算或采取措施的依据,同时巩固成绩,纠正不足。

本章小结

责任成本实质上是目标成本的具体化和责任化。根据企业内部责任单位权责范围以及业务活动特点的不同,可将企业生产经营上的责任中心,划分为成本中心、利润中心和投资中心三类。在此基础上,根据各类责任中心的特点,确定相应的业绩评价、考核的重点,据此组织实施责任会计。

成本中心是指有权发生并控制成本的单位。成本中心的工作成果不会形成可以用货币计量的收入,或其工作成果不便于或不必进行货币计量,仅计量和考核发生的成本。

利润中心是指既能控制成本,又能控制销售和收入的责任单位。它不但有成本发生,而且还有收入发生,因此,它不但要对成本、收入负责,而且也要对收入与成本的差额即利润负责。

投资中心是指既能控制成本和收入,又能对投入资金进行控制的责任单位。它不仅在产品的生产和销售上享有较大的自主权,而且能够相对独立地运用其所掌握的资金,有权购建和处理固定资产,扩大或缩小生产能力,因而它既要对利润负责,又要对资金的合理运用负责。

内部转移价格是指有利益关系的各企业之间、企业集团或公司内部各利润中心之间调拨产品或商品的结算价格。从本质上来说,一切成本分配都是一种制定转移价格的形式。

转移价格按其所包含的内容或制定方式不同,可以分为成本法、成本加成法、市场价格法、协商价格法等类型。

制定转移价格，主要有四种常用的方法：以市场价格为基础制定的转移价格；协商价格（双方协议）；以成本为基础制定的转移价格；双重价格。

责任成本是责任中心当期发生的各项可控成本之和。应具备的基本特征有：(1)责任中心能预计发生何种性质的成本费用；(2)责任中心能确切地计量费用发生的数额；(3)责任中心能够影响或控制费用发生的多少。

责任成本制度以责任中心为对象开展工作，核算和报告的成本是责任中心的责任成本。责任成本的核算是以责任中心为对象归集各中心的可控成本，将各中心的不可控成本转给应承担责任的责任中心。

对各责任中心的成本进行考核，主要是通过将实际发生的责任成本与其责任成本预算进行比较而实现的。责任中心实际发生的责任成本与责任成本预算之间的差异，反映各责任中心对责任成本进行控制的效果，将考核与奖惩结合起来，可以强化对各责任中心的责任约束，进一步提高其降低成本的积极性。

思考题

1. 责任会计的内容和原则是什么？
2. 什么是责任中心？企业划分哪几种责任中心？
3. 成本中心、利润中心和投资中心划分的标准是什么？各自的特征是什么？
4. 如何对责任中心进行业绩评价？
5. 什么是内部转移价格？制定内部转移价格的原则是什么？
6. 内部转移价格包括哪几种？

第十三章　目标成本控制

学习目的

了解目标成本的含义、原则和目标成本控制的意义，熟悉目标成本控制的特点，掌握目标成本控制的程序，熟悉制定标准成本的一般方法和原则，掌握传统标准成本制定的方法，重点掌握标准成本差异的计算与分析及其差异的期末账务处理，了解多元化标准成本制度的意义与特征。

"如何控制成本，实现利润最大化"是企业财务管理的重要目标，搞市场经济，就要讲究市场运作，讲究经济效益，讲究降本求利，讲究公平交易，平等竞争，而这一切都是与企业的目标成本管理工作分不开的。

第一节　目标成本控制概述

目标成本控制是指企业根据市场环境、企业潜力和发展规划，综合测算确定目标利润后，以目标利润约束成本支出的管理方法。它具有全面、综合的特征，并强化成本的超前管理。

一、目标成本的含义

目标成本是指在新产品设计过程中，为实现目标利润必须达成的成本目标值，而且这个目标只是全寿命周期成本的最大容许值，即以市场价格为主、顾客为导向，在产品企划与设计阶段采用超部门团队方式，运用价值工程与市场研究、产品功能分析及成本分析等各种方法，以达成目标利润的成本。图 13－1 为目标成本的分类。

由于目标成本计算产生于日本企业多年面临的较为激烈的竞争环境，不同企业各有其独特的方法，所以，并不存在一种唯一的目标成本定义。目标成本的定义有窄有宽，各不相同。但总体来说具有以下共同之处：目标成本基于竞争的市场环境；市场价格决定产品成本；产品设计和研发早期阶段注重成本计划、管理和降低；跨部门团队的参与。

一、竞争性市场环境

在一个竞争对手少、产品供不应求的环境中，产品销售者可以企业产品成本为基础，采用成本加成的方法确定其产品价格，获取相应的利润。但在市场全球化和竞争更为激烈的环境

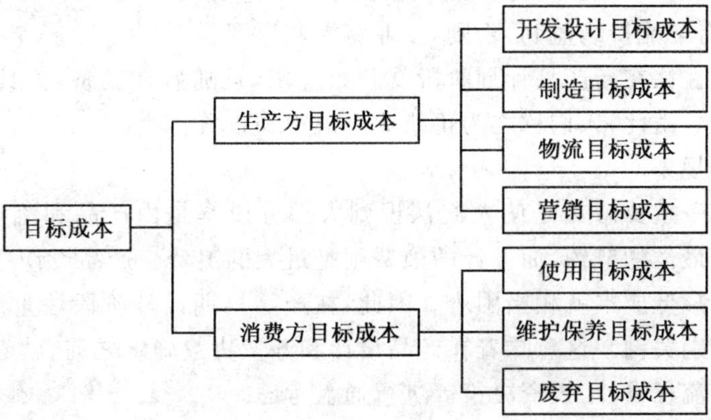

图 13－1　目标成本的分类

中，企业不可能再用成本加成的方法来进行产品定价。在产品供过于求的竞争性环境中，产品价格由市场力量所决定，从而销售者必须认真考虑市场中所出现的强劲的竞争对手、不同的产品和服务及其价格。企业为了获得较大的市场份额，可能要在提高产品质量或提供额外服务的前提下致力于降低产品价格。目标成本的好处之一，就是促使人们更好地理解市场、竞争，以及客户的高质、廉价、快速需求。

（二）价格驱动型成本

当市场力量或管理当局所确定的价格政策为价格领先战略时，企业必须使其产品成本低于价格方可获利。由此，目标成本的计算公式为：

价格－利润＝成本

这个公式是传统产品定价公式的简单移项。传统的产品定价公式为：

成本＋利润＝价格

公式项目的移动看似简单，但在现实生活中却需要人们思想观念的巨大转变。在市场所决定的价格一定的条件下，企业的利润不是由企业自行确定的，而是由企业潜在成本水平所决定的。设定了企业的利润水平，也就设定了企业的成本目标。竞争环境下的价格—成本关系如图 13－2 所示。

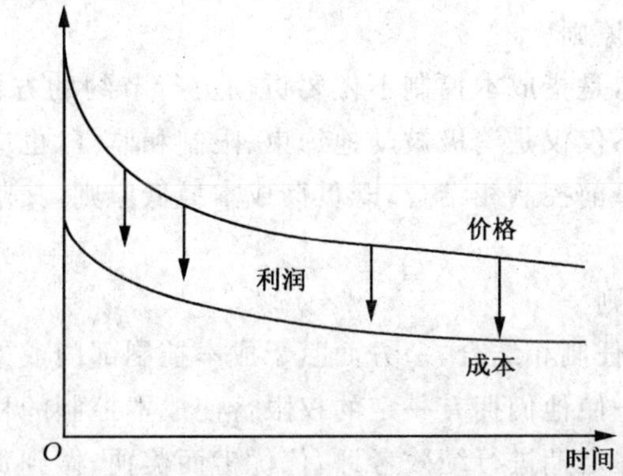

图 13－2　竞争环境下的价格—成本关系

由图 13—2 可以看出，随着时间的推移，企业产品的价格不断下降，企业的产品成本必须随之下降，企业才有可能持续盈利；否则，企业将无利可图。

由于目标成本往往在新产品计划阶段就开始应用，且随后在设备、工具、其他资产等方面的投资都受其影响。由此，人们称之为价格驱动成本和投资。

（三）早期成本规划

目标成本的另一重要意义是使人们认识到大部分成本是由产品和流程设计决策所决定的。设计的节约是最大的节约，而设计的浪费则是最大的浪费。产品设计一旦确定，等到产品生产阶段再来寻求降低成本就相当困难。因此，在产品早期设计阶段注重成本并确保目标利润和成本就显得特别关键。这意味着在产品设计和开发决策确定之前，就必须对产品设计、材料选择、制造方案、流程设计、投资决策等进行通盘考虑。

（四）跨部门团队的参与

要对目标成本和产品开发取得共识，需要营销、设计与开发、制造、财务等多个部门组成跨部门团队的组织保证。

二、目标成本原则

目标成本控制是一项复杂细致而又艰巨的任务，是一个系统工程。目标成本控制应依据一定的原则进行。一般来说，目标成本控制的原则有以下几个方面：

（一）全面性原则

全面性原则，是指在成本控制过程中，应调动企业内部各部门及全体职工对成本形成的全过程进行控制。它包括全员控制和全过程控制。

全员控制是指企业各部门的各个职工均应树立高度的成本控制责任感，积极主动地参与成本控制，使专业成本控制与群众普遍控制相结合，使每个职工关心成本数额的高低、关心企业效益的好坏。只有树立全员控制的责任感，才能使成本控制落实于每个职工的每个工作岗位，并在任何时刻都不放松成本控制，才有可能实现较好的成本控制，防止浪费。

全过程控制是指成本控制应在成本形成的整个过程中进行。成本控制不应仅限于制造领域，还要扩大到消费领域，包括产品的设计、研制、工艺、制造、销售、运输、储存、售后维修与保养等各个具体过程，使成本在整个产品寿命周期内得到有效控制，以降低成本，提高经济资源利用率。

（二）增收与节支并重原则

增收与节支并重原则，是指成本控制不仅要贯彻厉行节约的方针，杜绝浪费，还要广开财源，增加收入。成本控制不仅仅是消极被动地约束、限制和监督，也应积极地干预和指导，做到防护性控制、反馈控制和事前控制相结合，既贯彻成本最低原则，又坚持收入最高原则，双管齐下，增强成本控制的效果。

（三）责权利相结合原则

成本控制应与经济责任制相结合，一方面赋予成本控制部门或人员一定的职责与使命，同时也赋予他们一定的权限；使他们拥有一定的权限行使成本控制的权力，为成本控制的顺利进行打下基础和提供保障，并定期进行绩效考评，依优劣而奖罚，做到责权利相结合，以充分调动各部门、各职工成本控制的积极性和主动性。

（四）目标管理原则

目标管理原则，是指企业管理部门以既定的某方面目标作为管理的出发点和依据。成本控制按目标管理原则进行，即要以已确定的目标成本为依据，对企业的生产经营活动进行控制，将目标成本按责任中心分解为责任成本，落实到成本中心，进行分口、分级管理，保证目标成本的顺利实现。

（五）例外管理原则

例外管理原则，是指在日常实施全面控制的同时，有选择地分配人力、物力和财力，抓住那些重要的、不正常的、不符合常规的关键性成本差异所采取的行动。采取例外管理原则的优点在于：一方面可以通过分析实际脱离标准的原因来达到日常成本控制的目的，另一方面可检验标准本身是否先进适宜。

在实际工作中，确定"例外"的标准通常可考虑以下几项标志：

1. 重要性

一般来说，只有数额较大的差异才应给以足够的重视，才称作"例外"。其金额的大小通常以成本差异占标准或预算的百分率来界定。

2. 一贯性

如果有些成本差异虽未达到重要性标准，但却一贯在控制线的上下限附近徘徊，也应引起管理人员足够重视，称为"例外"。

3. 可控性

"例外"应以管理人员能够控制的成本项目为限，凡管理部门和人员无法控制的成本项目（如税率），即使相对数额较大，也不应视为"例外"。

4. 特殊性

凡是对于企业的长期获利能力产生重要影响的成本项目，即使差异金额未达到重要性程度，也应视为"例外"，并查明原因。

三、目标成本控制的意义

目标成本控制是成本管理的核心内容，它通常是根据成本预测和成本决策所确定的目标，对生产经营活动中的各种耗费进行事前和事中控制，及时发现偏差，并采取相应的措施进行调节和干预，以最终保证预定目标成本的顺利实现。

企业成本控制系统，作为企业实施全面预算管理的一个子系统，应具备成本信息多元化、决策性、控制性的特点，其职能定位为成本核算管理事前控制、事中控制和事后控制为一体的管理型控制。

事前控制也是前馈控制，是指在产品投产前对影响成本的各项经济活动进行事前规划、审核、确定目标成本；事中控制也是过程控制，是指在成本的形成过程中对实际发生的各种成本、费用进行限制、约束、指导和监督，保证目标成本的实现；事后控制也是反馈控制，是指成本、费用发生之后，分析发生差异的原因，提出改进措施，为下一个成本循环的目标成本确定提出依据。总之，成本的事前控制主要是确定成本标准；事中控制主要是围绕成本标准，对各项开支进行控制；事后控制主要是分析考核，为改进下一期的生产经营做出贡献。

成本控制对于保证目标成本的顺利实现，加强成本的日常管理工作，提高成本核算的质量，充分利用现有经济资源，挖掘降低成本潜力等都具有重要意义。

第二节　目标成本控制的特点与程序

目标成本是在未来一定时期内为保证实现目标利润而确定的成本控制目标。目标成本根据用户所能接受的价格和企业要求实现的目标利润确定。它是在激烈的市场竞争环境中，企业以满足自身积累发展要求为前提，预先制定的、可接受的成本水平和成本控制标准。

一、目标成本控制的特点

目标成本控制是基于市场导向和市场竞争的管理理念和方法，以具有竞争力的市场价格和目标利润倒推出目标成本，并予以分解落实，据此控制企业生产经营全过程的各项耗费，使实际成本符合目标要求的一种成本控制方式。

目标成本控制具有以下特点：

（一）全视角控制

目标成本控制建立在消费者能够接受的价格和企业要求实现的目标利润基础上，改变了以实际消耗为基础的传统成本控制观念，它将企业成本控制的视角从单纯注重企业内部和生产环节，引向企业内外部的结合乃至市场竞争环境，使成本控制的视野更加广阔。

（二）全时序控制

目标成本控制将事前控制、事中控制和事后控制有机地融为一体，增强了成本控制的目的性和科学性，控制重心前移，使成本控制更加主动和有效，改变了以事后控制为基础的传统成本控制观念。

（三）全过程控制

目标成本控制以产品生命周期全过程为视角，将产品的市场分析、研究开发、工艺准备、物料采购、生产加工、营销服务等各个阶段、各个环节全面纳入成本控制范畴，更注重战略性和动态性。

（四）全主体控制

实现目标成本的过程，就是全员参与、各司其职、共同控制的过程。成本是各部门、各环节、各岗位生产经营耗费的最终结果，而分别履行不同职责的全体员工正是导致成本发生的直接责任人员，离开了他们对成本的关心和控制，实现成本目标将是一句空话。

（五）全要素控制

决定成本水平高低和目标成本实现的因素涉及物资、人力、资金、技术、管理等全部生产要素及其组合。传统成本控制对工艺技术这一决定成本发生的基础要素关注不够，目标成本控制要求生产经营各环节高度关注技术、工艺因素，以进一步提高成本控制效果。

二、目标成本控制的一般程序

目标成本控制的一般程序可概括为确定目标成本、分解目标成本、目标成本控制和目标成本考评。

（一）确定目标成本

确定目标成本是目标成本控制的起点，目标成本的科学性和合理性直接影响其控制效果。

确定目标成本，一般经过四个基本阶段：确定各产品的目标售价；确定各产品的目标利润；初定各产品的目标成本；分析确定目标成本。

（二）分解目标成本

目标成本确定后，应科学、合理地进行目标成本分解，将目标成本层层落实到单位和个人。目标成本的分解要结合企业工艺技术过程和企业组织结构特点，要有利于明确经济责任、加强成本控制，既使各单位和个人明确自己的目标，又给予其相应的管理权力和经济利益。

（三）目标成本控制

目标成本分解落实以后，承担目标成本责任的部门、岗位、个人，采取有效措施执行并控制目标成本。目标成本控制常常需要与各种具体控制标准、成本控制责任制度等有机结合。

（四）目标成本考评

在目标成本控制过程中，应定期或经常检查和考评各部门、各层次、各岗位、个人对目标成本的执行情况，特别要关注那些差异大、比重高、易波动、难控制的成本项目。在检查考评中，应分清主观因素和客观因素、有利因素和不利因素、主要因素和次要因素。

第三节　传统标准成本的制定和成本差异计算分析

标准是用来衡量绩效的一种基础。标准成本与其他标准一样，是用来衡量企业成本管理业绩的。标准成本制度是根据事先制定的标准成本，在生产过程中和生产过程后，将标准成本与实际成本比较，揭示成本差异，据以加强成本管理和考核评价的一种控制制度。传统标准成本制度的内容包括：标准成本的制定、实际成本与标准成本差异的计算及对成本差异的处理。

一、制定标准成本的一般方法

标准成本的制定属于前馈性成本控制。需要考虑的因素主要是注重市场动态的变化（市场成本）、参照历史成本资料和工程技术资料，制定出对企业管理最为有用的标准。标准成本的制定一般可采用下列方法或步骤：

（一）成立制定标准委员会（小组）

由于制造企业的生产过程复杂，任何一个部门都难以掌握和制定全厂所有各部门的标准，应该成立专门小组负责全厂各部门主要标准的制定。参加人员应该由各车间、部门负责人和生产第一线的业务骨干组成。

（二）利用各种技术方法

如组织模拟生产，以测定该产品所需料、工、费，据以确定其标准耗费量。

（三）利用接近计划的历史成本资料

制定标准成本不能忽视过去经验。接近计划期的成本资料往往是未来的最佳预测。

（四）采用价值工程

价值工程是一种技术经济的分析方法，是通过对产品或作业进行功能成本分析，以最低的成本实现产品必要的功能。产品的多余功能无补于产品质量，却增加了成本。价值工程法确定目标成本的思路也是制定产品标准成本必须要考虑的一个重要因素。

(五)确定具体成本资料的提供者

财务部门要提供和解释过去的投入产出的会计记录,并在标准的制定过程中起到协调者的作用。工程技术部门要提供生产技术方面的资料,如数量标准、价值工程的有关成本资料。生产第一线负责人和业务骨干要提供没有经验就几乎不能预见的实际问题。劳动人事部门要提供决定各种等级职工的预期价格。采购部门是材料价格资料的最重要来源地。价格标准一般由采购部门和财务部门研究确定。

二、制定标准成本的原则

标准成本的制定并不是一劳永逸的。由于高速发展的技术环境,增加了修订标准成本的难度。现代科学技术的高速发展,新技术层出不穷,加速了产品的更新换代,许多产品的寿命周期往往只有几年。这迫使企业的竞争手段不再是单纯依赖于低成本,而是通过开发新产品,向消费者提供新异的优良性能等。这就要求我们确定的标准成本应是企业一定时期的奋斗目标,应和企业的目标管理相结合。随着企业奋斗目标的改变,标准成本应相应调整和建立新的标准(目标)成本体系。

(一)分别制定"标准成本"与"预算成本"

如前所述,由于标准成本是单位目标成本的概念,而对成本中不易按单位制定标准的成本项目,可按部门预算进行控制。如对直接材料、直接人工等直接或变动的费用项目,应该采用标准(目标)成本形成控制;而对间接固定制造费用、销售与行政管理费用,采用部门责任预算形式,更便于对具体项目进行控制。

(二)牢固树立"市场标准成本"理念

20 世纪 40 年代可以说是市场驱动的标准成本时代。许多新产品的寿命周期缩短,是构成使用市场驱动的标准成本的理由。产品寿命周期是指从其研究开发开始,到顾客不再购买,直到产品退出市场为止所经过的时期。市场驱动的标准成本法认为,除成本之外,还由市场决定产品价格,根据市场允许的价格来决定市场允许的成本。即:价格=利润+成本,这种方法也被称为"价格引导"的成本计算法。这种市场驱动的标准成本要求企业必须不断改进技术和降低成本耗费才能获得预期的利润。我国一些先进企业已把这种价格引导成本法用于企业目标成本管理、预算管理和责任会计制度的实施过程中,并取得了显著效果。因此,不能狭义地理解标准成本是一套工艺技术标准,应拓展为是企业按市场价格要求的成本,并作为企业一定时期的成本奋斗目标。所以,市场标准成本有其合理性和市场激励性。

(三)以非财务测评指标充实传统标准成本制度的考核评价体系

在经济全球化的市场中,随着竞争的日益加剧,以产品质量为中心和以客户为中心成为企业的发展战略。企业管理控制系统必须以一些非财务测评指标充实传统标准成本系统,如市场占有率、送交货率、顾客满意度、订单生产占有率等。

三、传统标准成本的制定及差异的计算与分析

制定标准成本,应根据产品成本项目制定其标准。在全部成本计算法下,其标准成本的具体项目由直接材料成本标准、直接人工成本标准、制造费用标准构成。在变动成本计算法中,制造费用标准只包括变动制造费用标准。制定标准成本的基本公式如下:

标准成本=数量标准×价格标准

标准一经制定，就应编制标准成本卡。

在生产多品种的企业里，应为每一种产品编制一张标准成本卡；在多工序生产的企业里，还应为每个工序编制一张标准成本卡。这里以单一品种、单一工序的标准成本卡为例。

【例 13－1】 假定生产甲产品，只用一种原材料、一个级别的工人。该企业与编制标准成本卡有关的资料如下：

①标准总工时：50 000 人工小时；

②标准产量：10 000 件；

③变动制造费用预算额：20 000 元；

④固定制造费用预算额：32 000 元。

甲产品标准成本卡如表 13－1 所示。

表 13－1 **甲产品标准成本卡** 单位：元

项　目	标准耗用量	标准价格	单位标准成本
直接材料	4 千克	5 元/千克	20
直接人工	5 小时	2 元/小时	10
变动制造费用	5 小时①	0.4 元/小时③	2
固定制造费用	5 小时②	0.64 元/小时④	3.2
合　计			35.2

注：①同直接人工标准耗用小时；②同直接人工标准耗用小时；③20 000÷50 000＝0.4(元/小时)；④32 000÷ 50 000＝0.64(元/小时)。

成本差异(Cost Variance)是指产品实际成本与标准成本的差额。如果实际成本超过标准成本，所形成的差异称为不利差异，用 U(Unfavorable Variance)来表示；反之，如果实际成本低于标准成本，所形成的差异称为有利差异，用 F(Favorable Variance)来表示。成本差异对管理当局而言，是一种重要的“信号”，可据此发现问题，具体分析差异形成的原因和责任，进而采取相应的措施，实现对成本的控制，促进成本的降低。

由于标准成本是根据标准数量和标准价格计算的，而实际成本是根据实际用量和实际价格计算的，成本差异总额是由用量变动或价格变动引起的，因此，成本差异的通用模式可表述为：

$$\left.\begin{array}{l}\text{①实际数量×实际价格}\\ \text{②实际数量×标准价格}\\ \text{③标准数量×标准价格}\end{array}\right\}\left.\begin{array}{l}\text{①－②＝价格差异}\\ \text{②－③＝数量差异}\end{array}\right\}\text{①－③＝成本总差异}$$

(一)直接材料标准成本的制定及差异的计算与分析

1. 直接材料标准成本的制定

确定直接材料标准成本，数量标准应按产品耗用的各种材料分别计算。价格标准主要由采购部门确定，包括买价和采购费用，也要按各种材料分别计算。其计算公式如下：

某单位产品耗用某种材料的标准成本＝价格标准×用量标准

某单位产品直接材料标准成本＝$\sum$该产品所耗用的各种材料标准成本

2. 直接材料成本差异的计算与分析

直接材料差异是指产品直接材料的实际成本与标准成本之间的差异，包括材料数量差异和材料价格差异两部分。前者由材料实际耗用量与标准耗用量（实际产量×单位产品标准耗用量）不同引起；后者由材料实际价格与标准价格不同引起。材料数量差异和材料价格差异的计算公式如下：

材料数量差异＝（实际用量×标准价格）－（标准用量×标准价格）
＝（实际用量－标准用量）×标准价格
材料价格差异＝（实际价格×实际用量）－（标准价格×实际用量）
＝（实际价格－标准价格）×实际用量

计算结果正数为超支，负数为节约。

【例13－2】 某厂D产品的材料耗用定额为10千克，每千克标准价格为1元，如某年5月投入生产D产品150台，实际耗用材料1 450千克，实际单价为1.1元。计算材料数量差异和材料价格差异。

材料数量差异＝（1 450－150×10）×1＝－50（元）（F）

材料价格差异＝（1.1－1）×1 450＝145（元）（U）

通常采购部门具有购料价格的控制权，因此，价格差异一般由采购部门负责。数量差异一般应由生产部门负责，但有时也可能是采购部门的责任，应做具体分析。

（二）直接人工标准成本的制定及差异的计算与分析

1. 直接人工标准成本的制定

确定直接人工的标准成本，其中数量标准是生产单位产品所需要的标准工作时间，包括对产品的直接加工所用工时、必要的间歇和停工时间所用的工时，按产品的加工步骤（或工序）分别计算。价格标准是工资率标准，计时工资制下，就是每一标准工时应负担的工资。其计算公式如下：

某单位产品耗用直接人工的标准成本＝价格标准×用量标准
某单位产品直接人工标准成本＝$\sum$（小时工资率×工时标准）

2. 直接人工标准成本差异的计算与分析

直接人工差异是指生产工人工资的实际发生额与按实际产量和标准工资计算的工资额之间的差额，包括直接人工效率差异（即“数量”差异，或工时利用差异）和直接人工工资率差异（即“价格”差异）两部分，其计算方法与直接材料差异的计算方法相同，只需将其中的“数量”用“工时”代替、“价格”用“工资率”代替即可。其计算公式如下：

直接人工效率差异＝（实际工时×标准工资率）－（标准工时×标准工资率）
＝（实际工时－标准工时）×标准工资率
直接人工工资率差异＝（实际工资率×实际工时）－（标准工资率×实际工时）
＝（实际工资率－标准工资率）×实际工时

计算结果正数为超支，负数为节约。

【例13－3】 承【例13－2】，假设D产品的直接人工标准工时为每台10小时，每小时标准工资率为2元，实际耗用1 550小时，实际生产量为150台，实际工资率为1.8元。计算人工效率差异和工资率差异。

直接人工效率差异＝（1 550－150×10）×2＝100（元）（U）

直接人工工资率差异＝（1.8－2）×1 550＝－310（元）（F）

工资率差异形成的原因，大多是由生产中使用不同工资等级的工人引起的。效率差异形成的原因，主要是由于工人的熟练程度、设备的原因、管理的问题，也可能是由于原材料的质量问题引起的。

(三)制造费用标准成本的制定及差异的计算与分析

1. 制造费用标准成本的制定

确定制造费用的标准成本,其中数量标准是指单位产品应耗用的工时,价格标准是指制造费用分配率标准。制造费用分配率标准,取决于以下两方面因素:

(1)产能标准总工时,一般是指直接人工(机器工作)标准总工时,是计划产量乘以单位产品标准工时。

(2)制造费用预算总额,按固定费用、变动费用分别编制。固定制造费用预算总额是反映在计划产量下应耗用的固定制造费用预算数额,变动制造费用预算总额也是反映在计划产量下应耗用的变动制造费用预算数额。制造(固定、变动)费用预算额除以产能标准总工时,即为制造费用的分配率标准。其计算公式如下:

$$\text{变动(固定)制造费用分配率}=\text{标准变动(固定)制造费用分配率}\times\text{工时标准}$$

$$\text{标准变动(固定)制造费用分配率}=\frac{\text{变动(固定)制造费用预算总额}}{\text{产能标准总工时}}$$

2. 变动制造费用差异的计算与分析

变动制造费用差异是指实际变动制造费用和标准变动制造费用之间的差额,包括变动制造费用效率差异(即"数量"差异)和变动制造费用耗费差异(即"价格"差异)两部分。前者是指按实际耗用工时计算的变动制造费用与按标准工时计算的变动制造费用之间的差额;后者是指实际发生的变动制造费用和按实际工时计算的标准变动制造费用的差额。其计算公式如下:

$$\text{变动制造费用效率差异}=\left(\text{实际工时}\times\text{变动制造费用标准分配率}\right)-\left(\text{标准工时}\times\text{变动制造费用标准分配率}\right)$$

$$=\left(\text{实际工时}-\text{标准工时}\right)\times\text{变动制造费用标准分配率}$$

$$\text{变动制造费用耗费差异}=\left(\text{实际工时}\times\text{变动制造费用实际分配率}\right)-\left(\text{实际工时}\times\text{变动制造费用标准分配率}\right)$$

$$=\left(\text{变动制造费用实际分配率}-\text{变动制造费用标准分配率}\right)\times\text{实际工时}$$

计算结果正数为超支,负数为节约。

【例13-4】 承【例13-2】,假设D产品标准工时为10小时,变动制造费用标准分配率为0.5元,实际耗用1 550小时,实际生产量为150台,实际分配率为0.45元。计算变动制造费用效率差异和变动制造费用耗用差异。

变动制造费用效率差异=(1 550-150×10)×0.5=25(元)(U)

变动制造费用耗费差异=(0.45-0.5)×1 550=-77.5(元)(F)

变动制造费用效率差异实质上反映实际生产过程中工时的利用效率,是实际工时脱离标准导致的费用差异;变动制造费用的耗费差异反映耗费水平,即每小时业务量支出的变动制造费用脱离了标准导致的费用差异。

3. 固定制造费用差异的计算与分析

固定制造费用在相关范围内不受生产活动水平变动的影响,因此,对固定制造费用的控制可以按照固定费用预算进行控制。固定制造费用成本差异是指在实际产量下固定制造费用实际发生额与其标准发生额之间的差额。其计算公式如下:

$$\text{固定制造费用成本差异}=\text{实际产量下实际固定制造费用}-\text{实际产量下标准固定制造费用}$$

$$=\left(\text{实际产量实际工时}\times\text{固定制造费用实际分配率}\right)-\left(\text{实际产量标准工时}\times\text{固定制造费用标准分配率}\right)$$

式中，成本差异是在实际产量的基础上计算出来的。由于产量的变动只会对单位产品中的固定制造费用产生影响；产量增加时，单位产品负担的固定制造费用会减少；产量减少时，单位产品负担的固定制造费用会增加。由此可知，实际产量与设计生产能力所规定的产量或计划产量的差异会对单位产品所负担的固定制造费用产生影响。固定制造费用成本差异的分析方法通常有两因素分析法和三因素分析法两种。

(1)两因素分析法

两因素分析法是将固定制造费用成本差异分为固定制造费用预算差异和固定制造费用生产能力利用差异两部分。

固定制造费用预算差异，也称固定制造费用耗费差异，是指固定制造费用实际发生额与固定制造费用预算数额之间的差额。其计算公式如下：

$$\text{固定制造费用预算差异}=\text{固定制造费用实际数}-\text{固定制造费用预算数}$$

固定制造费用生产能力利用差异，也称固定制造费用除数差异，是指实际产量的标准工时与产能标准总工时产生的差异。其计算公式如下：

$$\text{固定制造费用生产能力利用差异}=\text{固定制造费用预算}-\text{实际产量标准工时}\times\text{固定制造费用标准分配率}$$

或：

$$\text{固定制造费用生产能力利用差异}=\left(\text{产能标准总工时}-\text{实际产量标准工时}\right)\times\text{固定制造费用标准分配率}$$

计算结果正数为超支，负数为节约。

【例13－5】 承【例13－2】，假设D产品固定制造费用预算为600元，预算产量为120台，实际产量为150台，实际固定制造费用为675元。计算固定制造费用预算差异和固定制造费用生产能量利用差异。

固定制造费用标准分配率＝600÷(120×10)＝0.5

固定制造费用预算差异＝675－600＝－75(元)(U)

固定制造费用生产能力利用差异＝600－(150×10×0.5) ＝－150(元)(F)

或：

固定制造费用生产能力利用差异＝(120×10－150×10)×0.5＝－150(元)(F)

固定制造费用预算差异，表示固定制造费用实际支付额与预算额之差，应根据节约或超支情况分析客观和主观原因。固定制造费用生产能力利用差异并不表示支付固定制造费用的超额或节约，该差异主要是反映计划生产能力的利用程度。因为，即使实际固定制造费用与预算一样，只要实际产量与计划产量有出入，仍然会产生少分配或多分配的情况。该差异的基本特点可概述如下：

①若计划产能标准总工时等于实际产量标准工时，则没有生产能力利用差异。

②若计划产能标准总工时大于实际产量标准工时，则生产能力利用差异为不利差异，表示计划生产能力尚未得到充分利用。

③若计划产能标准总工时小于实际产量标准工时，则生产能力利用差异为有利差异，表示计划生产能力已得到充分利用。

(2)三因素分析法

三因素分析法是将固定制造费用成本差异分为耗费(开支)差异、效率差异和闲置能量差异三部分。耗费(开支)差异与两因素分析法的固定制造费用预算差异相同。不同的是,三因素法将两因素法中的“生产能力利用差异”进一步分解为闲置能量差异和效率差异。闲置能量差异是实际工时未达到预算生产能量而形成的差异,效率差异是实际工时脱离标准工时而形成的差异。其计算公式如下:

$$\text{固定制造费用闲置能量差异}=\text{固定制造费用预算}-\text{实际工时}\times\text{固定制造费用标准分配率}$$

$$\begin{aligned}\text{固定制造费用效率差异}&=\left(\text{实际工时}\times\text{固定制造费用标准分配率}\right)-\left(\text{实际产量标准工时}\times\text{固定制造费用标准分配率}\right)\\&=\left(\text{实际工时}-\text{实际产量标准工时}\right)\times\text{固定制造费用标准分配率}\end{aligned}$$

【例 13-6】 承【例 13-4】、【例 13-5】,计算固定制造费用闲置能量差异和固定制造费用效率差异。

固定制造费用闲置能量差异=600-1 550×0.5=-175(元)(F)

固定制造费用效率差异=(1 550-150×10)×0.5=25(元)(U)

三因素分析法的闲置能量差异(-175 元)与效率差异(25 元)之和为-150 元,与两因素分析法中的“能量差异”数额相同。

四、成本差异的期末账务处理

在传统标准成本制度下,“生产成本”“产成品”账户都是按标准成本记录反映。为反映实际成本的资料,一般在期末对各项成本差异进行调整。成本差异的处理可以采取以下两种方法:

(一)一次直接转入销售成本

即将本期发生的各种差异全部记入利润表,由本期收入补偿,视同于销售成本的一种差异处理方法。其具体做法是:在会计期末,将所有的各项成本差异转入“本年利润”账户,或者先将其转入“产品销售成本”账户,然后再将产品销售成本总额(标准成本加减各项成本差异)转入“本年利润”账户。

(二)如果成本差异较小,可以既不调整也不转账

当成本差异较小时,即使不调整差异也不会对当期销售成本和利润产生很大的影响,各期的成本差异总额有不利差异和有利差异,基本可以抵消。在这种情况下,可以简化核算,在期末不必再对有关成本差异进行会计处理。

第四节 多元化标准成本制度的意义及特征

在应用高科技和弹性制造系统进行“顾客化”生产的条件下,产品成本的绝大部分(80%以上)决定于产品的“研究与开发”和“设计阶段”,这已形成发展趋势。因此,必须变革我国传统产品成本管理观念,以多元化的现代标准成本制度适应高新技术经济对企业成本管理的要求。

多元化标准成本制度,由适应成本费用核算、控制及各种管理需要的多种成本概念、账户结构设置、内容构架、成本(费用)标准的制定及差异评价等内容构成,成为同时体现成本核算、控制、决策等现代企业生产经营需要的成本管理体系。它使成本核算一方面为定期编制财务报告提供成本信息资料;另一方面为企业管理层提供具有高度相关性和充分可靠性的成本信息,如有关预测决策、成本控制、考核评价等相关成本资料以及产品定价所需成本资料等;使企业能利用不同成本信息服务于不同目的,为企业在多方面提高经济效益服务。多元化标准成本制度与传统标准成本制度相比,在核算、管理范围、控制评价对象、评价指标等方面都有拓展。其特点表现为:成本概念多元化、内容控制全面化、核算控制"账表"结合、考核评价责任化,为企业进行全过程、全方位的成本管理工作提供及时有用的成本信息,发挥在管理中核算、在核算中管理的重要作用。多元化标准成本制度的特征体现在成本构成内容多元化、强调成本项目控制点的确定、产品成本的记录简便、明晰和加强期间成本控制等方面。

一、成本构成内容多元化

成本构成具体包括以下三个方面:

(一)产品生产成本

我国现行会计制度规定采用制造成本法计算产品成本。因此,多元化标准成本制度应以制造成本为计算基础,换言之,账簿资料能及时反映制造成本信息。

(二)变动成本和固定成本

成本按性态分类,便于掌握成本与业务量之间的规律性联系,可以为企业正确地进行管理决策和改善经营管理提供许多有价值的信息资料,有助于分析成本升降的真正原因。多元化标准成本制度的日常核算应及时体现变动成本和固定成本的信息资料,因此,在产品生产成本明细账中,应该同时反映产品变动生产成本和产品全部生产成本的信息资料。这样,既便于管理会计诸多种技术方法的应用,又便于为财务会计与管理会计在企业管理实务中的结合奠定基础。

(三)目标成本

目标成本是指产品、劳务、工程项目等在其生产经营活动开始前,根据预定的目标所预先制定的成本。目标成本是企业职工进行成本控制的奋斗目标,因此,目标成本涵盖了责任成本、标准成本的内容。标准成本、责任成本是进行目标成本管理与控制过程中的具体表现。无论是在产品设计阶段还是在产品生产、销售过程中,都必须有目标成本作为标准衡量成本工作的绩效。找出实际成本与目标成本产生差异的原因,以继续改进成本。

二、内容构架

现代科学技术的发展,使企业生产过程和生产组织发生了重大变革,由各项管理活动引起的费用消耗大幅度上升,多元化标准成本制度应该把产品成本的控制、期间成本的控制放在同等重要位置。标准成本的制定要既方便实际工作中的操作,又有利于控制点的确定。

(一)标准成本的制定及差异的分析评价和控制点确定

1. 直接材料标准成本的制定及差异的分析评价和控制点确定

(1)直接材料标准成本的确定

与本章前面的阐述基本相同。数量标准应按产品耗用的各种材料分别计算。价格标准主要由采购部门确定,包括买价和采购费用,也要按各种材料分别计算。

(2)差异的分析评价

直接材料成本价格差异的分析评价对象，主要在企业的采购部门。

价格差异体现采购部门责任预算的执行情况，首先应由企业采购部门进行自查。这对激励采购部门平时加强节约采购费用，提高责任感有着积极的推动作用。其次，由企业财会部门做横向比较，分析归纳做出价格差异的总体评价。直接材料用量差异是实际单位产品耗用量与标准耗用量之差。

影响直接材料用量差异的因素很多，如工人的技术熟练程度和责任感、加工设备的完好程度、产品质量要求、材料质量和规格等。量差的分析对象主要是生产部门，但也要具体情况具体分析。如有时出现的材料量差为超支差异，但超支的真正原因是由于采购部门所购材料质量降低。这种差异发生地点在生产部门，根源却在采购部门，这一责任就应由采购部门加倍负责。直接材料用量差异的分析评价工作也应由车间、工段、班组逐级完成，这也是构成其产品责任成本的考核指标之一。

2. 直接人工标准成本的制定及差异的分析评价和控制点确定

直接人工标准成本的制定，其数量标准是在现有的生产技术条件下，生产单位产品所需要的工作时间，包括对产品直接加工所用工时、必要的间隙和停工时间以及在不可避免的废品上所用的工时。应按产品的加工步骤分别计算工时标准，然后汇总确定单位产品工时数量标准。价格标准是指工资率标准。我国生产工人工资的支付形式主要有计件工资和计时工资两种。

(1)计件工资直接人工标准成本的制定。此种方式下直接人工的标准成本，就是计件工资的单价。计件工资单价是根据加工单位产品所需耗用的定额工时和按加工该产品的工人等级计算的小时标准工资(又称小时标准工资率)的乘积确定的。其计算公式如下：

计件工资单价＝工人某一等级的小时标准工资率×单位产品工时定额

【例13－7】　甲零件加工等级为三级。三级技术工人日标准工资为40元，甲零件单位产品定额工时为0.5小时。计算甲零件计件单价。

三级工小时工资率＝40÷8＝5(元)

甲零件计件单价＝5×0.5＝2.5(元)

差异的分析评价：在计件工资制度下，直接人工成本的差异分析，主要看实际所用工时是否超过单位产品(或零部件)定额工时。因为在计件工资制度下，实际支付工人的工资率与标准工资率一般没有太大的差异，因事先已定好该种产品就要由该级工人生产(如与事先规定有差异，则是车间人力安排不当)。产量完不成的原因主要是工时的利用程度问题。如【例11－7】中，按标准工时应完成16件，但实际每件产品耗用了1小时，只完成了8件，那就只给8件的工资20元。而如果该工人实际完成了18件，则应给他45元工资。由该例我们可以看出，计件工资的实质是按件计价，工资所对应的业务量是件数，因此计件工资具有变动成本的特征。计件工资所对应的发生对象是直接从事产品生产的第一线的工人，计件工资的控制点应是第一线工人的工时利用程度。

(2)计时工资直接人工标准成本的制定。此种方式下，直接人工标准成本的制定，用公式表示如下：

某单位产品直接人工标准成本＝∑(标准小时工资率×工时消耗定额)

标准小时工资率＝生产工人工资预算数÷产能标准总工时

产能标准总工时＝计划产量×单位产品工时消耗定额

差异的分析评价:计时工人工资的差异,主要反映的也是工时利用程度,如单位产品工时消耗定额是5个工时,而实际用了6个工时,说明工时利用不好,没有达到标准。至于工资率差异,反映的是人力安排不当。

计时工资直接人工标准成本的制定是根据标准小时工资率乘以工时消耗定额制定的,但这里需要注意两点:标准小时工资率的计算和计时工资的含义。

标准小时工资率的计算,是依据生产工人工资预算数除以产能标准总工时得出的,由此可知标准小时工资率是一个平均数;而产能标准总工时是计划产量与单位产品工时消耗定额的乘积,假设单位产品实际工时消耗与单位产品标准工时消耗一致,生产工人工资预算数与其实际发生额一致,如果产品实际生产量与产品计划生产量不一样,其结果是,实际小时工资率也会与标准小时工资率产生差异。其问题的实质是生产能力利用上的差异。

对计时工资一般意义上的理解是一天给多少工资,计时工资所对应的业务量是以"天"为单位计算,可知计时工资具有固定成本的性质。计时工资所对应的发生对象一般是车间管理人员、技术人员和辅助工人等按天计发工资的人员,所以对计时工资的控制应以这类工人的工资薪酬总额为控制点。

3. 变动制造费用标准成本的制定及差异的分析评价和控制点确定

根据变动成本的特点,单位业务量(单位产品或单位工时)的变动成本是不变的,变动制造费用标准成本的制定,应以每件产品或每工时耗用变动制造费用标准来确定。下面以车间修理费用为例进行分析说明。

例如,修理一台机器设备,计划安排三级工修理,1工时应耗用5元,这5元就是价格标准,且属于变动修理费用。修好这台机器应耗用工时数量为3小时,15元(5×3)就是修理这台机器设备的变动制造费用标准成本。

差异的分析评价:如果实际耗用工时为3.5小时,每小时应耗用5.4元,则发生的实际成本是18.9元(5.4元×3.5小时),实际成本比标准成本超支3.9元(18.9－15)。分析时就可依据5元这一价格标准和数量标准3.5工时来各自找原因:从职工安排找原因:标准要求用三级工,而实际用了四级工(5.4元),造成价格(工资率)超支:(5.4－5) ×3.5＝1.4(元);从工作时间上找原因:实际用了3.5工时,因劳动生产率(工时利用率)不高造成的费用超支:(3.5－3)×5＝2.5元。在此基础上进一步从车间、人力资源管理部门、工人等控制点落实超支差异3.9元(1.4＋2.5)的责任。这样,以单位业务量为主要控制点来制定变动制造费用标准,使费用耗费的价格标准与数量标准界限非常清晰,有利于查找产生差异的主观、客观原因和责任的追究。

4. 固定制造费用标准成本的制定及差异的分析评价和控制点确定

传统固定制造费用差异分析方法有二分法、三分法两种。二分法中的固定制造费用生产能力利用差异(也称产量差异或除数差异),反映的是计划生产能力的利用程度,把产量变化的因素包括在内了,其差异说明的是实际生产量大于或小于计划生产量下的固定制造费用的相对节约或相对超支,这种相对节约或相对超支是由固定制造费用在相关范围内其总额保持不变的特性所决定的,而不是固定制造费用绝对额的节约或超支,所以二分法的实际应用价值不大。因此,对固定制造费用,主要应以控制总额作为控制点,对产品计划产量的控制完全可以单独列示,这样做还可以强化不同岗位的经济责任和明确责任的归属。这样,固定制造费用标准成本的制定,采用固定制造费用预算总额的控制方法即可,但需遵循重要性原则确定具体的费用项目，制定其预算总额的控制标准。

差异分析评价：分析差异时，应按费用项目逐项进行，根据固定制造费用预算指标分析其费用总额的实际发生与预算之差的主客观原因并进行考核评价。由于固定制造费用的特性，决定其与业务量没有直接的因果关系，对其考核评价应侧重人的主观能动行为。对固定制造费用差异超支或节约，应做出主客观原因的评判，并作为下次制定其预算指标的参数。

（二）产品成本的记录反映

标准成本制定完后，作为考核依据，怎样在账户资料中及时反映、怎样在执行标准中加强事中核算与控制，是多元化标准成本制度的重要内容。具体做法是：

1. 调整"制造费用"总分类账户的设置，对"制造费用"分设"固定制造费用"和"变动制造费用"两个总分类账户

我国采用制造成本法计算产品成本，要求生产费用按经济用途分为生产成本和非生产成本，不要求成本按成本性态分类。而成本按性态分类是管理会计的基础理论之一，而且管理会计的许多技术方法要求成本按性态分类。为使日常成本核算资料能为管理会计诸多种方法所利用，可通过调整账户记录达到目的。对制造费用分设"固定制造费用""变动制造费用"两个总分类账户（或明细账户），归集发生在生产领域的固定费用和变动费用的实际发生额。这样，便于成本预算的控制、考核和责任的归属，并可以依据车间、班组的成本预算指标追究各级责任人的责任。一般情况下，制造费用的责任不属于销售领域和企业管理领域（特殊情况例外）。而且，这样处理也有利于确定变动成本计算法和制造成本计算法下的利润，以满足企业内部管理和对外财务报告对利润信息的要求。

2. 以"账表"结合方式改变传统标准成本核算模式，在账户记录中以实际成本反映日常成本核算信息

在传统标准成本制度下，"生产成本""产成品"账户都是按标准成本记录反映的。耗用各项费用时，贷方有关账户按实际成本记账，借记"生产成本"账户的按标准成本记账。脱离标准成本的差异分别记入"材料成本差异""直接人工成本差异""制造费用差异"等账户，各差异账户借方反映超支数，贷方反映节约数。产品完工从"生产成本"账户转入"产成品"账户时，也按标准成本结转。这种核算方式每月必须及时结转成本差异，以求出产品实际成本。

多元化标准成本制度要求"生产成本"和"产成品"账户借贷方都以实际成本反映生产费用的发生和完工产品成本的结转。在"产品生产成本明细账"（产品成本计算单）中记录和反映变动成本、固定成本信息。产品成本明细账中的项目可按变动成本和固定成本分设栏次，以及时提供单位产品变动生产成本和单位产品全部生产成本的信息。至于产品生产成本标准或预算数及其与实际成本的差异，在各车间、工段、班组以成本差异记录分析表或台账的形式反映。通过填制"生产成本差异分析表"，来记录和反映标准成本的完成情况、成本差异的数额及其产生差异的原因。"生产成本差异分析表"如表13－2所示。

表13－2　　××车间（工段或班组）生产成本差异分析表　　单位：元

项目 责任	直接材料				直接人工				变动制造费用				固定制造费用
	计划	实际	差异	原因	计划	实际	差异	原因	计划	实际	差异	原因	（略）
王俊琴（××材料）	1.82	1.8	－0.02		0.8	1	0.2		0.22	0.2	－0.02		

对车间(工段或班组)差异分析表的说明。

(1)该表原因栏只能写产生差异的简单原因,应附另页较为详细地说明产生差异的主观和客观原因。确认差异的发生原因、重要性和处理方法,这样才能保证预算执行的质量和预算控制的效果。企业应该建立由上而下对预算执行过程的差异进行及时分析和处理制度,这样才能真正起到事中控制的作用。因此,应由车间或工段、班组负责人签署意见,使预算的跟踪执行过程落到实处,并明确责任归属。

(2)该表的格式只是一个较粗的框架,实际工作中还应细化。例如,直接材料,如果工人王俊琴所从事的工序需用多种材料,应按材料类别分别填列计划数、实际数、差异数;计划栏、实际栏、差异栏也应按价格、耗用量分别列示;变动制造费用也应按费用明细项目在三个栏次中按价格、数量(工时或产量)分别列示;固定制造费用按费用明细项目分别列示,分析各项固定费用产生差异数额的原因。

(3)该表应按生产分厂、车间、工段或班组分别设置。由于生产分厂或车间要求比较系统、全面地进行考核,涉及的成本项目比较多,而工段或班组往往控制和考核一项或几项主要指标。因此,在实际工作中,企业应结合生产组织和工艺技术特点设置,以体现该表的中心思想:明示预算成本,记录实际成本,分析差异及责任归属,对表中格式和内容再行细化。

"生产成本"和"产成品"账户的借、贷方都以实际成本记录反映,丰富了产品生产成本的明细账内容,也强化了生产一线的原始记录,大大简化了传统标准成本制度调整成本差异账项的工作量,更强化了控制管理的力度。由于车间基层管理者和生产第一线职工都是成本差异记录分析表或台账的直接或间接填报者,对实际费用为什么超支或节约掌握着第一手信息。他们既是预算成本的参与制定者,又是预算的执行人,对差异产生的原因最有发言权。可以说,以"账表"结合方式改变传统标准成本核算模式,也是激发职工参与企业管理、提高个人综合素质、加强责任制的一种有效方式。

(三)期间成本(期间费用)控制

在我国,期间成本一般指管理费用、销售费用和财务费用。这类成本的归属期只有一个,即于发生的当期直接转作本期费用,因而与产品实体流动的情况无关,不能计入期末存货而是在发生期全部从利润中抵消。由于期间成本的发生主要是在企业的职能管理部门,所以对期间成本实施先进的预算管理方法有利于企业发展目标的实现。企业职能管理部门属于企业的"上层建筑",企业职能部门管理水平的提高,直接影响企业整体管理质量的上升。因此,必须加强对期间成本的控制管理。

1. 责任预算的编制

编制期间成本责任预算应坚持两个原则:一是由三大职能部门(管理、销售、财务)编制预算,在此基础上把各项费用预算指标分级分层落实责任者。二是对期间成本按成本性态分类,具体制定每项费用的考核标准。对变动期间成本,依据其与业务量之间的依存关系,主要采用单耗标准作为考核指标。对固定期间成本,同样依据其与业务量之间的依存关系控制其费用总额。而且为了有效地控制固定期间成本,在编制预算时应以零基预算为主、增量预算为辅的方式编制。

强化专项预算的控制。期间成本中一些与决策相关的大笔数额的费用应以"专项预算"的形式加以控制。例如,产品研究开发成本、广告设计成本,这类费用一旦决策确定为支出,就立刻成为沉没成本。这类固定期间成本在企业中都能被某些人控制,至少在决策时是这样,而且在企业资源寿命期内能被部分地控制,如停止一项正在做的广告节目。这类费用往往涉及企业战略决策的实施，应视同资本支出决策，编制专项预算进行控制。

2. 日常核算

按成本性态设置账户。按照财务会计制度的要求对期间成本进行会计账务处理，在实际工作中企业基本都能做到。但核算费用的最终目的是降低消耗，因此，必须围绕对费用的控制展开核算。对期间成本的核算和控制，基本思路是对管理费用、财务费用和销售费用分别按成本性态设置账户。例如，通过设置“变动管理费用”“固定管理费用”“变动销售费用”“固定销售费用”总分类账户，来归集发生在管理领域和销售领域的变动费用和固定费用的实际发生额。对于重要性费用项目，如广告费、技术开发费等必须开支或开支金额大的费用项目，应按职能部门和费用项目分别开设明细分类账户进行核算；而且开设的明细分类账户应与期间成本责任预算的内容相对应。例如，“广告费”为“销售费用”账户的明细分类账户，账内记载了各广告费明细项目的实际发生额。销售部门责任预算中，广告费这一大类项目的开支预算和主要的明细费用项目预算必须与“广告费”明细账户的内容相对应，以便于对各费用项目的日常控制和考核评价。

3. 分析评价

期间费用的分析评价应建立在事前责任预算编制和日常核算控制的基础上。分析评价内容就是责任预算制定的考核指标，可以“责任预算执行情况报告表”的形式进行考核评价。对于其具体格式设计，企业可根据对期间成本的总要求、责任层次划分等具体情况自行设计。但应满足三点要求：一是基本格式应有预算数、实际发生数和差异数三个栏次。二是分变动费用和固定费用两大内容分别列示。三是注意结合企业内部报表的要求，尽量避免内容或形式的重复，与企业内部报表体系结合，能使企业最高管理当局更方便地了解职能部门业绩。

“责任预算执行情况报告表”一般定期进行，但可根据具体费用项目的重要性，分为旬报和半月报或月报。如果利用报告表数据资料不能看出问题的实质，还必须附有文字报告，以对问题做出公正、客观的评价。

下面以销售费用为例，说明其责任预算执行情况报告表的格式。

【例 13－8】 某企业生产一种甲产品，本月生产量为 300 件，实际发生的销售费用总额为 1 000 元。其中，变动费用中的销售佣金为每件 1 元，计 300 元；包装费为每件 1.5 元，计 450 元，共计 750 元。固定费用中的保险费为 100 元，广告费为 100 元，运输费为 50 元，共计 250 元。该企业制定的销售佣金单位标准为每件 0.8 元，包装费单位标准为每件 1.2 元；固定销售费用预算总额为 300 元，其中保险费为 120 元，广告费为 150 元，运输费为 30 元。该企业账务处理略，其销售费用预算执行情况报告表如表 13－3 所示。

表 13－3　　销售费用预算执行情况报告表　　单位：元

责任项目	变动销售费用								固定销售费用											
	销售佣金				包装费				保险费				广告费				运输费			
责任者	计划	实际	差异	原因	计划	实际	差异	原因	计划	实际	差异	原因	计划	实际	差异	原因	计划	实际	差异	原因
张明	0.8	1	0.2	略	1.2	1.5	0.3	略	120	100	－20	略	1501	1 00	－50	略	30	50	20	略
……																				
……																				
……																				

三、举例

【例 13—9】 某企业只生产一种甲产品,本月生产量为 20 000 件,月销售量为 18 000 件,存货计价采用先进先出法。甲产品销售单价为 5 元/件。本月发生的生产费用:直接材料 36 000元,直接人工(计件工资)20 000 元,变动制造费用 4 000 元,固定制造费用 10 000 元。销售及管理费用:变动销售费用 3 000 元,变动管理费用 1 500 元,固定销售费用 3 200 元,固定管理费用 1 800 元。产品全部完工入库。

有关会计账务处理如下:

(1)借:生产成本　70 000
　　贷:材料　36 000
　　　应付工资　20 000
　　　变动制造费用　4 000
　　　固定制造费用　10 000

(2)借:产成品　70 000
　　贷:生产成本　70 000

(3)借:产品销售成本　63 000
　　贷:产成品　63 000

(4)借:利润　63 000
　　贷:产品销售成本　63 000

(5)借:产品销售收入　90 000
　　贷:利润　90 000

(6)借:本年利润　9 500
　　贷:变动销售费用　3 000
　　　变动管理费用　1 500
　　　固定销售费用　3 200
　　　固定管理费用　1 800

生产成本明细账如表 13—4 所示。

表 13—4　**生产成本明细账**

(甲产品)

实际生产量:20 000 件　年　月　日　单位:元

项　目	直接材料	直接人工(计件)	直接人工(计时)	变动制造费用	固定制造费用	合　计
期初余额(略)						
本期发生额	36 000	20 000		4 000	10 000	70 000
本期合计	36 000	20 000		4 000	10 000	70 000
完工产品单位制造成本						
制造成本	1.8	1		0.2	0.5	3.5
完工产品单位变动成本						

续表

项　目	直接材料	直接人工（计件）	直接人工（计时）	变动制造费用	固定制造费用	合　计
变动成本	1.8	1		0.2		3
结转完工产品						
制造成本	36 000	20 000		4 000	10 000	70 000

多元化标准成本制度兼容了广义和狭义成本控制两方面的内容而构成其主要特点。就其核算对象而言，有产品生产成本核算和期间成本核算；就其控制而言，两方面核算都具备成本前馈性控制、日常反馈性控制和事后成本的分析评价，很好地反映了产品制造成本、产品责任成本和变动成本计算法的内涵，这样一种多元化成本统一核算控制体系，为提高企业经营管理的科学化程度奠定了基础，为企业计算机会计管理软件的设计及内部管理局域网的实施也提供了简便易行的思路。

本章小结

目标成本是指在新产品设计过程中，为实现目标利润必须达成的成本目标值，而且这个目标只是全寿命周期成本的最大容许值。也即以市场价格为主、顾客为导向，在产品企划与设计阶段采用超部门团队方式，运用价值工程与市场研究、产品功能分析及成本分析等各种方法，以达成目标利润的成本。

一般来说，目标成本控制的原则有：全面性原则；增收与节支并重原则；责权利相结合原则；目标管理原则；例外管理原则。

目标成本控制是成本管理的核心内容，它通常是根据成本预测和成本决策所确定的目标，对生产经营活动中的各种耗费进行事前和事中控制，及时发现偏差，并采取相应的措施进行调节和干预，以最终保证预定目标成本的顺利实现。

目标成本控制具有以下特点：全视角控制，全时序控制，全过程控制，全主体控制，全要素控制。

目标成本控制的一般程序可概括为确定目标成本、分解目标成本、目标成本控制和目标成本考评。

传统标准成本制度的内容包括：标准成本的制定、实际成本与标准成本差异的计算及对成本差异的处理。

制定标准成本的原则如下：(1)分别制定“标准成本”与“预算成本”；(2)牢固树立“市场标准成本”理念；(3)以非财务测评指标充实传统标准成本制度的考核评价体系。

制定标准成本，应根据产品成本项目制定其标准。在全部成本计算法下，其标准成本的具体项目由直接材料成本标准、直接人工成本标准、制造费用标准构成。在变动成本计算法中，制造费用标准只包括变动制造费用标准。

在传统标准成本制度下，“生产成本”“产成品”账户都是按标准成本记录反映。为反映实际成本的资料，一般在期末对各项成本差异进行调整。成本差异的处理可以采取以下两种方法：(1)一次直接转入销售成本；(2)如果成本差异较小，可以既不调整也不转账。

多元化标准成本制度,由适应成本费用核算、控制及各种管理需要的多种成本概念、账户结构设置、内容构架、成本(费用)标准的制定及差异评价等内容构成,成为同时体现成本核算、控制、决策等现代企业生产经营需要的成本管理体系。多元化标准成本制度兼容了广义和狭义成本控制两方面的内容,构成其主要特点,为提高企业经营管理的科学化程度奠定了基础,为企业计算机会计管理软件的设计及内部管理局域网的实施提供了简便易行的思路。

思考题

1. 什么是目标成本?
2. 目标成本控制的原则是什么?
3. 目标成本控制的特点是什么?
4. 传统标准成本制度的内容包括哪些?
5. 目标成本控制的一般程序是什么?
6. 制定标准成本的原则是什么?
7. 在传统标准成本制度下,成本差异的处理方法有哪些?

第十四章　供应链成本管理

学习目的

了解供应链的概念、特征及类型，熟悉供应链管理的含义、目标及其基本原则，掌握供应链成本的层次、有效成本管理的特征，熟悉精益会计的概念及内容、跨组织管理的内容，掌握供应链管理中成本管理的方法。

"供应链管理"是一个自20世纪80年代起开始被广泛使用的术语。它最早来源于咨询业，到20世纪90年代以后，才越来越受到企业的重视，《财富》杂志将供应链管理能力列为企业的一种重要战略竞争资源。据估计，美国食品行业每年由于供应链伙伴的协调问题会浪费大约300亿美元。因此，采用标准化的原材料和信息流动来改善供应链中的采购商和供应商的交互界面，能够剔除非增值活动，并提高业务流程的效率，以缩短周期，降低库存成本。

第一节　供应链概述

供应链的概念是从扩大的生产(Extended Production)概念发展来的，它将企业生产活动进行了前伸和后延。

一、供应链的界定

供应链是围绕核心企业，通过对信息流、物流、资金流的控制，从采购原材料开始，到制成中间产品以及最终产品，最后由销售网络把产品送到消费者手中的，将供应商、制造商、分销商、零售商直到最终用户连成一个整体的功能网链结构模式。

供应链的概念注重围绕核心企业的网链关系，如核心企业与供应商、供应商的供应商乃至与一切前向的关系，与用户、用户的用户及一切后向的关系。它是一个范围更广的企业结构模式，包含所有加盟的节点企业，从原材料的供应开始，经过链中不同企业的制造加工、组装、分销等过程直到最终用户。它不仅是一条连接供应商到用户的物料链、信息链、资金链，而且是一条增值链，物料在供应链上因加工、包装、运输等过程而增加价值，从而给相关企业带来收益。

典型的供应链需要两个协调中心：第一个是供应链上信息流和物流的协调中心，这个协调中心一般是获得下游的需求信息，经过组合处理后再传向上游企业(供应商)的核心企业。第二个是物流协调中心。零部件供应商将各种零部件传递过来，经过核心企业的装配或者其他形式的处理，再经由下游企业传递到客户。这两个中心有机协调运作，使供应链真正获得基于供应链整体效益的竞争力。

二、供应链的特征

(一)复杂性

现代企业的供应链是一种复杂的、非线性虚拟企业价值网络，由具有不同利益目标的多个、多类型甚至多国企业组成，这些企业的跨度(层次)不同，包括研究与开发、制造、销售等类型，所以供应链的结构模式比一般单个企业的结构模式更为复杂。

(二)动态性

现代市场经济要求供应链系统应具有自适应性，具有与环境相互作用的自我调整性，能适时根据市场条件、竞争环境的变化调试系统和变换战略，将环境中所发生的事件转化成对供应链系统及管理有利的方面，并且在调整和变化中发挥系统中各要素间的最佳作用，实现整体价值的最大化。

(三)多层次性

从企业外部的角度来讲，组成供应链的各节点企业往往分布在不同行业、区域或阶段；从企业内部的角度来讲，组成供应链的各节点企业又自成体系地承担着供应链中不同的工序，与此同时，每个节点企业为完成其所承担的供应链中的相关工序，构筑一系列相应的产品和服务分支供应链。因此，从企业内外部结合的整体来讲，供应链是多层次、多维度、多功能、多目标的立体网链。

(四)竞合性

供应链是由多个企业组成的虚拟组织，这些具有独立经济利益的单个企业是供应链运作的主体。一方面，供应链上的各企业单纯追求自身利益最大化，使基于不同的管理模式、偏好、价值观、文化观以及行为人个人的情感、意志、有限理性边界等的个体目标与供应链整体目标发生冲突，从而发生单个企业的行为与整体目标的逆悖，其结果势必造成供应链整体效率下降。另一方面，在由各企业组成的供应链条上，任何企业要实现利润最大化，必须以整条供应链的价值增值为基础，因此竞争的内容由个体利润最大化转向整体利润最大化所涉及的如达成与供应链整体目标相一致的共同价值主张、实现个体行为与整体运作的同步性等方面的竞争。基于供应链上各企业这种相互作用和相互依赖的关系，使得供应链运作充满了竞争与合作。竞合性是现代供应链的新特点，它使供应链合作伙伴间的关系变得更为密切和复杂。同时，“竞合”促使供应链上各节点实现“无缝对接”，从而实现供应链管理的“多赢”战略。

(五)面向用户需求

供应链的形成、存在、重构，都是基于一定的市场需求而发生的，并且在供应链的运作过程中，用户的需求拉动是供应链中信息流、产品服务流、资金流运作的驱动源。

(六)交叉性

供应链上的节点企业既是这个供应链的成员，同时又是另一个供应链的成员，众多的供应链形成交叉结构，增加了协调管理的难度。

供应链成本是指在供应链运作过程中，供应链上为顾客提供产品和服务的各项活动所发生的各种支出。供应链成本核算的目标就是识别供应链的所有参与者在整条供应链中的成本优化活动和交易。

三、供应链的类型

(一)根据对需求的把握状况,供应链分为推式供应链和拉式供应链

1. 推式供应链

推式供应链是指根据推测的需求来组织生产,通过提高生产率、降低产品成本来获取利润的价值链。在推式供应链系统中,生产环节和生产企业是供应链的核心或关键,对整个价值链起主导作用,其他环节和其他节点企业处于被动的地位。

推式供应链的缺点主要有:(1)无法满足变动需求;(2)大量的必要性安全存货会导致超额存货;(3)某些商品的需求消失时,会造成供应链上存货过多;(4)产生过时的商品;(5)推式供应链系统会受到来自"牛鞭效应"的负面影响。

2. 拉式供应链

拉式供应链是指根据实际顾客需求(主要形式是订单)而不是预测需求组织生产的供应链系统。在拉式供应链系统中,顾客需求的满足和对市场拥有极高适应力的企业是供应链的核心或关键,对整个价值链起主导作用,其他环节和其他节点企业处于被动的地位。生产外包即是拉式供应链的产物。

拉式供应链的优点主要有:(1)已知的需求缩短了生产的提前期;(2)可以做到适时生产;(3)制造商减少存货。

(二)根据供应链管理的对象,供应链分为企业供应链、产品供应链和基于供应链契约的供应链

1. 企业供应链

企业供应链是从在整个价值链中处于主导者地位的企业出发,由企业内部经营环节与相关上游的供应、下游的分销渠道形成的供应链。企业供应链的概念注重的是围绕核心企业的网链关系,主要包括核心企业与供应商、供应商的供应商乃至一切前向的关系和与客户、客户的客户乃至一切后向的关系。

2. 产品供应链

产品供应链是与某一特定产品或项目相关的供应链。基于产品供应链的供应链管理是对由特定产品的客户需求所拉动的、整个产品供应链运作的全过程的系统管理。例如,飞机制造商的供应链网络包括为其供应从钢材、塑料等原材料到发动机、变速器等多种产品的几千家企业。

3. 基于供应链契约的供应链

供应链管理是对由供应商、制造商、分销商、客户等组成的网络中的物流、信息流、资金流进行管理的过程。供应链成员的物流、信息流、资金流(成本流)的流动和交换是以相互之间的契约关系为基础的,供应链上的成员通过建立契约关系来协调相互之间的利益。

(三)根据分布范围,供应链分为公司内部供应链、集团供应链、扩展供应链和全球网络供应链

1. 公司内部供应链

公司内部供应链是由视作业务流程的内部客户和供应商的公司内部不同的经营部门组成的供应链。公司内部供应链管理主要是控制和协调物流中部门之间的业务流程和活动。

2. 集团供应链

集团供应链是一个集团处于不同业务流程的各企业(或部门)组成的一种形式上的供应

链。集团供应链的重点是有效地管理集团内公司及其供应商和客户，以保证企业更有效地运作和保持竞争力。

3. 扩展供应链

扩展供应链是由参与从原材料到最终客户的物流活动的日益增多的公司组成的供应链。扩展供应链的重点是在个性化生产、提前期的缩短和业务量的增加等因素的影响下迫使公司实现物流同步。

4. 全球网络供应链

全球网络供应链是基于互联网和电子商务转换、削减传统的实体资产，通过省略销售过程的中间商来压缩供应链的长度和在贸易伙伴间进行实时数据存取、传递的以在网络市场上运作的扩张性企业、联合制造业和跨部门集团乃至虚拟企业为主体的供应链。全球网络供应链的重点是为顾客提供产品未来应用的规划与实施、系统的运行维护等效用或能力，以提供区别于产品时代的一次或多次性购买的长期有偿服务。在全球网络供应链中，供应商与客户间信息交流层次的沟通与协调将是一种交互式的协同工作。

（四）根据不同主体，供应链分为生产商供应链、批发商供应链和零售商供应链

1. 生产商供应链

生产商供应链如图 14－1 所示。

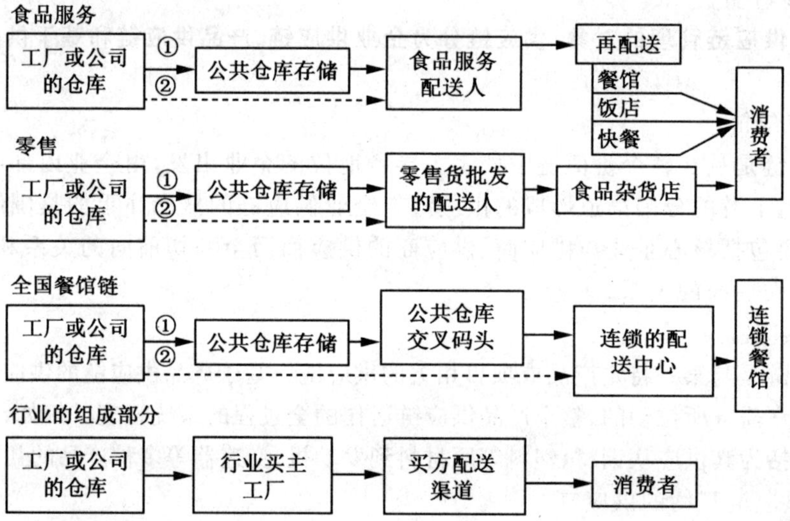

图 14－1　生产商供应链

2. 批发商供应链

批发商供应链如图 14－2 所示。

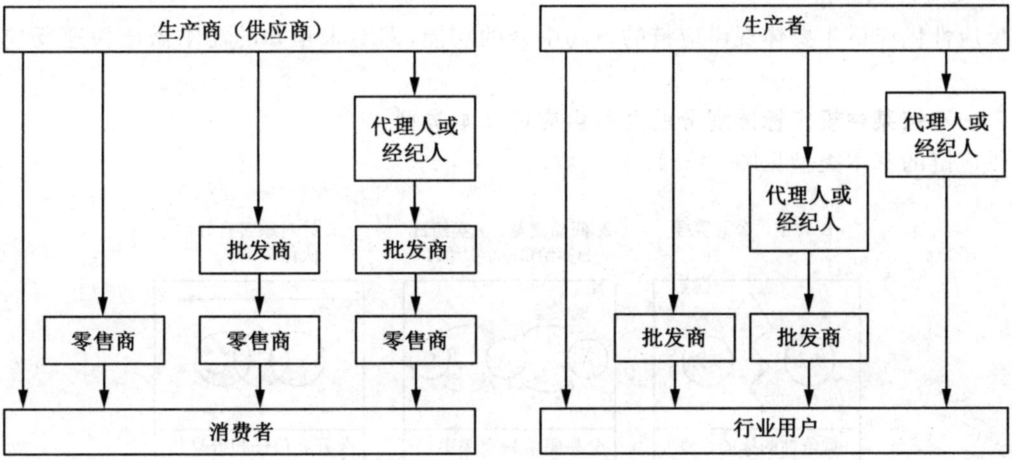

图 14－2　批发商供应链

3. 零售商供应链

零售商供应链如图 14－3 所示。

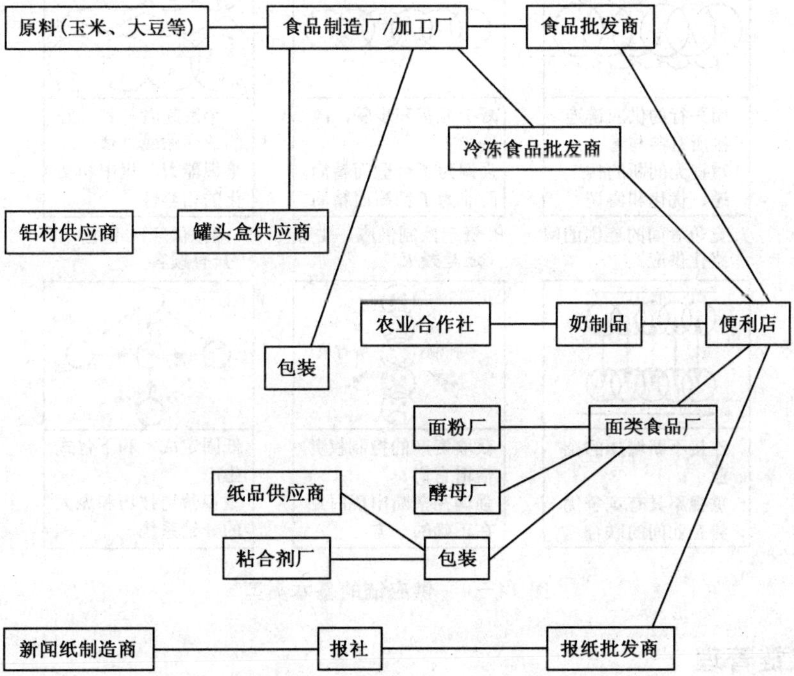

图 14－3　零售商供应链

（五）根据供应链的功能模式，供应链分为有效性供应链和反应性供应链

1. 有效性供应链

有效性供应链主要体现供应链的物理功能，即以最低的成本将原材料转化成零部件、半成品、产品，以提高供应效率的供应链。

2. 反应性供应链

反应性供应链主要体现供应链的市场中介的功能，即对未预知的需求做出快速反应的供应链。

(六)不按某种规定标准划分的九种供应链基本类型

供应链的基本类型见图 14－4。

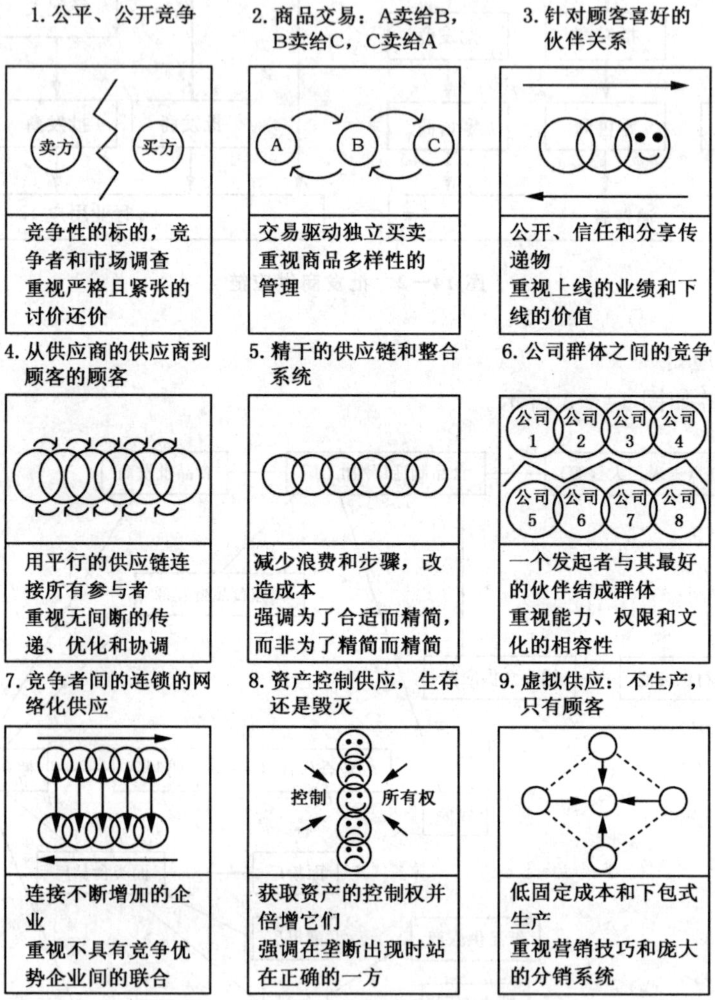

图 14－4　供应链的基本类型

四、供应链管理

供应链管理的目的是在满足客户需要的前提下，对整个供应链(从供货商、制造商、分销商到消费者)的各个环节进行综合管理。

(一)供应链管理的界定

供应链管理是以市场和客户需求为导向，以核心企业为龙头，以提高竞争力、市场占有率、客户满意度和获取最大利润为目标，以协同商务、协同竞争和双赢原则为运作模式，通过运用现代企业管理思想、方法、信息技术、网络技术和集成技术，达到对整个供应链上的信息流、物流、资金流、价值流和工作流的有效规划和控制,从而将客户、分销商、供应商、制造商和服务商连成一个完整的网链结构,形成一个极具竞争力的战略联盟。

(二)供应链管理的主要内容

我国著名的供应链管理专家马士华教授认为,供应链管理主要涉及供应、生产计划、传统物流和需求四个领域(如图 14－5 所示)。具体包括以下内容:战略性供应商和客户合作伙伴关系管理;供应链产品的需求预测和计划;供应链的设计(节点企业、材料来源、生产设计、分销系统与能力设计、管理信息系统和物流系统设计等);企业内部和企业之间的物料供应与需求管理;基于供应链的客户服务和物流(运输、库存、包装);企业间资金管理;基于互联网(Internet)/内联网(Intranet)的供应链交互信息管理。

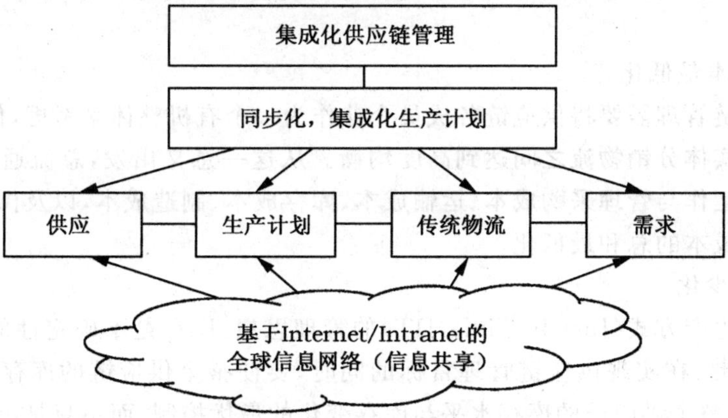

图 14－5 供应链管理涉及的领域

由图 14－5 可见,供应链管理是以同步化、集成化生产计划为指导,以各种技术为支持,尤其以 Internet/Intranet 为依托,围绕供应、生产计划、传统物流、满足需求来实施的,主要包括计划、合作、控制从供应商到客户的物料(零部件和成品等)和信息。在图 14－5 所示的供应链四个领域的基础上,可从另一角度把供应链管理分为职能领域和辅助领域。其中,职能领域主要包括产品工程、产品技术保证、采购、生产控制、库存控制、仓储管理、分销管理;而辅助领域主要包括客户服务、制造、设计工程、会计核算、人力资源、市场营销。

我们知道,供应链管理关心的并不仅仅是物料实体在供应链中的流动,除了企业内部与企业之间的运输问题和实物分销以外,供应链管理还包括以下主要内容:

(1)供应链管理策略制定(不同行业、不同产品类型要求采用不同的供应链管理策略);

(2)推式或拉式供应链运作方式的确定(不同企业有不同的管理文化,企业应选择适合于自己实际情况的运作方式);

(3)战略性供应商和客户合作伙伴关系管理;

(4)供应链产品需求预测和计划;

(5)供应链的设计(全球节点企业的定位、资源的集成化计划、跟踪、控制和评价);

(6)企业内部与企业之间物料供应与需求管理;

(7)基于供应链管理的产品设计与制造管理、生产集成化计划、跟踪、控制和评价;

(8)基于供应链的客户服务和物流(运输、库存、包装等)管理;

(9)企业间资金流管理(汇率、成本等问题);

(10)供应链管理环境下的绩效测量与评价;

(11)基于 Internet/Intranet 的供应链运作的信息支持平台及信息管理。

(三)供应链管理的目的

供应链管理的目的,旨在通过对供应链各个环节活动的协调,实现最佳业务绩效,从而增强整个供应链上所有企业业务的表现,使生产系统能较好地管理由原料到产品再到客户的生产过程,最终提高客户的满意程度,并缩小总生产成本,即做到将正确的产品或服务在正确的时间,按照正确的数量、正确的质量和合适的状态与包装,以正确的价格送到正确的地点,以实现总成本最小。再具体一点,供应链管理的目标可以说是通过协调总流通成本最低化、总库存最少化、客户服务最优化、总周期时间最短化及物流质量最优化等目标之间的冲突,实现供应链绩效最大化。

1. 总流通成本最低化

有效的供应链管理需要将供应链各成员企业作为一个有机整体来考虑,使实体供应物流、制造装配物流与实体分销物流之间达到高度均衡。从这一意义出发,总流通成本最低化目标是使整个供应链运作与管理采购成本、运输成本、库存成本、制造成本,以及供应链物流的其他成本费用等所有成本的总和最低化。

2. 总库存最少化

按照准时制生产方式(Just In Time,JIT)的管理思想,库存是不确定性的产物,任何库存都是浪费的。因此,在实现供应链管理目标的同时,要使整个供应链的库存控制在最低的程度,这需要实现对整个供应链的库存水平与库存变化的最优控制,而不只是单个成员企业库存水平保持最低。

3. 客户服务最优化

供应链管理以最终客户为中心,客户的成功是供应链赖以生存与发展的关键前提。因此,以最低化的总成本费用实现整个供应链客户服务的最优化是供应链管理的主要目标。

4. 总周期时间最短化

当今的市场竞争是供应链与供应链之间的竞争,而不再是单个企业之间的竞争。供应链之间的竞争实质上是基于时间的竞争,即必须实现快速有效的客户反应,最大限度地缩短从客户发出订单到获取满意交货的整个供应链的总周期。

5. 物流质量最优化

供应链企业间服务质量的好坏直接关系到供应链的存亡。供应链管理需要从原材料、零部件供应的零缺陷开始,直至供应链管理全过程、全方位质量的最优化。

(四)供应链管理的基本原则

根据美国安德森咨询公司关于供应链管理的相关理论,供应链管理的基本原则主要有以下几个方面:

1. 根据客户所需的服务特性来划分客户群,并制定有利可图的服务体系

供应链管理不同于基于企业自身的状况并对同一地区的客户提供相同水平服务的传统意义上的市场划分,强调的是根据客户的状况和需求决定服务方式和水平。因此,企业需采用有组织的、跨职能的流程构建和管理供应链,将面向每个客户的基本服务与来自系列方案中的、对特定细分群体有较强吸引力的服务结合起来,建立针对细分群体的服务体系,并把服务体系

转化为现实的利润。

2. 根据客户需求和企业可获利情况，设计企业的后勤物流网络，保证其经济性和灵活性

不同市场的细分群体有着不同的客户服务需求，为向不同市场的细分群体更好地提供服务并实现利益增长，需要设计多层次的后勤物流网络，即建立几个大型储存型分销中心和多个快速响应中心及对运输活动的管理外包的支持。

3. 及时掌握市场的需求信息，并相应地统一整个供应链的需求计划

通过销售和运营计划及时监测整个供应链运作，以及时发出需求变化的早期警报，并据此安排和调整计划。

4. 控制时间延迟，使产品多样化的最终构成尽量接近客户，并通过供应链实现快速响应

由于市场需求的剧烈波动，距离客户接受最终产品和服务的时间越早，需求量预测就越不准确，因此，企业不得不维持较大的中间库存。为了应对这种情况，供应链管理的基本原则是控制时间延迟，即采取延期策略，其原理是产品的外观、形状或生产、组装、配送应尽可能推迟到接到客户订单后再确定。运用延期策略，可实现最大的柔性而降低库存量，对产品最终价值的增值发挥积极的作用。例如，生产消费品的企业在实施大批量客户化生产的时候，先在企业内将产品加工结束，然后在零售店完成产品的最终包装。

5. 与供应商建立双赢的合作策略，以降低拥有材料和服务的总成本

在供应链中，如果迫使供应商相互压价，能使企业获得收益；如果与供应商相互合作，则可以降低整个供应链的成本，企业将会获得更多、更长期的收益。

6. 在整个供应链领域建立信息系统，提高产品、服务及信息流的可见度

信息系统首先应该处理日常事务和电子商务，然后支持多层次的决策信息。具体包括需求计划和资源规划，以及根据大部分来自企业之外的信息进行前瞻性的策略分析。

7. 建立整个供应链的绩效考核准则，衡量为最终客户服务的成败

供应链的绩效考核准则应该建立在整个供应链上，企业需要建立一套新的绩效考核准则来评价供应链向客户提供价值的成效，供应链的最终验收标准是客户的满意程度。

第二节　供应链成本管理

在供应链管理中，供应商与客户之间的积极伙伴关系所实现的企业之外潜力的优化，主要是通过供应链成本的降低来体现的，因此，缩减供应链成本是供应链管理的根本目标之一。

供应链成本管理是以增强供应链核心竞争力为目的，运用精益管理会计方法跨组织地分析供应链所有成本（直接成本、作业成本和交易成本），以识别供应链所有参与者（包括企业内部和供应链中的参与者）在整条供应链中的成本优化活动和交易，具有前瞻式特征的以作业成本法、目标成本法和生命周期成本法等为主要工具的成本管理活动。供应链成本管理的内容主要包括：

一、供应链成本的构成

供应链成本按照苏沃林（Seuring）的分类，包括三个成本层次：直接成本、作业成本和交易成本，如图 14－6 所示。

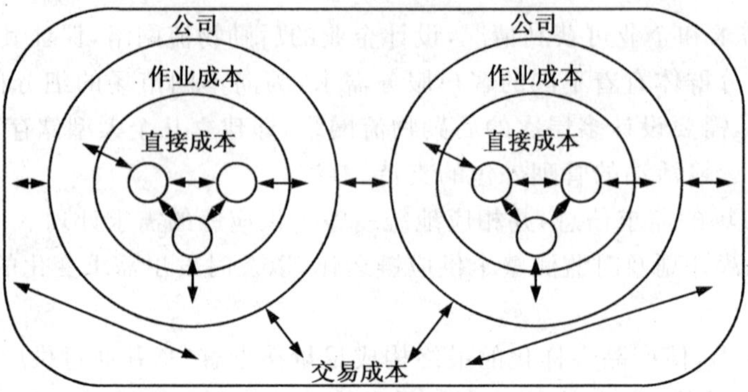

图 14－6　供应链成本核算中的三个成本层次

（一）直接成本

直接成本是由生产每一单位产品所引起的，包括原材料成本、人工成本和机器成本等。这些成本主要由原材料和劳动力的价格所决定。

（二）作业成本

作业成本是由那些与产品没有直接关联，但与产品的生产和交付相关的管理活动所引起的成本。这些成本因公司的组织结构而产生。

（三）交易成本

交易成本包括处理供应商和客户信息及沟通所产生的所有成本。因此，这些成本源自公司同供应链上其他公司的相互交流。

这三个成本层次为分析和优化供应链成本奠定了基础，但只有将它们整合进生产—关系矩阵，才能产生作用。

二、供应链成本核算

将作为供应链管理概念的生产—关系矩阵和供应链的三个成本层次综合到一起，就产生了一种供应链成本核算的概念框架，如图 14－7、图 14－8 所示。

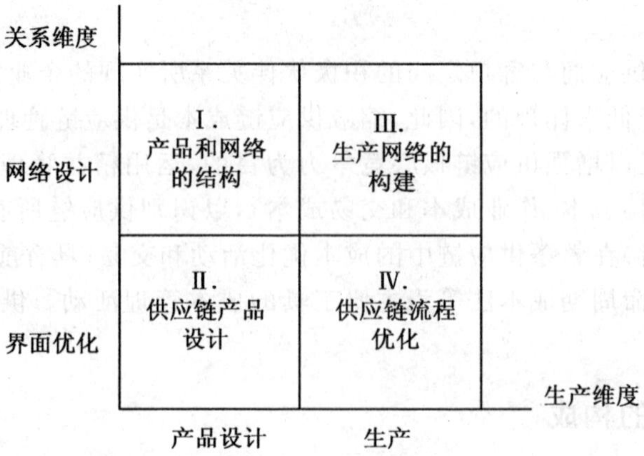

图 14－7　供应链管理的生产—关系矩阵

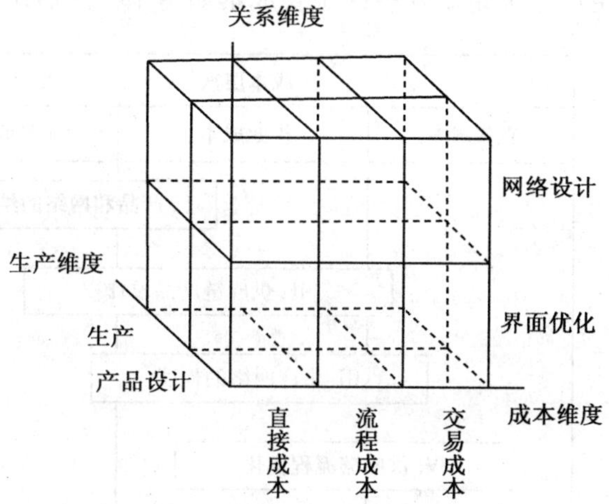

图 14—8　供应链成本核算中的概念框架

(一)生产和网络的结构

第一个决策区域是生产和网络的结构,决定提供哪些产品和服务及相关的合作伙伴等基本决策。通常在这一决策区域,只会发生数量有限的直接成本。

(二)供应链产品设计

不同的产品和服务有不同的要求,有些产品和服务要求相关公司在设计阶段就进行紧密的合作。初次建立合作关系时的交易成本将在总成本中占大头。供应商的能力越低,交易成本越高,因为通常需要频繁地同这类供应商签订严格的合同。然而,供应链中产品设计的成本重心是作业成本,大部分直接成本都已经由这些决策决定了。

(三)生产网络的构建

产品和供应链管理必须相互兼容,必须遵循这些决策所做出的成本要求。信息技术方面的投资必须能显著降低公司之间数据交换的运作成本,这样才会影响交易成本和作业成本。要想设计出理想的供应链,就会经常在公司内部或供应链范围内的流程中引起交易成本和作业成本。

(四)供应链流程优化

供应链流程优化主要强调成本缩减措施,通常是缩减直接成本和作业成本。分析供应链整体的生产流程和库存点有助于找出供应链的薄弱环节,从而避免错误地使用某些原材料而导致废品率较高,并重新设计生产流程或优化公司与供应商之间的订单履行等。如果引入电子数据交换系统或者将决策提前到前一决策区域,信息交换所引起的直接成本和作业成本就会显著降低。

(五)整合供应链成本核算的四个决策区域

随着供应链业务操作性的提高,成本逐渐从交易成本转向作业成本和直接成本。三个成本层次的相对重要性在很大程度上取决于企业提供的产品和服务。例如,生命周期较长的产品在供应商选择、关系构建及产品和流程设计方面所需的交易成本较低,流行周期或技术周期较短的产品在初期决策阶段所需的成本较高。由于这些产品在市场上流通的时间通常短于产品开发时间,因此投资无法收回的风险较高。这就决定了交易成本和作业成本的重要性,需要进行积极主动的管理。生产—关系矩阵中的主要成本如图 14－9 所示。

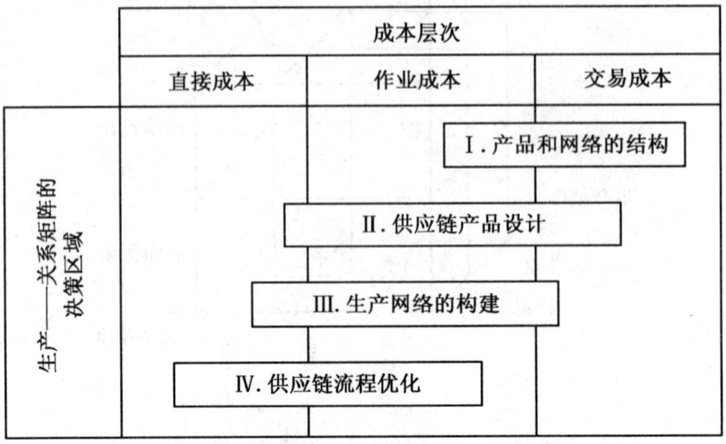

图 14－9　生产—关系矩阵中的主要成本

三、前瞻式成本管理

激烈竞争中的有效成本管理必须具备以下特征：

(1)市场导向性：成本管理要考虑客户需求和竞争活动。

(2)整体性：成本管理需要放宽眼界，关注整个供应链和产品生命周期。

(3)预见性：成本管理开始于产品设计阶段，目标是影响未来的成本定位。

(4)连续性：成本管理是一项持久任务，需要持续性地改善。

(5)共享：成本管理需要每一位员工的参与。

(6)跨职能：成本管理需要整合多种业务职能。

前瞻式成本管理的概念框架如图 14－10 所示。

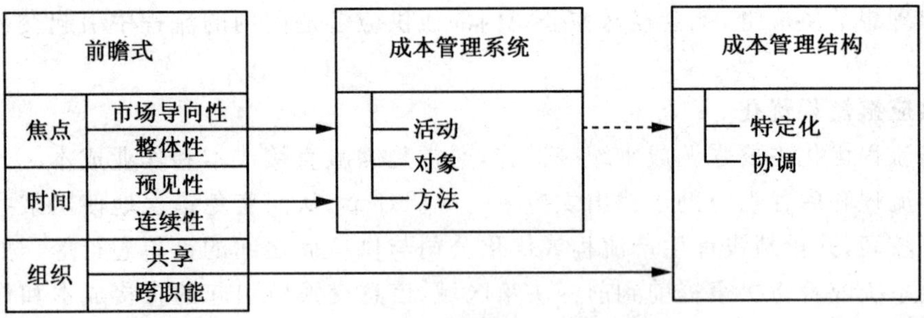

图 14－10　前瞻式成本管理的概念框架

在前瞻式成本管理的概念框架中，成本管理系统可以定义为：通过影响成本而提高公司或供应链效率的成本管理子系统和要素的集合。构成成本管理系统的子系统和要素包括主要活动、对象(目标)、工具和方法。

(一)成本管理系统的主要活动

成本管理系统的主要活动包括成本规划、行动规划(基于成本定位和成本驱动因素分析)、行动实施和成本监控。

（二）成本管理系统的对象（目标）

作为一切增值流程投入的资源、流程本身和作为产出的产品是成本管理系统的三个对象（目标），相应地，成本管理划分为资源导向型、流程导向型和产品导向型。

（三）成本管理系统的工具和方法

成本管理系统的工具和方法是能够组织成本管理活动并提供成本数据来支持决策的目标成本法、价值工程、作业成本法和标杆管理等工具和方法。

在实施成本管理系统之前，必须首先制定组织设计决策。主要包括责任的确定（由谁执行成本管理活动）和协同机制的选择。因此，成本管理结构包括两个方面——特定化和协调。

成本管理系统和成本管理结构是前瞻式成本管理的两个基础部分，将前瞻式成本管理的特征添加到这两部分上就创造出一个综合性概念框架，能够整合许多成本管理因素，并将它们放入更广阔的背景中。这样，这一概念框架就为现实中的前瞻式成本管理提供了具有操作性的结构方面的指导。

四、精益管理会计

精益管理会计是指在精益管理模式的基础上，以价值流为成本核算对象，将制造费用直接计入各个价值流成本，通过编制独立的价值流利润表，为追求更多盈利和更大增长的决策提供信息的系统。

其中，精益管理模式是指按照理解客户价值、识别增值的价值流、创造产品和信息流动、利用客户拉动和坚持不懈地追求完美境界的原则，企业的各项活动都以最小资源投入，包括人力、设备、资金、材料、时间和空间，把浪费降到最低程度，创造出尽可能多的价值，为顾客提供新产品和及时服务的管理模式。

按照精益生产的观念，产品成本随着产量和产品组合的不同而变化，制造费用以整体形式与价值流发生关系而不与个别产品所耗劳动时间发生关系；某种产品的成本主要取决于它在整个价值流中流动速度的快慢，特别是在价值流中的“瓶颈”环节流动速度的快慢；成本核算、分析和管理的重点是产品在价值流中的流动速度问题，而不是资源使用、个人效率或制造费用分配的问题。

精益管理会计的基本内容就是按照价值流进行成本核算、分析和管理。

1. 在价值流成本法中，成本核算对象为价值流，即提供产品和服务的整个物流过程和信息流过程中的所有增加价值活动和不增加价值活动；成本计算期一般为每周（半月或月）；核算内容是整个价值流中的所有耗费，而且所有成本都是直接成本，没有直接成本和间接成本之分，而价值流之外的成本则不包含在其中；成本项目一般包括人工成本、材料成本、生产支持成本、机器设备成本、经营支持成本、设备维护成本、其他价值流成本等。

（1）人工成本包括整个价值流中所有的人工成本，只要是在价值流中工作的人员，无论是从事产品生产、材料搬运、产品设计，还是进行机器维护、生产计划、营销、会计工作，其人工成本都包含在其中。

（2）材料成本通常是计算本周（半月、月）已销价值流中产品的材料成本，而不是处于生产过程的在产品成本。

（3）生产支持成本包括为创造价值流而发生的备件、工具、能源耗用、日常开支等项目的成本。

以上成本项目都是直接计入，唯一使用分配计入价值流成本的是对设施使用成本（如建筑物租金、维护成本等，属于其他价值流成本项目）按照其使用面积（如平方米）进行分配，其目的在于促进价值流团体成员努力降低价值流对空间的使用。

在价值流之外的一些活动，如会计服务、推进 ISO14000 等的成本费用作为业务支持活动的成本，并不计入价值流成本中，其目的在于为价值流管理者提供相关的、准确的、易懂的成本信息，以管理和改善所控制的价值流活动。

2. 利润报告不必对成本项目进行细分，价值流成本法降低了成本核算的工作量，此时以每一个价值流作为一个成本的归集中心，得出的价值流利润表中的利润就更加真实。

每个价值流的当期利润等于本周（半月或月）实际发生的产品收入（按照价值流计算）减去同样按照价值流计算的材料成本、人工成本和其他成本后的余额。核算过程消除了对制造费用分配的复杂过程，简化了核算，也使价值流中的所有成员更明白其含义。

价值流利润表的内容一般包括收入、成本、价值流利润、销售利润率（价值流利润与收入之比）、存货五个项目。当销售量大于生产量时，价值流中的存货量会降低，利润表则会反映出更高的利润和更低的单位成本；反之，则利润下降，单位成本上升。一个部门或企业的利润表就是由部门和企业内所有的价值流利润表构成的组合。将各个价值流的利润相加后再减去管理费用就是本部门或企业的税前利润。

3. 运用成本信息管理价值流。通过编制成本信息计分卡，可以清楚地反映价值流的实际情况、差异对比分析情况和未来计划情况，以便根据成本信息对价值流进行管理。成本信息计分卡的内容分为行和列两个方面。

行的内容一般包括三个部分：上半部分为价值流情况，包括人均产量、准时交货率、实物周转天数、一次合格率、产品平均成本等指标；中间部分为流动能力情况，包括资金平均周转天数、有效生产率、无效生产率、生产能力利用程度等指标；下半部分为简化的价值流利润情况，包括收入、材料成本、其他相关成本、价值流利润等指标。

列的内容也分为三个部分：第一列为上期成本，第二列为本期成本，第三列为未来目标计划。目标计划不是源于凭空想象或其他目标的展开，而是价值流团队成员的持续改进计划。为了保证价值流成本法的实施，企业应当按照价值流而不是部门或产品报告成本和利润；应当尽可能不重复地将企业员工的劳动成本按照价值流进行分配；应尽可能将提供共同服务的职能部门的成本按照显著属性划分并直接计入各个价值流中；应当对生产过程进行合理的控制；应当对诸如废次品、返工情况等“失控”状态进行跟踪；应当持续有效地控制存货。

4. 精益管理会计与传统管理会计的区别。将精益管理会计与传统管理会计进行对比，能更全面地理解其基本内容（如表 14—1 所示）。

表 14—1　　精益管理会计与传统管理会计差异对比

对比项目	传统管理会计	精益管理会计
适用生产环境	大批量生产	单件小批量生产
适用组织文化环境	命令式和控制式组织文化	平等协作式组织文化
信息传递方向	向上传递给管理者	向上、平行或向下传递给信息能产生最大作用的地方
成本核算对象	产品	价值流

续表

对比项目	传统管理会计	精益管理会计
制造费用分配方法	主要按照劳动者的工作量进行分配	直接计入相应的价值流
成本计算人员	专职会计人员	控制价值流的工作人员
成本分析重点	差异分析	持续改进分析
投资评价	严格的定量数据评价	用定量数据和定性数据评价
会计人员角色	信息的收集者、储存者、分析者、传递者	信息系统建设的服务者、顾问

五、跨组织成本管理

跨组织成本管理是指通过提高供应商与采购商相互交流的效率、协调供应链企业的产品开发流程和生产流程等供应链中各企业合作，来管理供应链整体成本的一种方式。

1. 供应商与采购商相互交流效率的提高主要通过降低不确定性、改变自身行为等实现。

2. 企业在开发设计阶段共同降低成本所采用的依据主要是目标成本法、功能—价格—质量悖反、跨组织成本调查和并行成本管理(如图 14－11 所示)。

图 14－11　在产品设计中启动跨组织成本管理

(1)目标成本法。当计划生产一种具有特定功能和质量、能按照预期市场价格获得令人满意的盈利性的产品时，企业可以利用目标成本法这种高度组织化的方法来确定生命周期成本。要实现产品层次上的目标成本，就需要采用价值工程。大多数目标成本法和价值工程项目的目标是实现由企业的目标成本法系统所设定的特定成本缩减水平。

一旦确定了产品层次上的新产品目标成本，跨职能的产品设计团队就会分解新产品，确定零部件的目标成本。企业根据历史趋势、竞争计划和其他数据来判断每个组件或部件应降低多少成本，所有组件和部件的目标成本加总得到产品的目标成本。

通过为产品及其包含的零部件设定成本缩减目标，目标成本法就成为跨组织成本管理的约束机制。

(2)功能—价格—质量悖反。目标成本法的一个结果是企业可以设定供应商的销售价格。由于这些价格反映了企业在市场中所面临的成本压力，所以企业会将压力传递给自己的供应商。当供应商发现自己无法实现由采购商的零部件目标成本核算流程所确定的目标成本时，就会启动另一个跨组织成本管理活动——“功能—价格—质量(FPQ)悖反”。

在 FPQ 悖反中，采购商和供应商通过协商来降低所需的质量和功能水平，从而使供应商可以在采购商所确定的零部件目标成本水平上获得足够的利润。例如,如果采用铸造来代替昂贵的锻造,成本可能会降低。

FPQ 悖反的可行性取决于采购商是否愿意放松对零部件的质量和功能规格的要求。如果供应商能够就此同采购商进行协商,可能会比较容易地实现零部件的目标成本。例如,如果允许降低零部件的功能,设计可能就会简化,这样所需的零部件数量也会减少。零部件数量的减少将降低成本。采购商是否同意放松要求,取决于其保持最终产品规格的需要。

(3)跨组织成本调查。在跨组织成本调查中,企业的设计团队共同确定能否通过改变采购商设定的规格来显著降低零部件的成本。零部件规格的改动通常比 FPQ 悖反中所考虑的改动要大。跨组织成本调查的目标是找出重新设计产品及其零部件的方式,从而能够按照它们的目标成本生产出来。因此,跨组织成本调查需要考虑以下问题:

一是最终产品及其零部件的设计可以做的任何改动。由于零部件的设计改动可能影响最终产品的规格,所以供应商绝不会独自决定改动。采购商和供应商设计团队必须通过协作来确定采购商能够接受哪些设计改动,以及哪些改动能降低供应链成本。

二是在将生产活动拓展到组织界线之外才能实现的变动。首先,如果供应链中的另一家企业能够更有效率地完成某些活动,那么就可以通过转移这些活动来降低成本。其次,如果将两个活动并置可以降低成本,那么将一个活动转移到另一个活动的所在地就可以降低成本。最后,如果改变生产流程可以消除某些活动,那么也能够降低成本。

在改变产品设计和生产流程时,每个企业所发生的成本都会随之改变。这些改变通常需要零部件目标成本的改变。一般来说,通常是由供应链最上游的企业确定新的目标成本。

(4)并行成本管理。在整个主要功能的设计流程都外包给供应商的情况下,跨组织成本管理工具包括强烈的互动,双方对缩减成本的建议会显著改变产品及其零部件的设计。要实行并行成本管理,供应商就必须拥有必要的专门经验,这样采购商才能将产品设计的责任交给他们。

如果两个设计团队几乎是孤立运作,那么就需要采用并行的生产。采购商的团队为供应商制定高层次规格,在不做出影响产品及其配件的高层次规格设计改动的情况下,两个团队就可以自由地独立运作。在两个设计团队独立运作时,仍然要保持相互联系,从而保证共同目标的实现。

如果采购商和供应商设计团队无法有效地独立运作,那么就需要采用同步设计的方法来进行产品及其零部件的设计。在同步设计过程中,两个设计团队密切合作,共同寻找机会,提高最终产品的质量和功能性及主要功能,同时降低总成本。

3. 生产过程的跨组织成本管理。产品生产阶段的跨组织成本管理通过协调供应链中的企业生产活动来实现以改善成本生产产品和零部件。设定改善成本的缩减目标的出发点就是缓解企业在市场中所面临的价格压力。改善成本的缩减目标随后要分解到供应商层次中。在改善项目中,供应商通常要接受一个平稳的单个产品层次的成本缩减速度。在改善成本法中,成本缩减目标仅仅设定于非常昂贵的零部件。

如果有些供应商无法实现成本缩减目标,就需要付出额外的成本缩减努力。采购商和供应商可以通过三种方式的合作来进一步降低成本。

(1)采购商可以将自己的制造工艺专门经验传授给供应商,从而协助供应商寻找以更低的成本生产采购商所需的零部件的途径。

(2)如果无法找到这种解决方案,采购商就可以通过改变产品的设计(在不改变功能性的前提下)协助供应商开发新的、成本更低的零部件。

(3)采购商可以考虑通过改变生产流程(在不改变产品设计的前提下)来适应零部件的改变。

六、供应链成本管理的方法

目前应用于供应链管理的成本管理方法有很多,其中研究最为广泛的是供应链作业成本法、目标成本法和供应链的目标成本法。

(一)供应链作业成本法

供应链作业成本法(ABC)的作用是从整个供应链的角度通过分析基于作业活动和交易的一般管理成本,从而实现优化总体生产成本的目的。因此,在基于作业成本的供应链核算中,常规成本管理范畴中企业层次上的管理成本(作业成本)与供应链层次上的管理费用(交易成本)都要加以分析。交易成本要根据与其相关的交易(会见客户或供应商、商谈合同等)来分析。交易和作业活动及其相关成本驱动因素需要由供应链企业中所有与采购商有关的公司和部门共同识别、讨论和分类。作业成本法作为稳定市场中的整合工具,用于保证供应链伙伴之间的有效协作。纺纱业供应链作业成本法如图 14－12 所示。

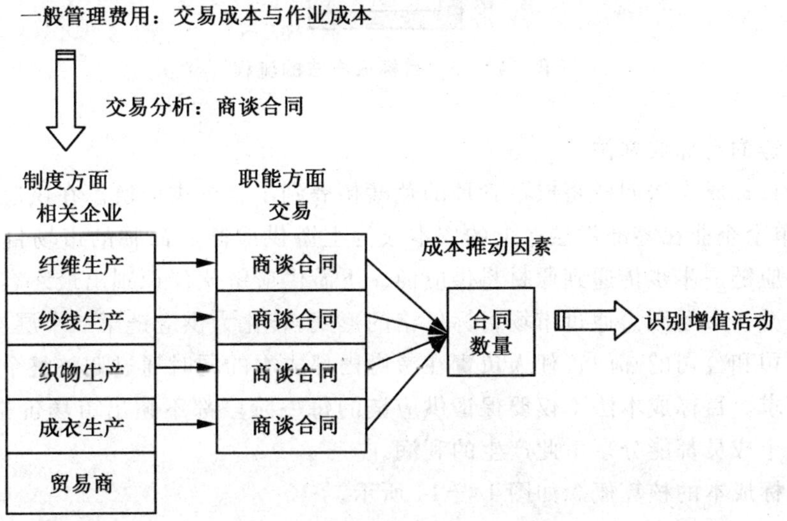

图 14－12　基于作业成本的纺纱业供应链作业核算中的交易成本

(二)目标成本法

1. 市场驱动型成本核算

所有产品必须满足客户需求,因此,客户需求能够推动产品开发。如果要避免产品成本远远高于客户愿意支付的数额,就需要设定成本目标。这种市场推动型的成本核算法可以设定产品的最高售价。从最高售价中扣除目标利润,就可以得到这一产品的可接受成本。

2. 产品层次的目标成本法

产品层次的目标成本法会对可接受的成本与使用当前设计和生产技术进行生产的当前成本进行对比。通常,当前成本会高于可接受的成本,这就有必要进行成本缩减。

3. 零部件层次的目标成本法

针对产品的每一个零部件,将它对客户的重要性与其成本进行比较。成本层次的目标成本法能够成为同供应商订立合同的基础,从而将成本压力传递到整个供应链。

目标成本法的流程如图 14—13 所示。

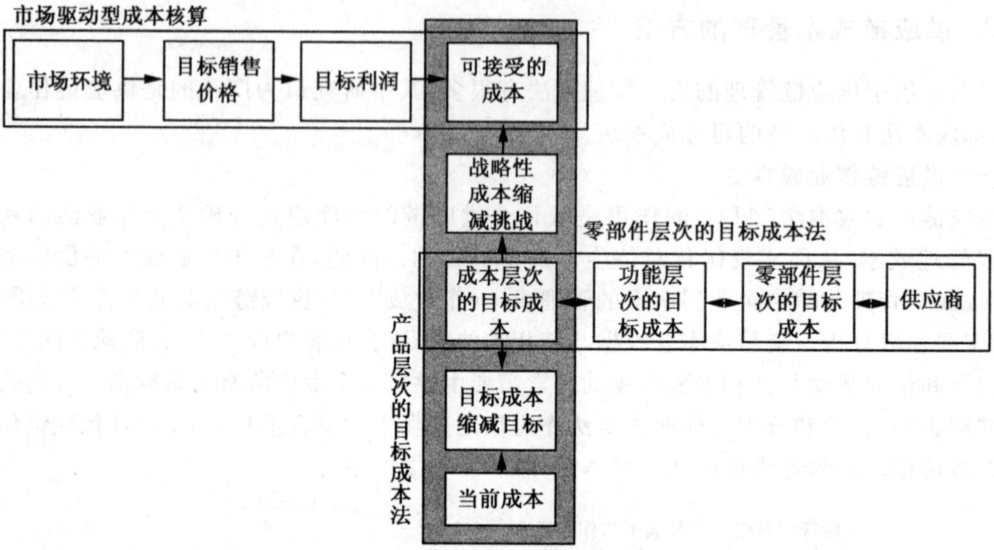

图 14—13　目标成本法的流程

（三）供应链的目标成本法

供应链的目标成本法同样将成本管理的范畴拓展到了整个供应链。在供应链角度的目标成本核算中,单个企业在零部件层次上的成本成为上游供应商所面临的市场目标成本。这一效应将沿着供应链一步步传递到原材料供应商。下游供应链伙伴识别出最终客户的需求并传递到供应链上游。市场压力通过市场目标价格的形式,转化为供应链第二个层次的客户压力。供应链中的公司和公司的部门责任人负责在考虑内部成本的同时通过调整整个供应链的成本来满足市场需求。目标成本法不仅要保证供应链的每一阶段都不超出市场价格,而且要保证供应链的每一个成员都能分享由此产生的利润。

供应链目标成本的核算概念如图 14—14 所示。

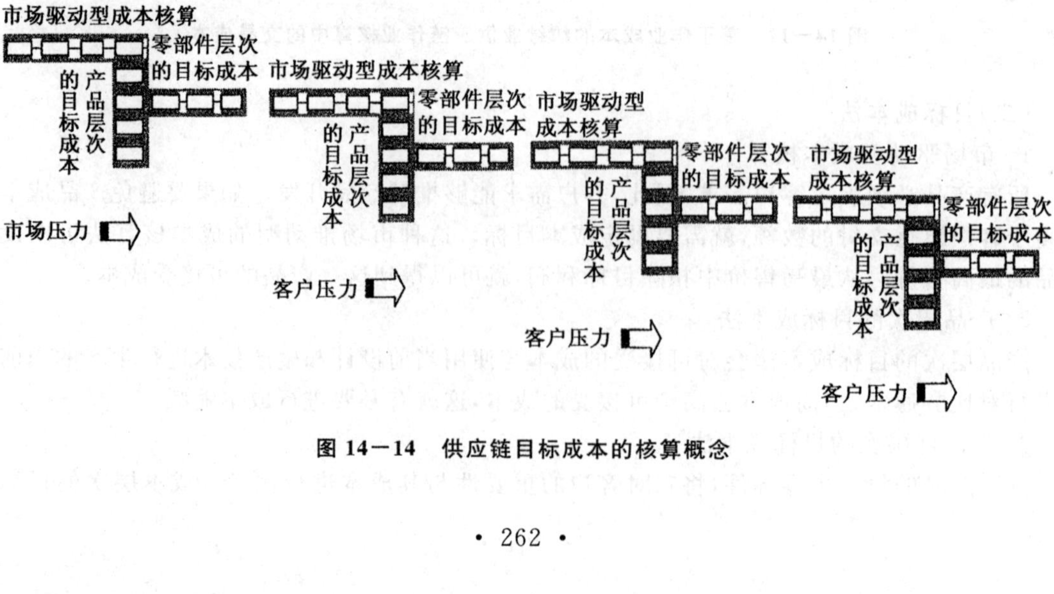

图 14—14　供应链目标成本的核算概念

本章小结

供应链是围绕核心企业，通过对信息流、物流、资金流的控制，从采购原材料开始，到制成中间产品以及最终产品，最后由销售网络把产品送到消费者手中的，将供应商、制造商、分销商、零售商直到最终用户连成一个整体的功能网链结构模式。

企业的供应链具有的特征包括：复杂性；动态性；多层次性；竞合性；面向用户需求；交叉性。

根据不同的划分标准，可以将供应链划分为以下几种类型：

(1)根据对需求的把握状况，供应链分为推式供应链和拉式供应链。

(2)根据供应链管理的对象，供应链分为企业供应链、产品供应链和基于供应链契约的供应链。

(3)根据分布范围，供应链分为公司内部供应链、集团供应链、扩展供应链和全球网络供应链。

(4)根据不同主体，供应链分为生产商供应链、批发商供应链和零售商供应链。

(5)根据供应链的功能模式，供应链分为有效性供应链和反应性供应链。

供应链管理主要涉及供应、生产计划、传统物流和需求四个领域，具体包括以下内容：战略性供应商和客户合作伙伴关系管理；供应链产品的需求预测和计划；供应链的设计；企业内部和企业之间的物料供应与需求管理；基于供应链的客户服务和物流；企业间资金管理；基于Internet/Intranet的供应链交互信息管理。

供应链管理的目标可以说是通过协调总流通成本最低化、总库存最少化、客户服务最优化、总周期时间最短化及物流质量最优化等目标之间的冲突，实现供应链绩效最大化。

供应链成本包括三个成本层次：直接成本、作业成本和交易成本。

激烈竞争中的有效成本管理必须具备以下特征：市场导向性，整体性，预见性，连续性，共享，跨职能。

精益管理会计是指在精益管理模式的基础上，以价值流为成本核算对象，将制造费用直接计入各个价值流成本，通过编制独立的价值流利润表，为追求更多盈利和更大增长的决策提供信息的系统。精益管理会计的基本内容就是按照价值流进行成本核算、分析和管理。

跨组织成本管理是指通过提高供应商与采购商相互交流的效率、协调供应链企业的产品开发流程和生产流程等供应链中各企业合作，来管理供应链整体成本的一种方式。

目前应用于供应链管理的成本管理方法有很多，其中研究最为广泛的是供应链作业成本法、目标成本法和供应链的目标成本法。

思考题

1. 简述牛鞭效应产生的三个主要原因。
2. 简述企业管理观念经历的五个阶段。
3. 简述电子商务对公司或供应链削减成本的影响。
4. 简述MRP的基本原理。

5. 简述消除牛鞭效应的方法。
6. 简述库存持有成本的五个主要因素。
7. 简述实施快速响应的六个步骤。
8. 简述供应链绩效评价的主要作用。
9. 简述供应链的基本特征。
10. 简述ERP系统的主要管理思想。
11. 简述影响承运人决策的因素。
12. 简述ECR(有效客户反应)的最终目标。

参考文献

1. 于彩珍．成本会计实务(第二版)[M]．厦门:厦门大学出版社,2011.
2. 辛旭.成本会计学(第三版)[M].北京:中国人民大学出版社,2011.
3. 宋胜菊,刘杰华．成本会计[M].上海:立信会计出版社,2012.
4. 李玉周．成本会计[M]．上海:华东师范大学出版社,2012.
5. 赵书和．成本与管理会计(第三版)[M]．北京:机械工业出版社,2012.
6. 胡中艾,蒋晓芸．成本核算(第二版)[M].北京:高等教育出版社,2014.
7. 万寿义,任月君．成本会计(第三版)[M].哈尔滨:东北财经大学出版社,2016.

高等院校应用型本科会计创新人才培养规划教材
高等教育改革工程应用型本科会计系列特色教材

成本会计练习册

曲远洋　刘　洋　主　编
武　文　贾　超　副主编

上海财经大学出版社

目 录

第一篇

基本理论

第一章 总 论

一、单项选择题

1. 下列各项中，不属于"理论成本"的是（　　）。

A. 原材料费用　　B. 生产工人工资　　C. 废品损失　　D. 期间费用

2. 下列各项中，属于管理成本的是（　　）。

A. 产品生产成本　　B. 商品采购成本　　C. 商品销售成本　　D. 机会成本

3. 成本会计的各项职能中，最基本的职能是（　　）。

A. 成本分析　　B. 成本控制　　C. 成本核算　　D. 成本监督

4. 工业企业在一定时期内发生的，用货币表现的生产耗费称为（　　）。

A. 生产费用　　B. 经营管理费用　　C. 管理成本　　D. 产品成本

5. 在分散工作方式下，（　　）工作由上一级成本会计机构对下一级成本会计机构逐级进行。

A. 成本考核　　B. 成本计划　　C. 成本控制　　D. 成本核算

6. 大中型企业的成本会计工作一般采取（　　）。

A. 集中工作方式　　B. 统一领导方式　　C. 分散工作方式　　D. 会计岗位责任制

7. 成本会计工作中的计划、控制、核算和分析工作，由企业各车间的人员分别进行，这种工作方式是（　　）。

A. 集中工作方式　　B. 分散工作方式　　C. 统一工作方式　　D. 车间工作方式

8. 工业企业的期间费用包括（　　）。

A. 直接材料费和直接人工费　　B. 原材料费用、人工费用和制造费用

C. 财务费用和管理费用　　D. 财务费用、管理费用和营业费用

9. 成本会计的对象是（　　）。

A. 产品成本的形成过程

B. 各项生产费用的归集和分配

C. 各行业企业生产经营业务的成本和有关的期间费用

D. 制造业的成本

10. 成本会计的任务主要取决于（　　）。

A. 企业经营管理的要求　　B. 成本核算

C. 成本控制　　D. 成本决策

二、多项选择题

1. 工业企业成本会计的对象包括(　　)。

A. 产品生产成本　　B. 期间费用　　C. 商品采购成本　　D. 专项成本

2. 下列各项中,属于成本会计职能的是(　　)。

A. 成本决策　　B. 成本核算　　C. 成本审计　　D. 成本分析

3. 下列各项中,属于工业企业产品成本构成内容的有(　　)。

A. 废品损失　　B. 停工损失　　C. 营业费用　　D. 营业外支出

4. 企业确定成本会计工作方式的依据有(　　)。

A. 企业规模大小　　B. 成本会计人员的素质

C. 成本会计人员的数量　　D. 内部各单位经营管理的要求

5. 企业内部各级成本会计机构之间的组织分工有(　　)。

A. 统一工作方式　　B. 集中工作方式

C. 分散工作方式　　D. 按成本会计的对象分工

6. 为了进行生产经营短期的预测和决策,需要计算的管理成本包括(　　)。

A. 可控成本和不可控成本　　B. 变动成本和固定成本

C. 机会成本和差别成本　　D. 产品制造成本

7. 产品成本的作用有(　　)。

A. 产品成本是补偿生产耗费的尺度

B. 产品成本是综合反映企业工作质量的重要指标

C. 产品成本是制定产品价格的一项重要因素

D. 产品成本是企业进行决策的重要依据

8. 制造业生产经营过程中发生的(　　)不应计入产品成本。

A. 管理费用　　B. 财务费用　　C. 销售费用　　D. 制造费用

9. 下列关于成本会计职能的说法中,正确的有(　　)。

A. 成本预测是成本决策的前提

B. 成本计划是成本决策目标的具体化

C. 成本控制对成本计划的实施进行监督

D. 成本分析和考核对以后的预测和决策以及编制新的成本计划提供依据

10. 下列会计法规、制度中,属于企业内部的成本会计制度、规程和办法的有(　　)。

A. 关于成本预测和决策的制度

B.《企业会计准则》

C. 关于成本定额、成本计划的编制制度

D.《企业会计制度》

三、判断题

1. 工业企业成本会计的对象可以概括为工业企业生产经营过程中发生的产品成本和期间费用。(　　)

2. 成本会计的对象可以概括为各行业企业的财务成本和管理成本。(　　)

3. 成本会计的分散工作方式是指成本会计工作中的预测、决策、控制、计划和考核各方面的工作，分别由厂部成本会计机构中的不同人员分别开展。（　　）

4. 成本是为实现一定目的而发生的耗费，是对象化的耗费。（　　）

5. 成本是指企业为生产产品、提供劳务而发生的各种耗费。（　　）

6. 成本预测是成本会计的基础。（　　）

7. 只有制造业才有成本会计。（　　）

8. 在成本会计工作组织上，大中型企业一般采用分散工作方式，小型企业一般采用集中工作方式。（　　）

9. 企业在经营过程中发生的各项经营管理费用，应计入产品成本。（　　）

10. 凡是有经济活动的地方，就有成本的存在。（　　）

第二章　成本核算的基本原理

一、单项选择题

1. 下列各项中，属于工业企业产品生产成本项目的是(　　)。

A. 外购动力费　　B. 制造费用　　C. 工资费用　　D. 折旧费用

2. 下列各项中，属于工业企业费用要素的是(　　)。

A. 工资及福利费　　B. 燃料及动力　　C. 工资费用　　D. 原材料

3. 下列各项中，属于直接生产费用的是(　　)。

A. 辅助生产工人工资　　B. 车间管理人员的工资

C. 车间厂房折旧费　　D. 车间机器设备折旧费

4. 为了及时、正确地计算产品成本，企业应做好的各项基础工作不包括(　　)。

A. 选择适当的成本计算方法　　B. 各项原始记录

C. 材料物资的计量、收发、领退和盘点　　D. 定额的制定和修订

5. 为了正确地计算产品成本，可以不进行(　　)项目中费用界限的划分。

A. 各个月份的费用界限　　B. 营业费用和管理费用的界限

C. 各种产品的费用界限　　D. 生产费用和期间费用的界限

6. 为了保证按每个成本计算对象正确地归集应负担的费用，必须将应由本期产品负担的生产费用正确地在(　　)之间进行分配。

A. 盈利产品和亏损产品　　B. 完工产品和在产品

C. 可比产品和不可比产品　　D. 各种产品

7. 在成本核算中，必须正确核算待摊费用和预提费用，这是贯彻了会计核算的(　　)原则。

A. 历史成本　　B. 权责发生制　　C. 配比　　D. 重要性

8. 为了正确地计算产品成本，应做好的基础工作是(　　)。

A. 选择适当的产品成本计算方法　　B. 正确划分各种费用界限

C. 确定成本计算对象　　D. 建立和健全原始记录

9. 制造费用应分配记入(　　)账户。

A.“基本生产成本”“辅助生产成本”　　B.“财务费用”“营业费用”

C.“基本生产成本”“期间费用”　　D.“生产成本”“管理费用”

10. 下列各项中，用来核算企业为生产产品和提供劳务而发生的各项间接费用的账户是(　　)。

A.“基本生产成本”　B.“制造费用”　C.“管理费用”　D.“财务费用”

11. 下列各项中，不在“财务费用”账户核算的项目是（　　）。

A. 业务招待费　B. 利息费用

C. 汇兑损失　D. 金融机构结算手续费

12. 下列各项中，不应计入产品成本的是（　　）。

A. 企业行政管理部门用固定资产的折旧费　B. 车间厂房的折旧费

C. 车间生产用设备的折旧费　D. 车间辅助人员的工资

13. 下列各项中，应计入管理费用的是（　　）。

A. 银行借款的利息支出　B. 银行存款的利息收入

C. 企业的技术开发费　D. 车间管理人员的工资

14. 下列各项中，属于产品生产成本项目的是（　　）。

A. 外购动力费用　B. 制造费用

C. 工资及提取的职工福利费用　D. 折旧费用

二、多项选择题

1. 工业企业的生产经营管理费用包括（　　）。

A. 生产费用　B. 营业费用　C. 管理费用　D. 财务费用

2. 下列各项中，为了正确地计算产品成本，必须正确划分的费用界限有（　　）。

A. 生产费用和经营管理费用的界限　B. 各个月份的费用界限

C. 产品销售费用和管理费用的界限　D. 各种产品的费用界限

3. 为了正确地计算产品成本，必须做好的各项基础工作有（　　）。

A. 定额的制定与修订　B. 各项原始记录

C. 材料物资的计量、收发、领退和盘点　D. 选择适当的成本计算方法

4. 下列各项中，属于直接计入费用的有（　　）。

A. 几种产品共同耗用的原材料费用　B. 一种产品耗用的生产工人工资

C. 几种产品共同耗用的机器设备的折旧费　D. 一种产品负担的制造费用

5. 在企业设置了“生产成本”总账科目的情况下，还可以设置的总账科目有（　　）。

A.“基本生产成本”　B.“生产费用”

C.“废品损失”　D.“停工损失”

6. 下列各项中，属于要素费用中的“税金”的是（　　）。

A. 车船使用税　B. 土地使用税　C. 房产税　D. 印花税

7. 下列各项中，属于成本项目的有（　　）。

A. 工资　B. 直接人工　C. 直接材料　D. 制造费用

8. 要素费用中的税金包括（　　）。

A. 房产税　B. 车船使用税　C. 印花税　D. 营业税

9. 计入产品成本的生产费用按计入方式不同，分为（　　）。

A. 制造费用　B. 直接人工　C. 直接计入费用　D. 间接计入费用

10. 下列各项中，属于“制造费用”账户核算内容的有（　　）。

A. 车间的固定资产折旧费　B. 车间的固定资产修理费

C. 企业的业务招待费　　　　D. 印花税

11. 下列各项中,属于销售费用的是(　　)。

A. 广告费　　　　B. 委托代销手续费

C. 展览费　　　　D. 专设销售机构的办公费

12. 工业企业成本核算的一般程序包括(　　)。

A. 对企业的各项支出、费用进行严格的审核和控制

B. 正确划分各个月份的费用界限,正确核算待摊费用和预提费用

C. 将生产费用在各种产品之间进行分配和归集

D. 将生产费用在本月完工产品与月末在产品之间进行分配和归集

13. 下列各项中,应计入产品成本的费用有(　　)。

A. 车间办公费　　　　B. 企业行政管理人员工资

C. 车间设计制图费　　　　D. 在产品的盘亏损失

三、判断题

1. 产品生产成本是指企业为了生产一定种类、一定数量的产品所支出的各种生产经营管理费用的总和。(　　)

2. 按照费用要素分类核算工业企业费用,能够分析各项费用的支出是否节约、合理。(　　)

3. 直接生产费用既可能是直接计入费用,也可能是间接计入费用。(　　)

4. 在生产车间只生产一种产品的情况下,所有生产费用均为直接计入费用。(　　)

5.“辅助生产成本”科目月末应无余额。(　　)

6. 企业设置了“生产费用”总账科目后,不必再设置“生产成本”和“制造费用”总账科目。(　　)

7. 企业发生的直接用于产品生产,专门设有成本项目的费用,应单独记入“基本生产成本”总账科目。(　　)

8. 企业在生产经营活动中发生的一切费用支出都应计入产品成本。(　　)

9. 凡是在生产过程中发生的、与产品生产有关的所有直接或间接耗费,均应作为生产费用计入产品成本。(　　)

10. 制造费用即间接费用,直接材料、直接人工即直接费用。(　　)

第二篇

成本信息的生成

第三章　生产费用的归集与分配

一、单项选择题

1. 下列间接费用中，分配标准属于消耗类的是(　　)。

A. 产品重量　B. 生产工资　C. 定额费用　D. 产品产值

2. 下列各项中，属于间接费用分配类别的是(　　)。

A. 成果类　B. 收入类　C. 资产类　D. 负债类

3. 下列各项中，不必通过“应交税费”科目核算的是(　　)

A. 所得税　B. 增值税　C. 印花税　D. 营业税

4. 在企业设置“燃料及动力”成本项目的情况下，生产车间发生的直接用于产品生产的燃料费用，应借记的科目是(　　)。

A.“原材料”　B.“制造费用”　C.“基本生产成本”　D.“燃料”

5. 低值易耗品报废时，其残料价值应借记“原材料”科目，贷记(　　)科目。

A.“生产成本”　B.“低值易耗品”

C.“制造费用”　D.“材料成本差异——低值易耗品差异”

6. 应在木月计算折旧费的固定资产是(　　)。

A. 本月内减少的机器　B. 本月内增加的设备

C. 已提足折旧的设备　D. 经营租入的房屋

7.“待摊费用”科目月末(　　)。

A. 一定有借方余额　B. 可能有贷方余额

C. 可能有借方余额　D. 可能有借方余额和贷方余额

8. 预提劳动保险费时，应记入(　　)。

A.“生产成本”科目的借方　B.“管理费用”科目的借方

C.“预提费用”科目的借方　D.“制造费用”科目的贷方

9. 采用计划成本分配法时，实际成本与按计划成本分配额之间的差额，应于期末时记入(　　)科目。

A.“制造费用”　B.“生产成本”　C.“财务费用”　D.“管理费用”

10. 下列方法中，可能导致“制造费用”科目月末有余额的是(　　)。

A. 生产工人工资比例分配法　B. 机器工时比例分配法

C. 生产工人工时比例分配法　D. 按年度计划分配率分配法

11. 下列关于“废品损失”科目的表述中，正确的是(　　)。

A. 月末一定无余额　　B. 月末如有余额，一定在借方

C. 月末如有余额，一定在贷方　　D. 可能有借方和贷方余额

12. 下列各项中，应计入产品成本的停工损失是(　　)。

A. 可以由保险公司赔偿的停工损失　　B. 由于暴雨造成的停工损失

C. 固定资产修理期间的停工损失　　D. 由于地震造成的停工损失

13.“假退料”的方法是指(　　)。

A. 材料实物不动，填本月份退料单和本月份领料单

B. 材料实物不动，填本月份退料单和下月份领料单

C. 材料实物不动，填下月份退料单和下月份领料单

D. 材料退回仓库，不填领退料单

14. 在企业未设置“燃料及动力”成本项目的情况下，生产车间发生的直接用于产品生产的动力费用，应借记的科目是(　　)。

A.“基本生产成本”　　B.“应付账款”

C.“制造费用”　　D.“银行存款”

15. 在实际工作中，企业生活福利部门计提的职工福利费应借记的科目是(　　)。

A.“应付福利费”　　B.“职工福利基金”

C.“生产费用”　　D.“管理费用”

16.“预提费用”科目月末(　　)。

A. 一定有余额　　B. 可能有余额，但余额必在借方

C. 可能有余额，但余额必在贷方　　D. 可能有借方和贷方余额

17. 辅助生产车间完工的工具入库时，应借记的科目是(　　)。

A.“基本生产成本”　　B.“辅助生产成本”

C.“原材料”　　D.“低值易耗品”

18. 辅助生产费用直接分配法的特点是(　　)。

A. 直接记入“辅助生产成本”科目　　B. 直接分配给所有受益的车间、部门

C. 直接分配给辅助生产以外的各受益单位　D. 直接计入辅助生产提供的劳务成本

19. 采用交互分配法对外分配的费用总额是(　　)。

A. 交互分配前的费用减去交互分配转出的费用

B. 交互分配前的费用加上交互分配转入的费用

C. 交互分配前的费用

D. 交互分配前的费用加上交互分配转入的费用减去交互分配转出的费用

20. 下列各项中，属于“废品损失”科目核算内容的是(　　)。

A. 生产过程中可修复废品的生产成本　　B. 产品出售后的修理费用

C. 生产过程中可修复废品的修复费用　　D. 出售不合格品的降价损失

21. 工资和福利费成本项目核算的内容是(　　)。

A. 全体职工工资及提取的福利费

B. 按生产工人工资提取的福利费

C. 直接参加制造产品的生产工人工资及福利费

D. 维修人员的维修工资

22. 采用分次摊销法时，如果所领低值易耗品的摊销期超过一年，应借记(　　)科目。

A.“制造费用”　　B.“低值易耗品摊销”

C.“待摊费用”　　D.“长期待摊费用”

23. 基本生产车间固定资产折旧费用应记入的会计科目是(　　)。

A.“基本生产成本”　　B.“管理费用”

C.“制造费用”　　D.“营业费用”

24. 待摊费用按月摊销时，应记入(　　)科目的贷方。

A.“待摊费用”　　B.“生产费用”

C.“制造费用”　　D.“管理费用”

25. 按年度计划分配率分配制造费用的方法适用于(　　)。

A. 制造费用数额较大的企业　　B. 季节性生产企业

C. 制造费用数额较小的企业　　D. 基本生产规模较小的企业

26. 待摊费用的摊销期限应该是(　　)。

A. 1 年以内　　B. 1 年　　C. 2 年以内　　D. 视情况而定

27. 分配辅助生产费用时，能够提供准确的分配资料的方法是(　　)。

A. 按计划成本分配　　B. 交互分配法

C. 代数分配法　　D. 直接分配法

28. 制造费用的机器工时比例分配法适用于(　　)。

A. 机械化程度较高的车间　　B. 机械化程度较低的车间

C. 制造费用较多的车间　　D. 制造费用较少的车间

29. 按年度计划分配率分配制造费用时，如果“制造费用”科目年末有贷方余额，应按余额(　　)。

A. 用红字借记“基本生产成本”科目，贷记“制造费用”科目

B. 用蓝字借记“制造费用”科目，贷记“基本生产成本”科目

C. 用红字借记“制造费用”科目，贷记“基本生产成本”科目

D. 结转下年度

30. 某种产品发生不可修复废品后，如果有回收的废料，将会使该种产品的(　　)。

A. 总成本降低，单位成本增加　　B. 总成本增加，单位成本降低

C. 总成本与单位成本同时增加　　D. 总成本与单位成本同时降低

31. 按医务及福利人员工资的一定比例计提的职工福利费应借记的科目是(　　)。

A.“应付福利费”　　B.“基本生产成本”

C.“管理费用”　　D.“营业费用”

32. 月末进行工资费用分配时，医务及生活福利部门人员的工资应借记的科目是(　　)。

A.“应付工资”　　B.“应付福利费”

C.“管理费用”　　D.“营业费用”

33. 在各辅助生产车间相互提供劳务很少的情况下，适宜采用的辅助生产费用分配方法是(　　)。

A. 直接分配法　　B. 交互分配法

C. 计划成本分配法　　D. 代数分配法

34. 能够将劳动生产率和产品负担的费用水平联系起来，使分配结果比较合理的制造费用分配方法是（　　）。

A. 生产工人工时比例法　　B. 按年度计划分配率分配法

C. 生产工人工资比例法　　D. 机器工时比例法

35. 下列各项中，不属于制造费用的是（　　）。

A. 车间机物料消耗　　B. 融资租入固定资产的租赁费

C. 劳动保护费　　D. 季节性停工损失

36. 下列各项中，应该计入产品成本的停工损失是（　　）。

A. 由于自然灾害引起的非正常停工损失　　B. 非正常原因发生的停工损失

C. 固定资产修理期间的停工损失　　D. 非季节性停工损失

37. 可修复废品的废品损失是指（　　）。

A. 返修前发生的费用加上返修后发生的修理费用

B. 返修前发生的制造费用

C. 返修后发生的修理费用

D. 返修前发生的原材料费用

38. 企业采用预提修理费用方法，实际支付修理费时，应记入（　　）。

A.“制造费用”科目的借方　　B.“辅助生产成本”科目的借方

C.“预提费用”科目的借方　　D.“预提费用”科目的贷方

39. 通过待摊费用核算的支出有（　　）。

A. 一次缴纳较多的印花税　　B. 借款利息

C. 固定资产的日常修理费　　D. 融资租入固定资产租赁费

二、多项选择题

1. 分配间接费用的标准主要有（　　）。

A. 成果类　　B. 消耗类　　C. 定额类　　D. 费用类

2. 发生的下列费用中，可以直接借记“基本生产成本”科目的有（　　）。

A. 构成产品实体的材料费用　　B. 车间照明用电费

C. 车间生产工人工资　　D. 车间管理人员工资

3. 下列各项中，作为间接材料费用分配标准的有（　　）。

A. 产品的重量　　B. 产品的体积

C. 产品的定额消耗量　　D. 产品的定额费用

4. 作为分配间接计入费用的标准应具备的条件有（　　）。

A. 发生的数额较大　　B. 与费用的多少有比较密切的联系

C. 资料比较容易取得　　D. 发生的数额比较稳定

5. 企业发出材料可借记的科目有（　　）。

A.“基本生产成本”　　B.“管理费用”

C.“原材料”　　D.“材料成本差异”

6.“材料成本差异”科目的基本结构是（　　）。

A. 借方登记入库材料的成本节约差异

B. 贷方登记发出材料的成本差异

C. 月末贷方余额反映库存材料的成本节约差异

D. 贷方登记入库材料的成本超支差异

7. 下列各项中,属于包装物核算范围的有( )。

A. 生产过程中用于包装产品作为产品组成部分的包装物

B. 随同产品出售单独计价的包装物

C. 随同产品出售不单独计价的包装物

D. 各种包装材料

8. 低值易耗品的摊销方法有( )。

A. 直接摊销法 B. 五五摊销法 C. 一次摊销法 D. 分期摊销法

9. 分配外购动力费时,可能贷记的科目有( )。

A."应付账款" B."基本生产成本"

C."制造费用" D."银行存款"

10. 下列各项中,属于工资总额组成内容的有( )。

A. 产假工资 B. 奖金 C. 市内交通补助 D. 井下津贴

11. 在按 20.92 天计算日工资率的企业中,节假日工资的计算方法是( )。

A. 节假日不计发工资 B. 节假日作为出勤日计发工资

C. 缺勤期间的节假日不扣发工资 D. 缺勤期间的节假日扣发工资

12. 企业分配工资费用时,可能借记的科目有( )。

A."应付工资" B."应付福利费"

C."基本生产成本" D."制造费用"

13. 下列各项中,应计发计件工资的是( )。

A. 加工完成的合格品 B. 加工完成的料废品

C. 由于前工序过失而加工完成的不合格品 D. 由于过失加工完成的不合格品

14. 企业采用不同的方法进行低值易耗品核算,在车间领用低值易耗品时,可能借记的科目有( )。

A."制造费用" B."待摊费用"

C."长期待摊费用" D."低值易耗品"

15. 下列各项中,需要计提折旧的固定资产有( )。

A. 房屋建筑物 B. 季节性停用的设备

C. 大修理停用的设备 D. 融资租入的固定资产

16. 购入和租入固定资产的大修理费用( )。

A. 必须作为预提费用处理 B. 必须作为待摊费用处理

C. 先使用后大修的,作为预提费用处理 D. 先大修后使用的,作为待摊费用处理

17. 下列表述中,正确的有( )。

A."待摊费用"科目可能有贷方余额 B."待摊费用"科目可能有借方余额

C."预提费用"科目可能有借方余额 D."预提费用"科目可能有贷方余额

18. 下列表述中,正确的有( )。

A."待摊费用"是资产类科目 B."预提费用"是资产与负债双重性科目

C.“预提费用”是资产负债表的负债项目　　D.“预提费用”是负债类科目

19. 下列各项中，属于待摊费用的项目是(　　)。

A. 预付报刊订阅费　　B. 预付保险费

C. 预付租入固定资产的租金　　D. 预提固定资产大修理费

20. 下列属于辅助生产车间的制造费用可以直接记入“辅助生产成本”科目的条件有(　　)。

A. 制造费用很少　　B. 辅助生产车间数量很少

C. 辅助生产车间规模很小　　D. 辅助车间不对外提供产品

21. 采用代数分配法分配辅助生产费用的优点有(　　)。

A. 能简化费用的分配计算工作　　B. 能提供正确的计算结果

C. 适用于实行电算化的企业　　D. 便于分析考核各受益单位的成本

22. 在采用按年度计划分配率分配法来分配制造费用时，下列表述中正确的有(　　)。

A.“制造费用”科目的余额可能列入“存货”项目

B. 年度计划分配率在年度内可能调整

C. 每月分配制造费用时可以不考虑其实际发生额

D.“制造费用”科目的余额可能列入“预提费用”项目

23. 企业进行辅助生产费用分配时，可能借记的科目有(　　)。

A.“基本生产成本”　　B.“辅助生产成本”

C.“制造费用”　　D.“在建工程”

24. 下列各项中，属于辅助生产费用分配方法的有(　　)。

A. 直接分配法　　B. 交互分配法

C. 约当产量法　　D. 代数分配法

25. 采用辅助生产费用分配的交互分配法，关于对外分配的费用总额，下列说法中不正确的是(　　)。

A. 交互分配前的费用

B. 交互分配前的费用加上交互分配转入的费用

C. 交互分配前的费用减去交互分配转出的费用

D. 交互分配前的费用加上交互分配转入的费用，减去交互分配转出的费用

26. 制造费用可能包括的内容有(　　)。

A. 直接计入费用　　B. 直接生产费用

C. 间接计入费用　　D. 间接生产费用

27. 下列各项中，属于制造费用的有(　　)。

A. 基本生产车间的办公费　　B. 辅助生产车间无形资产摊销

C. 生产单位固定资产折旧费　　D. 生产单位管理人员工资及福利费

28. 下列各项中，属于工业企业制造费用的是(　　)。

A. 车间的机物料消耗　　B. 分厂的管理用具摊销

C. 机器设备的折旧费　　D. 融资租赁费

29. 下列科目中，月末既可能发生借方余额，又可能发生贷方余额的有(　　)。

A.“基本生产成本”　　B.“材料成本差异”

C.“制造费用” D.“管理费用”

30.“制造费用”科目月末余额在资产负债表上的列示方法是(　　)。

A. 借方余额列入“待摊费用”项目 B. 贷方余额列入“待摊费用”项目

C. 借方余额列入“存货”项目 D. 贷方余额列入“预提费用”项目

31. 下列各项中,属于制造费用的有(　　)。

A. 分厂用于组织和管理生产的费用 B. 车间用于组织和管理生产的费用

C. 直接生产费用的某引起项目 D. 间接生产费用的全部项目

32. 下列各项中,在计算废品损失时应扣除的是(　　)。

A. 回收的可修复废品的废料价值 B. 回收的不可修复废品的废料价值

C. 不可修复废品的生产成本 D. 应收的赔款

33. 下列各项中,不属于废品损失的是(　　)。

A. 出售不合格产品的降价损失 B. 生产过程中发生废品的损失

C. 保管不善形成的降价损失 D. 出售产品后的返修损失

34.“废品损失”科目借方登记的内容有(　　)。

A. 可修复废品的生产成本 B. 可修复废品的修复费用

C. 不可修复废品的生产成本 D. 回收的废料价值

35. 下列各项中,可以作为不可修复废品生产成本的有(　　)。

A. 废品的实际成本 B. 废品的残料成本

C. 废品的定额成本 D. 废品的应收赔款

36. 企业在月末结转停工损失时,可能借记的科目有(　　)。

A.“基本生产成本” B.“制造费用”

C.“营业外支出” D.“其他应付款”

37. 下列各项中,可以作为“废品损失”科目核算的内容有(　　)。

A. 不可修复废品的生产成本 B. 可修复废品的修复费用

C. 回收的废品残料价值 D. 应收过失人的赔款

38. 下列各项中,可以作为期间费用核算的内容有(　　)。

A. 营业费用 B. 管理费用

C. 财务费用 D. 制造费用

39. 下列各项中,可以作为管理费用核算的内容有(　　)。

A. 行政管理部门固定资产折旧

B. 业务招待费支出

C. 按福利人员的工资总额计提的职工福利费

D. 董事会费

40. 下列各项中,可以作为营业费用核算的内容有(　　)。

A. 广告费支出 B. 销售产品时企业代垫的运杂费

C. 常设销售机构的费用 D. 支付的销售佣金

三、判断题

1. 间接费用分配方法适当是指分配依据的标准与分配对象有比较密切的联系,因而分配

结果比较合理，而且分配标准的资料比较容易取得，计算比较简便。（　）

2. 企业发生的直接用于产品生产、专门设有成本项目的费用，应单独地记入“基本生产成本”总账科目。（　）

3. 企业用于储存和保管本企业产品及原材料，不对外出售、出租和出借的包装容器，应在“包装物”科目核算。（　）

4. 低值易耗品采用一次摊销法摊销时，一般适用于单位价值较低、使用期限较短、一次领用数量不多，以及容易破损的低值易耗品。（　）

5. 采用五五摊销法进行低值易耗品摊销时，“低值易耗品——低值易耗品摊销”科目的月末余额应是“低值易耗品——在库低值易耗品”科目月末余额的50%。（　）

6. 低值易耗品采用分次摊销法时，适用于各月领用和报废低值易耗品的数量比较均衡、各月摊销数额相差不多的低值易耗品。（　）

7. 直接用于产品生产、专设成本项目的燃料费用，应记入“制造费用”总账科目的借方及其所属明细账的“燃料及动力成本”项目。（　）

8. 列入工资结算单的款项一定都计入工资总额。（　）

9. 根据工人完成的产量和计件单价计算的计件工资，与根据工人完成的定额工时和小时工资率计算的计件工资的原理是相同的。（　）

10. 按30天计算日工资率时，节假日应扣发工资。（　）

11. 在按30天计算日工资率的企业中，节假日应按出勤日计发工资。（　）

12. 按医务及生活福利部门人员的工资总额提取的职工福利费，应作为福利费列支。（　）

13. 凡是未使用的固定资产，均不提折旧。（　）

14. 以经营租赁方式租出的固定资产和以融资租赁方式租入的固定资产，均应计提折旧。（　）

15. 企业基本生产车间用于产品生产的固定资产提取的折旧费，应直接记入“基本生产成本”账户。（　）

16. 短期借款利息按季度结算时，按照权责发生制原则，可以采用预提利息费用的方法分月按计划计提，季末实际支付时冲减预提费用。（　）

17. 如果企业印花税票是一次购买、分期使用，且金额较大，可以作为待摊费用处理。（　）

18. 企业支付的印花税，一般不通过“应交税费”科目核算。（　）

19. 企业计提的借款利息费用，应全部记入“财务费用”账户。（　）

20. 如某项费用数额较大，为了均衡各月产品成本，应作为待摊费用或预提费用处理。（　）

21. “待摊费用”科目是资产和负债双重性质的科目。（　）

22. “预提费用”科目的月末借方余额应列入资产负债表的“待摊费用”项目。（　）

23. 正确进行待摊费用和预提费用核算，是为了正确划分生产费用和经营管理费用的界限。（　）

24. 凡是受益期超过一个月的费用，不论其金额大小，均应作为待摊费用或预提费用处理。（　）

25. 采用计划成本分配法分配辅助生产费用，不必在辅助生产车间之间进行交互分配。（　　）

26. 辅助生产车间的制造费用不通过“制造费用”科目核算时，辅助生产成本明细账必须设置“制造费用”项目。（　　）

27. 在企业只有一个辅助生产车间的情况下，才能采用辅助生产费用分配的直接分配法。（　　）

28. 采用交互分配法分配辅助生产费用，能够计算准确的对外分配的单位成本，因而能够提供准确的费用分配资料。（　　）

29. 辅助生产费用在月末要全部分配转出，因而“辅助生产成本”科目月末应无余额。（　　）

30. 采用按计划成本分配法分配辅助生产费用时，将辅助生产成本差异全部计入管理费用，有利于简化费用分配工作，也有利于各受益单位的成本考核和分析。（　　）

31. 采用代数分配法分配辅助生产费用，分配结果最准确。（　　）

32. 采用代数分配法分配辅助生产费用，在辅助生产车间较多的情况下，计算工作比较复杂，因而这种分配方法适宜在计算工作已经实现电算化的企业采用。（　　）

33. 制造费用是工业企业为生产产品（或提供劳务）而发生的、应该计入产品成本，但没有专设成本项目的各项生产费用。（　　）

34. 生产车间发生的直接费用，均应单独记入“基本生产成本”科目。（　　）

35. 企业各车间的制造费用应于月末进行汇总，在整个企业各种产品之间统一进行分配。（　　）

36. 制造费用中既包括直接生产费用，也包括间接生产费用。（　　）

37. 在季节性生产的企业中，制造费用的分配适宜采用按年度计划分配率分配法分配。（　　）

38. 在设立总厂、分厂、车间各级机构的企业中，分厂发生的没有专设成本项目的费用也是制造费用。（　　）

39. 制造费用按生产工时比例分配法分配，能将劳动生产率的高低与产品负担费用的多少联系起来，分配结果比较合理。（　　）

40. 制造费用按生产工人工资比例法分配，适用于机械化程度较高的车间。（　　）

41. “制造费用”科目年末一般应无余额。（　　）

42. 在辅助生产车间的制造费用不通过“制造费用”科目核算的情况下，辅助生产车间发生的各项生产费用均可记入“辅助生产成本”科目。（　　）

43. 废品损失是指在生产过程中发现的、入库后发现的不可修复废品的生产成本，以及可修复废品的修复费用、扣除回收的废品残料价值和应收赔款以后的损失。（　　）

44. 凡是经过修理可以使用的废品均为可修复废品。（　　）

45. 不可修复废品是指技术上不能修复，或虽能修复，但所支付的修复费用在经济上不合算的废品。（　　）

46. 经质量检验部门鉴定的不需要返修可以降价出售的不合格品，其降价损失作为废品损失核算。（　　）

47. 如果不可修复废品是在完工以后发现的，则可按合格品产量和废品的数量比例分配

各项费用。 (　　)

48. 结转不可修复废品的生产成本时，应借记“废品损失”科目，贷记“基本生产成本”科目。 (　　)

49. 发生废品损失以后，可能会降低产品总成本。 (　　)

50. 在不单独核算废品损失的情况下，合格品的各个成本项目中均可能包括废品损失。 (　　)

51. 固定资产修理期间的停工损失应计入管理费用。 (　　)

52. 停工损失是指生产车间或车间内某个班组在停工期内发生的各项费用。 (　　)

53. 由于自然灾害引起的停工损失，按规定应计入产品成本。 (　　)

54. 季节性生产企业的停工损失，是生产经营过程中的正常现象，停工期间发生的各项费用不属于停工损失，不作为停工损失核算。 (　　)

55. 期间费用是指企业在生产经营过程中发生的，与产品生产活动没有直接联系，属于某一时期发生的直接计入当期损益的费用。 (　　)

四、计算分析题

1. 某工厂本月生产甲、乙两种产品，共同耗用A材料4 800千克，每千克计划单价为10元，A材料成本差异率为−1%。本月生产甲产品1 200件，每件A材料消耗定额为3千克；乙产品600件，每件A材料消耗定额为4千克。

【要求】

(1)采用定额消耗量比例分配法分配A材料的费用。

(2)计算并结转A材料应负担的材料成本差异。

(3)做出相关的会计分录。

2. 某工业企业3月生产M、N两种产品，共同耗用甲材料8 000千克，每千克5.40元。3月生产M产品500件，N产品400件。单件产品原材料消耗定额M产品6千克，N产品5千克。

【要求】 按原材料定额消耗量比例分配计算M、N产品实际的原材料费用。

3. 某工业企业行政管理部门所用管理用具，采用五五摊销法摊销。某月领用管理用具一批，其计划成本为9 300元；报废在用管理用具一批，其计划成本为3 500元，回收残料计价250元，已验收入库。该月低值易耗品的成本差异率为超支3%。

【要求】 编制低值易耗品领用、摊销、报废和调整成本差异的会计分录。

4. 某工业企业5月职工张凡加工甲、乙两种产品。甲产品工时定额为24分钟，乙产品工时定额为18分钟。该职工的小时工资率为5.20元，该月加工甲产品250件，乙产品200件。

【要求】

(1)计算甲、乙两种产品的计件单价。

(2)按产品产量和计件单价计算其计件工资。

(3)按完成产品的定额工时和小时工资率计算其计件工资。

5. 某工业企业10月20日通过银行支付外购电费24 000元。10月末查明各车间、部门耗电度数为：基本生产车间耗电35 000度，其中，车间照明用电5 000度，其余为产品生产用电;辅助生产车间耗电 8 900 度,其中,车间照明用电 1 900 度;企业行政管理部门耗电 6 000 度。该月应付外购电费共计 24 950 元。

【要求】

(1)按所耗电度数分配电力费用,A、B 产品按生产工时分配电费。A 产品生产工时为 36 000小时,B 产品生产工时为 24 000 小时。

(2)编制该月份支付外购电力费的会计分录。

(3)编制该月份分配外购电力费用的会计分录。

该企业"基本生产成本"账户设有"燃料及动力"成本项目;"辅助生产成本"账户设有"燃料及动力"成本项目。

6. 某工业企业基本生产车间生产工人的计时工资共计 16 620 元,规定按定额工时比例在 A、B 两种产品之间进行分配。这两种产品的工时定额为:A 产品 30 分钟,B 产品 15 分钟;投产的产品数量为:A 产品 9 500 件,B 产品 8 700 件;辅助生产车间(只提供一种劳务)生产工人工资为 4 890 元;基本生产车间管理人员工资为 2 790 元,辅助生产车间管理人员工资为 1 340 元;行政管理人员工资为 3 120 元,生活福利部门人员工资为 970 元。应付工资总额为 29 730 元。

【要求】

(1)根据上述资料,编制分配工资费用的会计分录(基本生产车间生产工人工资要列示产品和成本项目,辅助生产车间生产工人工资要列示成本项目,辅助生产车间的制造费用通过"制造费用"科目核算,制造费用要按车间列示)。

(2)按工资总额的 14%计提职工福利费,并做出相应的会计分录。

7. 某企业某基本生产车间第一生产班组本月加工甲产品 8 000 件,计件单价为 3 元/件;乙产品 4 000 件,计件单价为 2 元/件。该班组的有关资料见下表:

职工姓名	月标准工资(元)	实际工作时间(小时)
A	1 200	210
B	864	158
C	960	200
D	780	178
E	1 500	150
F	960	228
G	816	160

【要求】　根据上述资料,计算每个工人应得的计件工资。

8. 某工业企业基本生产车间的一台设备计划在 6 月进行大修理。预计大修理费用为 21 000元,年度内各月均衡负担费用。企业规定从 1 月开始,每月预提 1 750 元。该项大修理由机修车间进行,领用材料 9 860 元,发生工资费用 8 300 元,制造费用 5 840 元。

【要求】　编制 1~12 月预提固定资产修理费和修理费用分配的会计分录。

9. 某企业设有机修、供电两个辅助生产车间。辅助生产车间的制造费用通过"制造费用"

账户核算。基本生产成本和辅助生产成本明细账均设有“原材料”“燃料及动力”“工资及福利费”“制造费用”四个成本项目。辅助生产费用分配采用按计划成本分配法。

20×4 年 5 月,该企业辅助生产车间发生下列费用:

(1)材料费用分配:机修车间领用修理用备件 10 000 元,领用消耗性材料 3 000 元;供电车间领用燃料 8 000 元,领用消耗性材料 2 000 元;共计 23 000 元(该企业不设置“燃料”科目)。

(2)工资费用分配:机修车间生产工人工资 6 000 元,车间管理人员工资 2 000 元;供电车间生产工人工资 5 000 元,管理人员工资 2 000 元;共计 15 000 元。

(3)按工资费用的 14%计提职工福利费。

(4)折旧费用分配:机修车间计提折旧费 500 元;供电车间计提折旧费 800 元;共计 1 300 元。

(5)其他费用分配:机修车间发生其他费用 3 000 元;供电车间发生其他费用 4 000 元;共计 7 000 元(均通过银行办理转账结算)。

辅助生产车间提供产品和劳务的数量以及计划单位成本的资料见下表:

辅助生产费用分配表

20×4 年 5 月

项　目	机修车间		供电车间		费用合计
	数量(小时)	费用(元)	数量(度)	费用(元)	
待分配的数量和费用	5 500	25 620	40 000	22 780	48 400
计划单位成本		5		0.6	
机修车间耗用动力电			2 000		
机修车间耗用照明电			1 000		
供电车间耗用修理费	500				
基本生产车间耗用动力电			25 000		
基本车间耗用照明电及修理费	4 000		5 000		
行政部门耗用照明电及修理费	1 000		7 000		
按计划成本分配费用					
辅助生产实际成本					
辅助生产成本差异					

【要求】

(1)根据辅助生产车间发生的各项费用,逐笔编制会计分录(“辅助生产成本”和“制造费用”账户均按生产车间列示明细账)。

(2)根据有关资料,计算填列辅助生产费用分配表。

(3)编制按计划成本分配辅助生产费用的会计分录,其中,机修车间耗用的修理用备件与修理工时有关,全部费用均按修理工时分配。供电车间按供电度数进行分配,其中,计划单位成本为:机修车间 5 元/小时;供电车间 0.6 元/度。

(4)编制辅助生产车间结转制造费用的会计分录。

(5)编制结转辅助生产成本差异的会计分录。

10. 某工业企业辅助生产车间的制造费用不通过“制造费用”科目核算。该企业机修和运输两个辅助生产车间之间相互提供劳务。修理耗用的材料不多，修理费用均按修理工时比例分配。该企业 20×5 年 4 月有关辅助生产费用的资料见下表：

<table>
<tr><td colspan="2">辅助车间名称</td><td>运输车间</td><td>机修车间</td></tr>
<tr><td colspan="2">待分配费用</td><td>4 800 元</td><td>9 400 元</td></tr>
<tr><td colspan="2">供应劳务量</td><td>16 000 千米</td><td>18 800 小时</td></tr>
<tr><td rowspan="5">耗用劳务数量</td><td>运输车间</td><td></td><td>800 小时</td></tr>
<tr><td>机修车间</td><td>1 000 千米</td><td></td></tr>
<tr><td>基本生产一车间</td><td>6 000 千米</td><td>9 200 小时</td></tr>
<tr><td>基本生产二车间</td><td>5 000 千米</td><td>6 800 小时</td></tr>
<tr><td>行政管理部门</td><td>4 000 千米</td><td>2 000 小时</td></tr>
</table>

【要求】

(1)根据上述资料，采用直接分配法编制辅助生产费用分配表，并做出相应的会计分录。

(2)根据上述资料，采用交互分配法编制辅助生产费用分配表，并做出相关的会计分录。

(分配率保留小数点后四位，第五位四舍五入，分配的小数尾差，计入管理费用)

11. 某工厂机加工车间 5 月发生下列业务：

(1)车间管理领用的原材料的计划成本为 2 500 元，分配材料节约差异 46 元。

(2)月末，根据工资及福利费分配表结转车间管理人员工资 600 元和计提的福利费 72.80 元。

(3)车间在用固定资产提取的折旧费为 22 600 元。

(4)设备中小修理领用原材料 4 780 元，机修车间转入修理费 1 500 元，以及以现金支付的零星材料采购款 500 元。

(5)领用各种劳保用品 1 000 元，分配材料超支差异 25 元。

(6)动力车间分配转入管理用水电费 600 元。

(7)车间的内勤报销以现金购入的办公用品 235 元。

(8)运输车间分配转入汽车台班费 1 350 元。

(9)以现金支付车间新增设备财产保险费 300 元。

(10)车间月内外出人员报销差旅费 840 元，其中，冲减借款 640 元，支付现金 200 元。

(11)锅炉车间转入蒸汽费 1 645 元。

(12)车间领用工具一批，计划成本为 450 元，分配材料节约差异 9 元。

(13)转账支付厂部设计室和质检科检验费 1 480 元。

【要求】 根据以上业务，编制制造费用归集的会计分录，并确定制造费用总额。

12. 某工厂电机车间全年制造费用计划为 108 500 元；全年各种产品计划资料为：甲产品 3 000 件，乙产品 2 000 件，丙产品 1 500 件；单位产品的工时定额为：甲产品 4 小时，乙产品 5 小时，丙产品 6 小时。某月该车间实际产量为：甲产品 280 件，乙产品 200 件，丙产品 120 件。

该车间本月制造费用实际数为 10 000 元。

【要求】 按年度计划分配率分配法分配该月的制造费用，并编制相应的会计分录。

13. 某企业规定不可修复废品成本按定额成本计算，某月不可修复废品为 20 件，每件直接材料定额为 15 元，20 件废品的定额工时共为 130 小时，每小时的费用定额为直接人工 5 元，制造费用 7 元。该月可修复废品的修复费用为：直接材料 500 元，直接人工 360 元，制造费用 800 元。废品的残料已入库，计价 100 元，责任人赔款 200 元，废品净损失由当月同种产品成本负担。

【要求】

(1)计算不可修复废品的生产成本。

(2)计算全部废品的净损失。

(3)做出有关的会计分录。

14. 某工厂本月生产的某批产品，合格品为 100 件，不可修复废品为 10 件，共发生生产工时 25 000 小时，其中，不可修复废品的生产工时为 2 000 小时。本月份共计发生费用为：直接材料 66 000 元，直接人工 55 000 元，制造费用 137 000 元。不可修复废品的残料价值为 200 元，残料已经验收入库，原材料系开始生产时一次投入。直接材料按实际数量在合格品与废品之间进行分配；其他费用按工时比例在合格品与废品之间进行分配。

【要求】 根据上述资料，编制废品损失计算表，计算废品净损失，并进行账务处理。

15. 某工厂生产的 M 产品，本月完工产品共 600 台，月末在产品为 300 台，原材料在生产开始时一次投入，月初在产品成本为 136 000 元(全部为材料费用)，本月发生费用如下：原材料费用 640 700 元，工资及福利费 52 000 元，制造费用 71 000 元。

【要求】 采用月末在产品成本按所耗原材料费用计价法，分配计算完工产品成本和月末在产品成本，并做出相关的会计分录。

16. 某企业生产 A 产品，20××年某月的月初在产品费用为：原材料 16 000 元，工资和福利费 8 000 元，制造费用 4 000 元；本月发生的费用为：原材料 84 000 元，工资和福利费20 000 元，制造费用 8 000 元。本月生产完工产品 4 000 件，单件原材料费用定额为 20 元，单件工时定额为 1.2 小时。月末在产品数量为 1 000 件，月末在产品定额工时为 800 小时。

【要求】 采用定额比例法分配计算完工产品和月末在产品费用，并做出相应的会计分录。

17. 某工厂 8 月生产的乙产品经过三道工序加工完成，原材料于每道工序开始生产时一次投入。有关资料如下：

(1)产量及定额资料

工 序	完工产量(件)	月末在产品数量(件)	单位产品材料费用定额(元/件)	单位产品工时定额(小时/件)
1		50	40	8
2		80	10	6
3		60	6	12
合 计	400		56	26

(2)乙产品的月初和本月生产费用资料

单位:元

成本项目	原材料	燃料及动力	工资及福利费	制造费用	成本合计
月初在产品费用	40 000	2 000	2 400	3 600	48 000
本月生产费用	200 000	25 000	30 000	45 000	300 000

【要求】

(1)计算乙产品月末在产品的投料程度和完工率。

(2)计算乙产品月末在产品的约当产量。

(3)编制乙产品的成本计算单,计算其完工产品和月末在产品成本。

18. 某工厂生产的甲产品,由两道工序组成,原材料在生产开始时一次投入。20××年7月生产成品1 100件,月末在产品为400件。其单位产品的原材料费用定额为200元,每小时费用定额为:燃料和动力0.50元,工资及福利费0.60元,制造费用0.90元。20××年7月该工厂生产甲产品应负担的各项费用如下表所示:

产品成本计算单

产品名称:甲　　20××年7月　　产量:1 100件

单位:元

成本项目	月初在产品成本	本月生产费用	生产费用合计	完工产品成本	月末在产品成本
原材料	40 000	247 000			
燃料及动力	2 000	25 000			
工资及福利费	2 400	30 000			
制造费用	3 600	45 000			
合　计	48 000	347 000			

甲产品各工序工时定额和7月期末在产品数量如下:

产品名称	工　序	工时定额(小时/件)	在产品数量(件)
甲	1	30	300
	2	10	100
	合　计	40	400

【要求】

根据上述资料,运用月末在产品定额成本计价法:

(1)计算月末在产品定额成本。

(2)计算该工厂7月甲产品的完工产品成本和月末在产品成本。

19. 某工厂生产的乙产品,需要经过三道工序加工完成,原材料费用随生产进度分别在每道工序开始生产时一次投入。20××年3月有关成本计算资料如下:

(1)产量、在产品及有关定额资料

工序	完工产品数量(件)	月末在产品数量(件)	本工序材料费用定额(元/件)	本工序工时定额(小时/件)
1		100	24	4
2		250	8	10
3		150	18	16
合计	900	500	50	30

(2)月初在产品成本和本月生产费用成本计算单

产品成本计算单

产品名称:乙　　20××年3月　　完工产量:900件

单位:元

摘　要		原材料	燃料和动力	工资及福利费	制造费用	成本合计
月初在产品费用		25 000	9 000	5 400	2 600	42 000
本月生产费用		45 000	18 000	18 400	10 600	92 000
生产费用合计						
分配率						
完工产品成本	定额					
	实际					
月末在产品成本	定额					
	实际					

【要求】

(1)分别计算:①完工产品、月末在产品定额材料费用、定额工时;②各项费用分配率;③完工产品、月末在产品应分配的各项费用。

(2)编制产品成本计算单。

20. 某企业生产的B产品原材料定额费用为6元,原材料在生产开始时一次投入。该产品各项消耗定额准确、稳定,各月在产品数量变化不大,月末在产品按定额成本计价。

该产品各工序工时定额和10月末在产品数量如下表所示:

工　序	本工序工时	在产品数量(件)
1	1	400
2	4	250
小　计	5	650

每小时费用定额为:工资及福利费1.50元,制造费用2元。该产品10月初在产品和10月份生产费用的累计数为:原材料10 000元,工资及福利费9 000元,制造费用12 000元,共计31 000元。

【要求】

(1)计算月末在产品的定额原材料费用。

(2)计算在产品各工序的累积工时定额。

(3)计算月末在产品的定额工时。

(4)计算月末在产品的定额工资及福利费和定额制造费用。

(5)计算月末在产品定额成本。

(6)计算完工产品成本。

21. 某产品经过两道工序完工,其工时定额为:第1工序20小时,第2工序30小时,各工序在产品的工时定额按本工序工时定额之半计算。该种产品某月月末在产品数量为:第1工序100件,第2工序200件。月末完工产品为300件。月初在产品和本月发生的直接人工费用共计2 300元。

【要求】

(1)计算两道工序在产品的完工率。

(2)计算月末在产品的约当产量。

(3)按约当产量比例分配计算完工产品和月末在产品的直接人工费用。

22. 某企业丙产品采用定额比例法分配费用,原材料费用按定额费用比例分配,其他费用按定额工时比例分配。丙产品生产成本明细账的有关资料见下表:

单位:元

成本项目	月初在产品费用		本月生产费用	
	定　额	实　际	定　额	实　际
直接材料	3 000	3 500	7 000	7 500
直接工资	2 000(工时)	2 500	3 000(工时)	3 500
制造费用		1 650		2 750
合　　计		7 650		13 750

本月丙产品完工入库100件,单件定额原材料为80元,工时定额为40小时。

【要求】

(1)计算完工产品、月末在产品定额原材料费用和定额工时。

(2)计算各项费用分配率。

(3)计算完工产品本月份成本并登记丙产品成本明细账。

第四章　成本核算的基本方法——品种法

一、单项选择题

1. 生产的特点和管理要求对成本计算方法的影响主要表现在(　　)。

A. 生产组织的特点　　B. 工艺过程的特点

C. 生产管理的要求　　D. 产品成本计算对象的确定

2. 在大量生产的企业里,要求连续不断地重复生产一种或若干种产品,因而管理上只要求而且也只能按照(　　)计算成本。

A. 产品的批别　　B. 产品的品种

C. 产品的类别　　D. 产品的步骤

3. 在大量大批管理上不要求计算各步骤成本的多步骤生产的企业里,应采用的成本计算方法是(　　)。

A. 品种法　　B. 分批法　　C. 分类法　　D. 分步法

4. 在大量大批单步骤生产或管理上不要求分步骤计算成本的多步骤生产的企业里,应采用的成本计算方法是(　　)。

A. 品种法　　B. 分批法　　C. 分类法　　D. 分步法

5. 最基本的成本计算方法是(　　)。

A. 品种法　　B. 分批法　　C. 分类法　　D. 分步法

6. 下列企业中,一般采用品种法计算产品成本的是(　　)。

A. 纺织厂　　B. 发电厂　　C. 制衣厂　　D. 钢铁厂

7. 品种法的成本计算对象是(　　)。

A. 产品品种　　B. 产品类别　　C. 批别或订单　　D. 生产步骤

8. 若企业只生产一种产品,则发生的费用(　　)。

A. 全部是直接计入费用　　B. 全部是间接计入费用

C. 部分是直接费用,部分是间接费用　　D. 需要将生产费用进行分配

9. 品种法适用的生产组织是(　　)。

A. 大量成批生产　　B. 大量大批生产　　C. 大量小批生产　　D. 单件小批生产

二、多项选择题

1. 工业企业的生产,按其生产组织特点划分,可以分为(　　)。

A. 大量生产　　B. 成批生产　　C. 单步骤生产　　D. 单件生产

2. 工业企业的生产，按其工艺过程的特点划分，可以分为(　　)。

A. 大量生产　　B. 单步骤生产　　C. 多步骤生产　　D. 单件生产

3. 下列方法中，属于产品成本计算基本方法的是(　　)。

A. 分批法　　B. 分步法　　C. 分类法　　D. 定额成本法

4. 品种法适用于(　　)。

A. 大量大批单步骤生产

B. 小批单件生产

C. 管理上不要求分步骤计算产品成本的大量大批多步骤生产

D. 管理上不要求分步骤计算产品成本的小批单件多步骤生产

5. 下列各项中，属于确定具体的成本计算方法要考虑的因素有(　　)。

A. 生产特点　　B. 产品品种　　C. 管理要求　　D. 产品产量

6. 下列成本计算方法中，属于辅助成本计算方法的是(　　)。

A. 分类法　　B. 品种法　　C. 分步法　　D. 定额法

7. 产品生产的特点对成本计算方法的影响主要表现在(　　)。

A. 成本计算对象　　B. 成本计算期

C. 成本项目　　D. 在产品的计价方法

8. 品种法的特点是(　　)。

A. 要求按产品的品种计算成本　　B. 按月定期计算产品成本

C. 一般适用于大量大批生产　　D. 成本计算期与生产周期一致

三、判断题

1. 品种法是最基本的成本计算方法。(　　)

2. 不论什么工业企业，不论什么生产类型的产品，也不论管理要求如何，最终都必须按照产品品种计算出产品成本。(　　)

3. 品种法是定期按月计算产品成本的。(　　)

4. 在大型企业中的辅助生产车间，其成本计算方法不可以采用品种法。(　　)

5. 对于产品属于单步骤的简单生产，月末计算产品成本时，可以不计算在产品成本。(　　)

6. 划分产品成本计算基本方法的标志是成本计算对象。(　　)

7. 工业企业的生产按照工艺过程划分，可以分为大量生产、成批生产和单件生产三种类型。(　　)

8. 在品种法、分批法、分类法、标准成本法和变动成本法中，标准成本法和变动成本法属于辅助方法，其他方法属于基本方法。(　　)

四、计算分析题

1. 海东企业生产甲、乙两种产品，均是单步骤的大量生产，采用品种法计算产品成本，20×7年7月的生产费用资料如下：

(1)各项货币资金支出

根据7月付款凭证汇总的各项货币资金支出为(为简化作业，各项货币资金均为全月汇总的金额，并假定均用银行存款支出）：

①基本生产车间负担的费用：办公费 1 200 元，水费 460 元，差旅费 3 400 元，运输费 1 800 元，其他费用 2 600 元。

②机修车间负担的费用：办公费 1 600 元，水费 380 元，其他费用 2 600 元。

③支付 7 月的外购电费 9 360 元（该厂外购电费通过“应付账款”核算，其中：电价8 000元，增值税 1 360 元）。

(2)材料费用

根据 7 月材料领用凭证汇总的材料费用（按实际成本计算）为：甲产品原材料费用68 000 元，乙产品原材料费用 58 600 元。

基本生产车间：消耗材料 3 100 元，修理费 1 900 元，劳动保护费 800 元。

机修车间：修理领用材料 2 850 元。

企业管理部门：修理费 2 260 元，其他费用 1 400 元。

(3)外购电费

该厂规定，耗电按各部门所耗电的度数进行分配。基本生产车间动力用电 22 000 度，其中：甲产品 12 000 度，乙产品 10 000 度；机修车间 8 800 度；企业管理部门 1 200 度。

(4)工资费用

根据 7 月工资结算凭证汇总的工资费用为：

基本生产车间：生产工人工资 8 600 元，管理人员工资 920 元。

机修车间：车间人员工资 4 800 元。

企业管理部门：管理人员工资 3 600 元。

该厂规定，基本生产车间生产工人工资在甲、乙两种产品之间按产品的实用工时比例分配。实用工时为：甲产品 9 000 小时，乙产品 8 200 小时。通过工资分配表分配，且职工福利费按工资额的 14%计提。

(5)折旧费用

7 月应计提的折旧额：基本生产车间 4 050 元，机修车间 2 280 元，企业管理部门 2 600 元。

(6)待摊费用和预提费用

该厂在 6 月初支付下半年度报刊费 1 200 元，每月应摊销 200 元。

该厂季初预计全季的利息费用 4 500 元，每月预提 1 500 元。

(7)辅助生产费用

该厂规定，辅助生产车间的制造费用不通过“制造费用”账户核算，辅助生产费用按直接分配法计算分配。机修车间为全厂提供修理劳务工时 10 000 小时，其中：基本生产车间 8 100 小时，企业管理部门 1 900 小时。

(8)制造费用

该厂规定，制造费用按产品的实用工时比例，在甲、乙产品之间进行分配。

(9)完工产品和月末在产品

该厂甲产品、乙产品均为一次性投料，具体情况见下表：

产品产量统计表　　单位:件

产品名称	本月完工产品的产量	期末在产品数量	
		数量	完工程度(%)
甲	460	120	50
乙	330	60	80

(10)甲、乙产品的月初在产品成本

甲产品 7 月初在产品成本为:直接材料 21 000 元,燃料和动力 1 200 元,直接人工费 1 900 元,制造费用 4 100 元,合计 28 200 元。

乙产品 7 月初在产品成本为:直接材料 16 000 元,燃料和动力 900 元,直接人工费 2 400 元,制造费用 3 900 元,合计 23 200 元。

【要求】

(1)根据上述资料,编制各种生产费用汇总表和分配表。

(2)根据各种生产费用汇总表和分配表,登记制造费用明细账和生产成本明细账,采用约当产量法计算各种产品成本。

(3)编制有关生产费用和产品成本的会计分录。

2. 某工厂生产甲、乙两种产品,都是多阶段的大量生产,管理上不要求分步骤计算成本,所以,采用品种法计算产品成本。该厂设有一个基本生产车间,锅炉和机修两个辅助生产车间。辅助生产车间的制造费用不通过“制造费用”账户核算,发生时直接归集在“辅助生产成本”账户。有关资料如下:

(1)月初在产品成本资料为:甲产品 20 件,原材料 11 050 元,燃料和动力 1 400 元,工资及福利费 2 100 元,制造费用 1 600 元;乙产品无在产品。

(2)20×5 年 6 月发牛下列费用:

①领用材料(计划成本)

甲产品投入 100 件,原材料 51 000 元;乙产品投入 50 件,原材料 21 000 元;基本生产车间消耗性材料 500 元;锅炉车间燃料 5 000 元,消耗性材料 400 元;机修车间消耗性材料 200 元。材料成本差异率为 1%。

②将本月的应付工资及提取的职工福利费计入成本。其中:基本生产车间生产工人工资 17 225 元,管理人员工资 2 500 元;锅炉车间工资 2 000 元;机修车间工资 1 500 元。生产工人工资按本月生产工作量的定额工时比例分配给甲、乙产品,甲产品定额工时为 4 000 小时,乙产品定额工时为 2 500 小时。并按工资总额的 14%提取职工福利费。

③提取固定资产折旧:基本生产车间折旧费 2 000 元,锅炉车间 800 元,机修车间 600 元。预提固定资产大修理费:基本生产车间 400 元,锅炉车间 150 元,机修车间 100 元。

④本月发生外购动力费:基本生产车间产品生产用电 15 000 度,照明用电 2 000 度;锅炉车间 12 000 度,机修车间 6 000 度——合计 35 000 度,计 10 500 元。产品生产用电按生产产品的机器工时比例分配,甲产品机器工时为 3 000 小时,乙产品机器工时为 2 000 小时。

⑤以银行存款支付其他费用:基本生产车间办公费 400 元,其他费用 600 元;锅炉车间外购水费 2 000 元,办公费 200 元;机修车间办公费 150 元,其他费用 100 元。

⑥辅助生产车间的费用按一次交互分配法分配。耗用量如下:蒸汽合计 3 000 立方米,其中:基本生产车间产品用 2 000 立方米,管理用 300 立方米,机修车间用 700 立方米,产品用蒸汽按定额工时比例分配。机修合计 800 小时,其中:基本生产车间用 600 小时,锅炉车间用 200 小时。

⑦制造费用按定额工时比例分配给甲、乙两种产品。

⑧甲产品完工 80 件,乙产品全部为在产品,均为一次投料。甲产品的完工和月末在产品成本按定额比例法分配。单位产品定额材料费用为 520 元,单位产品定额工时为 44 小时,月末在产品定额工时为 1 400 小时。

【要求】 根据上述资料,对生产费用在每一受益对象之间进行分配并做出相应的会计分录。

第五章　成本核算的基本方法——分批法

一、单项选择题

1. 采用分批法计算产品成本时，若是单件生产，月末计算产品成本时，(　　)。

A. 需要将生产费用在完工产品和在产品之间进行分配

B. 不需要将生产费用在完工产品和在产品之间进行分配

C. 区别不同情况确定是否分配生产费用

D. 应采用同小批生产同样的核算方法

2. 分批法成本计算对象的确定通常是根据(　　)。

A. 用户订单　　B. 产品品种

C. 客户要求　　D. 生产任务通知单

3. 采用累计分配法分配间接费用，是一种简化的分批法，月末未完工产品的间接费用(　　)。

A. 全部分配　　B. 部分分配　　C. 全部保留　　D. 部分保留

4. 采用分批法计算产品成本，如果月末某批产品完工数量较多，下列方法中，正确计算该批完工产品成本的方法是(　　)。

A. 按计划单位成本计算　　B. 按定额单位成本计算

C. 按近期同种产品实际单位成本计算　　D. 按约当产量比例法分配计算

5. 下列方法中，必须设置基本生产成本二级账的是(　　)。

A. 简化的品种法　　B. 分类法

C. 简化的分批法　　D. 定额法

6. 采用简化的分批法计算产品成本，基本生产成本二级账与产品成本明细账无法核对的项目是(　　)。

A. 月末在产品原材料项目余额　　B. 月末在产品生产工时项目余额

C. 月末在产品间接计入费用项目余额　　D. 完工产品成本合计数

7. 采用分批法计算产品成本，若是小批生产，出现批内陆续完工的现象，并且批内完工数量较多时，完工产品与月末在产品成本的计算应采用(　　)。

A. 计划成本法　　B. 定额成本法

C. 按年初固定数计算　　D. 约当产量法

8. 简化的分批法之所以简化，是由于(　　)。

A. 不计算在产品成本　　B. 不分批计算在产品成本

C. 不分批计算完工产品成本　　D. 采用累计的费用分配率分配费用

9. 分批法适用于(　　)。

A. 大量生产　B. 大批生产　C. 大量大批生产　D. 单件小批生产

10. 分批法的成本计算对象是(　　)。

A. 产品订单　B. 产品批别　C. 生产计划　D. 产品品种

二、多项选择题

1. 下列企业中,可采用分批法计算产品成本的有(　　)。

A. 重型机械厂　　B. 船舶制造厂

C. 发电厂　　D. 精密仪器厂

2. 分批法适用于(　　)。

A. 单件、小批生产的企业　　B. 工业性修理作业

C. 新产品的试制　　D. 辅助生产车间的工具制造

3. 在分批法中,间接费用的分配方法有(　　)。

A. 计划成本分配法　　B. 累计分配法

C. 定额比例分配法　　D. 当月分配法

4. 采用分批法计算产品成本,作为某一成本计算对象的批别,可以按(　　)确定。

A. 同一订单中的多种产品　　B. 不同订单中的同种产品

C. 同一订单中同种产品的组成部分　　D. 不同订单中的不同产品

5. 采用分批法计算产品成本,在批内产品跨月陆续完工不多的情况下,结转完工产品成本的方法可以是(　　)。

A. 按近期同种产品实际单位成本计算结转　B. 按计划成本计算结转

C. 暂不结转,待全部完工后一并结转　　D. 按定额单位成本计算结转

6. 采用简化的分批法计算产品成本,基本生产成本二级账中登记的内容有(　　)。

A. 本月发生的各项间接计入费用　　B. 本月发生的原材料费用

C. 月末在产品的原材料费用　　D. 月末在产品的间接计入费用

7. 采用简化的分批法计算产品成本,产品成本明细账中登记的内容有(　　)。

A. 完工产品的生产工时　　B. 完工产品的间接计入费用

C. 月末在产品的生产工时　　D. 月末在产品的间接计入费用

8. 企业在(　　)的情况下,可以采用简化的分批法。

A. 各月投产的产品批次多　　B. 月末完工产品的批次较多

C. 月末未完工产品的批次较少　　D. 月末未完工产品的批次较多

9. 简化的分批法在月末(　　)。

A. 在完工产品与在产品之间分配生产费用　B. 只计算完工产品成本

C. 只对完工产品分配间接计入费用　　D. 不分批计算在产品成本

三、判断题

1. 分批法是以产品的批别为成本计算对象,归集生产费用,计算产品成本的一种方法。(　　)

2. 采用分批法计算产品成本时，在单件生产的情况下，不必将生产费用在完工产品和在产品之间进行分配。（　　）

3. 分批法的批别是依据生产计划部门签发的“生产任务通知单”确定的，供应部门据以备料，生产部门据以安排生产，财会部门据以设置成本计算单。（　　）

4. 间接费用采用当月分配法分配时，各月末成本计算单一般都有余额。（　　）

5. 简化的分批法不计算在产品成本。（　　）

6. 采用简化的分批法时，只要产品尚未完工，其产品成本明细账就不登记生产费用。（　　）

7. 采用简化的分批法计算产品成本，必须设置基本生产成本二级账。（　　）

8. 采用简化的分批法计算产品成本，各批完工产品的间接计入费用是根据完工产品生产工时和累计间接计入费用分配率计算的，而不是根据累计间接计入费用减去月末在产品间接计入费用计算的。（　　）

9. 采用分批法计算产品成本，在批内部分完工产品按计划单位成本计算结转后，待该批产品全部完工后，还应计算该批产品实际总成本，并调整前期完工产品实际成本与计划成本的差异。（　　）

10. 如果在一张订单中只规定一种产品，但这种产品数量较大，不便于集中一次投产，或者订货单位要求分批交货，也可以分为若干批组织生产，计算成本。

四、计算分析题

1. 海东企业20××年9月投产甲产品100件，批号901，当月全部完工；投产乙产品150件，批号902，当月完工40件；投产丙产品200件，尚未完工。

(1)本月发生的各项费用如下：

①材料费用：901产品耗用原材料125 000元；902产品耗用原材料167 000元；903产品耗用原材料226 000元；生产车间一般耗用原材料8 600元；原材料采用计划成本计价，差异率为4%。

②人工费用：生产工人工资19 600元，车间管理人员工资2 100元，职工福利费按工资额14%计提；生产工人工资按耗用工时比例分配，901产品工时为18 000小时，902产品工时为20 000小时，903产品工时为11 000小时。

③其他费用：车间耗用水电费2 400元，以银行存款付讫；车间固定资产的折旧费3 800元；车间的其他费用250元，以银行存款付讫。

(2)制造费用按耗用工时比例分配。

(3)902号产品完工40件按定额成本转出，902号产品定额单位成本为：直接材料1 100元，直接人工75元，制造费用60元。

【要求】

(1)编制原材料费用分配表和工资及职工福利费分配表。

(2)根据上述资料，以及原材料费用分配表和工资及职工福利费分配表，编制会计分录。

(3)根据会计分录，登记制造费用明细账、生产成本明细账。

(4)根据制造费用明细账，编制制造费用分配表。

2. 海东企业所属的一个分厂，属于小批生产，产品批别多，生产周期长，每月末经常有大量未完工的产品批数。为了简化核算工作，采用简化的分批法计算成本。该厂计算 20××年 4 月成本的有关资料如下：

(1)月初在产品成本：

①直接费用(直接材料)：101 批号 3 750 元，102 批号 2 200 元，103 批号 1 600 元。

②间接费用：直接人工 1 725 元，制造费用 2 350 元。

(2)月初在产品累计耗用工时：101 批号 1 800 工时，102 批号 590 工时，103 批号 960 工时。月初累计耗用 3 350 工时。

(3)本月的产品批别、发生的工时和直接材料见下表：

产品的批别、工时和直接材料费用

产品名称	批号	批量	投产日期	完工日期	本月发生	
					工时(小时)	直接材料(元)
甲	101#	10 件	2 月	4 月	450	250
乙	102#	5 件	3 月	4 月	810	300
丙	103#	4 件	3 月	预计 6 月	1 640	300

(4)本月发生的各项费用：直接工资 1 400 元，制造费用 2 025 元。

【要求】 根据上述资料，计算 4 月已完工的 101 批号甲产品、102 批号乙产品的成本，未完工的 103 批号丙产品暂不分配负担间接费用。

3. 某企业生产 A、B、C、D 四种产品，采用累计分配法计算产品成本，该企业 20××年 8 月的产品生产情况为：

(1)601 批号 A 产品 3 件，6 月份投产，本月全部完工。

(2)602 批号 B 产品 5 件，6 月份投产，本月全部完工。

(3)701 批号 C 产品 10 件，7 月份投产，本月完工 2 件，其余为在产品。

(4)801 批号 D 产品 8 件，8 月份投产，本月全部为在产品。

基本生产成本二级账及基本生产成本明细账的有关资料如下：

基本生产成本二级账

20××年 8 月　　　　单位：元

摘　要	工时(小时)	直接材料	直接工资	制造费用	合　计
月初在产品成本	1 220	4 900	2 482	4 350	11 732
本月发生费用	680	1 300	1 328	2 300	4 928
生产费用合计	1 900	6 200	3 810	6 650	16 660
累计费用分配率					
转出完工批次成本					
月末在产品成本					

基本生产成本明细账

20××年8月　　投产日期:6月　完工日期:8月

批号:601　　批量:3件　本月完工:3件

产品名称:A　　单位:元

摘　要	工时(小时)	直接材料	直接工资	制造费用	合　计
月初在产品成本	450	2 000	100		3 000
本月发生费用	250	1 000	600		1 600
生产费用合计	700	3 000	1 600		
累计费用分配率					
转出完工批次成本					
单位成本					

基本生产成本明细账

20××年8月　　投产日期:6月　完工日期:8月

批号:602　　批量:5件　本月完工:5件

产品名称:B　　单位:元

摘　要	工时(小时)	直接材料	直接工资	制造费用	合　计
月初在产品成本	150	800	300		1 100
本月发生费用	50	200	100		300
生产费用合计	200	1 000	400		
累计费用分配率					
转出完工批次成本					
单位成本					

基本生产成本明细账

20××年8月　　投产日期:7月　完工日期:8月

批号:701　　批量:10件　本月完工:2件

产品名称:C　　单位:元

摘　要	工时(小时)	直接材料	直接工资	制造费用	合　计
月初在产品成本	620	2 100	1 182		3 282
本月发生费用	200	60	400		460
生产费用合计	820	2 160	1 582		
累计费用分配率					
转出完工批次成本					
单位成本					
月末在产品成本					

基本生产成本明细账

20××年8月　　投产日期:8月　完工日期:　月

批号:801　　批量:8件　本月完工:0件

产品名称:D　　单位:元

摘　要	工时(小时)	直接材料	直接工资	制造费用	合　计
月初在产品成本					
本月发生费用	180	40	228		268
生产费用合计	180	40	228		268
累计费用分配率					
转出完工批次成本					
月末在产品成本					

【要求】 采用累计分配法计算完工批别产品负担的累计制造费用和完工批别产品的总成本和单位成本。

第六章　成本核算的基本方法——分步法

一、单项选择题

1. 产品成本计算的分步法适用于(　　)。

A. 大量大批单步骤生产的企业　　B. 大量大批多步骤生产的企业

C. 单件小批生产的企业　　D. 单件小批多步骤生产的企业

2. 管理上不要求计算各步骤完工半成品所耗半成品费用和本步骤加工费用,而要求按原始成本项目计算产品成本的企业,采用分步法计算产品成本时,应采用(　　)。

A. 综合结转法　　B. 分项结转法

C. 按计划成本结转　　D. 顺序结转法

3. 当半成品以独立的形式存在,并既可直接用于销售,也可作为半成品进行生产耗用,管理上要求计算各步骤完工产品所耗半成品费用但不要求进行成本还原的情况下,可采用(　　)。

A. 综合结转法　　B. 分项结转法

C. 平行结转法　　D. 顺序结转法

4. 平行结转分步法各步骤的费用(　　)。

A. 包括本步骤的费用和上步骤转入的费用两部分

B. 只包括本步骤的费用,不包括上一步骤转入的费用

C. 第一步骤包括本步骤的费用,其余各步骤均包括上一步骤转入的费用

D. 最后步骤包括本步骤费用,其余各步骤均包括上一步骤转入的费用

5. 平行结转分步法下,每一生产步骤完工产品的费用,是(　　)。

A. 该步骤完工半成品的成本

B. 该步骤完工产成品的成本

C. 该步骤生产费用中用于产成品成本的份额

D. 该步骤生产费用中用于在产品成本的份额

6. 下列企业中,可采用分步法计算产品成本的企业是(　　)。

A. 造船厂　　B. 发电厂　　C. 重型机器厂　　D. 纺织厂

7. 采用综合结转分步法计算产品成本时,若有三个生产步骤,则需要进行的成本还原的次数是(　　)次。

A. 1　　B. 2　　C. 3　　D. 4

8. 需要进行成本还原采用的成本计算方法是(　　)。

A. 品种法　　B. 平行结转分步法
C. 逐步结转分步法(综合结转)　　D. 逐步结转分步法(分项结转)

9. 在大量大批多步骤生产的企业里，当半成品种类较多，管理上又不要求提供各个步骤半成品成本资料的情况下，成本计算可采用(　　)。

A. 综合逐步结转法　　B. 分项逐步结转法
C. 综合结转分步法(按实际成本结转)　　D. 平行结转分步法

10. 成本还原分配率是用本月产成品所耗上一步骤半成品费用除以(　　)。

A. 本月所产该种半成品成本合计　　B. 本月所产该种半成品各成本项目
C. 上月所产该种半成品成本合计　　D. 上月所产该种半成品各成本项目

11. 逐步结转分步法(综合结转)进行成本还原时，是根据计算出来的成本还原分配率乘以(　　)。

A. 本月所产半成品的成本　　B. 本月所产产成品的成本
C. 本月所产半成品中的"半成品"项目　　D. 本月所产半成品成本中的各项费用

12. 采用平行结转分步法计算产品成本时，(　　)。

A. 不能提供所有步骤半成品的成本资料　　B. 只能提供第二步骤半成品成本资料
C. 只能提供第一步骤半成品成本资料　　D. 只能提供最后步骤半成品成本资料

13. 逐步结转分步法，按照半成品成本在下一步骤成本明细账中的反映方法，可以分为(　　)。

A. 实际成本结转法和计划成本结转法　　B. 平行结转法和分项结转法
C. 综合结转法和分项结转法　　D. 综合结转法和平行结转法

14. 某产品由四个生产步骤组成，采用平行结转分步法计算产品成本，需要进行成本还原的次数是(　　)次。

A. 0　　B. 3　　C. 4　　D. 5

二、多项选择题

1. 作为分步法成本计算对象的生产步骤可能是(　　)。

A. 一个生产车间　　B. 几个生产车间之和
C. 一个企业　　D. 一个生产车间内的一个生产步骤

2. 采用逐步结转分步法需要提供各个步骤半成品成本资料的原因是(　　)。

A. 各生产步骤的半成品既可以自用，也可以对外销售
B. 半成品需要进行同行业评比
C. 产成品不需要进行同行业评比
D. 半成品为几种产品所耗用

3. 逐步结转分步法下按计划成本综合结转时，自制半成品明细账应反映(　　)。

A. 半成品收发结存的数量　　B. 半成品收发结存的实际成本
C. 半成品收发结存的计划成本　　D. 半成品收发结存的成本差异额

4. 采用逐步结转分步法(综合结转)时，产成品成本的构成是(　　)。

A. 大部分费用是最后步骤耗用的半成品费用
B. 大部分费用是最后步骤的其他费用

C. 其他费用仅是最后步骤的费用

D. 其他费用是所有步骤生产费用的总和

5. 逐步结转分步法与平行结转分步法相比，其优点有（　　）。

A. 能够提供各生产步骤的半成品成本资料

B. 能够加速成本计算工作

C. 能够简化成本计算工作

D. 能够为产品的实物管理和资金管理提供数据

6. 采用平行结转分步法计算产品成本，最后一个生产步骤的产品成本明细账中，能够反映的数据有（　　）。

A. 产品实际成本　　B. 所耗上一步骤的半成品成本

C. 本步骤中应计入产成品成本的份额　　D. 本步骤费用

7. 平行结转分步法下，第二生产步骤的在产品包括（　　）。

A. 第一生产步骤完工入库的半成品　　B. 第二生产步骤正在加工的在产品

C. 第二生产步骤完工入库的半成品　　D. 第三生产步骤正在加工的在产品

8. 平行结转分步法与逐步结转分步法相比，其缺点有（　　）。

A. 各步骤不能同时计算产品成本　　B. 需要进行成本还原

C. 不能为实物管理和资金管理提供资料　　D. 不能提供各步骤的半成品成本资料

9. 分步法的适用范围是（　　）。

A. 成批生产　　B. 多步骤生产　　C. 大批生产　　D. 大量生产

10. 计算和结转半成品成本可以采用（　　）方式。

A. 逐步结转　　B. 平行结转　　C. 综合结转　　D. 分项结转

三、判断题

1. 采用平行结转分步法时，不论半成品是在各生产步骤之间转移还是通过半成品仓库收发，都应通过“自制半成品”科目进行总分类核算。（　　）

2. 采用逐步结转分步法不能提供各个生产步骤的半成品成本资料。（　　）

3. 采用平行结转分步法时，需要进行成本还原。（　　）

4. 采用分步法计算产品成本时，产品成本计算的步骤与实际的生产步骤应完全一致。（　　）

5. 平行结转分步法中的完工产品，包括完工的产成品和各步骤完工的半成品。（　　）

6. 平行结转分步法实际上就是品种法的多次连接应用。（　　）

7. 逐步结转分步法下，分项结转半成品成本不需要进行成本还原。（　　）

8. 平行结转分步法下，各生产步骤的生产费用都要在产成品和广义在产品之间进行分配。（　　）

9. 平行结转分步法下，各生产步骤都不能全面反映其生产耗费水平。（　　）

10. 逐步结转分步法由于只能采用实际成本计价，因此后一生产步骤自制半成品必须等待前一生产步骤计算出半成品成本以后才能进行。（　　）

四、计算分析题

1. 海东企业生产的丁产品，分两个生产步骤连续加工。其中：第一步骤制造丁半成品，入半成品库；第二步骤领用丁半成品继续加工成丁产成品。成本计算采用逐步综合结转分步法。20××年8月的有关成本资料如下：

(1)第一车间完工丁半成品25件，在产品10件，本车间的在产品成本采用定额成本法计算，在产品的单位定额成本分别为：原材料25元，工资及福利费10元，燃料及动力费18元，制造费用13元。本月有关的成本资料见下表：

第一车间成本资料

单位：元

项　目	产量(件)	原材料	工资及福利费	燃料及动力	制造费用	合计
月初在产品成本	15	300	150	250	210	910
本月发生的生产费用	20	600	250	780	720	2 350

(2)自制丁半成品的明细账资料：第二车间本月领用丁半成品10件投入生产，发出半成品成本采用全月一次加权平均单价计算。

自制半成品——丁半成品明细账

月初结存		本月增加		合计			本月减少		月末结存	
数量(件)	金额(元)	数量(件)	金额(元)	数量(件)	单价(元/件)	金额(元)	数量(件)	金额(元)	数量(件)	金额(元)
5	535	25		30			10		20	

(3)第二车间本月领用丁半成品10件，在生产时一次投入，本月完工丁产成品5件，在产品10件，本车间的在产品成本采用约当产量法计算，本月在产品完工程度为50%。有关成本计算资料见下表：

第二车间成本资料

单位：元

项　目	产量(件)	半成品	工资及福利费	燃料及动力	制造费用	合计
月初在产品成本	5	506	300	500	404	1 710
本月发生的生产费用	10		400	700	500	

【要求】 采用综合结转法进行成本计算，并对丁产品进行成本还原。

2. 某企业生产M产品经过三个生产步骤，采用逐步结转分步法(按计划成本综合结转法)计算产品成本。有关资料见下表：

基本生产成本明细账

车间：一车间　　　　20××年9月

产品名称：A半成品　　　　完工半成品数量：400件

摘　要	产量	直接材料	直接工资	制造费用	成本合计
月初在产品成本(定额成本)		300 000	178 000	128 000	606 000
本月生产费用		680 000	300 000	176 000	1 156 000
生产费用合计					
半成品成本	400				
半成品单位成本					
月末在产品成本(定额成本)		400 000	184 000	150 000	734 000

自制半成品明细账

产品名称：A半成品　　　　20××年9月　　　　计划单位成本：2 500元

月份	月初余额			本月增加			累　计					本月减少		
	数量	计划成本	实际成本	数量	计划成本	实际成本	数量	计划成本	实际成本	成本差异	成本差异率	数量	计划成本	实际成本
9	300	750 000	773 975									300		
10														

基本生产成本明细账

车间：二车间　　　　20××年9月

产品名称：B半成品　　　　完工半成品数量：1 000件

摘　要	产量(件)	半成品			直接工资	制造费用	成本合计
		计划成本	成本差异	实际成本			
月初在产品成本(定额成本)		750 000		750 000	118 000	96 000	964 000
本月生产费用					480 000	600 000	
生产费用合计							
转出完工成本	1 000						
半成品单位成本							
月末在产品成本(定额成本)		250 000		250 000	54 000	64 000	368 000

自制半成品明细账

产品名称：B半成品　　　　20××年9月　　　　计划单位成本：2 600元

月份	月初余额			本月增加			累　计					本月减少		
	数量	计划成本	实际成本	数量	计划成本	实际成本	数量	计划成本	实际成本	成本差异	成本差异率	数量	计划成本	实际成本
9	400	1 040 000	1 082 520									600		
10														

基本生产成本明细账

车间：三车间　　20××年 9 月

产品名称：M 产品　　完工半成品数量：500 件

摘　　要	产量（件）	半成品			直接工资	制造费用	成本合计
		计划成本	成本差异	实际成本			
月初在产品成本（定额成本）		608 000		608 000	116 000	110 000	834 000
本月生产费用					292 000	256 000	
生产费用合计							
转出完工成本	500						
半成品单位成本							
月末在产品成本（定额成本）		874 000		874 000	60 000	58 350	992 350

【要求】 根据上述资料，采用逐步结转分步法（按计划成本综合结转法）计算产品成本，并将计算结果填入上表中。

3. 某工业企业大量生产甲产品。生产分为两个步骤，分别由第一、第二两个车间进行。第一车间为第二车间提供半成品，第二车间将半成品加工为产成品。采用分步法计算产品成本。月末在产品按定额成本计价法计价。有关资料见下表：

基本生产成本明细账

车间：一车间　　20××年×月

产品名称：N　　完工产量：500 件

成本项目	月初在产品成本	本　月生产费用	生产费用合计	完工半成品成本	月末在产品成本
原材料	1 900	6 300			2 800
工资及福利费	1 100	3 000			1 300
制造费用	2 300	6 100			2 600
合　计	5 300	15 400			6 700
单位成本					

自制半成品明细账

半成品名称：N　　计量单位：件

月份	月初余额		本月增加		合　计			本月减少	
	数量	实际成本	数量	实际成本	数量	实际成本	单位成本	数量	实际成本
10	400	10 300						700	
11	200								

基本生产成本明细账

车间：二车间　　　　20××年×月

产品名称：甲　　　　完工产量：350 件

成本项目	月初在产品成本	本　月生产费用	生产费用合计	完工半成品成本	月末在产品成本
半成品	6 100				2 600
工资及福利费	1 200	3 700			500
制造费用	2 500	8 850			1 400
合　　计	9 800				4 500
单位成本					

【要求】

(1)根据上述资料，登记基本生产成本明细账和自制半成品明细账，按实际成本综合结转半成品成本，计算产成品成本。

(2)编制结转半成品和产成品成本的会计分录。

4. 某工业企业大量生产丁产品。生产分为两个步骤，分别由第一、第二两个车间进行。第一车间为第二车间提供半成品，第二车间将半成品加工为产成品。该厂采用平行结转法按照生产步骤计算产品成本。在完工与月末在产品之间，采用定额比例法分配费用：原材料费用按定额原材料费用比例分配；其他费用都按定额工时比例分配。第一、第二两个车间产品成本明细账的相关资料及产成品汇总计算表如下：

基本生产成本明细账

车间：一车间　　　　20××年 9 月

产品名称：丁　　　　完工产成品：350 件

成本项目	月初在产品费用	本月生产费用	生产费用合计	分配率	产成品成本中本车间份额			月末在产品费用	
					定额	实际成本	单位成本	定额	实际成本
直接材料	8 253	6 300			8 700			6 000	
直接工资	4 575	3 000			15 000			10 000	
制造费用	8 900	6 100							
合　计	21 728	15 400							

基本生产成本明细账

车间：二车间　　　　20××年 9 月

产品名称：丁　　　　完工产成品：350 件

成本项目	月初在产品费用	本月生产费用	生产费用合计	分配率	产成品成本中本车间份额			月末在产品费用	
					定额	实际成本	单位成本	定额	实际成本
直接材料									
直接工资	1 100	3 700			11 000			1 000	
制造费用	1 950	8 850							
合　计	3 050	12 550							

产成品成本汇总表

产品名称：丁　　20××年9月　　完工产量：350件

成本项目	第一车间份额	第二车间份额	总成本	单位成本
直接材料				
直接工资				
制造费用				
合　计				

【要求】

(1)根据上述资料，登记基本生产成本明细账，采用平行结转分步法结转、计算产成品成本。

(2)编制产成品成本汇总计算表，编制结转产成品成本的会计分录。

(分配率计算到小数点第三位，第四位四舍五入)

5. 某企业本月生产的丙产品成本资料如下表所示，该企业采用逐步结转分步法中的综合结转法结转半成品成本。

单位：元

成本项目	半成品	原材料	工资及福利费	制造费用	合　计
还原前产成品成本	15 200		6 420	5 880	27 500
本月所产半成品成本		18 240	6 980	5 180	30 400

【要求】 将本月所产产成品成本进行还原(填表计算，写出计算过程)。

产品成本还原计算表

产品名称：丙　　20××年×月　　完工产量：100件

项　目	还原分配率	半成品	原材料	工资及福利费	制造费用	合计
还原前产品成本						
本月所产半成品成本						
产品成本中半成品成本还原						
还原后总成本						
产成品单位成本						

6. 某企业生产乙产品经过三个生产车间：一车间生产A半成品，二车间生产B半成品，三车间生产乙产品。原材料在生产开始时一次投入，月末在产品成本按约当产量法计算，半成品在各步骤之间直接转移，不通过半成品仓库。有关资料如下：

(1)产量资料

项　目	一车间	二车间	三车间
月初在产品数量	80	120	160
本月投产数量	160	200	260
本月完工产品数量	200	260	320
月末在产品数量	40	60	100
月末在产品完工程度	50%	50%	60%

(2)各车间有关费用资料

成本项目	月初在产品成本			本月发生费用		
	一车间	二车间	三车间	一车间	二车间	三车间
原材料	3 600	5 000	10 580	48 000		
燃料及动力	1 200	1 830	2 500	18 600	6 000	10 800
工资及福利费	2 000	2 250	2 720	15 820	5 000	6 400
制造费用	1 400	1 750	2 260	8 500	2 600	4 200
合　计	8 200	10 830	18 062	90 920		

【要求】 根据上述资料，采用综合结转法(按实际成本综合结转)计算产品成本。

基本生产成本明细账

车间：　　　　　　　　　　　　20××年×月

产品名称：　　　　　　　　　　　　　　　　　　　　完工半成品数量：

成本项目	月初在产品成本	本月生产费用	生产费用合计	约当产量	单位成本	完工产品成本	月末在产品成本
原材料							
燃料及动力							
工资及福利费							
制造费用							
合　计							

第七章 成本核算的辅助方法

一、单项选择题

1. 分类法的适用范围(   )。

A. 是大量大批单步骤生产　　B. 是大量大批多步骤生产

C. 是单件小批单步骤生产　　D. 与企业生产类型没有直接关系

2. 利用相同的原材料,在同一生产过程中,同时生产出的几种使用价值不同,但具有同等地位的主要产品,称为(   )。

A. 产成品　　B. 联产品　　C. 等级品　　D. 副产品

3. 有些工业企业在生产主要产品的过程中,会附带生产出的一些非主要产品。这些非主要产品称为(   )。

A. 联产品　　B. 废品　　C. 副产品　　D. 次品

4. 一个生产的产品品种或规格繁多,但产品的生产工艺过程,产品的性能、结构相似,可以按照一定标准划分为若干类别的企业,适用于采用(   )计算产品成本。

A. 品种法　　B. 分批法　　C. 分步法　　D. 分类法

5. 分类法成本计算的对象是(   )。

A. 产品品种　　B. 产品类别　　C. 联产品　　D. 副产品

6. 定额成本是一种(   )。

A. 行业的平均成本　　B. 企业实际发生的成本

C. 企业成本控制的目标　　D. 企业确定的计划成本

7. 需要计算定额变动的产品是(   )。

A. 月初在产品　　B. 本月投入产品

C. 月末在产品　　D. 本月完工产品

8. 制定定额成本的依据是(   )。

A. 企业现行材料消耗定额、工时消耗定额和费用定额

B. 企业平均材料消耗定额、工时消耗定额和费用定额

C. 企业实际材料消耗和工时消耗

D. 先进企业定额成本

9. 采用定额法计算产品成本,本月完工产品实际成本应以(   )为基础。

A. 月初在产品定额成本　　B. 本月完工产品定额成本

C. 月末在产品定额成本　　D. 本月投入产品定额成本

10. 定额变动差异是指(　　)账面定额成本与按新定额计算的定额成本之间的差异。

A. 月初在产品　　B. 本月完工产品

C. 月末在产品　　D. 本月投入产品

11. 定额变动差异一般应按照(　　)比例,在完工产品和月末在产品之间进行分配。

A. 实际成本　　B. 标准成本

C. 计划成本　　D. 定额成本

12. 在计件工资形式下,按计件单价支付的产品生产工人工资,等于(　　)。

A. 直接人工费用　　B. 定额工资

C. 直接人工脱离定额的差异　　D. 定额变动差异

13. 直接材料费用脱离定额差异是指(　　)。

A. 材料实际耗用量与其计划耗用量之间的差异

B. 材料实际成本与其计划成本之间的差异

C. 材料实际耗用量与其定额耗用量之间的差异

D. 材料实际价格与其计划价格之间的差异

二、多项选择题

1. 采用分类法,可按(　　),划分若干类别。

A. 产品的性质、结构和用途

B. 产品耗用原材料

C. 产品生产工艺技术过程

D. 产品的售价

2. 下列产品中,可以作为同一个成本核算对象的有(　　)。

A. 针织厂生产的各种不同种类和规格的针织品

B. 无线电元件厂同时生产出的同一类别不同规格的无线电元件

C. 炼油厂同时生产出的汽油、柴油、煤油

D. 鞋厂同时生产出的同一类别不同尺码的鞋子

3. 同类产品内各种产品之间分配费用的标准,一般有(　　)等。

A. 定额耗用总量　　B. 定额费用

C. 产品体积、长度和重量　　D. 产品售价

4. 系数分配法,确定分配标准,选择与耗用费用关系最密切的经济因素作为分配标准的可以是(　　)等。

A. 定额耗用量　　B. 定额成本

C. 产品售价　　D. 产品重量、体积、长度

5. 分类法的适用范围有(　　)。

A. 可将产品划分为一定类别的企业或企业的生产单位

B. 企业联产品成本的计算

C. 企业副产品成本的计算

D. 企业等级品成本的计算

6. 副产品成本的确定一般有(　　)等方法。

A. 按照企业制定的副产品计划成本计价
B. 按照副产品的售价减去销售税金和销售利润以后的余额计价
C. 按照企业制定的副产品定额成本计价
D. 按照副产品的售价计价

7. 定额法成本计算的特点有(　　)。
A. 事先制定定额成本
B. 分别核算符合定额的费用和脱离定额的差异
C. 根据月初在产品成本和本月发生生产费用,计算产品实际成本
D. 以定额成本为基础,加减各种成本差异来求得实际成本

8. 在定额成本法下,产品实际成本的内容包括(　　)。
A. 定额成本　　B. 脱离定额差异
C. 定额变动差异　　D. 材料成本差异

9. 材料脱离定额差异的计算方法有(　　)。
A. 限额领料单法　　B. 加权平均法
C. 切割法　　D. 盘存法

10. 采用定额成本法,制定定额成本的依据有(　　)。
A. 现行材料消耗定额　　B. 现行工时消耗定额
C. 现行费用定额　　D. 实际工时

11. 定额成本法下计算产品实际成本时,为了简化成本核算工作,(　　)可以全部由本月完工产品成本负担。
A. 定额成本　　B. 脱离定额差异
C. 材料成本差异　　D. 定额变动差异

12. 在本月完工产品和月末在产品之间分配的成本差异包括(　　)。
A. 接材料脱离定额差异
B. 直接人工脱离定额差异
C. 制造费用脱离定额差异
D. 材料成本差异

三、判断题

1. 分类法不是成本计算的基本方法,它与企业生产类型没有直接关系。(　　)
2. 分类法应是一种独立的成本计算方法,不必与其他成本计算方法结合使用。(　　)
3. 在产品品种、规格繁多的企业,采用分类法计算产品成本,可以简化成本计算工作。(　　)
4. 分类法的成本计算期可以和生产周期一致,也可以不一致。(　　)
5. 采用分类法计算出的某类产品成本,还应当按照一定的分配标准,将成本分配给类内各种产品。(　　)
6. 利用相同的原材料,在同一生产过程中,同时生产出的几种使用价值不同,但具有同等地位的主要产品,称为副产品。(　　)
7. 采用分类法计算产品成本,成本核算对象是产品的类别,最终不必计算出各种产品的

成本。（　　）

8. 副产品和主要产品不是在同一生产过程中生产出来的。（　　）

9. 采用分类法计算产品成本，生产费用一般需要在完工产品和在产品之间分配。（　　）

10. 联产品的成本计算，可以采用分类法。（　　）

11. 产品定额成本的制定过程也是对产品成本事前控制的过程。（　　）

12. 定额变动差异是指产品生产过程中各项实际发生的生产费用脱离现行定额的差异。（　　）

13. 定额成本是计算产品实际成本的基础，是生产费用日常控制的依据。（　　）

14. 脱离定额差异与定额变动差异可以合并为一个项目。（　　）

15. 定额法的适用范围与企业生产类型没有直接联系。（　　）

16. 材料成本差异不仅包括消耗数量的差异，也包括材料实际价格与计划价格的差异。（　　）

17. 月初在产品定额成本调整的数额与计入产品成本的定额变动差异之和应等于零。（　　）

18. 企业各种消耗定额下降的一方面应从月初在产品定额成本上升中扣除该项差异；另一方面，由于该差异是月初在产品生产费用的实际支出，因此还应将该项差异计入本月产品成本。（　　）

19. 在计件工资形式下，计件单价不变时，按计件单价支付的生产工人工资就是定额工资，没有脱离定额的差异。（　　）

20. 定额法是为了加强成本管理，进行成本控制而采用的一种成本计算与管理相结合的方法，它不是成本计算的基本方法。（　　）

四、计算分析题

1. 某企业生产的A、B、C、D、E五种产品耗用的原材料和产品的生产工艺过程相同，因而归为一类(甲类产品)，采用分类法计算产品成本。8月有关成本计算资料如下：

(1)月初在产品成本和本月生产费用见下表：

甲类产品成本计算单

20××年8月

单位:元

摘　要	直接材料	直接人工	制造费用	合　计
月初在产品成本	40 000	60 000	37 600	137 600
本月生产费用	293 760	766 080	510 720	1 570 560
生产费用合计				
本月完工产品总成本				
月末在产品成本				

(2)各种产品本月产量资料和定额资料见下表：

甲类产品成本计算单

20××年8月

单位：元

产品	本月实际产量	材料消耗定额	材料系数	材料总系数	工时消耗定额	工时系数	工时总系数
A	400	30			19.2		
B	480	24			17.6		
C	960	20			16		
D	720	18			14.4		
E	600	16			12.8		
合计							

【要求】

(1)采用固定在产品成本法计算甲类产品月末在产品成本和本月完工产品成本，完成甲类产品成本计算单。

(2)计算各种产品系数和本月总系数，完成类内各种产品成本计算表。

(3)采用系数分配法计算类内各种产品的成本，完成类内各种产品成本计算表。

(计算结果保留两位小数)

甲类产品成本计算单

产品：甲类产品　　20××年8月　　单位：元

产品	实际产量	总系数		总成本				单位成本
		直接材料	加工费用	直接材料	直接人工	制造费用	成本合计	
分配率								
A	400							
B	480							
C	960							
D	720							
E	600							
合计	—							

2. 某企业20××年8月在生产甲产品时产生A副产品，A副产品与甲产品分离后，可以直接出售。本月生产的2 000件甲产品已全部完工，没有月末在产品，甲产品生产成本明细账归集的生产费用合计为96 000元，其中，直接材料48 000元，直接人工32 000元，制造费用16 000元。本月附带生产A产品100件已全部入库，计划单位成本为60元，其中，直接材料30元，直接人工20元，制造费用10元。

产品成本明细账

产品名称：甲

编制单位：　　　　20××年 8 月　　　　单位：元

摘　要	直接材料	直接人工	制造费用	合　计
生产费用合计	48 000	32 000	16 000	96 000
结转本月完工 A 产品成本				
本月完工产品总成本				
本月完工甲产品单位成本				

【要求】

(1)副产品成本按计划单位成本计价，计算甲产品和 A 产品的成本。

(2)结转完工入库甲产品和 A 产品的成本。

(计算结果保留两位小数)

3. 某企业在生产甲产品的同时，附带生产出 A 副产品，A 副产品分离后需进一步加工后才能出售。本月甲产品及其副产品生产费用合计 150 000 元，其中，直接材料占 50%，直接人工占 20%，制造费用占 30%。A 副产品进一步加工发生直接人工费 2 000 元，制造费用 2 500 元。本月甲产品 2 500 千克全部完工；A 副产品期初为 200 千克，本月投产 2 000 千克，完工 2 100千克。A 副产品单位售价为 12 元，单位税金和利润合计为 2 元。A 副产品在产品只负担材料成本，期初在产品定额材料 800 元，期末在产品定额材料 400 元。

【要求】

(1)副产品成本按照售价减去销售税金和销售利润后的余额计价，计算甲产品和 A 副产品的成本。

(2)结转完工入库甲产品和 A 副产品的成本。

(计算结果保留两位小数)

产品成本明细账

产品名称：甲

编制单位：　　　　20××年 8 月　　　　单位：元

摘　要	直接材料	直接人工	制造费用	合　计
生产费用合计	75 000	30 000	45 000	150 000
结转本月完工 A 副产品成本				
本月完工产品总成本				
本月完工甲产品单位成本				

产品成本明细账

产品名称:A 副产品

编制单位:　　　　　　　　　　20××年 8 月　　　　　　　　　　单位:元

摘　要	直接材料	直接人工	制造费用	合　计
月初在产品(定额成本)	800			
本月生产费用				
合　计				
产成品				
单位成本				
月末在产品(定额成本)	400			

4. 某企业大批量生产甲产品,甲产品定额资料完整。有关定额资料如下:

单位产品的定额材料消耗量为 260 千克,定额工时为 150 工时,材料的计划单价为每千克 18 元,每小时计划工资率为 25 元,每小时计划制造费用率为 6 元。

【要求】 计算甲产品的定额成本。

5. 某企业生产的乙产品采用定额法计算产品成本。有关资料如下:

(1)本月乙产品投产 2 000 件。

(2)单位产品原材料消耗定额为 12 千克,原材料的计划单价为每千克 20 元,实际单价为 18 元,本月实际耗用原材料 2 500 千克。

(3)单位产品定额生产工时为 20 小时,每小时计划工资率为 18 元,每小时计划制造费用率为 5 元。本月实际发生工时 43 000 小时,实际工资费用为 745 000 元,实际发生制造费用 160 000 元。

【要求】

(1)计算材料脱离定额差异。

(2)计算材料成本差异。

(3)计算直接人工费用脱离定额差异。

(4)计算制造费用脱离定额差异。

6. 甲产品采用定额法计算成本。本月份有关甲产品原材料费用的资料如下:

(1)月初在产品定额费用为 1 000 元,月初在产品脱离定额的差异为节约 50 元,月初在产品定额费用调整为降低 20 元。定额变动差异全部由完工产品负担。

(2)本月定额费用为 24 000 元,本月脱离定额的差异为节约 500 元。

(3)本月原材料成本差异率为节约 2%,材料成本差异全部由完工产品成本负担。

(4)本月完工产品的定额费用为 22 000 元。

【要求】

(1)计算月末在产品的原材料定额费用。

(2)计算完工产品和月末在产品的原材料实际费用(脱离定额差异,按定额费用比例在完工产品和月末在产品之间分配)。

7. 某企业生产的丙产品采用定额法计算产品成本。8月有关成本计算资料如下：

(1)丙产品月初在产品定额成本为40 000元，其中，直接材料20 000元，直接人工7 500元，制造费用12 500元；月初在产品脱离定额的差异为402.5元，其中，直接材料1 250元，直接人工652.5元，制造费用1 000元。

(2)本月丙产品单位产品直接材料定额成本由上月的500元调整为487.5元。

(3)本月丙产品投入原材料定额成本为190 125元，按计划单位价格和实际消耗量计算的原材料费用为193 750元，材料成本差异率为1.2%。本月实际人工费用为149 340元，其中，应付工资为131 000元，提取应付福利费18 340元，人工费用定额为148 125元。本月实际制造费用为243 800元，制造费用定额为246 875元。

(4)本月丙产品完工入库400件，单位产品定额成本为1 487.50元，其中，直接材料487.50元，直接人工375元，制造费用625元。

【要求】

(1)编制处理本月发生材料费用、分配材料成本差异、分配工资和提取应付福利费、分配结转制造费用的会计分录。

(2)按定额成本比例在本月完工产品和月末在产品之间分配脱离定额的差异(材料成本差异和定额变动差异全部由完工产品成本负担)。

(3)计算并结转本月完工产品实际成本，完成丙产品成本计算单。

产品成本计算单

产品：丙产品　　　　20××年8月

产量：400件　　　　单位：元

项　目	行次	直接材料	直接人工	制造费用	合　计
一、月初在产品成本					
定额成本	1				
脱离定额差异	2				
二、月初在产品定额调整					
定额成本调整	3				
定额变动差异	4				
三、本月发生生产费用					
定额成本	5				
脱离定额差异	6				
材料成本差异	7				
四、生产费用合计					
定额成本	8				
脱离定额差异	9				
材料成本差异	10				
定额变动差异	11				

续表

项　目	行次	直接材料	直接人工	制造费用	合　计
五、差异分配率	12				
六、完工产品成本					
定额成本	13				
脱离定额差异	14				
材料成本差异	15				
定额变动差异	16				
实际成本	17				
七、月末在产品成本					
定额成本	18				
脱离定额差异	19				

第八章　标准成本系统

一、单项选择题

1. 以资源无浪费、设备无故障、产出无废品、工时都有效的假设前提为依据而制定的标准成本是(　　)。

A. 基本标准成本　　B. 理想标准成本

C. 正常标准成本　　D. 现行标准成本

2. 固定制造费用的能量差异,可以进一步分为(　　)。

A. 闲置能量差异和耗费差异　　B. 闲置能量差异和效率差异

C. 耗费差异和效率差异　　D. 以上任何两种差异

3. 出现下列情况时,不需要修订基本标准成本的是(　　)。

A. 产品的物理结构发生变化

B. 重要原材料价格发生变化

C. 生产技术和工艺发生变化

D. 市场变化导致生产能力利用程度的变化

4. 在标准成本差异分析中,材料价格差异是根据实际数量与价格脱离标准的差额计算的,其中实际数量是指材料的(　　)。

A. 采购数量　　B. 入库数量　　C. 领用数量　　D. 耗用数量

5. 下列各项中,属于直接人工标准工时组成内容的是(　　)。

A. 由于设备意外故障产生的停工工时

B. 由于更换产品产生的设备调整工时

C. 由于生产作业计划安排不当产生的停工工时

D. 由于外部供电系统故障产生的停工工时

6. 标准成本是一种(　　)。

A. 机会成本　　B. 历史成本　　C. 重置成本　　D. 预计成本

7. 固定制造费用的闲置能量差异,是(　　)。

A. 未能充分使用现有生产能量而形成的差异

B. 实际工时未达到标准生产能量而形成的差异

C. 实际工时脱离标准工时而形成的差异

D. 固定制造费用的实际金额脱离预算金额而形成的差异

8. 本月生产甲产品 8 000 件,实际耗用 A 材料 32 000 千克,其实际价格为每千克 40 元。

该产品A材料的用量标准为3千克，标准价格为45元，其直接材料用量差异为(　　)元。

A. 360 000　　B. 320 000　　C. 200 000　　D. －160 000

9. 下列变动成本差异中，无法从生产过程的分析中找出产生原因的是(　　)。

A. 变动制造费用效率差异　　B. 变动制造费用耗费差异

C. 材料价格差异　　D. 直接人工差异

10. 通常应对不利的材料价格差异负责的部门是(　　)。

A. 质量控制部门　　B. 采购部门　　C. 工程设计部门　　D. 生产部门

11. 采用调整销货成本与存货法处理成本差异的依据是(　　)。

A. 标准成本是真正的正常成本

B. 成本差异是不正常的低效率和浪费造成的

C. 税法和会计制度均要求以实际成本反映存货成本和销货成本

D. 企业内部会计报告的要求

12. (　　)可以成为评价实际成本的依据，也可以用来对存货和销货成本计价。

A. 现行标准成本　　B. 基本标准成本　　C. 正常标准成本　　D. 理想标准成本

二、多项选择题

1. 在进行标准成本差异分析时，形成直接材料数量差异的原因经常有(　　)。

A. 操作疏忽致使废品增加

B. 机器或工具不适用

C. 供应厂家材料价格增加，迫使降低材料用量

D. 紧急订货形成的采购成本增加

E. 操作技术改进而节省用料

2. 下列成本差异中，通常不属于生产部门责任的是(　　)。

A. 直接材料价格差异　　B. 直接人工工资率差异

C. 直接人工效率差异　　D. 变动制造费用效率差异

E. 变动制造费用耗费差异

3. 标准成本按其所依据的生产技术和经营管理水平的分类包括(　　)。

A. 基本标准成本　　B. 理想标准成本

C. 正常标准成本　　D. 现行标准成本

E. 重置成本

4. 在确定直接人工正常标准成本时，标准工时包括(　　)。

A. 直接加工操作必不可少的时间　　B. 必要的工间休息

C. 调整设备时间　　D. 不可避免的废品耗用工时

E. 由于设备意外故障产生的停工工时

5. 在标准成本账务处理系统下，下列各项中，只包含标准成本，不含有成本差异的是(　　)。

A. 在产品成本　　B. 半成品成本　　C. 产成品成本　　D. 产品销售成本

E. 生产成本

6. 各成本差异科目的贷方登记(　　)。

A. 成本超支差异 B. 成本节约差异 C. 超支差异转出额 D. 节约差异转出额

7. 原材料质量低劣，会造成（ ）向不利方面扩大。

A. 直接材料成本的用量差异 B. 直接人工成本的效率差异

C. 变动制造费用的效率差异 D. 固定制造费用的能量差异

E. 变动制造费用的耗费差异

8. 下列各项中，能够造成变动制造费用耗费差异的有（ ）。

A. 直接材料质量次，废料过多 B. 间接材料价格变化

C. 间接人工工资调整 D. 间接人工的人数过多

E. 产品物理结构变化

9. 影响变动制造费用效率差异的原因有（ ）。

A. 工人劳动情绪不佳 B. 作业计划安排不当

C. 加班或使用临时工 D. 出勤率变化

E. 设备故障较多

10. 成本差异的处理方法选择要考虑许多因素，包括（ ）。

A. 差异的类型 B. 差异的大小 C. 差异的原因 D. 差异的时间

三、判断题

1. 标准成本都是面向未来的成本，不应记入账簿。（ ）

2. 标准成本制度不仅可以用于制造类企业，也可以用于服务类企业。（ ）

3. 利用三因素法分析固定制造费用差异时，固定制造费用闲置能量差异是根据生产能量工时与实际产量标准工时的差额，乘以固定制造费用标准分配率计算得出的。（ ）

4. 管理用的成本数据通常不受统一的财务会计制度约束，也不能从财务报表直接取数，故与财务会计中使用的成本概念无关。（ ）

5. 在标准成本系统中，直接材料的价格标准是指预计下年度实际需要支付的材料市价。（ ）

6. 在成本差异分析中，数量差异的大小是由用量脱离标准的程度以及实际价格高低决定的。（ ）

7. 在标准成本账务处理系统中，原材料无论是借方还是贷方，都只能登记实际数量的标准成本。（ ）

8. 作为直接人工标准成本的用量标准必须是直接人工生产工时。（ ）

9. 无论哪种变动成本项目的实际价格上升，都会引起整个变动成本差异的不利变化。（ ）

四、计算分析题

1. 某产品的变动制造费用标准成本为：工时消耗 3 小时，变动制造费用小时分配率 5 元。本月生产产品 500 件，实际使用工时 1 400 小时，实际发生变动制造费用 7 700 元。

【要求】

(1)分析计算变动制造费用的耗费差异和效率差异。

(2)进行相关的账务处理。

2. 某产品本月成本资料如下：

（1）单位产品标准成本

直接材料	50 千克/件×9 元/千克	450 元/件
直接人工	45 千克/件×4 元/千克	180 元/件
变动制造费用	45 千克/件×3 元/千克	135 元/件
固定制造费用	45 千克/件×2 元/千克	90 元/件
合　计		855 元/件

本企业该产品正常生产能量为 1 000 小时，制造费用均按人工工时分配。

（2）本月实际产量 20 件，实际耗用材料 900 千克，实际人工工时 950 小时。实际成本如下：

直接材料	9 000 元
直接人工	3 325 元
变动制造费用	2 375 元
固定制造费用	2 850 元
合　计	17 550 元

【要求】

（1）计算本月产品成本差异总额。

（2）将成本差异总额分解为 9 种差异（固定制造费用采用三因素法）。

3. 某企业采用标准成本法，A 产品的正常生产能量为 1 000 件。单位产品标准成本如下：

直接材料	0.1 千克×150 元/千克	15 元
直接人工	5 小时×4 元/小时	20 元
制造费用：		
其中：变动费用	6 000 元/1 000 件	6 元
固定费用	5 000 元/1 000 件	5 元
单位产品标准成本		46 元

本月生产 A 产品 800 件，实际单位成本为：

直接材料	0.11 千克×140 元/千克	15.4 元
直接人工	5.5 小时×3.9 元/小时	21.45 元
制造费用：		
其中：变动费用	4 000 元/800 件	5 元
固定费用	5 000 元/800 件	6.25 元
单位产品实际成本		48.1 元

【要求】

（1）计算分析直接材料成本差异。

（2）计算分析直接人工成本差异。

（3）计算分析变动制造费用差异。

（4）采用两因素法，计算分析固定制造费用差异。

（5）采用三因素法，计算分析固定制造费用差异。

第九章　作业成本法

一、单项选择题

1. 企业生产经营过程中各项独立并相互联系的活动是指（　　）。

A. 作业链　　B. 价值链　　C. 作业　　D. 作业管理

2. 下列各项中，应当作为建立作业链出发点的是（　　）。

A. 产品　　B. 顾客　　C. 原材料　　D. 订单

3. 下列各项中，属于作业成本法中成本性态的是（　　）。

A. 成本动因与成本之间的依存关系

B. 成本与业务量之间的关系

C. 成本与生产之间的关系

D. 成本与作业之间的关系

4. 下列各项中，属于满足客户需求所必需的作业是（　　）。

A. 非增值作业　　B. 增值作业　　C. 作业链　　D. 资源动因

5. 由同质的成本动因组成的成本费用是指（　　）。

A. 作业　　B. 作业链　　C. 成本库　　D. 成本管理

6. 在正常条件下，现有资源充分利用时的作业水平是指（　　）。

A. 提供的作业　　B. 已耗用作业　　C. 未耗用作业　　D. 作业管理量

7. 在企业现有资源得到充分利用的条件下，作业管理的数量预算称为（　　）。

A. 作业预算　　B. 成本预算　　C. 预算成本　　D. 约定能力预算

8. 单位层作业的作业成本的高低与产品产量（　　）。

A. 呈反比例变动　　B. 呈正比例变动

C. 没有关系　　D. 时而呈正比例变动，时而无关

9. 要想降低批量层作业成本，只能设法减少（　　）。

A. 作业的批数　　B. 变动成本　　C. 单位成本　　D. 总成本

10. 能够为企业整体服务，与企业整体管理水平有关的作业是指（　　）。

A. 单位层作业　　B. 批量层作业　　C. 公司层作业　　D. 产品层作业

11. 下列各项中，属于调整作业动因的是（　　）。

A. 产品设计　　B. 一般管理　　C. 生产批次　　D. 检验次数

12. 下列各项中，属于机器设备的资源动因是（　　）。

A. 人工小时　　B. 机器小时　　C. 生产批次　　D. 材料消耗数量

13. 生产能力层作业是指(　　)。
A. 单位层作业　B. 批量层作业　C. 产品层作业　D. 公司层作业
14. 编制作业预算的第一步是(　　)。
A. 制定标准　B. 制定成本分配预算
C. 制定耗费预算　D. 制定产品成本预算
15. 下列各项中,属于传统成本控制的对象是(　　)。
A. 价值链　B. 作业链　C. 资源动因　D. 成本项目
16. 下列各项中,能够从价值上反映企业作业链的指标是(　　)。
A. 资源量　B. 作业量　C. 价值链　D. 作业管理
17. 下列各项中,应当纳入作业管理的成本范围的是(　　)。
A. 为获取资源发生的支出　B. 资源的耗用
C. 反映支出水平的增减变动　D. 生产过程的一切支出
18. 下列各项中,能够反映作业量与资源耗费之间因果关系的是(　　)。
A. 资源动因　B. 作业动因　C. 产品动因　D. 成本动因
19. 下列各项中,属于较难确定作业动因的是(　　)。
A. 单位层作业　B. 批量层作业　C. 产品层作业　D. 公司层作业
20. 主张适时生产系统的人认为:大多数企业的产品生产加工时间达不到产品生产总时间的(　　)。
A. 5%　B. 10%　C. 15%　D. 20%

二、多项选择题

1. 在作业管理下,进行成本性态分析可依据成本动因将全部成本划分为(　　)。
A. 短期变动成本　B. 短期固定成本　C. 长期变动成本　D. 混合成本
E. 长期固定成本
2. 成本动因按其在作业成本中体现的分配性质不同,可以分为(　　)。
A. 资源动因　B. 作业动因　C. 产品动因　D. 需求动因
E. 价格动因
3. 下列各项中,可以揭示作业管理与传统成本控制区别的表述有(　　)。
A. 成本控制的对象不同　B. 成本控制的性质不同
C. 研究范畴不同　D. 成本改进的侧重点不同
E. 分析内容不同
4. 在理想状态下,企业生产经营过程中的增值作业为(　　)。
A. 产品设计　B. 存货中的存储　C. 产品加工　D. 产品交付
E. 机器维修停工
5. 按照预算制定的生产环境不同,可以将作业预算分为(　　)。
A. 理想预算　B. 现实预算　C. 成本预算　D. 费用预算
E. 增值预算
6. 下列各项中,属于公司层作业的有(　　)。
A. 产品设计　B. 产品介绍　C. 人事管理　D. 一般管理

E. 机器调整

7. 下列各项中,属于作业成本计算与传统成本计算明显区别的有( )。

A. 以作业中心来归集资源费用　　B. 采用多元化的制造费用分配标准

C. 不计算产品成本　　D. 计算作业消耗

E. 进行作业管理

8. 下列各项中,属于作业价值分析具体内容的包括( )。

A. 资源动因价值分析　　B. 作业动因价值分析

C. 作业链的连接价值分析　　D. 增值作业的确认

E. 非增值作业的消除

9. 作业按其等级不同,可以分为( )。

A. 单位层作业　　B. 批量层作业　　C. 产品层作业　　D. 公司层作业

E. 上层作业

10. 下列各项中,属于批量层作业的有( )。

A. 机器调整　　B. 产品设计　　C. 机器小时　　D. 产品检验

E. 订单处理

11. 主张适时生产系统的人认为:传统的生产过程是间断的,产品生产总时间包括( )。

A. 加工时间　　B. 整理时间　　C. 运送时间　　D. 等待时间

E. 检验时间

12. 下列各项中,可以作为作业成本计算理论依据的是( )。

A. 作业消耗资源　　B. 产品消耗作业

C. 直接人工成本的增加　　D. 间接费用的降低

E. 成本性态分析

13. 企业的作业按其利用程度不同,可以分为( )。

A. 提供作业　　B. 已耗用作业　　C. 未耗用作业　　D. 作业链

E. 生产作业

14. 推行适时生产系统的核心思想是( )。

A. 消除非生产时间　　B. 消除非增值作业

C. 消除增值作业　　D. 消除生产时间

E. 消除生产间断现象

15. 下列各项中,属于优化作业链具体措施的有( )。

A. 消除非增值作业　　B. 分析供应商和客户

C. 改变产品工艺设计　　D. 不断进行技术创新

E. 产品设计与经济相结合

16. 下列各项中,可以作为直接人工作业动因的是( )。

A. 生产批次　　B. 订单份数　　C. 机器小时　　D. 人工小时

E. 检验次数

17. 在作业管理环境下,为消除非增值作业可以采用的先进方法有( )。

A. 推行适时生产系统　　B. 进行全面质量管理

C. 实现零存货　　　　D. 实现零缺陷

E. 采取有效措施降低某项较高的成本

18. 下列各项中,属于与产品层作业的作业动因无关的因素有(　　)。

A. 产品设计　　　　B. 正在生产的产品产量

C. 正在生产的生产批量　　　　D. 企业总体规划中的特定产品

E. 订单份数

19. 下列各项中,能够准确描述长期变动成本显著特征的表述有(　　)。

A. 作业消耗量的变动与成本的变动在时间上不同步

B. 成本的变动在时间上与业务量的变动同步

C. 成本动因与业务量无关

D. 变动所需时间较短

E. 变动所需时间较长

20. 下列各项中,属于在作业管理环境下改善企业生产经营措施的有(　　)。

A. 优化作业链　　　　B. 合理配置企业资源

C. 推行适时生产系统　　　　D. 坚持全面质量管理

E. 调动全体职工降低成本的积极性

三、判断题

1. 作业管理是指以产品需要为出发点,以产品分析为核心的一种先进的成本管理方式。(　　)

2. 本期发生的生产调度成本,其成本动因是生产批次。(　　)

3. 资源动因能够反映产品产量与作业成本之间的因果关系。(　　)

4. 作业中心是指将各种资源耗费项目按同一作业动因归集起来的成本类别。(　　)

5. 作业管理属于战略管理不可缺少的一个组成部分。(　　)

6. 作业管理仅限于企业内部的供产销分析,它的研究范畴与传统成本控制的研究范畴不同。(　　)

7. 实施作业管理必须首先分析客户的需求,分析作业链的构成。(　　)

8. 作业动因应当反映公司管理与作业成本的因果关系。(　　)

9. 产品层作业与正在生产的产品产量相关。(　　)

10. 公司层作业成本大多与企业的生产能力相联系。(　　)

11. 客户不需要而不能形成价值增值的作业是非增值作业。(　　)

12. 因质量问题出现的返修、重复检测属于增值作业。(　　)

13. 编制作业预算必须预计各作业中心的资源动因量,根据单位资源的价格标准确认各作业中心的资源耗费。(　　)

14. 提供作业是指企业生产经营过程中实际发生的作业水平。(　　)

15. 消除非增值作业的最有效方法是实行适时生产系统。(　　)

16. 对于批量层作业,可采取类似与短期变动成本的差异分析,只是分解因素略有不同。(　　)

17. 价值链的完善,是从分析产品开始的。(　　)

18. 成本动因与成本的发生具有相关性，另外成本动因本身不具有可计量性。　（　　）

19. 适时生产系统是一种最为理想的生产系统，从我国的目前生产环境来看，无法达到，因此我国可以完全排斥适时生产系统。　（　　）

20. 作业成本计算真正在实践中得以应用是从 20 世纪 80 年代开始的。　（　　）

四、计算分析题

1. 某服装制造企业采用作业基础成本法核算产品成本。该企业某月发生直接材料成本 32 000 元，其中甲产品耗用 18 000 元，乙产品耗用 14 000 元；直接人工成本 19 000 元，其中甲产品应负担 11 000 元，乙产品应负担 8 000 元；制造费用 56 000 元。该企业的作业情况见下表：

作业中心	资源分配	成本动因	动因量	
			甲产品	乙产品
材料整理	14 000	处理材料批数	10	30
质量检验	10 000	检验次数	10	15
机器调试	20 000	调试次数	80	120
使用机器	12 000	机器小时数	20	80

【要求】

(1)计算各作业中心的动因率。

(2)假定该企业的当月产量为甲产品 500 件，乙产品 400 件，期初期末在产品为零，计算这个月的完工产品总成本和完工产品单位成本。

(3)编制有关费用归集、分配和完工产品入库的会计分录。

2. 某钟表制造公司采用作业基础成本法计算分配间接费用，20××年 5 月份，该企业有关资料见下表：

作　　业	成本动因	成本(元)	作业水平	
			时钟	手表
生产准备	准备次数	70 000	30	20
材料管理	零件数	20 000	15	25
包装与运输	运输数量	45 000	5 000	7 000
间接费用合计		135 000		

【要求】

(1)用作业基础成本法计算分配每种产品的间接费用总额。

(2)以人工工时作为分配基础计算分配各产品的间接费用总额。假定装配每只时钟的小时数是 0.5 小时，装配每只手表的小时数是 1 小时。时钟的生产量为 5 000 只，手表的生产量为7 000只。

3. 某企业生产甲、乙两种产品，其中甲产品900件，乙产品300件，其作业情况数据如下表所示：

单位：元

作业中心	资源耗用（元）	动因	动因量（甲产品）	动因量（乙产品）	合计
材料处理	18 000	移动次数	400	200	600
材料采购	25 000	订单件数	350	150	500
使用机器	35 000	机器小时	1 200	800	2 000
设备维修	22 000	维修小时	700	400	1 100
质量控制	20 000	质检次数	250	150	400
产品运输	16 000	运输次数	50	30	80
合计	136 000				

【要求】 按作业成本法计算甲、乙两种产品的成本，并填制下表：

作业中心	成本库（元）	动因量	动因率	甲产品	乙产品
材料处理	18 000	600			
材料采购	25 000	500			
使用机器	35 000	2 000			
设备维修	22 000	1 100			
质量控制	20 000	400			
产品运输	16 000	80			
合计总成本	136 000				
单位成本					

第三篇

成本分析与成本控制

第十章 成本习性分析

一、单项选择题

1. 管理会计将成本分为业务成本、责任成本和质量成本的划分依据是(　　)。

A. 成本计算对象　　B. 成本实际发生的时态

C. 成本的可辨认性　　D. 成本的经济用途

2. 在管理会计中,将全部成本区分为产品成本和期间成本的分类标志是(　　)。

A. 成本的目标　　B. 成本发生的时态

C. 成本的相关性　　D. 成本的可盘存性

3. 将全部成本分为固定成本、变动成本和混合成本所采用的分类依据是(　　)。

A. 成本核算目标　　B. 成本的可辨认性

C. 成本的经济用途　　D. 成本的性态

4. 在财务会计中,销售费用的正确归属是(　　)。

A. 制造费用　　B. 主要成本　　C. 加工成本　　D. 非制造成本

5. 管理会计中对成本相关性的正确解释是(　　)。

A. 与决策方案有关的成本特性　　B. 与控制标准有关的成本特性

C. 与资产价值有关的成本特性　　D. 与归集对象有关的成本特性

6. 下列各项中,只能在发生当期予以补偿、不可能递延到下期的成本是(　　)。

A. 直接成本　　B. 间接成本　　C. 产品成本　　D. 期间成本

7. 单位固定成本在相关范围内的变动规律为(　　)。

A. 随业务量的增加而减少　　B. 随业务量的减少而减少

C. 随业务量的增加而增加　　D. 不随业务量的变动而变动

8. 在各类固定成本中,能够在不改变企业生产经营能力的前提下降低其总额的是(　　)。

A. 约束性固定成本　　B. 酌量性固定成本

C. 半固定成本　　D. 单位固定成本

9. 在管理会计中,单耗相对稳定的外购零部件成本应当归属于(　　)。

A. 约束性固定成本　　B. 酌量性固定成本

C. 技术性变动成本　　D. 酌量性变动成本

10. 为排除业务量因素的影响,在管理会计中反映变动成本水平的指标一般是(　　)。

A. 变动成本总额　　B. 单位变动成本

C. 变动成本的总额与单位额　　D. 变动成本率

11. 标准式混合成本又可称为(　　)。

A. 半固定成本　　B. 半变动成本

C. 延期变动成本　　D. 曲线式成本

12. 下列各项中,属于阶梯式混合成本的是(　　)。

A. 制造费用　　B. 生产工人计件工资

C. 机器设备维护保养费　　D. 检验员工资

13. 在管理会计中,狭义的相关范围是(　　)。

A. 成本的变动范围　　B. 业务量的变动范围

C. 时间的变动范围　　D. 市场容量的变动范围

14. 就同一企业而言,同一成本项目在不同时期可能有不同的性态,这是因为成本在相关范围内具有(　　)。

A. 相对性　　B. 暂时性　　C. 可转化性　　D. 变动性

15. 成本性态分析的对象与成本按性态分类的对象相同,都是(　　)。

A. 总成本　　B. 固定成本　　C. 变动成本　　D. 资金运动

16. 某企业在进行成本性态分析时,需要对混合成本进行分解。据此可以断定:该企业应用的是(　　)。

A. 高低点法　　B. 回归直线法　　C. 分步分析程序　　D. 同步分析程序

17. 在应用高低点法进行成本性态分析时,选择高点坐标的依据是(　　)。

A. 最高的业务量　　B. 最高的成本

C. 最高的业务量和最高的成本　　D. 最高的业务量或最高的成本

18. 在应用历史资料分析法进行成本性态分析时,必须首先确定 a,然后才能计算出 b 的方法是(　　)。

A. 直接分析法　　B. 高低点法　　C. 散布图法　　D. 回归直线法

19. 当相关系数 r 等于 $+1$ 时,表明成本与业务量之间的关系是(　　)。

A. 基本正相关　　B. 完全正相关　　C. 完全无关　　D. 基本无关

20. 在历史资料分析法的具体应用方法中,计算结果最为精确的方法是(　　)。

A. 高低点法　　B. 散布图法　　C. 一元直线回归法　　D. 直接分析法

二、多项选择题

1. 下列各项中,属于未来成本的有(　　)。

A. 标准成本　　B. 变动成本　　C. 固定成本　　D. 混合成本

E. 预算成本

2. 下列各项中,属于成本按其可辨认性为标志进行分类结果的有(　　)。

A. 间接成本　　B. 主要成本　　C. 直接成本　　D. 加工成本

E. 可按成本

3. 按经济用途对成本进行分类,其结果应包括的成本类型有(　　)。

A. 未来成本　　B. 生产成本　　C. 非生产成本　　D. 责任成本

E. 可控成本

4. 下列各项中，属于固定成本的有（ ）。

A. 定期支付的广告费 B. 计件工资
C. 企业管理人员工资 D. 按直线法计提的折旧费
E. 按产量法计提的折旧费

5. 下列各项中，属于固定成本特点的有（ ）。

A. 总额的不变性 B. 总额的正比例变动性
C. 单位额的不变性 D. 单位额的反比例变动性
E. 单位额的变动性

6. 在不改变企业经营方向的前提下，不宜降低成本总额，而应通过提高产品产量，降低其单位额的成本项目是（ ）。

A. 新产品开发费 B. 机器设备折旧费
C. 员工培训费 D. 保险费
E. 管理人员薪金

7. 下列各项中，一般应纳入变动成本的有（ ）。

A. 办公费 B. 计件工资
C. 按生产数量法提取的折旧 D. 直接材料
E. 车间租赁费

8. 下列各项中，属于技术性变动成本的有（ ）。

A. 计件工资 B. 可以改进燃料成本
C. 单耗相对稳定的外购零部件成本 D. 可调换购买单位的外购材料成本
E. 计时工资

9. 在相关范围内，变动成本应当具备的特征有（ ）。

A. 总额的不变性 B. 总额的正比例变动性
C. 单位额的不变性 D. 单位额的变动性
E. 单位额的反比例变动性

10. 下列各项中，属于混合成本类型的有（ ）。

A. 阶梯式混合成本 B. 递增型混合成本
C. 递减型混合成本 D. 标准式混合成本
E. 低坡式混合成本

11. 下列各项中，属于广义相关范围的有（ ）。

A. 成本范围 B. 收入范围 C. 费用范围 D. 业务量范围
E. 期间范围

12. 由明显的变动和固定两部分成本组成的混合成本包括（ ）。

A. 半固定成本 B. 标准式混合成本
C. 低坡式混合成本 D. 曲线式混合成本
E. 阶梯式混合成本

13. 由于相关范围的存在，导致固定成本和变动成本的性态均具有以下特点，即（ ）。

A. 相对性 B. 暂时性 C. 可转化性 D. 不变性
E. 正比例变动性

14. 下列各项中,能够揭示成本性态分析与成本按其性态分类关系的表述有(　　)。
A. 两者既有联系,又有区别　　B. 两者的性质不同
C. 两者的最终结果不同　　D. 两者的对象不同
E. 前者以后者为前提

15. 下列各项中,既可以用于同步分析程序,又可以用于混合成本分解的方法包括(　　)。
A. 高低点法　　B. 散布图法　　C. 一元直线回归法　　D. 直接分析法
E. 技术测定法

16. 下列各项中,属于成本性态分析程序的有(　　)。
A. 技术测定法　　B. 同步分析法　　C. 直接分析法　　D. 分步分析法
E. 一元直线回归法

17. 成本性态分析中的历史资料分析法包括(　　)。
A. 高低点法　　B. 散布图法　　C. 技术测定法　　D. 直接分析法
E. 一元直线回归法

18. 利用历史资料分析法建立成本模型时,计算步骤正确的有(　　)。
A. 先求 b 后求 a　　B. 先求 a 后求 b
C. a 和 b 可以同时求得　　D. 先求 r,再求 a 和 b
E. 先求 x 和 y,再求 a 和 b

19. 下列企业中,不宜采用技术测定法进行成本性态分析的有(　　)。
A. 新建企业　　B. 进行过技术改造的老企业
C. 没有历史资料的企业　　D. 生产能力有重大变动的企业
E. 无法应用历史资料分析法和直接分析法的企业

20. 在应用一元直线回归法进行成本形态分析时,相关系数 r 应满足的条件有(　　)。
A. r 等于-1　　B. r 等于 0　　C. r 等于$+1$　　D. r 趋近于$+1$
E. r 为任意值

三、判断题

1. 管理会计中的成本概念不强调成本发生的时态。(　　)
2. 将成本按其可辨认性分为直接成本与间接成本有利于分清各部门责任,考核其工作业绩。(　　)
3. 由于广义产品有销货和存货两种形式,因此产品成本也存在两种表现形式,即销货成本和存货成本。(　　)
4. 定期支付的广告费属于酌量性固定成本。(　　)
5. 成本性态是成本总额与特定业务量在质量方面的依存关系。(　　)
6. 成本按经济用途分类,是财务会计按完全成本法进行成本核算的基础。(　　)
7. 固定成本的水平通常以其总额来表示,而变动成本的水平则以其单位额来表示。(　　)
8. 无论哪一种混合成本,实质上都可以区分为固定部分和变动部分。(　　)
9. 通常我们所讲的降低固定成本总额就是指降低约束性固定成本。(　　)
10. 成本性态分析的最终目的就是要把全部成本区分为固定成本、变动成本和混合成本

三大类。（　　）

11. 成本性态是恒定不变的。（　　）

12. 半变动成本即标准式混合成本。（　　）

13. 成本性态分析是成本按其性态分析的前提。（　　）

14. 成本性态模型 $y=a+bx$ 中的 b，就是指单位变动成本。（　　）

15. 无论在什么情况下，都必须进行混合成本分解。（　　）

16. 成本性态分析的方法只适用于特定的分析程序。（　　）

17. 成本性态分析的直接分析法不适用于规模较大的企业。（　　）

18. 在一般情况下，直接成本与变动成本具有相同的内容，间接成本与固定成本具有相同的内容。（　　）

19. 高低点法的优点是计算精度高，缺点是计算过程过于复杂。（　　）

20. 相关系数 r 的大小对能否采用一元直线回归法有重大影响。（　　）

四、计算分析题

1. 和平公司20××年上半年的业务量与电费（混合成本）资料如下表所示：

项　目	1月	2月	3月	4月	5月	6月
业务量（机器小时）	60	41	40	70	90	85
电费（元）	110	84	85	105	120	121

【要求】 采用高低点法分解该项混合成本。当业务量达到100机器小时时，该公司的电费估计是多少？

2. 某企业只生产一种产品，20××年前10个月该企业发生的制造费用如下表所示：

指标＼月份	1	2	3	4	5	6	7	8	9	10
产量（件）	150	200	300	250	300	250	350	300	250	150
制造费用（元）	16 000	20 000	27 000	25 000	26 000	24 000	28 000	25 000	23 000	16 000

【要求】 用高低点法对该企业的制造费用进行分解。

3. 某企业的设备维修费属于混合成本，20××年各月的实际资料如下表所示：

指　标＼月　份	1	2	3	4	5	6	7	8	9	10	11	12
机器工作小时（小时）	9	8	9	10	12	14	11	11	13	8	6	7
设备维修费（千元）	30	25	29	31	34	40	32	33	35	26	20	22

【要求】

（1）用一元直线回归法对该企业的设备维修费进行分解。

（2）利用EXCEL函数，计算相关系数 r、回归系数 a 和 b，并与手工计算结果进行对比。

第十一章　成本报表的编制与分析

一、单项选择题

1. 成本报表主要是为满足(　　)的需要而编制的报表。

A. 内部管理　　B. 股东　　C. 债权人　　D. 政府有关部门

2. 成本报表的种类、格式、项目、指标的设计和编制方法，由(　　)。

A. 政府有关部门规定　　B. 企业会计制度规定

C. 财务会计条例规定　　D. 企业自行决定

3. 下列报表中，不属于成本报表的是(　　)。

A. 产品生产成本表　　B. 成本计划预计完成情况表

C. 责任成本表　　D. 利润表

4. 产品生产成本表和主要产品单位成本表中相同产品的(　　)数额应当相符。

A. 单位成本　　B. 实际总成本　　C. 计划总成本　　D. 上年总成本

5. 不同企业管理者对成本信息的不同要求，决定了这些企业的成本报表的种类、内容、编制方法及编制周期的差异，体现的是成本报表编制的(　　)原则。

A. 适用性　　B. 可能性

C. 成本效益　　D. 及时性

6. 将成本指标与反映生产、销售等生产经营成果的指标对比，分析和比较生产耗费的经济效益的好坏的分析方法属于(　　)。

A. 对比分析法　　B. 比率分析法　　C. 趋势分析法　　D. 因素分析法

7. 某产品本年实际平均单位成本与其本年计划单位成本的差异，除以本年计划单位成本，等于该产品的(　　)。

A. 计划成本降低额　　B. 实际成本降低额

C. 计划成本降低率　　D. 实际成本降低率

8. 构成产品成本的各费用项目分别与产品成本总额相比，是一种(　　)。

A. 相对数差额　　B. 动态比率　　C. 相关比率　　D. 构成比率

二、多项选择题

1. 企业成本报表的种类、格式、项目和编制方法，可以由(　　)。

A. 企业自行决定

B. 国家统一会计制度规定

C. 主管企业的上级机构联同企业共同商定

D. 企业会计准则规定

2. 反映一定时期内各类资产耗费状况的报表有(　　)。

A. 生产费用表　　B. 制造费用表

C. 管理费用表　　D. 责任成本表

3. 为了加强成本的日常管理,会计部门对于成本耗费的主要指标,也可以(　　)编报。

A. 按月　　B. 按旬　　C. 按周　　D. 按日

4. 影响产品成本中直接材料费用变动的因素有(　　)。

A. 产品产量　　B. 产品质量

C. 单位产品材料消耗量　　D. 材料单价

5. 成本报表资料来源的主要渠道是日常成本费用的会计核算资料,其构成内容可分为(　　)。

A. 会计凭证资料　　B. 会计账簿资料

C. 以前年度的会计文件资料　　D. 统计资料

6. 成本报表编制的原则有(　　)。

A. 适用性　　B. 可能性　　C. 成本效益　　D. 及时性

7. 按成本项目反映的产品生产成本表,一般包括(　　)等部分。

A. 本期生产费用总额　　B. 在产品和自制半成品期初余额

C. 在产品和自制半成品期末余额　　D. 本期产品生产成本总额

8. 主要产品单位成本表应当反映该主要产品单位成本的(　　)。

A. 历史先进水平　　B. 上年实际平均水平

C. 本年计划水平　　D. 本年实际平均水平

9. 下列各项中,属于常用的成本分析方法的是(　　)。

A. 对比分析法　　B. 比率分析法

C. 趋势分析法　　D. 因素分析法

10. 下列报表中,属于成本报表的有(　　)。

A. 产品生产成本表　　B. 主要产品单位成本表

C. 制造费用明细表　　D. 管理费用明细表

三、判断题

1. 成本报表是一种内部管理会计报表,一般不对外报送和公开。(　　)

2. 与其他会计报表一样,成本报表也必须定期编制。(　　)

3. 虽然成本报表主要是服务于企业内部经营管理目的的报表,它也应有固定的种类、格式和内容。(　　)

4. 为了便于比较,不同企业成本报表的种类、格式、内容、编制方法、编制周期应当一致。(　　)

5. 产品生产成本表只能按产品品种反映。(　　)

6. 不可比产品是指企业以前从未生产过,本年度初次生产的新产品。(　　)

7. 成本报表的编制要客观、及时,成本信息要具有相关性和可靠性。(　　)

8. 企业编制的各生产单位汇总的制造费用明细表，既包括基本生产单位的制造费用，也包括辅助生产单位的制造费用。（　）

9. 期间费用明细表是反映企业一定会计期间内生产成本和各项期间费用的发生额及其构成情况的报表。（　）

10. 产量变动，即使单位成本不变，也会使成本降低率发生变化。（　）

四、计算分析题

1. 某企业影响产品单位成本中直接人工费用变动的因素主要是单位产品工时和每小时工资率两个因素，如下表所示：

产品成本的直接人工费用表

编制单位：××　　20××年12月　　单位：元

指　标	单　位	计划数	实际数	差　异
产品产量	件	40	42	+2
单位产品工时	小时	25	24	−1
小时工资率	元	18	20	+2
人工费用总额	元	18 000	20 160	+2 160

【要求】 采用连环替代法分析产品成本的直接人工费用的差异情况。

2. 某厂生产甲、乙、丙三种产品，其中，甲、乙两种产品为可比产品，丙产品为不可比产品。本年有关产品产量成本资料如下表所示：

产品产量成本资料

20××年度　　金额单位：元

项　目	甲产品	乙产品	丙产品
产品产量(件)			
本年计划	2 160	1 008	960
本年实际	2 500	1 000	1 000
产品单位成本			
上年实际平均	600	500	
本年计划	582	490	555
本年实际平均	579	491	530

【要求】 (1)编制按产品品种类别反映的产品生产成本表：

产品成本表

（按品种反映）

编制单位：××工厂　　　　20××年度　　　　金额单位：元

产　品	计量单位	产量		单位成本			本年累计总成本		
		本年计划	本年实际	上年实际平均	本年计划	本年累计实际平均	按上年实际平均单位成本计算	按本年计划单位成本计算	本年实际
可比产品									
甲产品	件								
乙产品	件								
不可比产品									
丙产品	件								
合　计									

(2)计算全部产品与计划比较的成本降低额和降低率，完成全部产品成本计划完成情况分析表，并简要评价该厂的全部产品成本计划完成情况。

全部产品成本计划完成情况分析表

编制单位：××工厂　　　　20××年度　　　　金额单位：元

产品名称	计量单位	实际产量	单位成本		实际产量的总成本		与计划成本比	
			本年计划	本年实际	按本年计划单位成本计算	本年实际	成本降低额	成本降低率(%)
可比产品								
甲产品	件							
乙产品	件							
不可比产品								
丙产品	件							
合　计								

(3)计算可比产品与计划比较的成本降低额和降低率，完成可比产品成本实际完成情况分析表，并简要评价该厂全部产品成本实际完成情况。

可比产品成本计划完成情况分析表

金额单位：元

产品名称	计量单位	实际产量	单位成本		实际产量的总成本		与上年成本比	
			上年实际	本年实际	按上年实际平均单位成本计算	本年实际	成本降低额	成本降低率(%)
可比产品								
甲产品	件							
乙产品	件							

(4)计算可比产品与上年比较的成本降低额和降低率,完成可比产品成本实际完成情况分析表,并简要评价该厂全部产品成本实际完成情况。

可比产品成本实际完成情况分析表

金额单位:元

产品名称	计量单位	实际产量	单位成本		实际产量的总成本		与上年成本比	
			上年实际	本年实际	按上年实际平均单位成本计算	本年实际	成本降低额	成本降低率(%)
可比产品								
甲产品	件							
乙产品	件							

第十二章　责任成本控制

一、单项选择题

1. 为了适应社会主义市场经济发展的要求，一般应以(　　)作为成本考核指标。

A. 可比产品成本计划完成指标　　B. 全部产品成本计划完成率

C. 标准成本　　D. 责任成本

2.(　　)是目标成本管理的重要环节。

A. 成本控制　　B. 成本考核　　C. 成本分析　　D. 成本计划

3. 既要对收入负责，又要对成本费用负责的是(　　)。

A. 成本中心　　B. 费用中心　　C. 利润中心　　D. 投资中心

4.(　　)是企业目标成本管理的核心。

A. 责任成本　　B. 标准成本　　C. 定额成本　　D. 产品成本

5. 下列有关责任成本的表述中，正确的是(　　)。

A. 责任成本与产品成本的目标是不一致的　B. 责任成本是发生在成本中心的成本

C. 责任成本只包括可控成本　　D. 责任成本与产品成本完全不同

6. 应用得最为广泛的责任中心是(　　)。

A. 成本中心　　B. 利润中心　　C. 投资中心　　D. 不确定

7. 责任成本考核的关键在于(　　)。

A. 编制责任成本预算　　B. 修订责任成本预算

C. 确定成本考核指标　　D. 评价最终业绩

8. 责任中心的成本考核应以(　　)为重点。

A. 责任成本　　B. 产品成本　　C. 变动成本　　D. 可控成本

9. 下列有关可控成本的表述中，错误的是(　　)。

A. 成本的可控性是就特定的责任中心、特定的期间和特定的权限而言的

B. 某项成本对某责任中心是可控的，但对另一责任中心却是不可控的

C. 有些成本在这个时间是可控的，而在另一个时间可能是不可控的

D. 下一级责任中心的可控成本，往往是上一级责任中心的不可控成本

10. 目标成本责任制的核心是(　　)。

A. 责权利相结合

B. 借以控制和降低各种产品的生产

C. 明确各责任中心的经济责任和经济利益

D. 对目标成本的实现情况和成本预算指标的完成结果进行全面的审核和评价

二、多项选择题

1. 责任成本与产品成本的主要区别是(　　)。

A. 成本核算的对象不同　　B. 成本核算的原则不同

C. 成本核算的内容不同　　D. 成本核算的目的不同

E. 成本信息来源不同

2. 下列说法中,正确的是(　　)。

A. 责任中心所计量和考核的责任成本必须是可控成本

B. 责任中心发生的成本都是可控成本

C. 可控成本是相对于不可控成本而言的

D. 可控成本与不可控成本的划分是绝对的

E. 可控成本是对责任中心进行成本考核的主要依据

3. 成本考核工作的内容主要包括(　　)。

A. 编制责任成本预算　　B. 计算各责任中心的责任成本

C. 修订责任成本预算　　D. 确定成本考核指标

E. 进行业绩评价

4. 责任中心具有的特征是(　　)。

A. 拥有适当的经营决策权　　B. 承担与其经营权相适应的经济责任

C. 建立与责任相配套的利益机制　　D. 局部利益必须与企业整体利益相一致

E. 一般可分为成本中心、利润中心和投资中心三种类型

5. 下列有关责任成本的表述中,正确的是(　　)。

A. 责任中心,不论层次高低、所负责任大小,都要考核其责任成本

B. 责任成本是企业目标成本管理的核心

C. 责任成本是指由特定的责任中心所发生的耗费

D. 责任成本的核算原则是"谁受益,谁承担"

E. 责任成本预算应按各责任中心的预定业务量进行编制,并按实际发生的业务量进行调整

6. 将责任中心划分为成本中心、利润中心和投资中心的依据是(　　)。

A. 规模大小　　B. 费用多少　　C. 控制区域　　D. 权责范围

E. 业务量

7. 责任成本与产品成本之间的联系主要表现为(　　)。

A. 原始成本信息是相同的

B. 加工整理的主体是相同的

C. 责任成本控制的有效与否将直接影响产品成本的耗费水平

D. 两者的总目标是一致的

E. 一定时期的责任成本总额和一定时期的产品成本总额

8. 责任成本核算体系的具体内容由(　　)构成。

A. 责任中心的划分　　B. 原始凭证的设计和填制

C. 内部转移价格的制定　　D. 内部控制制度的建立和完善

E. 确定成本考核指标

9. 下列有关成本考核的表述中，正确的是(　　)。

A. 责任成本预算是各责任中心业绩控制和考核的重要依据

B. 成本考核是目标成本管理的重要环节

C. 成本考核必须同目标成本责任制结合起来

D. 成本考核应以弹性预算为依据

E. 成本考核的指标主要集中于目标成本完成情况

10. 进行责任成本考核，应以(　　)为主要考核指标。

A. 营业利润　　　　B. 目标成本节约额

C. 投资报酬率　　　　D. 剩余利润

E. 目标成本节约率

三、判断题

1. 企业一定时期内的销售收入是一个限定的常数，而成本在很大程度上是一个企业可控制的变量。(　　)

2. 不论是什么类型的责任中心，也不论其层次高低、所负责任的大小，都有责任成本发生。(　　)

3. 由于责任成本的计算与产品成本的计算是两个不同的核算体系，因此，责任成本控制的有效与否不会影响产品成本的耗费水平。(　　)

4. 成本的可控性是就特定的责任中心、特定的期间和特定的权限而言的。(　　)

5. 在对成本中心考核时，如果预算产量与实际产量不一致时，应先按弹性预算的方法调整预算指标，然后再进行考核。(　　)

6. 成本中心不论其规模的大小，其控制和考核的内容是一致的。(　　)

7. 责任成本核算既是进行成本控制和成本考核的重要手段，又是实施经济核算制的重要手段。(　　)

8. 在进行成本考核时，只要某责任中心发生目标成本超支情况，就意味着该责任中心的成本控制较差，业绩也较差。(　　)

9. 分清可控成本与不可控成本是责任中心成本核算的一个前提条件。(　　)

四、计算分析题

1. 德尔玛食品店有一个小烘烤房，以很低的价格销售咖啡和烘烤食品。例如，一杯咖啡和一个面包圈的价格为 4 元。烘烤房的基本目标是将客户吸引到商店来，并使商店洋溢烘烤香气。每个会计年度，烘烤房的成本都超过了收入。

【要求】 你认为烘烤房应当作为成本中心还是利润中心核算？请加以解释。

2. 赛洋公司下属的一分厂生产运动鞋，直接材料、直接人工与制造费用的单位预算成本分别为 120 元、24 元和 36 元。该厂的经理对下列业绩报告十分满意：

项　目	实际成本	预算成本	差　异
直接材料	1 092 000	1 200 000	108 000(有利)
直接人工	234 000	240 000	6 000(有利)
制造费用	330 000	360 000	30 000(有利)
合　计	1 656 000	1 800 000	144 000(有利)

假设上述三个成本项目均为变动成本，当期实际生产运动鞋 8 800 双。

【要求】 根据上述资料，对该分厂的业绩进行评价。

3. 三洋公司的一车间生产甲产品，预算产量为 6 000 件，其成本预算资料如下表所示：

成本项目	标准单价	标准用量	标准成本
直接材料	8 元/千克	5 千克/件	40 元
直接人工	20 元/小时	1 小时/件	20 元
合　计			60 元

当期实际生产甲产品 5 500 件，实际发生的成本资料如下表所示：

成本项目	实际单价	实际用量	实际单位成本	实际总成本
直接材料	8.50 元/千克	4.80 千克/件	40.80 元	224 400 元
直接人工	18.20 元/千克	1.2 小时/件	21.84 元	120 120 元
合　计			62.64 元	344 520 元

【要求】 计算该车间的目标成本降低额和目标成本降低率。

第十三章　目标成本控制

一、单项选择题

1.(　　)是成本管理的核心内容。

A. 目标成本控制　　B. 标准成本控制　　C. 作业成本控制　　D. 责任成本控制

2. 目标成本控制是基于(　　)的管理理念和方法，以具有竞争力的市场价格和目标利润倒推出目标成本，并予以分解落实，据此控制企业生产经营全过程的各项耗费，使实际成本符合目标要求的一种成本控制方式。

A. 成本核算　　B. 市场导向和市场竞争

C. 成本控制　　D. 价值管理

3. 目标成本控制的(　　)特点增强了成本控制的目的性和科学性，控制重心前移，使成本控制更加主动和有效，改变了以事后控制为基础的传统成本控制观念。

A. 全时序控制　　B. 全视角控制　　C. 全主体控制　　D. 全过程控制

4. 在目标成本控制中，期间费用应按(　　)来设置账户。

A. 成本性态　　B. 成本控制　　C. 成本分析　　D. 成本管理

5.(　　)涵盖了责任成本、标准成本的内容。

A. 作业成本　　B. 目标成本　　C. 预算成本　　D. 管理成本

6. 我国现行会计制度规定采用(　　)计算产品成本。

A. 标准成本法　　B. 制造成本法　　C. 作业成本法　　D. 目标成本法

7. 对间接固定制造费用、销售与行政管理费用，采用(　　)形式，更便于对具体项目进行控制。

A. 标准成本　　B. 作业成本　　C. 部门责任预算　　D. 管理成本

8. 制定目标成本的原则之一就是要牢固树立(　　)。

A. 市场标准成本　　B. 生产标准成本　　C. 采购标准成本　　D. 标准期间成本

9.(　　)是目标成本控制的起点。

A. 确定目标成本　　B. 分解目标成本　　C. 目标成本控制　　D. 目标成本考评

10. 目标成本控制的(　　)特点是以产品生命周期全过程为视角，将产品的市场分析、研究开发、工艺准备、物料采购、生产加工、营销服务等各个阶段、各个环节全面纳入成本控制范畴，更注重战略性和动态性。

A. 全视角控制　　B. 全过程控制　　C. 全时序控制　　D. 全要素控制

二、多项选择题

1. 一般来说，目标成本控制的原则有（　　）。

A. 全面性原则　　B. 责权利相结合原则

C. 增收与节支并重原则　　D. 目标管理与例外管理原则

2. 企业成本控制系统，作为企业实施全面预算管理的一个子系统，应具备成本信息多元化、决策性、控制性的特点，其职能定位为成本核算管理（　　）为一体的管理型控制。

A. 事前控制　　B. 事中控制　　C. 事后控制　　D. 事前分析

3. 目标成本控制具有（　　）等特点。

A. 全视角　　B. 全过程　　C. 全时序　　D. 全主体

E. 全要素

4. 目标成本控制的一般程序可概括为（　　）。

A. 确定目标成本　　B. 分解目标成本　　C. 目标成本控制　　D. 目标成本考评

5. 确定目标成本，一般经过（　　）等基本阶段。

A. 确定各产品目标售价　　B. 确定各产品目标利润

C. 确定各产品目标成本　　D. 分析确定目标成本

6. 在全部成本计算法下，其标准成本的具体项目由（　　）构成。

A. 直接材料成本标准　　B. 直接人工成本标准

C. 制造费用　　D. 销售成本

7. 多元化产品成本的构成主要包括（　　）。

A. 产品生产成本　　B. 变动成本　　C. 固定成本　　D. 目标成本

8. 期间成本管理包括（　　）。

A. 责任预算的编制　　B. 日常核算　　C. 预算的执行　　D. 分析评价

9. 传统标准成本制度的内容包括（　　）。

A. 标准成本的制定　　B. 实际成本与标准成本差异的计算

C. 对成本差异的处理　　D. 对成本差异的分析与评价

10. 制定标准成本的原则三部曲，即（　　）。

A. 分别制定标准成本与预算成本

B. 牢固树立“市场标准成本”理念

C. 以非财务测评指标充实传统标准成本制度的考核评价体系

D. 完善预算成本控制制度

三、判断题

1. 目标成本的定义具有唯一性。（　　）

2. 目标成本的好处之一，就是促使人们更好地理解市场、竞争，以及客户的高质、廉价、快速需求。（　　）

3. 在市场决定的价格一定的条件下，企业的利润不是由企业自行确定的，而是由企业潜在成本水平决定的。（　　）

4. 目标成本的另一重要意义是使人们认识到大部分成本是由产品生产决策所决定的。（　　）

5. 标准成本与其他标准一样，是用来衡量企业成本管理业绩的。（　　）

6. 标准一经制定，就应编制标准成本卡。（　　）

7. 目标成本是企业职工进行成本控制的奋斗目标，因此目标成本涵盖了责任成本、标准成本的内容。（　　）

8. 成本差异的处理只能采取一次直接转入销售成本的方法。（　　）

9. 多元化标准成本制度的特征体现在成本构成内容多元、强调成本项目控制点的确定两个方面。（　　）

10. 标准成本、责任成本是进行目标成本管理与控制过程中的具体表现。（　　）

11. 由于固定制造费用的特性，决定其与业务量没有直接的因果关系，对其考核评价应侧重人的客观能动行为。（　　）

12. 对固定制造费用差异超支或节约，只做出客观原因的评判并作为下次制定其预算指标的参数。（　　）

13. 为了有效地控制固定性期间成本，在编制预算时，应以增量预算为主、零基预算为辅的方式编制。（　　）

14. 期间费用控制是按成本性态来设置账户。（　　）

15. 在全部成本计算法下，其标准成本的具体项目由直接材料成本标准、直接人工成本标准、制造费用标准和期间费用标准构成。（　　）

第十四章　供应链成本管理

一、单项选择题

1. 供应链是围绕核心企业，从（　　）开始，到制成中间产品以及最终产品，最后由销售网络把产品送到消费者手中的，将供应商、制造商、分销商、零售商，直到最终用户连成一个整体的功能网链结构模式。

A. 采购原材料　　B. 生产产品　　C. 销售　　D. 投资

2.（　　）是指在供应链运作过程中，供应链上为顾客提供产品和服务的各项活动所发生的各项支出。

A. 生产成本　　B. 采购成本　　C. 销售成本　　D. 供应链成本

3. 根据推测的需求来组织生产，通过提高生产率、降低产品成本来获取利润的价值链是指（　　）。

A. 企业供应链　　B. 推式供应链　　C. 拉式供应链　　D. 产品供应链

4. 根据实际顾客需求（主要形式是订单）而不是预测需求组织生产的供应链系统是指（　　）。

A. 企业供应链　　B. 推式供应链　　C. 拉式供应链　　D. 产品供应链

5. 由参与从原材料到最终客户的物流活动的日益增多的公司组成的供应链是指（　　）。

A. 公司内部供应链　　B. 集团供应链　　C. 扩展供应链　　D. 全球网络供应链

6. 供应链流程优化主要强调（　　）。

A. 成本缩减措施　　B. 成本核算方法　　C. 成本管理方法　　D. 成本构成内容

7. 精益管理会计是指在（　　）的基础上，以价值流为成本核算对象，将制造费用直接计入各个价值流成本，通过编制独立的价值流利润表，为追求更多盈利和更大增长的决策提供信息的系统。

A. ABC 管理模式　　B. 预算管理模式　　C. 集权式管理模式　　D. 精益管理模式

8. 按照（　　）的观念，产品成本随着产量和产品组合的不同而变化，制造费用以整体形式与价值流发生关系而不与个别产品所耗劳动时间发生关系。

A. 粗放生产　　B. 精益生产　　C. 标准成本系统　　D. 作业成本法

9.（　　）是通过提高供应商与采购商相互交流的效率、协调供应链企业的产品开发流程和生产流程等供应链中各企业合作来管理供应链整体成本的一种方式。

A. 精益成本管理　　B. 财务成本管理　　C. 跨组织成本管理　　D. 供应链成本管理

10. 通过为产品及其包含的零部件设定成本缩减目标，（　　）成为跨组织成本管理的约束机制。

A. 目标成本法　　B. 功能—价格—质量悖反

C. 跨组织成本调查　　D. 并行成本管理

二、多项选择题

1. 供应链是围绕核心企业,通过对(　　)的控制的功能网链结构模式。

A. 信息流　　B. 物流　　C. 物料流　　D. 资金流

2. 典型的供应链需要的协调中心有(　　)。

A. 供应链上信息流和物流的协调中心　　B. 物资协调中心

C. 物流协调中心　　D. 管理协调中心

3. 下列各项中,属于供应链特征的有(　　)。

A. 复杂性　　B. 动态性　　C. 多层次性　　D. 竞合性和交叉性

4. 根据对需求的把握状况,供应链分为(　　)。

A. 企业供应链　　B. 推式供应链　　C. 产品供应链　　D. 拉式供应链

5. 根据供应链管理的对象,供应链分为(　　)。

A. 产品供应链　　B. 企业供应链

C. 基于供应链契约的供应链　　D. 拉式供应链

6. 根据分布范围,供应链分为(　　)。

A. 公司内部供应链　　B. 集团供应链　　C. 扩展供应链　　D. 全球网络供应链

7. 企业在开发设计阶段共同降低成本所采用的依据主要是(　　)。

A. 目标成本法　　B. 功能—价格—质量悖反

C. 跨组织成本调查　　D. 并行成本管理

8. 供应链管理的目标可以说是通过协调(　　)及物流质量最优化等目标之间的冲突,实现供应链绩效最大化。

A. 总流通成本最低化　　B. 总库存最少化

C. 客户服务最优化　　D. 总周期时间最短化

9. 供应链成本按照苏沃林的分类,包括(　　)等成本层次。

A. 间接成本　　B. 直接成本　　C. 作业成本　　D. 交易成本

10. 构成成本管理系统的子系统和要素包括(　　)。

A. 活动　　B. 对象　　C. 目标　　D. 方法

三、判断题

1. 推式供应链是指根据推测的需求来组织生产,通过提高生产率、降低产品成本来获取利润的价值链。(　　)

2. 产品供应链是指根据实际顾客需求(主要形式是订单)而不是预测需求组织生产的供应链系统。(　　)

3. 扩展供应链的重点是在个性化生产、提前期的缩短和业务量的增加等因素的影响下迫使公司实现物流同步。(　　)

4. 产品供应链的重点是为顾客提供产品未来应用的规划与实施、系统的运行维护等效用

或能力，以提供区别于产品时代的一次或多次性购买的长期有偿服务。（ ）

5. 供应链管理的目的是在满足客户需要的前提下，对整个供应链（从供货商，制造商，分销商到消费者）的各个环节进行综合管理。（ ）

6. 供应链管理的目标可以说是通过协调总流通成本最低化、总库存最少化、客户服务最优化、总周期时间最短化及物流质量最优化等目标之间的冲突，实现供应链绩效最大化。（ ）

7. 在供应链管理中，供应商与客户之间的积极伙伴关系所实现的企业之外潜力的优化，主要是通过生产成本的降低来体现的。（ ）

8. 作业成本是由那些与产品有直接关联，并与产品的生产和交付相关的管理活动所引起的成本。这些成本因公司的组织结构而产生。（ ）

9. 供应链流程优化主要强调成本缩减措施，通常是缩减直接成本和作业成本。（ ）

10. 供应链作业成本法（ABC）的作用是从整个供应链的角度通过分析基于作业活动和交易的一般管理成本，从而实现优化总体生产成本的目的。（ ）

四、计算分析题

1. 某企业关于某零件的数据如下：

零件的年需求量为 3 000 件（每年按 360 天计算），订货批量为 200 件，安全库存为 250 件。该单位产品的购买价格为 20 元，年订货成本为 6 000 元，单位产品存储费用占单位产品成本的 5%。

【要求】 计算该零件的平均库存维持成本。

2. 某供应链核心企业在一年里生产的产品数为 3 000 件，用户对该产品的年需求量为 2 500件。

【要求】 计算该产品的产需率，并解释该产需率的意义。

3. 已知 ABC 公司与库存有关的信息如下：

(1)年需求数量为 30 000 单位（假设每年按 360 计算）；

(2)每单位库存每年的保持费用为 20 元；

(3)现在每次订货数量为 600 单位；

(4)实现每次订单的费用为 30 元；

(5)订货数量只能按 100 的倍数（四舍五入）确定。

【要求】 计算当订货数量为 1 000 单位时的年总费用。

4. 某卖场婴儿装的每月需求量 R 相对稳定，且 $R=100$ 套。假设该商场的订购批量为 800 套。

【要求】 计算循环库存及其平均周转时间。

5. 假设某公司从甲地运送蔬菜到乙地，该公司一个月共运输 10 次，已知每次运输的固定成本为 2 000 元，每吨蔬菜每次运输的变动成本为 100 元。根据历史数据，上月 10 次运输的运载量（$i=1,2,3,\cdots,10$）分别为 10，12，15，16，20，18，15，17，19，13（单位：吨）。

【要求】 计算全月的运输成本。

参考答案

第一篇　基本理论

第一章　总　论

一、单项选择题

1. C　2. D　3. C　4. A　5. A　6. C　7. B　8. D　9. C　10. A

二、多项选择题

1. AB　2. ABD　3. AB　4. ABCD　5. BC　6. BC
7. ABCD　8. ABC　9. ABCD　10. AC

三、判断题

1. √　2. √　3. ×　4. √　5. √　6. ×　7. ×　8. √　9. ×　10. √

第二章　成本核算的基本原理

一、单项选择题

1. B　2. C　3. D　4. A　5. B　6. D　7. B　8. D　9. A　10. B
11. A　12. A　13. C　14. B

二、多项选择题

1. BCD　2. ABD　3. ABC　4. BD　5. CD　6. ABCD
7. BCD　8. ABC　9. CD　10. AB　11. ABCD　12. ABCD
13. ACD

三、判断题

1. ×　2. √　3. √　4. √　5. ×　6. √　7. √　8. ×　9. √　10. ×

第二篇　成本信息的生成

第三章　生产费用的归集和分配

一、单项选择题

1. B　2. A　3. C　4. C　5. C　6. A　7. C　8. B　9. D　10. D

11. A	12. C	13. B	14. C	15. D	16. D	17. D	18. C	19. D	20. C
21. C	22. D	23. C	24. A	25. B	26. A	27. C	28. A	29. A	30. A
31. C	32. B	33. A	34. A	35. B	36. C	37. C	38. C	39. A	

二、多项选择题

1. ABC	2. AC	3. ABCD	4. BC	5. AB	6. BD
7. ABC	8. BCD	9. AD	10. ABD	11. AC	12. BCD
13. ABC	14. ABCD	15. ABCD	16. CD	17. BCD	18. ABCD
19. ABC	20. ACD	21. BC	22. BCD	23. ABCD	24. ABD
25. ABC	26. ABCD	27. ABCD	28. ABC	29. BC	30. AD
31. ABCD	32. ABD	33. ACD	34. BC	35. AC	36. AC
37. ABCD	38. ABC	39. ABCD	40. ACD		

三、判断题

1. √	2. √	3. ×	4. √	5. ×	6. ×	7. ×	8. ×	9. √	10. ×
11. √	12. ×	13. ×	14. √	15. ×	16. √	17. √	18. √	19. ×	20. ×
21. ×	22. √	23. ×	24. ×	25. ×	26. ×	27. ×	28. ×	29. ×	30. √
31. √	32. √	33. √	34. ×	35. ×	36. √	37. √	38. √	39. √	40. ×
41. √	42. √	43. √	44. ×	45. √	46. ×	47. √	48. ×	49. √	50. √
51. ×	52. √	53. ×	54. √	55. √					

四、计算分析题

1.(1)甲产品A材料定额消耗量＝1 200×3＝3 600(千克)

乙产品A材料定额消耗量＝600×4＝2 400(千克)

消耗量分配率＝4 800÷(3 600＋2 400)＝0.8

甲产品实际耗用材料＝3 600×0.8＝2 880(千克)

乙产品实际耗用材料＝2 400×0.8＝1 920(千克)

∑ 4 800(千克)

甲产品负担的材料费用＝2 880×10＝28 800(元)

乙产品负担的材料费用＝1 920×10＝19 200(元)

(2)甲产品负担的材料成本差异＝28 800×(－1%)＝－288(元)

乙产品负担的材料成本差异＝19 200×(－1%)＝－192(元)

(3)①借:基本生产成本——甲产品 28 800

——乙产品 19 200

贷:原材料 48 000

②借:基本生产成本——甲产品 －288

——乙产品 －192

贷:原材料 －480

2.(1)M产品原材料定额消耗量＝500×6＝3 000(千克)

N产品原材料定额消耗量＝400×5＝2 000(千克)

(2)消耗量分配率＝8 000÷(3 000＋2 000)＝1.6

(3)M产品应分配的材料数量＝3 000×1.6＝4 800(千克)

N产品应分配的材料数量＝2 000×1.6＝3 200(千克)

(4)M产品应分配的材料费用＝4 800×5.4＝25 920(元)

N产品应分配的材料费用＝3 200×5.4＝17 280(元)

3.(1)领用管理用具时：

借:低值易耗品——在用低值易耗品　　9 300

　贷:低值易耗品——低值易耗品摊销　　9 300

(2)摊销所领管理用具价值的一半4 650元(9 300×50%)时：

借:管理费用　　4 650

　贷:低值易耗品——低值易耗品摊销　　4 650

(3)摊销报废管理用具价值的一半1 750元(3 500×50%)时：

借:原材料　　250

　管理费用　　1 500

　贷:低值易耗品——低值易耗品摊销　　1 750

(4)注销报废管理用具的价值时：

借:低值易耗品——低值易耗品摊销　　3 500

　贷:低值易耗品——在用低值易耗品　　3 500

(5)月末调整本月所领管理用具的成本超支差异279元(9 300×3%)时：

借:管理费用　　279

　贷:材料成本差异——低值易耗品成本差异　　279

4.(1)甲产品的计件单价＝5.2×24÷60＝2.08(元)

乙产品的计件单价＝5.2×18÷60＝1.56(元)

(2)张凡本月计件工资＝2.08×250＋1.56×200＝832(元)

(3)完成的甲产品定额工时＝24÷60×250＝100(小时)

完成的乙产品定额工时＝18÷60×200＝60(小时)

张凡本月计件工资＝5.2×(100＋60)＝832(元)

5.(1)电费分配率＝24 950÷(35 000＋8 900＋6 000)＝0.5(元/度)

基本生产车间产品用电费＝30 000×0.5＝15 000(元)

基本生产车间照明用电费＝5 000×0.5＝2 500(元)

辅助生产车间照明用电费＝1 900×0.5＝950(元)

辅助生产车间产品用电费＝7 000×0.5＝3 500(元)

行政管理部门照明用电费＝6 000×0.5＝3 000(元)

产品用电费分配率＝15 000÷(36 000＋24 000)＝0.25(元/小时)

A产品应分配的电费＝36 000×0.25＝9 000(元)

B产品应分配的电费＝24 000×0.25＝6 000(元)

(2)借:应付账款　　24 000

　贷:银行存款　　24 000

(3)借:基本生产成本——A产品(燃料及动力)　　9 000

　——B产品(燃料及动力)　　6 000

　辅助生产成本(燃料及动力)　　3 500

　制造费用——基本生产车间(水电费)　　2 500

　——辅助生产车间(水电费)　　950

　管理费用(水电费)　　3 000

　贷:应付账款　　24 950

6.(1)A产品定额工时＝30/60×9 500＝4 750(小时)

B产品定额工时＝15/60×8 700＝2 175(小时)

生产工人工资分配率＝16 620÷(4 750＋2 175)＝2.40(元/小时)

A产品应负担的工资费用＝4 750×2.40＝11 400(元)

B产品应负担的工资费用＝2 175×2.40＝ 5 220(元)

∑ 16 620(元)

借:基本生产成本——A产品(工资及福利费) 11 400

——B产品(工资及福利费) 5 220

辅助生产成本——(工资及福利费) 4 890

制造费用——基本生产车间 2 790

——辅助生产车间 1 340

管理费用 3 120

应付职工薪酬——福利费 970

贷:应付职工薪酬——工资 29 730

(2)A产品应提职工福利费＝11 400×14％＝1 596(元)

B产品应提职工福利费＝5 220×14％＝730.80(元)

辅助生产工人工资应提职工福利费＝4 890×14％＝684.60(元)

基本生产车间管理人员工资应提职工福利费＝2 790×14％＝390.60(元)

辅助生产车间管理人员工资应提职工福利费＝1 340×14％＝187.60(元)

行政管理人员工资应提职工福利费＝3 120×14％＝436.80(元)

福利人员工资应提职工福利费＝970×14％＝135.80(元)

∑ 4 162.20(元)

借:基本生产成本——A产品(工资及福利费) 1 596

——B产品(工资及福利费) 730.80

辅助生产成本——(工资及福利费) 684.60

制造费用——基本生产车间 390.60

——辅助生产车间 187.60

管理费用 572.60

贷:应付职工薪酬——工资 4 162.20

7. 该班组应得计件工资＝8 000×3＋4 000×2＝32 000(元)

该班组计时工资计算如下表所示：

职工姓名	月标准工资(元)	实际工作时间(小时)	小时工资(元)	计时工资(元)
A	1 200	210	5	1 050
B	864	158	3.6	568.8
C	960	200	4	800
D	780	178	3.25	578.5
E	1 500	150	6.25	937.5
F	960	228	4	912
G	816	160	3.4	544
合　计				5 390.8

该班组计件工资分配率＝32 000÷5 390.8＝5.936

A职工应得计件工资＝1 050×5.936＝6 232.84(元)

B职工应得计件工资＝568.8×5.936＝3 376.42(元)

C职工应得计件工资＝800×5.936＝4 748.83(元)

D职工应得计件工资＝578.5×5.936＝3 434(元)

E职工应得计件工资＝937.5×5.936＝5 565.04(元)

F职工应得计件工资＝912×5.936＝5 413.67(元)

G职工应得计件工资＝544×5.936＝3 229.20(元)

∑　　　32 000(元)

8.(1)1～6月预提大修理费用时：

借:制造费用	1 750	
贷:预提费用		1 750

(2)6月发生大修理费用时：

借:辅助生产成本——机修车间	24 000	
贷:原材料		9 860
应付职工薪酬——工资		8 300
制造费用		5 840

(3)结转修理费用时：

借:预提费用	24 000	
贷:辅助生产成本——机修车间		24 000

(4)7～12月每月分摊大修理费用时：

借:制造费用[(24 000－1 750×6)/6]	2 250	
贷:预提费用		2 250

9.(1)

①借:辅助生产成本——供电车间	8 000	
制造费用——机修车间	13 000	
——供电车间	2 000	
贷:原材料		23 000
②借:辅助生产成本——机修车间	6 000	
——供电车间	5 000	
制造费用——机修车间	2 000	
——供电车间	2 000	
贷:应付职工薪酬——工资		15 000
③借:辅助生产成本——机修车间	840	
——供电车间	700	
制造费用——机修车间	280	
——供电车间	280	
贷:应付职工薪酬——福利费		2 100
④借:制造费用——机修车间	500	
——供电车间	800	
贷:累计折旧		1 300

⑤借：制造费用——机修车间　　3 000

　　　　　　——供电车间　　4 000

　贷：银行存款　　7 000

(2)

辅助生产费用分配表

20×4 年 5 月

项　目	机修车间		供电车间		费用合计
	数量(小时)	费用(元)	数量(度)	费用(元)	
待分配的数量和费用	5 500	25 620	40 000	22 780	48 400
计划单位成本		5		0.6	
机修车间耗用动力电			2 000	1 200	1 200
机修车间耗用照明电			1 000	600	600
供电车间耗用修理费	500	2 500			2 500
基本生产车间耗用动力电			25 000	15 000	15 000
基本车间耗用照明电及修理费	4 000	20 000	5 000	3 000	23 000
行政部门耗用照明电及修理费	1 000	5 000	7 000	4 200	9 200
按计划成本分配费用		27 500		24 000	51 500
辅助生产实际成本		27 420		25 280	52 700
辅助生产成本差异		−80		1 280	1 200

注：①机修车间待分配费用：

"辅助生产成本"账户余额＝6 000＋840＝6 840(元)

"制造费用"账户余额＝13 000＋2 000＋280＋500＋3 000＝18 780(元)

合计＝6 840＋18 780＝25 620(元)

②供电车间待分配费用：

"辅助生产成本"账户余额＝8 000＋5 000＋700＝13 700(元)

"制造费用"账户余额＝2 000＋2 000＋280＋800＋4 000＝9 080(元)

合计＝13 700＋9 080＝22 780(元)

③机修车间实际费用：25 620＋1 200＋600＝27 420(元)

④供电车间实际费用：22 780＋2 500＝25 280(元)

(3)借：辅助生产成本——机修车间　　1 200

　　制造费用——机修车间　　600

　　　　　　——供电车间　　2 500

　　　　　　——基本生产车间　　23 000

　　基本生产成本　　15 000

　　管理费用　　9 200

　　贷：辅助生产成本——机修车间　　27 500

　　　　　　　　　　——供电车间　　24 000

(4)机修车间全部制造费用＝18 780＋600＝19 380(元)

供电车间全部制造费用＝9 080＋2 500＝11 580(元)

借：辅助生产成本——机修车间　　19 380

　　　　　　　　——供电车间　　11 580

　贷：制造费用——机修车间　　19 380

　　　　　　　——供电车间　　11 580

(5)借:管理费用　　1 200

　　贷:辅助生产成本——机修车间　　-80

　　　　　　　　　——供电车间　　1 280

10.(1)

辅助生产费用分配表(直接分配法)

20×5 年 4 月　　金额单位:元

辅助车间名称			运输车间	机修车间	合计
待分配费用			4 800	9 400	14 200
对外供应劳务数量			15 000	18 000	
分配率			0.32	0.522 2	
基本生产车间	一车间	耗用数量	6 000	9 200	
		分配金额	1 920	4 804.24	6 724.24
	二车间	耗用数量	5 000	6 800	
		分配金额	1 600	3 550.96	5 150.96
	金额小计		3 520	8 355.20	11 875.20
行政管理部门		耗用数量	4 000	2 000	
		分配金额	1 280	1 044.80	2 324.80
金额合计			4 800	9 400	14 200

注:对外供应劳务数量:运输车间=16 000-1 000=15 000(千米);机修车间=18 800-800=18 000(工时)。

借:制造费用——第一车间　　6 724.24

　　　　　　——第二车间　　5 150.96

　　管理费用　　2 324.80

　　贷:辅助生产成本——运输车间　　4 800

　　　　　　　　　——机修车间　　9 400

(2)

辅助生产费用分配表(交互分配法)

20××年×月　　金额单位:元

受益对象			交互分配			对外分配		
辅助车间名称			运输	机修	合计	运输	机修	合计
待分配费用			4 800	9 400	14 200	4 900	9 300	14 200
供应劳务数量			16 000	18 800		15 000	18 000	
分配率			0.3	0.5		0.326 7	0.516 7	
辅助生产车间	运输车间	耗用数量		800				
		分配金额		400	400			
	机修车间	耗用数量	1 000					
		分配金额	300					
	金额小计		300	400	700			
基本生产车间	一车间	耗用数量				6 000	9 200	
		分配金额				1 960.20	4 753.64	6 713.84
	二车间	耗用数量				5 000	6 800	
		分配金额				1 633.50	3 513.56	5 147.06
	金额小计					3 593.70	8 267.20	11 860.90
行政管理部门		耗用数量				4 000	2 000	
		分配金额				1 306.30	1 032.80	2 339.10
分配金额合计						4 900	9 300	14 200

①交互分配时:

借:辅助生产成本——运输车间 400

——机修车间 300

贷:辅助生产成本——运输车间 300

——机修车间 400

②对外分配时:

借:制造费用——第一车间 6 713.84

——第二车间 5 147.06

管理费用 2 339.10

贷:辅助生产成本——运输车间 4 900

——机修车间 9 300

11.(1)借:制造费用——机加工车间 2 454

贷:原材料 2 500

材料成本差异 －46

(2)借:制造费用——机加工车间 672.80

贷:应付工资 600

应付福利费 72.80

(3)借:制造费用——机加工车间 22 600

贷:累计折旧 22 600

(4)借:制造费用——机加工车间 6 780

贷:原材料 4 780

辅助生产成本——机修车间 1 500

库存现金 500

(5)借:制造费用——机加工车间 1 025

贷:低值易耗品——劳保用品 1 000

材料成本差异 25

(6)借:制造费用——机加工车间 600

贷:辅助生产成本——动力车间 600

(7)借:制造费用——机加工车间 235

贷:库存现金 235

(8)借:制造费用——机加工车间 1 350

贷:辅助生产成本——运输车间 1 350

(9)借:制造费用——机加工车间 300

贷:库存现金 300

(10)借:制造费用——机加工车间 840

贷:其他应收款 640

库存现金 200

(11)借:制造费用——机加工车间 1 645

贷:辅助生产成本——锅炉车间 1 645

(12)借:制造费用——机加工车间 441

贷:低值易耗品 450

材料成本差异 －9

(13)借:制造费用——机加工车间 1 480

贷:银行存款 1 480

本月归集的制造费用总额＝2 454＋672.80＋22 600＋6 780＋1 025＋600＋235＋1 350＋300＋840＋1 645＋441＋1 480
＝40 422.80(元)

12. 甲产品按计划产量计算的定额工时＝3 000×4＝12 000(小时)
乙产品按计划产量计算的定额工时＝2 000×5＝10 000(小时)
丙产品按计划产量计算的定额工时＝1 500×6＝9 000(小时)
制造费用年度计划分配率＝108 500÷(12 000＋10 000＋9 000)
＝35(元/小时)
本月份甲产品分配的制造费用＝280×4×35＝39 200(元)
本月份乙产品分配的制造费用＝200×5×35＝35 000(元)
本月份丙产品分配的制造费用＝120×6×35＝25 200(元)
∑ 99 400(元)

借:基本生产成本——甲产品 39 200
——乙产品 35 000
——丙产品 25 200
贷:制造费用 99 400

13.(1)直接材料＝20×15＝300(元)
直接人工＝130×5＝650(元)
制造费用＝130×7 ＝910(元)
∑ 1 860(元)

(2)全部废品的净损失＝1 680＋500＋360＋800－100－200
＝3 220(元)

(3)①借:废品损失 1 660
贷:原材料 500
应付职工薪酬——工资 360
制造费用 800
②借:废品损失 1 860
贷:基本生产成本 1 860
③借:原材料 100
其他应收款 200
贷:废品损失 300
④借:基本生产成本 3 220
贷:废品损失 3 220

14.

废品损失计算表

产品名称：
车间名称： 20××年×月 废品数量:10 件

项　目	数量(件)	直接材料	生产工时	直接人工	制造费用	成本合计
费用总额	110	66 000	25 000	55 000	137 000	258 000
费用分配率		600		2.2	5.48	
废品成本	10	6 000	2 000	4 400	10 960	21 360
减:废品残料		200				200
废品损失		5 800		4 400	10 960	21 160

(1)借:废品损失　　21 360
　　贷:基本生产成本　　21 360
(2)借:原材料　　200
　　贷:废品损失　　200
(3)借:基本生产成本　　21 160
　　贷:废品损失　　21 160

15. 原材料费用分配率=(136 000+640 700)÷(600+300)=863(元/台)

完工产品负担的材料费用=600×863=517 800(元)

月末在产品负担的材料费用=300×863=258 900(元)

∑　　776 700(元)

完工产品成本=517 800+52 000+71 000=640 800(元)

月末在产品成本=258 900(元)

完工产品验收入库时的会计分录为:

借:库存商品——M　　640 800
　　贷:基本生产成本——M　　640 800

16. 完工产品原材料定额费用=4 000×20=80 000(元)

月末在产品原材料定额费用=1 000×20=20 000(元)

完工产品定额工时=4 000×1.2=4 800(小时)

月末在产品定额工时=800(小时)

产品成本计算单

产品名称:A 产品　　20××年×月　　完工产量:600 件

成本项目		原材料	工资和福利费	制造费用	合　计
月初在产品费用		16 000	8 000	4 000	28 000
本月生产费用		84 000	20 000	8 000	112 000
生产费用合计		100 000	28 000	12 000	140 000
费用分配率		1	5	2.14	
完工产品费用	定额	80 000	4 800		
	实际	80 000	24 000	10 272	114 272
月末在产品费用	定额	20 000	800		
	实际	20 000	4 000	1 728	25 728

借:库存商品——A　　114 272
　　贷:基本生产成本——A　　114 272

17.(1)(2)月末在产品完工程度及约当产量计算如下表所示:

工序	月末在产品数量(件)	材料费用定额(元/件)	工时定额(小时/件)	原材料项目		其他费用项目	
				投料程度	约当产量	完工率	约当产量
1	50	40	8	71.4%	36	15.4%	8
2	80	10	6	89.3%	71	42.3%	34
3	60	6	12	100%	60	76.9%	46
合　计		56	26		167		88

(3)

乙产品成本计算单

产品名称:乙产品　　　　20××年×月　　　　完工产量:400 件

成本项目	月初在产品费用	本月生产费用	生产费用合计	约当总产量	单位产品成本	完工产品成本	月末在产品成本
原材料	40 000	200 000	240 000	567	423.28	169 312	70 688
燃料及动力	2 000	25 000	27 000	488	55.33	22 132	4 868
工资及福利费	2 400	30 000	32 400	488	66.39	26 556	5 844
制造费用	3 600	45 000	48 600	488	99.59	39 836	8 764
合　计	48 000	300 000	348 000		644.59	257 836	90 164

18.(1)第 1 工序累计工时定额＝30×50%＝15(小时)

第 2 工序累计工时定额＝30＋10×50%＝35(小时)

第 1 工序在产品定额工时＝15×300＝4 500(小时)

第 2 工序在产品定额工时＝35×100＝3 500(小时)

∑　　　　　　　　8 000(小时)

月末在产品原材料定额费用＝400×200＝80 000(元)

月末在产品燃料及动力定额费用＝8 000×0.5＝4 000(元)

月末在产品工资及福利费定额费用＝8 000×0.6＝4 800(元)

月末在产品制造费用定额费用＝8 000×0.9＝7 200(元)

(2)

产品成本计算单

产品名称:甲产品　　　　20××年 7 月　　　　产量:1 100 件

成本项目	月初在产品成本	本月生产费用	生产费用合计	完工产品成本	月末在产品成本
原材料	40 000	247 000	287 000	207 000	80 000
燃料及动力	2 000	25 000	27 000	23 000	4 000
工资及福利费	2 400	30 000	32 400	27 600	4 800
制造费用	3 600	45 000	48 600	41 400	7 200
合　计	48 000	347 000	395 000	299 000	96 000

19.(1)完工产品定额材料费用＝900×50＝45 000(元)

完工产品定额工时＝900×30＝27 000(小时)

月末在产品定额工时及定额费用计算表

产品名称:乙产品　　　　20××年 3 月

工序	在产品数量(件)	材料费用定额(元/件)	工时定额(小时/件)	材料		定额工时	
				累计材料费用定额	定额材料费用	累计工时定额	定额工时
1	100	24	4	24	2 400	2	200
2	250	8	10	32	8 000	9	2 250
3	150	18	16	50	7 500	22	3 300
合计		50	30	50	17 900	30	5 750

（2）

产品成本计算单

产品名称:乙产品　　　　20××年 3 月　　　　完工产量:900 件

摘　要		原材料	燃料和动力	工资及福利费	制造费用	成本合计
月初在产品费用		25 000	9 000	5 400	2 600	42 000
本月生产费用		45 000	18 000	18 400	10 600	92 000
生产费用合计		70 000	27 000	23 800	13 200	134 000
分配率		1.11	0.82	0.73	0.4	
完工产成本	定额	45 000	27 000 小时			
	实际	49 950	22 140	19 710	10 800	102 600
月末在产品成本	定额	17 900	5 750 小时			
	实际	20 050	4 860	4 090	2 400	31 400

20.(1)月末在产品定额原材料费用＝650×6＝3 900(元)

(2)第 1 工序在产品累计工时定额＝1×50%＝0.5(小时)

第 2 工序在产品累计工时定额＝1＋4×50%＝3(小时)

(3)在产品定额工时＝400×0.5＋250×3＝950(小时)

(4)在产品定额工资及福利费＝950×1.5＝1 425(元)

在产品定额制造费用＝950×2＝1 900(元)

(5)月末在产品定额成本＝3 900＋1 425＋1 900＝7 225(元)

(6)完工产品原材料费用＝10 000－3 900＝6 100(元)

完工产品工资及福利费用＝9 000－1 425＝7 575(元)

完工产品制造费用＝12 000－1 900＝10 100(元)

完工产品成本合计＝6 100＋7 575＋10 100＝23 775(元)

21.(1)第 1 工序在产品完工率＝20×50%÷50×100%＝20%

第 2 工序在产品完工率＝(20＋30×50%)÷50×100%＝70%

(2)第 1 工序在产品约当产量＝100×20%＝20(件)

第 2 工序在产品约当产量＝200×70%＝140(件)

(3)直接人工分配率＝2 300×(300＋160)＝5

完工产品负担的直接人工费用＝300×5＝1 500(元)

月末在产品负担的直接人工费用＝160×5＝800(元)

22.(1)完工产品定额原材料费用＝100×80＝8 000(元)

月末在产品定额原材料费用＝3 000＋7 000－8 000＝2 000(元)

完工产品定额工时＝100×40＝4 000(小时)

月末在产品定额工时＝2 000＋3 000－4 000＝1 000(小时)

(2)直接材料费用分配率＝(3 500＋7 500)÷(8 000＋2 000)＝1.1

直接工资分配率＝(2 500＋3 500)÷(4 000＋1 000)＝1.2

制造费用分配率＝(1 650＋2 750)÷(4 000＋1 000)＝0.88

(3)完工产品负担的直接材料费用＝8 000×1.1＝8 800(元)

完工产品负担的直接工资＝4 000×1.2＝4 800(元)

完工产品负担的制造费用＝4 000×0.88 ＝3 520(元)

Σ　　　　17 120(元)

产品成本明细账

产品名称:丙产品　　20××年×月　　完工产量:100 件

摘　要	成本项目			成本合计
	直接材料	直接工资	制造费用	
月初在产品成本	3 500	2 500	1 650	7 650
本月发生费用	7 500	3 500	2 750	13 750
生产费用合计	11 000	6 000	4 400	21 400
完工产品成本	8 800	4 800	3 520	17 120
月末在产品成本	2 200	1 200	880	4 280

第四章　产品成本核算的基本方法——品种法

一、单项选择题

1. D　2. B　3. A　4. A　5. A　6. B　7. A　8. A　9. B

二、多项选择题

1. ABD　2. BC　3. AB　4. AC　5. AC　6. AD
7. ABD　8. AB

三、判断题

1. √　2. √　3. √　4. ×　5. √　6. √　7. ×　8. ×

四、计算分析题

1.(1)

原材料费用分配表

20×7 年 7 月　　单位:元

应借账户		成本或费用项目	金　额
基本生产成本	甲产品	直接材料	68 000
	乙产品	直接材料	58 600
	小　计		126 600
制造费用		消耗用材料	3 100
		修理费	1 900
		劳动保护费	800
		小　计	5 800
辅助生产成本		直接材料	2 850
		小　计	2 850
管理费用		修理费	2 260
		其　他	1 400
		小　计	3 660
合　计			138 910

借:基本生产成本——甲　　68 000
　　　　　　　——乙　　58 600
　制造费用　　5 800
　辅助生产成本——机修车间　　2 850

管理费用　　3 660

贷:原材料　　138 910

外购动力费用分配表

20×7 年 7 月　　单位:元

应借账户		成本或费用项目	用电量(度)	分配率	应分配金额
基本生产成本	甲产品	燃料和动力	12 000		3 000
	乙产品	燃料和动力	10 000		2 500
	小　计		22 000		5 500
辅助生产成本	机修车间	直接材料	8 800		2 200
管理费用		电费	1 200		300
合　计			32 000	0.25	8 000

借:基本生产成本——甲　　3 000

——乙　　2 500

辅助生产成本——机修车间　　2 200

管理费用　　300

贷:应付账款　　8 000

工资及职工福利费分配表

20×7 年 7 月　　单位:元

应借账户		工　资				提取的职工福利费	合　计
		生产工人		其他人员	合　计		
		工时	分配金额(分配率:0.5)				
基本生产成本	甲产品	9 000	4 500		4 500	630	5 130
	乙产品	8 200	4 100		4 100	574	4 674
	小　计	17 200	8 600		8 600	1 204	9 804
辅助生产成本				4 800	4 800	672	5 472
制造费用				920	920	128.8	1 048.8
管理费用				3 600	3 600	504	4 104
合　计					17 920	2 508.8	20 428.8

借:基本生产成本——甲　　5 130

——乙　　4 674

制造费用　　1 048.8

辅助生产成本——机修车间　　5 472

管理费用　　4 104

贷:应付职工薪酬——工资　　17 920

——福利费　　2 508.8

固定资产折旧费分配表

20×7 年 7 月　　单位:元

应借账户 / 费用项目	制造费用		管理费用	合　计
	基本生产车间	辅助生产车间		
折旧费	4 050	2 280	2 600	8 930

借:制造费用　　4 050

　辅助生产成本——机修车间　　2 280

　管理费用　　2 600

　贷:累计折旧　　8 930

待摊费用分配表

20×7 年 7 月　　单位:元

费用项目	对方账户	应摊金额
报刊订阅	管理费用	200
合　计		200

借:管理费用　　200

　贷:待摊费用　　200

预提费用分配表

20×7 年 7 月　　单位:元

费用项目	对方账户	预提金额
利息	财务费用	1 500
合　计		1 500

借:财务费用　　1 500

　贷:预提费用　　1 500

(2)

辅助生产成本明细账

车间名称:机修车间　　单位:元

年		凭证号数	摘　要	费用项目						
月	日			材料费	工资及福利费	办公费	水电费	折旧费	其　他	合计
7	31		材料费用分配表	2 850						2 850
	31		工资福利费		5 472					5 472
			办公折旧等			1 600	380		2 600	4 580
			计提折旧					2 280		2 280
			电费分配表				2 200			2 200
			本月合计	2 850	5 472	1 600	2 580	2 280	2 600	17 382
			分配转出	2 850	5 472	1 600	2 580	2 280	2 600	17 382

辅助生产费用分配表(直接分配法)　　单位:元

辅助生产车间名称			机修车间	合　计
待分配费用			17 382	17 382
供应劳务量(工时)			10 000	
单位成本(分配率)			1.738 2	
基本车间	修　理	耗用数量	8 100	
		分配金额	14 079.42	14 079.42
企业管理部门	修　理	耗用数量	1 900	
		分配金额	3 302.58	3 302.58

借：制造费用　　14 079.42
　　管理费用　　3 302.58
　贷：辅助生产成本——机修车间　　17 382

制造费用明细账

车间名称：基本生产车间　　单位：元

摘　要	办公费	水费	差旅费	工资	福利费	折旧费	消耗材料	修理费	劳动保护费	运输费	其他	合　计
支付办公费等	1 200	460	3 400							1 800	2 600	9 460
工资福利费				920	128.8							1 048.80
计提折旧费						4 050						4 050
材料消耗							3 100	1 900	800			5 800
辅助生产分配								14 079.42				14 079.42
本月合计	1 200	460	3 400	920	128.8	4 050	3 100	15 979.42	800	1 800	2 600	34 438.22
分配转出	1 200	460	3 400	920	128.8	4 050	3 100	15 979.42	800	1 800	2 600	34 438.22

制造费用分配表

20×7 年 7 月　　单位：元

应借账户		成本项目	实用工时	分配率	应分配金额
基本生产成本	甲产品	制造费用	9 000		18 019.80
	乙产品	制造费用	8 200		16 418.42
	小　计		17 200	2.002 2	34 438.22

借：基本生产成本——甲　　18 019.80
　　　　　　　　——乙　　16 418.42
　贷：制造费用　　34 438.22

基本生产成本明细账

车间名称：基本生产　产品名称：甲　完工数量：460　在产品数量：120　完工程度：50%　单位：元

年 月	年 日	凭证 种类	凭证 号数	摘　要	直接材料	燃料和动力	直接人工	制造费用	合　计
6	30			期初在产品成本	21 000	1 200	1 900	4 100	28 200
7	31			材料分配表	68 000				68 000
	31			动力分配表		3 000			3 000
	31			工资及福利费分配表			5 130		5 130
	31			制造费用分配表				18 019.8	18 019.8
	31			本月合计	68 000	3 000	5 130	18 019.8	94 149.8
	31			累计总成本	89 000	4 200	7 030	22 119.8	122 349.8
	31			约当总产量	460+120	460+60	460+60	460+60	
	31			单位成本(分配率)	153.448 3	8.076 9	13.519 2	42.538 1	
	31			完工产品生产成本	70 586.22	3 715.37	6 218.83	19 567.53	100 087.95
	31			期末在产品成本	18 413.78	484.63	811.17	2 552.27	22 261.85

基本生产成本明细账

车间名称:基本生产　　产品名称:乙　　完工数量:330　　在产品数量:60　　完工程度:80%　　单位:元

年		凭证		摘要	直接材料	燃料和动力	直接人工	制造费用	合计
月	日	种类	号数						
6	30			期初在产品成本	16 000	900	2 400	3 900	23 200
7	31			材料分配表	58 600				58 600
	31			动力分配表		2 500			2 500
	31			工资及福利费分配表			4 674		4 674
	31			制造费用分配表				16 418.42	16 418.42
	31			本月合计	58 600	2 500	4 674	16 418.42	82 192.42
	31			累计总成本	74 600	3 400	7 074	20 318.42	105 392.42
				约当总产量	330+60	330+48	330+48	330+48	
				单位成本(分配率)	191.282 1	8.994 7	18.714 3	53.752 4	
	31			完工产品生产成本	63 123.09	2 968.25	6 175.72	17 738.29	90 005.35
	31			期末在产品成本	11 476.91	431.75	898.28	2 580.13	15 387.07

(3)借:制造费用　　9 460
　　辅助生产成本——机修车间　　4 580
　　应付账款　　8 000
　　应交税费——应交增值税　　1 360
　　贷:银行存款　　23 400

2.(1)领用原材料:

①按计划成本领用材料:

借:基本生产成本——甲产品　　51 000
　　　　　　　——乙产品　　21 000
　辅助生产成本——锅炉车间　　5 400
　　　　　　　——机修车间　　200
　制造费用　　500
　贷:原材料　　78 100

②分配材料成本差异:

借:基本生产成本——甲产品　　510
　　　　　　　——乙产品　　210
　辅助生产成本——锅炉车间　　54
　　　　　　　——机修车间　　2
　制造费用　　5
　贷:材料成本差异　　781

(2)分配工资费用并计提职工福利费:

①分配工资费用:

工资分配率=17 225÷(4 000+2 500)=2.65(元/小时)

甲产品应分配的工资费用=4 000×2.65=10 600(元)

乙产品应分配的工资费用=17 225−10 600 =6 625(元)

Σ　　17 225(元)

借:基本生产成本——甲产品　　10 600
——乙产品　　6 625
辅助生产成本——锅炉车间　　2 000
——机修车间　　1 500
制造费用　　2 500
贷:应付工资　　23 225

②计提职工福利费:

甲产品应提职工福利费=10 600×14%=1 484(元)
乙产品应提职工福利费=6 625×14%=927.50(元)
锅炉车间应提职工福利费=2 000×14%=280(元)
机修车间应提职工福利费=1 500×14%=210(元)
制造费用应提职工福利费=2 500×14%=350(元)
∑　　3 251.50(元)

借:基本生产成本——甲产品　　1 484
——乙产品　　927.50
辅助生产成本——锅炉车间　　280
——机修车间　　210
制造费用　　350
贷:应付福利费　　3 251.50

(3)计提折旧和预提固定资产大修理费:

①计提折旧:

借:辅助生产成本——锅炉车间　　800
——机修车间　　600
制造费用　　2 000
贷:累计折旧　　3 400

②预提大修理费:

借:辅助生产成本——锅炉车间　　150
——机修车间　　100
制造费用　　400
贷:预提费用　　350

(4)分配外购动力费:

电费分配率=10 500÷35 000=0.30(元/度)
产品生产应负担的电费=15 000×0.30=4 500(元)
制造费用应负担的电费=2 000×0.30=600(元)
锅炉车间应负担的电费=12 000×0.30=3 600(元)
机修车间应负担的电费=6 000×0.30 =1 800(元)
∑　　10 500(元)

产品生产用电费分配率=4 500÷(3 000+2 000)=0.90(元/小时)
甲产品应负担的电费=3 000×0.90=2 700(元)
乙产品应负担的电费=2 000×0.90=1 800(元)
∑　　4 500(元)

借:基本生产成本——甲产品　　2 700
　　　　　　　——乙产品　　1 800
　辅助生产成本——锅炉车间　　3 600
　　　　　　　——机修车间　　1 800
　制造费用　　600
　贷:应付账款　　10 500

(5)以银行存款支付其他费用:

借:辅助生产成本——锅炉车间　　2 200
　　　　　　　——机修车间　　250
　制造费用　　1 000
　贷:银行存款　　3 450

(6)采用交互分配法分配辅助生产费用:

本月份锅炉车间待分配费用＝5 400＋54＋2 000＋280＋800＋150＋3 600＋2 200＝14 484(元)

本月份机修车间待分配费用＝200＋2＋1 500＋210＋600＋100＋1 800＋250＝4 662(元)

①交互分配:

锅炉车间交互分配率＝14 484÷3 000＝4.828(元/立方米)

机修车间交互分配率＝4 662÷800＝5.827 5(元/小时)

锅炉车间应负担的修理费＝200×5.827 5＝1 165.50(元)

机修车间应负担的蒸汽费＝700×4.828＝3 379.60(元)

借:辅助生产成本——锅炉车间　　1 165.50
　　　　　　　——机修车间　　3 379.60
　贷:辅助生产成本——锅炉车间　　3 379.60
　　　　　　　　——机修车间　　1 165.50

②对外分配:

锅炉车间对外应分配的费用＝14 484＋1 165.50－3 379.60＝12 269.90(元)

机修车间对外应分配的费用＝4 662＋3 379.60－1 165.50＝6 876.10(元)

锅炉车间对外分配率＝12 269.90÷(2 000＋300)＝5.335(元)

产品生产应负担的蒸汽费＝2 000×5.335＝10 670(元)

制造费用应负担的蒸汽费＝12 269.90－10 670＝1 599.90(元)

产品用蒸汽费分配率＝10 670÷(4 000＋2 500)≈1.64(元/小时)

甲产品应负担的蒸汽费＝4 000×1.64＝6 560(元)

乙产品应负担的蒸汽费＝10 670－6 560＝4 110(元)

借:基本生产成本——甲产品　　6 560
　　　　　　　——乙产品　　4 110
　制造费用　　8 476
　贷:辅助生产成本——锅炉车间　　12 269.90
　　　　　　　　——机修车间　　6 876.10

(7)制造费用的分配:

本月份的制造费用总额＝500＋5＋2 500＋350＋2 000＋400＋600＋1 000＋8 476＝15 831(元)

制造费用分配率＝15 831÷(4 000＋2 500)≈2.44(元/小时)

甲产品应负担的制造费用＝4 000×2.44＝9 760(元)

乙产品应负担的制造费用＝15 831－9 760 ＝6 071(元)

Σ　　15 831(元)

借:基本生产成本——甲产品　　9 760
　　　　　　　——乙产品　　6 071
　贷:制造费用　　15 831

(8)计算甲产品完工产品成本:

完工产品材料定额费用=80×520=41 600(元)

月末在产品材料定额费用=40×520=20 800(元)

完工产品定额工时=80×44=3 520(小时)

月末在产品定额工时=1 400(小时)

第五章　产品成本核算的基本方法——分批法

一、单项选择题

1. B　2. D　3. C　4. D　5. C　6. C　7. D　8. B　9. D　10. B

二、多项选择题

1. ABD　2. ABCD　3. BD　4. BC　5. ABD　6. ABCD
7. ABC　8. AD　9. BCD

三、判断题

1. √　2. √　3. √　4. ×　5. ×　6. ×　7. √　8. √　9. ×　10. √

四、计算分析题

1. (1)

原材料费用分配表

20××年9月　　单位:元

应借账户		成本或费用项目	计划成本	材料差异额	材料实际成本
基本生产成本	901 产品	直接材料	125 000	5 000	130 000
	902 产品	直接材料	167 000	6 680	173 680
	903 产品	直接材料	226 000	9 040	235 040
小　计			518 000	20 720	538 720
制造费用	机物料消耗	材料费	8 600	344	8 944
合　计			526 600	21 064	547 664

借:基本生产成本——901　　130 000
　　　　　　　——902　　173 680
　　　　　　　——903　　235 040
　　制造费用　　8 944
　贷:原材料　　526 600
　　　材料成本差异　　21 064

工资及职工福利费分配表

20××年 9 月

单位:元

应借账户		工资				福利费（14%）	合计
		生产工人		其他人员	合计		
		工时	分配金额（分配率:0.4）				
基本生产成本	901 产品	18 000	7 200		7 200	1 008	8 208
	902 产品	20 000	8 000		8 000	1 120	9 120
	903 产品	11 000	4 400		4 400	616	5 016
	小计	49 000	19 600		19 600	2 744	22 344
制造费用				2 100		294	2 394
合计			19 600	2 100	21 700	3 038	24 738

(2)借:基本生产成本——901　　8 208

——902　　9 120

——903　　5 016

制造费用　　2 394

贷:应付职工薪酬——工资　　21 700

——福利费　　3 038

(3)

制造费用明细账

单位:元

摘要	机物料消耗	工资	职工福利费	水电费	折旧费	其他	合计
机物料消耗	8 944						8 944
工资		2 100					2 100
职工福利费			294				294
水电费				2 400			2 400
折旧费					3 800		3 800
其他						250	250
合计	8 944	2 100	294	2 400	3 800	250	17 788
本月转出	8 944	2 100	294	2 400	3 800	250	17 788

基本生产成本明细账

批号:901　　开工日期:9 月 1 日　完工日期:9 月 30 日

批量:100 件

产品名称:甲产品　　单位:元

年		凭证		摘要	直接材料	直接人工	制造费用	合计
月	日	种类	号数					
9	30			材料分配	130 000			130 000
				人工		8 208		8 208
				制造费用分配			6 534	6 534
				本月合计	130 000	8 208	6 534	144 742
				完工产品成本	130 000	8 208	6 534	144 742
				单位成本	1 300	82.08	65.34	1 447.42

基本生产成本明细账

批号:902　　　　开工日期:9月10日　完工日期:

批量:150件

产品名称:乙产品

单位:元

年		凭证		摘要	直接材料	直接人工	制造费用	合计
月	日	种类	号数					
				材料分配	173 680			173 680
				人工		9 120		9 120
				制造费用分配			7 260	7 260
				本月合计	173 680	9 120	7 260	190 060
				完工产品成本	44 000	3 000	2 400	49 400
				单位成本	1 100	75	60	1 235
				月末在产品成本	129 680	6 120	4 860	140 660

基本生产成本明细账

批号:903　　　　开工日期:9月15日　完工日期:

批量:200件

产品名称:丙产品

单位:元

年		凭证		摘要	直接材料	直接人工	制造费用	合计
月	日	种类	号数					
				材料分配	235 040			235 040
				人工		5 016		5 016
				制造费用分配			3 994	3 994
				本月合计	235 040	5 016	3 994	244 050

(4)

制造费用分配表

单位:元

应借账户		成本项目	实用工时	分配率	应分配金额
基本生产成本	901产品	制造费用	18 000		6 534
	902产品		20 000		7 260
	903产品		11 000		3 994
合计			49 000	0.363 0	17 788

2.

基本生产成本二级账

单位:元

年		摘要	直接材料	工时	直接人工	制造费用	合计
月	日						
		本月累计	8 400	6 250	3 125	4 375	15 900
		累计分配率			0.5	0.7	
		完工产品转出	6 500	3 650	1 825	2 555	10 880
		余额	1 900	2 600	1 300	1 820	5 020

基本生产成本明细账

批号:101#　　　　　　　　　　　　　　投产日期:2月

产品名称:甲产品　　　　批量:10件　　　　完工日期:4月

单位:元

年		摘　要	直接材料	工时	直接人工	制造费用	合　计
月	日						
		本月累计	4 000	2 250	0.5	0.7	
		间接计入的费用			1 125	1 575	
		完工产品成本	4 000	2 250	1 125	1 575	6 700
		单位成本	400		112.5	157.5	670

基本生产成本明细账

批号:102#　　　　　　　　　　　　　　投产日期:3月

产品名称:乙产品　　　　批量:5件　　　　完工日期:4月

单位:元

年		摘　要	直接材料	工时	直接人工	制造费用	合　计
月	日						
		本月累计	2 500	1 400	0.5	0.7	
		间接计入的费用			700	980	
		完工产品成本	2 500	1 400	700	980	4 180
		单位成本	500		140	196	836

基本生产成本明细账

批号:103#　　　　　　　　　　　　　　投产日期:3月

产品名称:丙产品　　　　批量:4件　　　　完工日期:6月

单位:元

年		摘　要	直接材料	工时	直接人工	制造费用	合　计
月	日						
		本月累计	1 900	2 600			

3.

基本生产成本二级账

20××年8月　　　　单位:元

摘　要	工　时	直接材料	直接工资	制造费用	合　计
月初在产品成本	1 220	4 900	2 482	4 350	11 732
本月发生费用	680	1 300	1 328	2 300	4 928

续表

摘　要	工　时	直接材料	直接工资	制造费用	合　计
生产费用合计	1 900	6 200	3 810	6 650	16 660
累计费用分配率				3.5	
转出完工批次成本	900	4 000	2 000	3 150	9 150
月末在产品成本	1 000	2 200	1 810	3 500	7 510

基本生产成本明细账

20××年8月　　投产日期:6月　完工日期:8月

批号:601　　批量:3件　本月完工:3件

产品名称:A　　单位:元

摘　要	工　时	直接材料	直接工资	制造费用	合　计
月初在产品成本	450	2 000	100		3 000
本月发生费用	250	1 000	600		1 600
生产费用合计	700	3 000	1 600		
累计费用分配率				3.5	
转出完工批次成本		3 000	1 600	2 450	7 050
单位成本		1 000	533.33	816.67	2 350

基本生产成本明细账

20××年8月　　投产日期:6月　完工日期:8月

批号:602　　批量:5件　本月完工:5件

产品名称:B　　单位:元

摘　要	工　时	直接材料	直接工资	制造费用	合　计
月初在产品成本	150	800	300		1 100
本月发生费用	50	200	100		300
生产费用合计	200	1 000	400		
累计费用分配率				3.5	
转出完工批次成本		1 000	400	700	2 100
单位成本		200	80	140	420

基本生产成本明细账

20××年8月　　投产日期:7月　完工日期:8月

批号:701　　批量:10件　本月完工:2件

产品名称:C　　单位:元

摘　要	工　时	直接材料	直接工资	制造费用	合　计
月初在产品成本	620	2 100	1 182		3 282
本月发生费用	200	60	400		460
生产费用合计	820	2 160	1 582		3 742
累计费用分配率					
转出完工批次成本					
单位成本					
月末在产品成本	820	2 160	1 582		3 742

基本生产成本明细账

20××年8月　　投产日期:8月　完工日期:　月

批号:801　　批量:8件　本月完工:0件

产品名称:D　　单位:元

摘　要	工　时	直接材料	直接工资	制造费用	合　计
月初在产品成本					
本月发生费用	180	40	228		268
生产费用合计	180	40	228		268
累计费用分配率					
转出完工批次成本					
月末在产品成本	180	40	228		268

第六章　产品成本核算的基本方法——分步法

一、单项选择题

1. B　2. B　3. A　4. B　5. C　6. D　7. B　8. C　9. D　10. A
11. D　12. C　13. C　14. A

二、多项选择题

1. ABD　2. ABD　3. ABCD　4. AC　5. AD　6. CD
7. BCD　8. CD　9. BCD　10. CD

三、判断题

1. ×　2. ×　3. ×　4. ×　5. ×　6. ×　7. √　8. √　9. ×　10. ×

四、计算分析题

1.　第一车间成本计算单　　单位:元

项　目	原材料	工资及福利费	燃料及动力	制造费用	合　计
月初在产品成本	300	150	250	210	910
本月发生的费用	600	250	780	720	2 350
合计	900	400	1 030	930	
本月完工产品成本	650	300	850	800	2 600
月末在产品成本	250	100	180	130	660

借:自制半成品——丁　　2 600

　　贷:基本生产成本——第一车间　　2 600

自制半成品——丁半成品的明细账

（全月一次加权平均法）

年		月初结存		本月增加		合计		本月减少		月末结存	
月	日	金额（元）	数量（件）	金额（元）	数量（件）	单价（元/件）	金额（元）	数量（件）	金额（元）	数量（件）	金额（元）
8	31	535	5	2 600	25	104.5	3 135	10	1 045	20	2 090

借：基本生产成本——第二车间　　1 045

　　贷：自制半成品——丁　　1 045

第二车间成本计算单　　单位：元

项　目	半成品	工资及福利费	燃料及动力	制造费用	合　计
月初在产品成本	506	300	500	404	1 710
本月发生的费用	1 045	400	700	500	
合计	1 551	700	1 200	904	4 355
约当产量	5+10	5+5	5+5	5+5	
分配率	103.4	70	120	90.4	383.8
本月完工产品成本	517	350	600	452	1 919
月末在产品成本	1 034	350	600	452	2 436

借：库存商品——丁　　1 919

　　贷：基本生产成本——第二车间　　1 919

产成品成本还原计算表

产品名称：　　产量：　　单位：元

项　目	产量（件）	还原分配率	半成品	原材料	工资及福利费	燃料及动力	制造费用	成本合计
还原前产成品成本			517		350	600	452	1 919
本月所产半成品成本				650	300	850	800	2 600
产成品所耗半成品的成本进行还原		0.198 8		129.22	59.64	168.98	159.16	517
还原后产成品总成本				129.22	409.64	768.98	611.16	1 919
还原后产品单位成本				25.84	81.93	153.8	122.23	383.8

2.

基本生产成本明细账

车间：一车间　　20××年 9 月

产品名称：A 半成品　　完工半成品数量：400 件

摘　要	产量	直接材料	直接工资	制造费用	成本合计
月初在产品成本（定额成本）		300 000	178 000	128 000	606 000
本月生产费用		680 000	300 000	176 000	1 156 000

续表

摘　要	产量	直接材料	直接工资	制造费用	成本合计
生产费用合计		980 000	478 000	304 000	1 762 000
半成品成本	400	580 000	294 000	154 000	1 028 000
半成品单位成本		1 450	735	385	2 570
月末在产品成本(定额成本)		400 000	184 000	150 000	734 000

自制半成品明细账

产品名称:A 半成品　　20××年 9 月　　计划单位成本:2 500 元

月份	月初余额			本月增加			累　计					本月减少		
	数量	计划成本	实际成本	数量	计划成本	实际成本	数量	计划成本	实际成本	成本差异	成本差异率	数量	计划成本	实际成本
9	300	750 000	773 975	400	1 000 000	1 028 000	700	1 750 000	1 801 975	51 975	2.97%	300	750 000	772 275
10	400	1 000 000	1 029 700											

基本生产成本明细账

车间:二车间　　20××年 9 月

产品名称:B 半成品　　完工半成品数量:1 000 件

摘　　要	产量(件)	半成品			直接工资	制造费用	成本合计
		计划成本	成本差异	实际成本			
月初在产品成本(定额成本)		750 000		750 000	118 000	96 000	964 000
本月生产费用		750 000		772 275	480 000	600 000	1 852 275
生产费用合计		1 500 000		1 522 275	598 000	696 000	2 816 275
转出完工成本	1 000	1 250 000		1 272 275	544 000	632 000	2 448 275
半成品单位成本				1 272.28	544	632	2 448.28
月末在产品成本(定额成本)		250 000		250 000	54 000	64 000	368 000

自制半成品明细账

产品名称:B 半成品　　20××年 9 月　　计划单位成本:2 600 元

月份	月初余额			本月增加			累　计					本月减少		
	数量	计划成本	实际成本	数量	计划成本	实际成本	数量	计划成本	实际成本	成本差异	成本差异率	数量	计划成本	实际成本
9	400	1 040 000	1 082 520	1 000	2 600 000	2 448 275	1 400	3 640 000	3 530 795	−109 205	−3%	600	1 560 000	1 513 200
10	800	2 080 000	2 017 595											

基本生产成本明细账

车间:三车间　　20××年 9 月

产品名称:M 产品　　完工半成品数量:500 件

摘　　要	产量(件)	半成品			直接工资	制造费用	成本合计
		计划成本	成本差异	实际成本			
月初在产品成本(定额成本)		608 000		608 000	116 000	110 000	834 000
本月生产费用		1 560 000		1 513 200	292 000	256 000	2 061 200
生产费用合计		2 168 000		2 121 200	408 000	366 000	2 895 200

续表

摘　　要	产量（件）	半成品			直接工资	制造费用	成本合计
		计划成本	成本差异	实际成本			
转出完工成本	500	1 294 000		1 247 200	348 000	307 650	1 902 850
半成品单位成本				2 494.40	696	615.30	3 805.70
月末在产品成本（定额成本）		874 000		874 000	60 000	58 350	992 350

3.

基本生产成本明细账

车间：一车间　　产品名称：N　　20××年×月　　完工产量：500 件

成本项目	月初在产品成本	本月生产费用	生产费用合计	完工半成品成本	月末在产品成本
原材料	1 900	6 300	8 200	5 400	2 800
工资及福利费	1 100	3 000	4 100	2 800	1 300
制造费用	2 300	6 100	8 400	5 800	2 600
合　　计	5 300	15 400	20 700	14 000	6 700
单位成本				28	

借：自制半成品——N　　14 000

　　贷：基本生产成本——N　　14 000

自制半成品明细账

半成品名称：N　　计量单位：件

月份	月初余额		本月增加		合计			本月减少	
	数量	实际成本	数量	实际成本	数量	实际成本	单位成本	数量	实际成本
10	400	10 300	500	14 000	900	24 300	27	700	18 900
11	200	5 400							

借：基本生产成本——N　　18 900

　　贷：自制半成品——N　　18 900

基本生产成本明细账

车间：二车间　　20××年×月

产品名称：甲　　完工产量：350 件

成本项目	月初在产品成本	本月生产费用	生产费用合计	完工半成品成本	月末在产品成本
半成品	6 100	18 900	25 000	22 400	2 600
工资及福利费	1 200	3 700	4 900	4 400	500
制造费用	2 500	8 850	11 350	9 950	1 400
合　　计	9 800	31 450	41 250	36 750	4 500
单位成本				105	

借：库存商品——甲　　36 750

　　贷：基本生产成本——甲　　36 750

4.(1)

基本生产成本明细账

车间:一车间　　20××年 9 月

产品名称:丁　　完工产成品:350 件

成本项目	月初在产品费用	本月生产费用	生产费用合计	分配率	产成品成本中本车间份额			月末在产品费用	
					定额	实际成本	单位成本	定额	实际成本
直接材料	8 253	6 300	14 553	0.99	8 700	8 613	24.61	6 000	5 940
直接工资	4 575	3 000	7 575	0.303	15 000	4 545	12.99	10 000	3 030
制造费用	8 900	6 100	15 000	0.6		9 000	25.71		6 000
合　计	21 728	15 400	37 128			22 158	63.61		14 970

基本生产成本明细账

车间:二车间　　20××年 9 月

产品名称:丁　　完工产成品:350 件

成本项目	月初在产品费用	本月生产费用	生产费用合计	分配率	产成品成本中本车间份额			月末在产品费用	
					定额	实际成本	单位成本	定额	实际成本
直接材料									
直接工资	1 100	3 700	4 800	0.4	11 000	4 400	12.57	1 000	400
制造费用	1 950	8 850	10 800	0.9		9 900	28.29		900
合　计	3 050	12 550	15 600			14 300	40.86		1 300

(2)

产成品成本汇总表

产品名称:丁　　20××年 9 月　　完工产量:350 件

成本项目	第一车间份额	第二车间份额	总成本	单位成本
直接材料	8 613		8 613	24.61
直接工资	4 545	4 400	8 945	25.56
制造费用	9 000	9 900	18 900	54
合　计	22 158	14 300	36 458	104.17

借:库存商品——丁　　36 458

　　贷:基本生产成本——甲产品车间　　22 158

　　　　　　　　　——二车间　　14 300

5.

产品成本还原计算表

产品名称:丙　　20××年×月　　完工产量:100 件

项　目	还原分配率	半成品	原材料	工资及福利费	制造费用	合　计
还原前产品成本		15 200		6 420	5 880	27 500
本月所产半成品成本			18 240	6 980	5 180	30 400
产品成本中半成品成本还原	0.5	−15 200	9 120	3 490	2 590	
还原后总成本			9 120	9 910	8 470	27 500
产成品单位成本			91.20	99.10	84.70	275

还原分配率=15 200÷30 400=0.5

半成品成本还原：

原材料=0.5×18 240=9 120(元)

工资及福利费=0.5×6 980=3 490(元)

制造费用=0.5×5 180=2 590(元)

还原后总成本：

原材料=9 120(元)

工资及福利费=3 490+6 420=9 910(元)

制造费用=2 590+5 880=8 470(元)

6.

基本生产成本明细账

车间：一车间　　20××年×月

产品名称：A半成品　　完工半成品数量：200件

成本项目	月初在产品成本	本月生产费用	生产费用合计	约当产量	单位成本	完工产品成本	月末在产品成本
原材料	3 600	48 000	51 600	240	215	43 000	8 600
燃料及动力	1 200	18 600	19 800	220	90	18 000	1 800
工资及福利费	2 000	15 800	17 820	220	81	16 200	1 620
制造费用	1 400	8 500	9 900	220	45	9 000	900
合　计	8 200	90 920	99 120		431	86 200	12 920

基本生产成本明细账

车间：二车间　　20××年×月

产品名称：B半成品　　完工半成品数量：260件

成本项目	月初在产品成本	本月生产费用	生产费用合计	约当产量	单位成本	完工产品成本	月末在产品成本
原材料	5 000	86 200	91 200	320	285	74 100	17 100
燃料及动力	1 830	6 000	7 830	290	27	7 020	810
工资及福利费	2 250	5 000	7 250	290	25	6 500	750
制造费用	1 750	2 600	4 350	290	15	3 900	450
合　计	10 830	99 800	110 630		352	91 520	9 110

基本生产成本明细账

车间：三车间　　20××年×月

产品名称：乙产品　　完工产品数量：320件

成本项目	月初在产品成本	本月生产费用	生产费用合计	约当产量	单位成本	完工产品成本	月末在产品成本
原材料	10 580	91 520	102 102	420	243.10	77 792	24 310
燃料及动力	2 500	10 800	13 300	380	35	11 200	2 100
工资及福利费	2 720	6 400	9 120	380	24	7 680	1 440
制造费用	2 260	4 200	6 460	380	17	5 440	1 020
合　计	18 062	112 920	130 982		319.10	102 112	28 870

第七章　产品成本核算的辅助方法

一、单项选择题

1. D　2. B　3. C　4. D　5. B　6. C　7. A　8. A　9. B　10. A
11. D　12. B　13. C

二、多项选择题

1. ABC　2. ABCD　3. ABCD　4. ABCD　5. ABC　6. AB
7. ABD　8. ABCD　9. ACD　10. ABC　11. CD　12. ABC

三、判断题

1. ✓　2. ×　3. ✓　4. ✓　5. ✓　6. ×　7. ×　8. ×　9. ✓　10. ✓
11. ✓　12. ×　13. ✓　14. ×　15. ✓　16. ×　17. ✓　18. ✓　19. ✓　20. ✓

四、计算分析题

1. (1)

甲类产品成本计算单

20××年8月　　单位:元

摘　要	直接材料	直接人工	制造费用	合　计
月初在产品成本	40 000	60 000	37 600	137 600
本月生产费用	293 760	766 080	510 720	1 570 560
生产费用合计	333 760	826 080	548 320	1 708 160
本月完工产品总成本	333 760	826 080	548 320	1 708 160
月末在产品成本	40 000	60 000	37 600	137 600

(2)

甲类产品成本计算单

20××年8月　　单位:元

产品	本月实际产量	材料消耗定额	材料系数	材料总系数	工时消耗定额	工时系数	工时总系数
A	400	30	1.5	600	19.2	1.2	480
B	480	24	1.2	576	17.6	1.1	528
C	960	20	1	960	16	1	960
D	720	18	0.9	648	14.4	0.9	648
E	600	16	0.8	480	12.8	0.8	480
合　计				3 264			3 096

(3)

甲类产品成本计算单

产品:甲类产品　　　　20××年8月　　　　单位:元

产品	实际产量	总系数		总　成　本				单位成本
		直接材料	加工费用	直接材料	直接人工	制造费用	成本合计	
分配率				102.25	266.82	177.11		
A	400	600	480	61 350	128 073.6	85 012.8	274 436.4	686.1
B	480	576	528	58 896	140 880.96	93 514.08	293 291.04	611.02
C	960	960	960	98 160	256 147.2	170 025.6	524 332.8	546.18
D	720	648	648	66 258	172 898.36	114 767.28	353 923.64	491.56
E	600	480	480	49 096	128 079.88	85 000.24	262 176.12	439.96
合计	—	3 264	3 096	333 760	826 080	548 320	1 708 160	

2.(1)

产品成本明细账

产品名称:甲　　　　20××年8月

编制单位:　　　　单位:元

摘　要	直接材料	直接人工	制造费用	合　计
生产费用合计	48 000	32 000	16 000	96 000
结转本月完工A产品成本	3 000	2 000	1 000	6 000
本月完工产品总成本	45 000	30 000	15 000	90 000
本月完工甲产品单位成本	22.5	15	7.5	45

(2)结转完工入库甲产品和A产品成本:

借:库存商品——甲产品　　90 000

　　　　——A产品　　6 000

　贷:基本生产成本——甲产品　　96 000

3.(1)A副产品单位成本=12−2=10(元)

A副产品总成本=2 000×10=20 000(元)

产品成本明细账

产品名称:甲　　　　20××年8月

编制单位:　　　　单位:元

摘　要	直接材料	直接人工	制造费用	合　计
生产费用合计	75 000	30 000	45 000	150 000
结转本月完工A产品成本	20 000			
本月完工产品总成本	55 000	30 000	45 000	130 000
本月完工甲产品单位成本	22	12	18	52

(2)

产品成本明细账

产品名称:A 副产品　　　　20××年 8 月

编制单位:　　　　单位:元

摘　要	直接材料	直接人工	制造费用	合　计
月初在产品(定额成本)	800			
本月生产费用	20 000	2 000	2 500	24 500
合计	20 800	2 000	2 500	25 300
产成品	20 400	2 000	2 500	24 900
单位成本	9.71	0.95	1.19	11.85
月末在产品(定额成本)	400			

结转完工入库甲产品和 A 产品成本:

借:库存商品——甲产品　　130 000

——A 产品　　24 900

贷:基本生产成本——甲产品　　13 000

——A 产品　　24 900

4. 甲产品的定额成本:

直接材料定额成本=260×18=4 680(元)

直接人工定额成本=150×25=3 750(元)

制造费用定额成本=150×6=900(元)

单位产品的定额成本=4 680+3 750+900=9 330(元)

5.(1)材料脱离定额差异=(25 000-2 000×12)×20=20 000(元)

(2)材料成本差异=[(2 000×12×20)+20 000]×(-1.5%)=-7 500(元)

(3)直接人工费用脱离定额差异=745 000-2 000×20×18=25 000(元)

(4)制造费用脱离定额差异=160 000-2 000×20×5=-40 000(元)

6.(1)月末在产品的原材料定额费用=1 000-20+24 000-22 000=2 980(元)

(2)材料成本差异=(24 000-500)×(-2 %)=-470(元)

脱离定额差异分配比率=[(-50)+(-500)]÷24 980=-2.2%

完工产品负担的脱离定额差异=22 000×(-2.2%)=-484(元)

月末在产品负担的脱离定额差异=(-550)-(-484)=- 66(元)

完工产品的原材料实际费用=22 000-484-470+20=21 066(元)

月末在产品的原材料实际费用=2 980-66=2 914(元)

7.(1)

①发生材料费用时:

借:基本生产成本——丙产品(定额成本)　　190 125

——丙产品(脱离定额差异)　　3 625

贷:原材料　　193 750

②分配材料成本差异时:

借:基本生产成本——甲产品(材料成本差异)　　2 325

贷:材料成本差异　　2 325

③分配工资和提取应付福利费时:

借：基本生产成本——甲产品（定额成本）　148 125
　　　　　　　——甲产品（脱离定额差异）　1 215
　贷：职工薪酬——应付工资　131 000
　　　　　　——应付福利费　18 340

④分配结转制造费用时：

借：基本生产成本——甲产品（定额成本）　246 875
　　　　　　　——甲产品（脱离定额差异）　−3 075
　贷：制造费用　243 800

(2)直接材料差异分配率 ＝2 375÷210 112.5＝1.13％

直接人工差异分配率＝1 867.5÷155 625＝1.2％

制造费用差异分配率＝−2 075÷259 735＝−0.8％

完工产品负担直接材料脱离定额的差异＝195 000×1.13％ ＝2 203.5(元)

完工产品负担直接人工脱离定额的差异＝150 000×1.2％＝1 800(元)

完工产品负担制造费用脱离定额的差异＝250 000×(−0.8％)＝−2 000(元)

月末在产品负担直接材料脱离定额的差异＝15 112.5×1.13％ ＝171.5(元)

月末在产品负担直接人工脱离定额的差异＝5 625×1.2％＝67.5(元)

月末在产品负担制造费用脱离定额的差异＝9 735×(−0.8％)＝−75(元)

(3)结转本月完工产品实际成本时：

借：库存商品——丙产品　599 341
　贷：基本生产成本——丙产品　599 341

产品成本计算单

产品：丙产品　　20××年8月

产量：400件　　单位：元

项　目	行次	直接材料	直接人工	制造费用	合　计
一、月初在产品成本					
定额成本	1	20 000	7 500	12 500	40 000
脱离定额差异	2	−1 250	652.5	1 000	402.5
二、月初在产品定额调整					
定额成本调整	3	−12.5			−12.5
定额变动差异	4	12.5			12.5
三、本月发生生产费用					
定额成本	5	190 125	148 125	246 875	985 125
脱离定额差异	6	3 625	1 215	−3 075	1 765
材料成本差异	7	2 325			2 325
四、生产费用合计					
定额成本	8	210 112.5	155 625	259 735	625 472.5
脱离定额差异	9	2 375	1 867.5	−2 075	2 167.5
材料成本差异	10	2 325			
定额变动差异	11	12.5			
五、差异分配率	12	1.13％	1.2％	−0.8％	
六、完工产品成本					
定额成本	13	195 000	150 000	250 000	595 000
脱离定额差异	14	2 203.5	1 800	−2 000	2 003.5

续表

项目	行次	直接材料	直接人工	制造费用	合计
材料成本差异	15	2 325			2 325
定额变动差异	16	12.5			12.5
实际成本	17	199 541			599 341
七、月末在产品成本					
定额成本	18	15 112.5	5 625	9 735	30 472.5
脱离定额差异	19	171.5	67.5	−75	164

第八章 标准成本系统

一、单项选择题

1. B 2. B 3. D 4. D 5. B 6. D 7. A 8. A 9. C 10. B
11. C 12. A

二、多项选择题

1. ABCE 2. AB 3. BC 4. ABCD 5. ABCE 6. BC
7. ABC 8. BCD 9. ABE 10. ABCD

三、判断题

1. × 2. √ 3. × 4. × 5. × 6. × 7. √ 8. × 9. √

四、计算分析题

1.(1)变动制造费用耗费差异＝1 400×(7 700÷1 400－5)＝700(元)

变动制造费用效率差异＝(1 400 － 500×3)×5 ＝ －500(元)

(2)借:生产成本 7 500

变动制造费用耗费差异 700

贷:变动制造费用效率差异 500

变动制造费用 7 700

2.(1)本月产品成本差异总额＝17 550－855×20＝450(元)

(2)材料价差＝(9 000÷900－ 9)×900＝900(元)

材料量差＝(900－50×20)×9＝－ 900(元)

工资率差异＝(3 325÷950 － 4)×950＝－ 475(元)

人工效率差异＝(950－45×20)×4＝200(元)

变动制造费用耗费差异＝(2 375÷950－3)×950＝－475(元)

变动制造费用效率差异＝(950－45×20)×3＝150(元)

固定制造费用耗费差异＝2 850－2×1 000＝850(元)

固定制造费用效率差异＝(950－20×45)×2＝100(元)

固定制造费用闲置能量差异＝(1 000－950)×2＝100(元)

3.(1)材料价格差异＝(800×0.11)×(140－150)＝－880(元)

材料数量差异＝(800×0.11－800×0.1)×150＝1 200(元)

直接材料成本差异＝－880＋1 200＝320(元)

由于材料实际价格低于标准价格,使直接材料成本下降 880 元;由于材料实际数量高于标准数量,使直接材料成本上升 1 200 元；两者相抵，直接材料成本净上升 320 元，为不利差异。

(2)工资率差异=(800×5.5)×(3.9−4)=−440(元)

人工效率差异=(800×5.5−800×5)×4=1 600(元)

直接人工成本差异 =−440+1 600=1 160(元)

由于实际工资率低于标准工资率，使直接人工成本下降 440 元；由于实际工时高于标准工时，使直接人工成本上升 1 600 元；两者相抵，直接人工成本净上升 1 160 元，为不利差异。

(3)变动制造费用耗费差异=(800×5.5)×[400÷(800×5.5)−6 000÷(1 000×5)]=− 1 280(元)

变动制造费用效率差异=(800×5.5−800×5)×1.2=480(元)

变动制造费用差异=−1 280+480=−800(元)

由于变动制造费用实际分配率低于变动费用标准分配率，使变动制造费用下降 1 280 元；由于实际工时高于标准工时，使变动制造费用上升 480 元；两者相抵，变动制造费用净下降 800 元，为有利差异。

(4)生产能量=100×5=5 000(元)

固定制造费用实际数=5 000(元)

实际产量标准工时=800×5=4 000(元)

固定制造费用标准分配率=5 000÷5 000=1

固定制造费用耗费差异=5 000−(1×5 000)=0(元)

固定制造费用能量差异=(5 000−800×5)×1=1 000(元)

固定制造费用差异=0+1 000=1 000(元)

由于实际固定制造费用与预算数相同，未发生该项费用的耗费差异，但因未能达到应有的能量，使固定制造费用发生闲置，损失额为 1 000 元。

(5)固定制造费用耗费差异=0(元)

固定制造费用闲置能量差异=(5 000−800×5.5)×1=600(元)

固定制造费用效率差异=(800×5.5−800×5)×1=400(元)

固定制造费用差异=0+600+400=1 000(元)

第九章　作业成本法

一、单项选择题

1. C　2. B　3. A　4. B　5. C　6. A　7. D　8. B　9. A　10. C
11. C　12. B　13. D　14. A　15. D　16. C　17. B　18. A　19. D　20. B

二、多项选择题

1. AC　2. AB　3. ABCDE　4. ACD　5. AB　6. CD
7. AB　8. ABCD　9. ABCD　10. ADE　11. ABCDE　12. AB
13. ABC　14. ABE　15. ABCDE　16. CD　17. ABCD　18. BCE
19. ACE　20. ABCDE

三、判断题

1. ×　2. √　3. ×　4. √　5. √　6. ×　7. √　8. ×　9. ×　10. √
11. √　12. ×　13. √　14. ×　15. √　16. √　17. ×　18. ×　19. ×　20. √

四、计算分析题

1. (1)

作业中心	资源分配	成本动因	动因量			动因率
			甲产品	乙产品	合　计	
材料整理	14 000	处理材料批数	10	30	40	350
质量检验	10 000	检验次数	10	15	25	400
机器调试	20 000	调试次数	80	120	200	100
使用机器	12 000	机器小时数	20	80	100	120

(2)分别作业中心将资源成本分配到各产品：

作业中心	动因量		动因率	资源成本分配	
	甲产品	乙产品		甲产品	乙产品
材料整理	10	30	350	3 500	10 500
质量检验	10	15	400	4 000	6 000
机器调试	80	120	100	8 000	12 000
使用机器	20	80	120	2 400	9 600
合　计				17 900	38 100

计算完工产品总成本和完工产品单位成本：

	甲产品	乙产品
直接材料	18 000	14 000
直接人工	11 000	8 000
制造费用	17 900	38 100
完工产品总成本	46 900	60 100
完工产品产量	500	400
完工产品单位成本	93.8	150.25

(3)

序号	日期	账户名称	借方金额	贷方金额
1	略	基本生产成本——甲产品	18 000	
		基本生产成本——乙产品	14 000	
		原材料		32 000
2		基本生产成本——甲产品	11 000	
		基本生产成本——乙产品	8 000	
		应付职工薪酬		19 000
3		制造费用——材料整理	14 000	
		原材料、应付职工薪酬、银行存款等		14 000
4		制造费用——质量检验	10 000	
		原材料、应付职工薪酬、银行存款等		10 000
5		制造费用——机器调试	20 000	
		原材料、应付职工薪酬、银行存款等		20 000
6		制造费用——使用机器	12 000	
		原材料、应付职工薪酬、银行存款等		12 000
7		基本生产成本——甲产品	17 900	
		制造费用——材料整理		3 500

续表

序号	日期	账户名称	借方金额	贷方金额
		制造费用——质量检验		4 000
		制造费用——机器调试		8 000
		制造费用——使用机器		2 400
8		基本生产成本——乙产品	38 100	
		制造费用——材料整理		10 500
		制造费用——质量检验		6 000
		制造费用——机器调试		12 000
		制造费用——使用机器		9 600
9		库存商品	107 000	
		基本生产成本——甲产品		46 900
		基本生产成本——乙产品		60 100

2.(1)

作业中心	资源分配	成本动因	动因量			动因率	成本分配	
			时钟	手表	合计		时钟	手表
生产准备	70 000	准备次数	30	20	50	1 400	42 000	28 000
材料管理	20 000	零件数	15	25	40	500	7 500	12 500
包装与运输	45 000	运输数量	5 000	7 000	12 000	3.75	18 750	26 250
合计	135 000						68 250	66 750

(2)

	产量	单位产量所用工时	总工时	总费用	分配率	成本分配
时钟	5 000	0.5	2 500			35 526.32
手表	7 000	1	7 000			99 473.68
合计			9 500	135 000	14.210 53	135 000

3.

单位:元

作业中心	成本库	动因量	动因率	甲产品	乙产品
材料处理	18 000	600	30	12 000	6 000
材料采购	25 000	500	50	17 500	7 500
使用机器	35 000	200	17.5	21 600	14 000
设备维修	22 000	1 100	20	14 000	8 000
质量控制	20 000	400	50	12 500	7 500
产品运输	16 000	80	200	10 000	6 000
合计总成本	136 000			87 000	49 000
单位成本				96.67	163.33

第三篇　成本分析与成本控制

第十章　成本习性分析

一、单项选择题

1. A　2. D　3. D　4. D　5. A　6. D　7. A　8. B　9. D　10. B
11. B　12. D　13. B　14. B　15. A　16. C　17. A　18. C　19. B　20. C

二、多项选择题

1. AE　2. AC　3. BC　4. ACD　5. AD　6. BDE
7. BCD　8. BE　9. BC　10. ABCDE　11. DE　12. BC
13. ABC　14. ABCE　15. ABCDE　16. BD　17. ABE　18. ABCD
19. BD　20. CD

三、判断题

1. √　2. ×　3. √　4. √　5. ×　6. √　7. √　8. √　9. ×　10. ×
11. ×　12. √　13. ×　14. ×　15. ×　16. ×　17. √　18. ×　19. ×　20. √

四、计算分析题

1. 业务量高点:90(5月份),业务量低点:40(3月份)

$y=a+bx$

$b=(120-85)\div(90-40)=0.7$

$a=120-0.7\times90=57$

或

$a=85-0.7\times40=57$

当业务量达到100机器小时时,该公司的电费估计是:

$y=57+0.7\times100=127$(元)

2. 选择的高低点坐标分别为(350,28 000)和(150,16 000)

$b=(28\ 000-16\ 000)\div(350-150)=60$(元/件)

$a=28\ 000-350\times60=7\ 000$(元)

所以,该企业制造费用的成本性态模型为:$y=7\ 000+60x$

3.

月份	机器工作小时 x	设备维修费(元)y	xy	x^2	y^2
1	9	30 000	270 000	81	900 000 000
2	8	25 000	200 000	64	625 000 000
3	9	29 000	261 000	81	841 000 000
4	10	31 000	310 000	100	961 000 000
5	12	34 000	408 000	144	1 156 000 000
6	14	40 000	560 000	196	1 600 000 000
7	11	32 000	352 000	121	1 024 000 000

续表

月份	机器工作小时 x	设备维修费(元)y	xy	x^2	y^2
8	11	33 000	363 000	121	1 089 000 000
9	13	35 000	455 000	169	1 225 000 000
10	8	26 000	208 000	64	676 000 000
11	6	20 000	120 000	36	400 000 000
12	7	22 000	154 000	49	484 000 000
合计	118	357 000	3 661 000	1 226	10 981 000 000

$n=12$， $\sum x=118$， $\sum y=357\ 000$， $\sum xy=3\ 661\ 000$， $\sum x^2=1\ 226$， $\sum y^2=10\ 981\ 000\ 000$

$r=(12\times 3\ 661\ 000-118\times 357\ 000)\div\sqrt{(12\times 1\ 226-118^2)\times(12\times 10\ 981\ 000\ 000-357\ 000^2)}$

$\approx 0.978\ 5\rightarrow +1$ （x 与 y 基本正相关）

$b=(12\times 3\ 661\ 000-118\times 357\ 000)\div(12\times 1\ 226-118^2)=2\ 292$(元/小时)

$a=(357\ 000-2\ 292\times 118)\div 12=7\ 212$(元)

因此，该企业的成本性态模型为：

$y=7\ 212+2\ 292x$

第十一章　成本报表的编制与分析

一、单项选择题

1. A　2. D　3. D　4. A　5. A　6. B　7. C　8. D

二、多项选择题

1. AC　2. ABC　3. ABCD　4. CD　5. ABC　6. ABCD
7. ABCD　8. ABCD　9. ABCD　10. ABCD

三、判断题

1. √　2. √　3. ×　4. ×　5. ×　6. ×　7. √　8. ×　9. ×　10. ×

四、计算分析题

1. ①以计划数为基数　40×25×18=18 000(元)
②第一次替换　42×25×18=18 900(元)
②-①产量变动影响　18 900-18 000=900 (元)
③ 第二次替换　42×24×18=18 144 (元)
③-②单位产品工时变动影响　18 144-18 900=-756(元)
④ 第三次替换　42×24×20=20 160(元)
④-③材料单价变动影响　20 160-18 144=2 016(元)
三个因素综合变动的影响=900-756+2 016=2 160(元)

2.(1)

产品成本表

(按品种反映)

编制单位:××工厂　　20××年度　　金额单位:元

产　品	计量单位	产量		单位成本			本年累计总成本		
		本年计划	本年实际	上年实际平均	本年计划	本年累计实际平均	按上年实际平均单位成本计算	按本年计划单位成本计算	本年实际
可比产品							2 000 000	1 945 000	1 938 500
甲产品	件	2 160	2 500	600	582	579	1 500 000	1 455 000	1 447 500
乙产品	件	1 008	1 000	500	490	491	500 000	490 000	491 000
不可比产品								555 000	530 000
丙产品	件	960	1 000		555	530		555 000	530 000
合　计								2 500 000	2 468 500

(2)

全部产品成本计划完成情况分析表

编制单位:××工厂　　20××年度　　金额单位:元

产品名称	计量单位	实际产量	单位成本		实际产量的总成本		与计划成本比	
			本年计划	本年实际	按本年计划单位成本计算	本年实际	成本降低额	成本降低率(%)
可比产品					1 945 000	1 938 500	−6 500	−0.334
甲产品	件	2 500	582	579	1 455 000	1 447 500	−7 500	−0.515
乙产品	件	1 000	490	491	490 000	491 000	1 000	0.204
不可比产品					555 000	530 000	−25 000	−4.5
丙产品	件	1 000	555	530	555 000	530 000	−25 000	−4.5
合　计					2 500 000	2 468 500	−31 500	−1.26

通过计算表明,本年全部产品实际总成本比计划总成本降低了 315 000 元,成本降低率是 1.26%,其中可比产品比计划降低了 6 500 元,成本降低率是 0.334%;不可比产品比计划降低了 25 000 元,成本降低率是 4.5%;全部产品成本计划完成情况是好的。但是可比产品中乙产品实际本却超过计划 1 000 元,成本升高 0.204%。应进一步查明乙产品成本超支的原因。

(3)

可比产品成本计划完成情况分析表

金额单位:元

产品名称	计量单位	实际产量	单位成本		实际产量的总成本		与上年成本比	
			上年实际	本年实际	按上年实际平均单位成本计算	本年实际	成本降低额	成本降低率(%)
可比产品					1 800 000	1 705 248	−94 752	−5.264
甲产品	件	2 160	600	579	1 296 000	1 250 640	−45 360	−3.5
乙产品	件	1 008	500	451	504 000	454 608	−49 392	−9.8

通过计算表明，本年全部可比产品计划总成本比上年总成本降低了 94 752 元，成本降低率为 5.264%，其中：甲产品比上年降低了 45 360 元，成本降低率为 3.5%；乙产品比上年降低了 49 392 元，成本降低率为 9.8%；全部产品成本实际完成情况是好的。

(4)

可比产品成本实际完成情况分析表

金额单位：元

产品名称	计量单位	实际产量	单位成本		实际产量的总成本		与上年成本比	
			上年实际	本年实际	按上年实际平均单位成本计算	本年实际	成本降低额	成本降低率(%)
可比产品					2 000 000	1 938 500	−61 500	−3.075
甲产品	件	2 500	600	579	1 500 000	1 447 500	−52 500	−3.5
乙产品	件	1 000	500	491	500 000	491 000	−9 000	−1.8

通过计算表明，本年全部可比产品实际总成本比上年总成本降低了 61 500 元，成本降低率是 3.075%，其中甲产品比上年降低了 52 500 元，成本降低率是 3.5%；乙产品比上年降低了 9 000 元，成本降低率是 1.8%；全部产品成本实际完成情况是好的。

第十二章　责任成本控制

一、单项选择题

1. D　2. B　3. C　4. A　5. C　6. A　7. C　8. D　9. D　10. A

二、多项选择题

1. ABCD　2. ACE　3. ACDE　4. ABCDE　5. ACE　6. CD
7. ACD　8. ABCD　9. ABCDE　10. BE

三、判断题

1. ✓　2. ✓　3. ×　4. ✓　5. ✓　6. ×　7. ×　8. ×　9. ✓

四、计算分析题

1. 成本中心。因为德尔玛食品店小烘烤房不是以盈利为目的的，而是为了将客户吸引到食品店购买食品。因此，小烘烤房的成本应该由食品店的其他部门补偿。

2. 现行的业绩评价是在单一的业务量(也即固定预算)基础上做出的，并没有考虑实际业务量变化的情况。从固定预算直接材料总额 1 200 000 元可以推算出，固定预算的业务量为 10 000 双(1 200 000÷120)。

为了正确地进行业绩评价，应该以弹性预算为基础进行比较。比较结果如下：

单位：元

项　目	实际成本	预算成本	差　异
直接材料	1 092 000	1 056 000	36 000(不利)
直接人工	234 000	211 200	22 800(不利)
制造费用	330 000	316 800	13 200(不利)
合　计	1 656 000	1 584 000	72 000(不利)

从上述的比较结果可以看出，该分厂的总成本是超支的，实际业绩是不理想的。

3. 对于一车间而言，材料单价和人工单价是不可控成本，因此，应该按照标准单价和实际用量计算确定其责任成本，并采用弹性预算的方式，作为计算目标成本降低额和目标成本降低率的依据，从而对一车间的业绩做出合理的评价。

一车间的责任成本＝(8×4.8＋20×1.2)×5 500＝343 200(元)

弹性预算成本＝60×5 500＝330 000(元)

目标成本降低额＝330 000－343 200＝－13 200(元)(超支)

目标成本降低率＝－13 200÷330 000＝－4%(超支)

第十三章　目标成本控制

一、单项选择题

1. A　2. B　3. A　4. A　5. B　6. B　7. C　8. A　9. A　10. B

二、多项选择题

1. ABCD　2. ABC　3. ABCD　4. ABCD　5. ABCD　6. ABC
7. ABCD　8. ABD　9. ABC　10. ABC

三、判断题

1. ×　2. ✓　3. ✓　4. ×　5. ✓　6. ✓　7. ✓　8. ×　9. ×　10. ✓
11. ×　12. ×　13. ×　14. ✓　15. ×

第十四章　供应链成本管理

一、单项选择题

1. A　2. D　3. B　4. C　5. C　6. A　7. D　8. B　9. C　10. A

二、多项选择题

1. ABD　2. AC　3. ABCD　4. BD　5. ABC　6. ABCD
7. ABCD　8. ABCD　9. BCD　10. ABCD

三、判断题

1. ✓　2. ×　3. ✓　4. ×　5. ✓　6. ✓　7. ×　8. ×　9. ✓　10. ✓

四、计算分析题

1. 平均库存：$I=Q/2+SS$

其中：Q 表示订货批量，SS 表示安全库存。

平均库存维持成本＝$IC_i(P+C/D)$

其中：C_i 表示单位产品存储费用占单位产品成本的百分比；P 表示单位产品购买价格；C 表示年订货成本；D 表示年需求量。

平均库存＝200÷2＋250＝350(元)

平均库存维持成本＝350×5%×(20＋6 000÷3 000) ＝385(元)

2. 供应链核心企业产需率$=\frac{\text{一定时间内核心企业生产产品数}}{\text{一定时间内用户对该产品的需求量}}=\frac{3\ 000}{2\ 500}=1.2$

该指标反映供应链整体生产能力和快速响应市场能力。该指标数值大于1，说明供应链整体生产能力较强，能快速响应市场需求，具有较强的市场竞争力。

3.(1)年维持费用＝平均库存×每单位的库存每年的保持费用 ＝600÷2×20＝6 000(元)

(2)年订货费用＝年订单次数×每人订单的费用 ＝30 000÷600×30＝1 500(元)

(3)年总费用＝年维持费用＋年订货费用 ＝6 000＋1 500＝7 500(元)

(4)当订货数量为1 000时：

年总费用＝年维持费用＋年订货费用＝1 000÷2×20＋30 000÷1 000×30＝10 900(元)

4. 循环库存＝批量规模÷2＝800÷2＝400(套)

循环库存的平均周转时间＝循环库存÷月需求量＝400÷100＝4(月)

5. 全月运输成本＝10×20 000＋100×(10＋12＋15＋16＋20＋18＋15＋17＋19＋13)＝35 500(元)